Die Privatisierung der Sparkassen und Landesbanken

D1735393

Europäische Hochschulschriften
Publications Universitaires Européennes
European University Studies

Reihe V
Volks- und Betriebswirtschaft

Série V   Series V
Sciences économiques, gestion d'entreprise
Economics and Management

Bd./Vol. 2994

PETER LANG
Frankfurt am Main · Berlin · Bern · Bruxelles · New York · Oxford · Wien

Mikko Klein

Die Privatisierung der Sparkassen und Landesbanken

Begründungen, Probleme und Möglichkeiten aus ökonomischer und rechtlicher Perspektive

PETER LANG
Europäischer Verlag der Wissenschaften

Bibliografische Information Der Deutschen Bibliothek
Die Deutsche Bibliothek verzeichnet diese Publikation in der
Deutschen Nationalbibliografie; detaillierte bibliografische
Daten sind im Internet über <http://dnb.ddb.de> abrufbar.

Zugl.: Passau, Univ., Diss., 2003

Gedruckt auf alterungsbeständigem,
säurefreiem Papier.

D 739
ISSN 0531-7339
ISBN 3-631-51345-3

© Peter Lang GmbH
Europäischer Verlag der Wissenschaften
Frankfurt am Main 2003
Alle Rechte vorbehalten.

Printed in Germany 1 2 3 4 5　7

www.peterlang.de

Vorwort

Diese Abhandlung entstand in den Jahren 1999 bis 2002. Im Februar 2003 wurde sie von der Wirtschaftswissenschaftlichen Fakultät der Universität Passau als Dissertation angenommen. Literatur und Rechtsprechung aus dem Jahr 2003 wurden noch zu einem Teil eingearbeitet.

Angeregt wurde die Arbeit von meinem geschätzten Doktorvater, Prof. Dr. Wolfgang J. Mückl, der bereits während meines Studiums mein Interesse an den ordnungspolitisch gebotenen Rahmenbedingungen für marktwirtschaftliches Handeln weckte. Ihm schulde ich großen Dank für seine stets fördernde und fordernde Begleitung, seine vielfältigen inhaltlichen und methodischen Ratschläge sowie seine ununterbrochene Unterstützung während der gesamten Betreuungszeit. Prof. Dr. Gerhard Rübel danke ich für die zügige Durchsicht und die Bewertung im Rahmen des Zweitgutachtens.

Während der Bearbeitungszeit war ich als Vorstandsassistent in der Sparkasse Passau tätig. Zahlreiche fachliche Gespräche, die ich dort insbesondere mit den Vorstandsmitgliedern – Renate Braun, Dr. Hartmann Beck, Eckhard Helber – sowie Dieter Scholz, Stv. Vorstandsmitglied, führen konnte, haben die Arbeit inhaltlich bereichert. Dafür sei ebenso gedankt wie für die Freiräume, die mir für die Erstellung der Arbeit gewährt wurden. Dank schulde ich auch Karl-Michael Keußler, Ltd. Ministerialrat im Thüringischen Finanzministerium, der mir wertvolle sparkassenrechtliche Hinweise gegeben hat.

Großen Nutzen stifteten auch die Diskussionen, die ich mit Kollegen der Fakultät führen konnte. Insbesondere mit den Dipl.-Volkswirten Jörg Faulhaber, Frank Augsten, Robert Huber, Dr. Carsten Eckel, Sebastian Wanke, Klaus Forster, Oliver Falck, Dipl.-Kfm. Karim Arain und Dipl.-Kffr. Eva Grunwald hatte und habe ich glücklicherweise oft Gelegenheit, Kenntnisse und Meinungen über volks- und betriebswirtschaftliche Fragen auszutauschen. Von allen habe ich etwas gelernt und bin ihnen dafür zu Dank verpflichtet.

Dank gilt schließlich meiner Freundin Ute, meinen Eltern sowie allen befreundeten Bekannten und Verwandten. Ihre Unterstützung war Grundvoraussetzung meiner Promotion wie meines gesamten beruflichen Werdegangs.

Passau, im Mai 2003   *Mikko Klein*

Inhaltsverzeichnis

Abkürzungsverzeichnis

a.a.O.	am angegebenen Ort
ABl.	Amtsblatt
AG	Aktiengesellschaft
AktG	Aktiengesetz
AO	Abgabenordnung
Art.	Artikel
AVmG	Altersvermögensgesetz
AVZ	Anteilsverwaltungs-Zentralsparkasse
BAFin	Bundesanstalt für die Finanzdienstleistungsaufsicht
BAKred	Bundesaufsichtsamt für das Kreditwesen
BAT	Bundesangestellten-Tarifvertrag
BAV	Bundesaufsichtsamt für das Versicherungswesen
BAWe	Bundesaufsichtsamt für den Wertpapierhandel
BayGO	Bayerische Gemeindeordnung
BayLB	Bayerische Landesbank
BayLBG	Gesetz über die Bayerische Landesbank – Girozentrale –
BaySpkG	Gesetz über die öffentlichen Sparkassen (Bayerisches Sparkassengesetz)
BbgSpkG	Brandenburgisches Sparkassengesetz
BdB	Bundesverband deutscher Banken
BetrVG	Betriebsverfassungsgesetz
BFH	Bundesfinanzhof
BGB	Bürgerliches Gesetzbuch
BGBl.	Bundesgesetzblatt
BHO	Bundeshaushaltsordnung
BIP	Bruttoinlandsprodukt
BLKO	Bremer Landesbank – Kreditanstalt Oldenburg
BMWi	Bundesministerium für Wirtschaft
BrSpkG	Sparkassengesetz für öffentlich-rechtliche Sparkassen im Lande Bremen
BSpG	Gesetz über Bausparkassen
BStBl.	Bundessteuerblatt
BVerfG	Bundesverfassungsgericht
BVerfGE	Entscheidung des Bundesverfassungsgerichts
BVerwG	Bundesverwaltungsgericht
BVerwGE	Entscheidung des Bundesverwaltungsgerichts
BWGO	Gemeindeordnung für das Land Baden-Württemberg
BWSpkG	Sparkassengesetz für Baden-Württemberg
bzw.	beziehungsweise
c.p.	ceteris paribus
CDU	Christlich Demokratische Union
CSU	Christlich Soziale Union
d.h.	das heißt
dass.	dasselbe
DDR	Deutsche Demokratische Republik
dems.	demselben
DG-Bank	Deutsche Genossenschaftsbank

DGO	Deutsche Gemeindeordnung
DGZ	Deutsche Girozentrale – Deutsche Kommunalbank
dies.	dieselbe(n)
Diss.	Dissertation
DSGV	Deutscher Sparkassen- und Giroverband
DtA	Deutsche Ausgleichsbank
DZ-Bank	Deutsche Zentral-Genossenschaftsbank
ebd.	ebenda
EBV	Europäische Bankenvereinigung
eG	eingetragene Genossenschaft
EG	Europäische Gemeinschaften
EGV	Vertrag über die Gründung einer Europäischen Gemeinschaft
ESBG	European Savings Bank Group
ESGV	Europäisches System Volkswirtschaftlicher Gesamtrechnungen
EStG	Einkommensteuergesetz
EU	Europäische Union
EuG I	Europäisches Gericht erster Instanz
EuGH	Europäischer Gerichtshof
EWG	Europäische Wirtschaftsgemeinschaft
EZB	Europäische Zentralbank
FDP	Freie Demokratische Partei
FinDAG	Gesetz über die Finanzdienstleistungsaufsicht
FN	Fußnote
GBl.	Gesetzblatt
GenG	Genossenschaftsgesetz
GG	Grundgesetz
ggf.	gegebenenfalls
GmbH	Gesellschaft mit beschränkter Haftung
GO	Gemeindeordnung
GVBl. (GVOBl.)	Gesetz- und Verordnungsblatt
GWB	Gesetz gegen Wettbewerbsbeschränkungen
GZ	Girozentrale
GZ-Bank	Genossenschafts-Zentralbank
Helaba	Landesbank Hessen-Thüringen
HGB	Handelsgesetzbuch
HGO	Hessische Gemeindeordnung
HLB	Hamburger Landesbank
HLBG	Gesetz über die Hamburgische Landesbank – Girozentrale –
hrsg.	herausgegeben
Hrsg.	Herausgeber
HSBC	Hongkong Shanghai Bank Corporation
HSGV	Hanseatischer Sparkassen- und Giroverband
HSpkG	Hessisches Sparkassengesetz
i.d.F.	in der Fassung
i.d.R.	in der Regel
i.e.L.	in erster Linie
i.e.S.	im engeren Sinn
i.w.S.	im weiteren Sinn
IIS	Internationales Institut der Sparkassen

InsO	Insolvenzordnung
KAGG	Gesetz über Kapitalanlagegesellschaften
KfW	Kreditanstalt für Wiederaufbau
KMBl.	Bekanntmachungsblatt des Bayerischen Staatsministeriums für Unterricht und Kultus
KStG	Körperschaftsteuergesetz
KSVG	Kommunalselbstverwaltungsgesetz (Saarland)
KVBbg.	Kommunalverfassung für das Land Brandenburg
KVMV	Kommunalverfassung für das Land Mecklenburg-Vorpommern
KWG	Gesetz über das Kreditwesen
LB Kiel	Landesbank Schleswig-Holstein
L-Bank	Landeskreditbank Baden-Württemberg
LBB	Landesbank Berlin
LBBG	Gesetz über die Errichtung der Landesbank Berlin – Girozentrale –
LBBW	Landesbank Baden-Württemberg
LBBWG	Gesetz über die Landesbank Baden-Württemberg
LfA	Landesanstalt für Aufbaufinanzierung
LHO	Landeshaushaltsordnung
LRP	Landesbank Rheinland-Pfalz
LV	Landschaftsverband
m.w.N.	mit weiteren Nachweisen
Mio.	Millionen
Mrd.	Milliarden
MVSpkG	Sparkassengesetz des Landes Mecklenburg-Vorpommern
N.F.	Neue Folge
NatWest	National Bank of Westminster
NGO	Niedersächsische Gemeindeordnung
NordLB	Norddeutsche Landesbank
NordLBG	Gesetz über die Norddeutsche Landesbank – Girozentrale –
Nr.(n)	Nummer
NSGV	Niedersächsischer Sparkassen- und Giroverband
NSpkG	Niedersächsisches Sparkassengesetz
NWGO	Gemeindeordnung für das Land Nordrhein-Westfalen
NWSpkG	Gesetz über die Sparkassen sowie die Girozentrale und die Sparkassen- und Giroverbände (Nordrhein-Westfalen)
OSGV	Ostdeutscher Sparkassen- und Giroverband
OVG	Oberverwaltungsgericht
PDS	Partei des Demokratischen Sozialismus
plc.	public limited company
PostG	Postgesetz
Rdnr(n).	Randnummer(n)
RGBl.	Reichsgesetzblatt
RPGO	Gemeindeordnung für das Land Rheinland-Pfalz
RPSpkG	Sparkassengesetz für Rheinland-Pfalz
RSGV	Rheinischer Sparkassen- und Giroverband
S.	Seite
Sa	Satzung
SaarLB	Saarländische Landesbank

SaarSpkG	Saarländisches Sparkassengesetz
SachsenLB	Landesbank Sachsen
SächsFinVerbG	Gesetz über den Sachsen-Finanzverband
SächsGO	Gemeindeordnung für den Freistaat Sachsen
SächsKrGebRefG	Gesetz über die Kreisgebietsreform im Freistaat Sachen
SächsLBG	Gesetz über Landesbank Sachsen – Girozentrale –
SächsSpkG	Sächsisches Sparkassengesetz
SAGO	Gemeindeordnung für das Land Sachsen-Anhalt
SASpkG	Sparkassengesetz des Landes Sachsen-Anhalt
SBZ	Sowjetische Besatzungszone
Schufa	Schutzgemeinschaft für allgemeine Kreditsicherung
SGV	Sparkassen- und Giroverband
SGVHT	Sparkassen- und Giroverband Hessen-Thüringen
SGVRP	Sparkassen- und Giroverband Rheinland-Pfalz
SGVS	Sparkassen- und Giroverband Saar
SGVSH	Sparkassen- und Giroverband Schleswig-Holstein
SHGO	Gemeindeordnung für das Land Schleswig-Holstein
SHSpkG	Sparkassengesetz für das Land Schleswig-Holstein
Sp.	Spalte
SPD	Sozialdemokratische Partei Deutschlands
SVB	Sparkassenverband Bayern
SVBW	Sparkassenverband Baden-Württemberg
SVR	Sachverständigenrat zur Begutachtung der gesamtwirtschaftlichen Entwicklung
ThürKO	Thüringer Kommunalordnung
ThürMaßnG	Thüringer Maßnahmengesetz
ThürSpkG	Thüringer Sparkassengesetz
TKG	Telekommunikationsgesetz
TSB	Trustees Savings Bank
u.a.	unter anderem oder: und andere
u.U.	unter Umständen
UMTS	Universal Mobile Telecommunications System
UmwG	Umwandlungsgesetz
USA	United States of America
UWG	Gesetz gegen unlauteren Wettbewerb
v.H.	vom Hundert
Vgl.	Vergleiche
VÖB	Bundesverband der öffentlichen Banken Deutschlands
Vol.	Volume
WBFG	Wohnungsbauförderungsgesetz
WestLB	Westdeutsche Landesbank
Wfa	Wohnungsbauförderungsanstalt des Landes Nordrhein-Westfalen
WGZ	Westdeutsche Genossenschaftszentralbank
WLSGV	Westfälisch-Lippischer Sparkassen- und Giroverband
WRV	Weimarer Reichsverfassung
z.B.	zum Beispiel
z.T.	zum Teil
ZKA	Zentraler Kreditausschuß

Tabellen- und Abbildungsverzeichnis

Tabellen

15

Abbildungen

Kapitel A: Einführung

A.1 Vorgeschichte

Steigende Steuer- und Abgabenlasten, hohe Staatsschulden sowie offenkundige, aber auch vermeintliche Effizienzrückstände in der öffentlichen Verwaltung haben in Deutschland während der letzten Jahre eine allgemeine Deregulierungs- und Privatisierungsdebatte in Gang gesetzt, die inzwischen auch nicht mehr vor den öffentlich-rechtlichen Sparkassen und Landesbanken[1] haltmacht. Doch wer glaubt, daß es sich bei dieser Privatisierungsdiskussion um ein Ergebnis der oben genannten Fehlentwicklungen oder um eine tagespolitische Erscheinung handelt, befindet sich im Irrtum. Richtig ist vielmehr, daß die Wirtschaftsbetätigung des Staates[2] mit eigenen Kreditinstituten den Gegenstand einer Auseinandersetzung bildet, die sich bis in die Anfangsphase der Bundesrepublik Deutschland zurückverfolgen läßt. Im Mittelpunkt dieser Kontroverse steht die Frage, ob sich aus den Gestaltungsprinzipien dieser Kreditinstitute eine Benachteiligung der Wettbewerbsposition der nichtöffentlichen Banken ergibt. Bereits im Jahr 1961 ersuchte der Deutsche Bundestag die Bundesregierung, zu prüfen, ob durch eine rechtliche oder verwaltungsmäßige Begünstigung der Sparkassen und Landesbanken der Wettbewerb zwischen den Bankengruppen verzerrt wird und ob Maßnahmen zur Herstellung fairer Wettbewerbsbedingungen angezeigt sind.[3] Die Enquetekommission, welche die Bundesregierung zur Untersuchung dieser Frage eingesetzt hat, gelangte jedoch in ihrem 1968 vorgelegten Abschlußbericht zu dem Ergebnis, daß kein Anlaß zur Änderung der damals wie heute geltenden Rahmenbedingungen besteht.[4]

Lange Zeit herrschte in Deutschland eine mehr oder weniger große Inaktivität bei der Rückführung der staatlichen Betätigung im Unternehmenssektor. Dagegen setzte zu Beginn der achtziger Jahre in den USA und in Großbritannien im Zuge einer allgemeinen wirtschaftspolitischen Neuorientierung eine breit ange-

---

[1] Für die Sparkassen und die Landesbanken wird in dieser Arbeit der Oberbegriff „Sparkasseninstitute" verwendet. Die synonymen Begriffe „Sparkassenorganisation" und „Sparkassen-Finanzgruppe" haben eine weitergehende Bedeutung. Sie umfassen die Sparkasseninstitute einschließlich ihrer Verbundunternehmen und Gemeinschaftseinrichtungen (vgl. Abschnitt B.5).

[2] Unter dem Begriff „Staat" werden alle staatlichen Institutionen (Regierung, Parlamente, Gebietskörperschaften, Sozialversicherungsträger) zusammengefaßt, solange nicht auf eine schärfere Abgrenzung abgestellt und hingewiesen wird.

[3] Vgl. *Deutscher Bundestag:* Entschließungsantrag des Wirtschaftsausschusses vom 1.3.1961, in: Drucksache Nr. 3/2563 vom 1.3.1961, Anlageband 73, S. 2.

[4] Vgl. *Deutscher Bundestag:* Bericht der Bundesregierung über die Untersuchung der Wettbewerbsverschiebungen im Kreditgewerbe und über eine Einlagensicherung („Wettbewerbsenquete"), in: Drucksache Nr. 5/3500 vom 18.11.1968, Anlageband 124, S. 50.

legte Privatisierungswelle ein.[5] In Deutschland gelangte dieses Thema erst nach der Wiedervereinigung auf die Agenda, weil im Zuge der Transformation der DDR-Wirtschaft in eine Marktwirtschaft auch in den alten Bundesländern das Ausmaß der staatlichen Wirtschaftstätigkeit in Frage gestellt wurde.[6] Tatsächlich hat die Privatisierung öffentlicher Unternehmen in Deutschland nach 1990 einen höheren Stellenwert erreicht, wie etwa an der schrittweisen Veräußerung der Postnachfolgeunternehmen deutlich geworden ist. In der Diskussion um weitere Privatisierungen bildete aber der öffentlich-rechtliche Bankensektor vorerst noch eine Insel. In bemerkenswerter Übereinstimmung beharrten (und beharren) nahezu alle Politiker auf einer Bankenstruktur, die sich über viele Jahre verfestigt hat. Als die Monopolkommission in ihrem IX. Hauptgutachten die ordnungspolitische Berechtigung für die bankwirtschaftliche Betätigung des Staates anzweifelte,[7] wurde zwar die Privatisierungsdiskussion wieder neu angestoßen;[8] die seither mehrfach wiederholte Forderung der Kommission, die Privatisierung der Sparkassen und Landesbanken zügig einzuleiten,[9] verhallte aber ohne politische Konsequenzen.

Eine neue Qualität hat die Privatisierungsdebatte im Jahr 1999 mit der wettbewerbspolitischen Entscheidung der EU-Kommission zur Eigenmittelausstattung der Westdeutschen Landesbank (WestLB) erhalten. Die EU-Kommission hat nach einer Beschwerde des privaten Bankenverbandes die Einbringung staatli-

---

[5] Vgl. *Andrew Gamble:* The free economy and the strong state, Thatcherism and the future of british conservatism, London 1988, S. 96-139.

[6] Vgl. *Jürgen B. Donges* u.a.: Privatisierung auch im Westen, Band 26 der Schriftenreihe des Kronberger Kreises, hrsg. vom Frankfurter Institut, Bad Homburg 1993, S. 7.

[7] Vgl. *Monopolkommission:* Wettbewerbspolitik oder Industriepolitik, Hauptgutachten 1991/1992, Baden-Baden 1992, S. 26.

[8] Neben der Monopolkommission zählen zu den Befürwortern einer Sparkassen- und Landesbankenprivatisierung u.a. *Wernhard Möschel:* Privatisierung der Sparkassen: Zu den jüngsten Vorschlägen der Monopolkommission, in: Wertpapier-Mitteilungen, Nr. 3/1993, S. 93-99; *Hans-Werner Sinn:* Der Staat im Bankwesen, Zur Rolle der Landesbanken in Deutschland, München 1997; *Horst Siebert:* Sparkassen sind kein Tafelsilber, in: Handelsblatt, Nr. 47 vom 9.3.1993, S. 2; *Karl-Bräuer-Institut des Bundes der Steuerzahler:* Privatisierung von Sparkassen und Landesbanken, Heft 78, Wiesbaden 1994.
Zu den Gegnern sind u.a. zu rechnen: *Peter Eichhorn:* Öffentliche Banken gehören zur Sozialen Marktwirtschaft, in: Handelsblatt, Nr. 30 vom 11./12.2.2000, S. 2; *Wolfgang Löwer:* Privatisierung von Sparkassen – kritische Anmerkungen zu den Vorschlägen der Monopolkommission, in: Zeitschrift für Bankrecht und Bankpolitik, Heft 2/1993, S. 108-112; *Jürgen Steiner:* Bankenmarkt und Wirtschaftsordnung – Sparkassen und Landesbanken in der Privatisierungsdiskussion, Frankfurt am Main 1994.

[9] Vgl. *Monopolkommission:* Marktöffnung umfassend verwirklichen, Hauptgutachten 1996/1997, Baden-Baden 1998, S. 48 f., *dies.:* Ordnungspolitische Leitlinien für ein funktionsfähiges Finanzsystem, Sondergutachten gemäß § 24 b (5) GWB, Band 26, Baden-Baden 1998, S. 91-93.

cher Vermögensgegenstände in die Landesbank als unzulässige staatliche Beihilfe bewertet, weil dafür zwischen der öffentlichen Hand (hier: Land Nordrhein-Westfalen) und der WestLB eine zu niedrige Verzinsung vereinbart wurde. Anschließend hat die Europäische Bankenvereinigung (EBV) eine weitere Wettbewerbsbeschwerde eingelegt, durch welche die staatlichen Haftungsgarantien für die Sparkassen und Landesbanken ebenfalls als unzulässige staatliche Beihilfe qualifiziert werden sollten. Damit stand nun keine einzelne Transaktion, sondern ein konstitutives Gestaltungsprinzip des Sparkassenwesens auf dem europarechtlichen Prüfstand. Es folgte eine langwierige Auseinandersetzung, in welcher die fundamentalen Auffassungsunterschiede zwischen der EU-Kommission und der deutschen Verhandlungsseite bezüglich der unternehmerischen Betätigung des Staates offensichtlich wurden. Letztlich konnte die EU-Kommission die Abschaffung der Gewährträgerhaftung und die Modifikation der Anstaltslast durchsetzen. Daraus folgt zwar keine rechtliche Pflicht zur Privatisierung der Sparkasseninstitute; das Thema gerät aber seitdem immer stärker ins Blickfeld der öffentlichen Diskussion.

Das Ziel der vorliegenden Arbeit besteht darin, Notwendigkeiten, Vorgaben, Möglichkeiten und Grenzen einer Privatisierung aufzuzeigen. Vor dem Einstieg in die Sachanalyse und der Erörterung einzelner Probleme und Lösungsvorschläge ist jedoch eine Bestimmung der Begriffe „Privatisierung" und „Deregulierung" erforderlich.

A.2 Begriffsklärung: „Privatisierung" / „Deregulierung"

Wegen der vielfältigen Verwendung und der zuweilen stattfindenden Vermengung der Begriffe „Privatisierung" und „Deregulierung" folgt zunächst eine Abgrenzung, bevor dann die üblicherweise unterschiedenen Privatisierungsformen (formelle Privatisierung, materielle Privatisierung und „Contracting out") näher betrachtet werden.

Mit GROSSEKETTLER ist unter „Deregulierung i.e.S." die Abnahme solcher Wirtschaftsbereiche zu verstehen, für die es neben einem allgemeinen Wirtschaftsrecht ein zusätzliches (spezielles) Wirtschaftsrecht gibt.[10] Letzteres betrifft insbesondere branchenspezifische Ausnahmen von den Grundprinzipien des Wettbewerbs- und Gewerberechts. Dagegen bezieht sich die „Deregulierung i.w.S." auf die Gesamtheit aller Maßnahmen, die auf den generellen Rückzug des Staates aus dem Wirtschaftsleben und die Beschränkung auf seine Kernaufgaben zielen. Hierzu zählt etwa die Abschaffung überflüssiger Normen für Güter- und Faktormärkte (insbesondere auf dem Arbeitsmarkt), die Stärkung der Eigenverantwortung im Bereich der sozialen Sicherungssysteme und die (aktive) Tilgung

---

[10] Vgl. *Heinz Grossekettler:* Deregulierung und Privatisierung, in: Wirtschaftswissenschaftliches Studium, Heft 10/1989, S. 437-445.

der Staatsschuld. Auch die Privatisierung öffentlicher Unternehmen ist eine konkrete Ausformung der Deregulierung i.w.S.[11] Der Privatisierungsbegriff ist im Laufe der Zeit über seinen ursprünglichen Definitionsbereich hinausgewachsen. Ursprünglich war er streng an (der Beendigung) der Herrschaft des Staates an – prinzipiell allen – Vermögensobjekten ausgerichtet. Letztere werden nach dem „Europäischen System Volkswirtschaftlicher Gesamtrechnungen" (ESVG) in unterschiedliche Vermögensformen eingeteilt (*Abbildung 1*).

Abbildung 1: Abgrenzung unterschiedlicher Vermögensformen

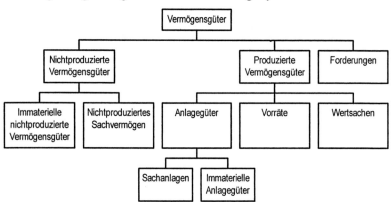

In allen Kategorien besitzt der Staat Vermögensgegenstände, und keiner dieser Bereiche blieb bisher von Privatisierungen ausgenommen. Beispiele aus der jüngeren Vergangenheit sind etwa der Verkauf der Deutschen Telekom oder der UMTS-Mobilfunklizenzen. Die Privatisierung der Sparkassen und Landesbanken wäre als eine Veräußerung staatlichen Produktivvermögens, welches in der Gruppe der „produzierten Vermögensgüter" erfaßt wird, anzusehen.
Die Überführung öffentlichen Vermögens in private Verfügungsmacht wird als „materielle Privatisierung" oder „Privatisierung i.e.S." oder „Aufgabenprivatisierung" bezeichnet.[12] Ihr Gegenteil ist die vollständige oder teilweise Überführung von privaten Vermögensobjekten in Gemeineigentum (Vergesellschaftung,

---

[11] Vgl. *Dennis J. Gayle/Jonathan N. Goodrich:* Exploring the implications of privatization and deregulation, in: Privatization and Deregulation, hrsg. von dens., New York, Westport 1990, S. 1-23.

[12] In dieser Arbeit werden die Bezeichnungen „Privatisierung" und „materielle Privatisierung" synonym verwendet, sofern nicht ausdrücklich auf eine schärfere Abgrenzung abgestellt wird.

Verstaatlichung). Wird eine Verstaatlichung wieder rückgängig gemacht, dann spricht man von einer Reprivatisierung.[13]

Neu hinzugekommen sind jene Privatisierungsbegriffe, die nicht mehr streng an Eigentumsübergänge anknüpfen. So werden auch jene Aufgaben, die zwar noch öffentlich finanziert, jedoch *in praxi* von Privaten ausgeführt werden, als „privatisiert" betrachtet.[14] Solche Ausgründungen, die man auch als „Contracting out" bezeichnet, werden des öfteren bei kommunalen Dienstleistungen praktiziert.[15] Zu nennen sind beispielsweise Tätigkeiten bei der Gebäudereinigung, der Abwasserentsorgung oder im Transportwesen. Innerhalb dieser Privatisierungsform können wiederum mehrere Varianten unterschieden werden (z.b. Franchise-Modelle oder Voucher-Systeme).[16]

Unter „Privatisierung" wird aber inzwischen bereits die bloße Einkleidung von öffentlichen Unternehmen in Formen des privaten Gesellschaftsrechts verstanden (z.b. Umwandlung einer Anstalt des öffentlichen Rechts in eine Aktiengesellschaft oder in eine Gesellschaft mit beschränkter Haftung). Die öffentliche Eignerschaft bleibt aber von einer solchen „formalen Privatisierung", die auch „Organisationsprivatisierung" genannt wird, unberührt. Die Umwandlung der Deutschen Bundesbahn in die Deutsche Bahn AG mit dem Bund als Alleinaktionär[17] war beispielsweise ein solcher Fall. Es handelt sich also um keine Veränderung, sondern um eine Neuetikettierung der bestehenden staatlichen Vermögensstrukturen, mit welcher allerdings die Voraussetzung für eine materielle Privatisierung geschaffen werden kann.

Die jeweils zur Anwendung kommende Privatisierungsform hängt von den Zielen der Privatisierung ab. Üblicherweise steht weniger eine ordnungspolitische Grundüberzeugung im Vordergrund, sondern mehr die Entlastung der öffentlichen Haushalte durch außerordentliche Staatseinnahmen. Letztere sind im Wege einer materiellen Privatisierung erzielbar. Aber auch aus einer formalen Privatisierung können sich Budgetentlastungen ergeben, weil der Staat die Arbeitnehmer in den formal privatisierten Betrieben nicht mehr nach den im öffentlichen

---

[13] Vgl. *Achim von Loesch:* Privatisierung öffentlicher Unternehmen, Heft 23 der Schriftenreihe der Gesellschaft für öffentliche Wirtschaft und Gemeinwirtschaft, 2. Auflage, Baden-Baden 1987, S. 42 f.

[14] Vgl. *Werner Z. Hirsch:* Privatizing Government Services: An Economic Analysis of Contracting Out, hrsg. von der University of California, Institute of Industrial Relations, Los Angeles 1991, S. 22-32.

[15] Ein Kostenvergleich zwischen öffentlicher und privater Leistungserbringung findet sich bei *Charles B. Blankart:* Ökonomie öffentlicher Unternehmen, 2. Auflage, München 1980, S. 153-171.

[16] Vgl. *Paul Seidenstat:* Theory and Practice of Contracting Out in the United States, in: Contracting Out Government Services, hrsg. von dems., Westport, London 1999, S. 3-38.

[17] Vgl. *Bundesministerium der Finanzen:* Beteiligungsbericht des Bundes 2001, Bonn 2002, S. 76.

Dienst geltenden, eher arbeitnehmerfreundlichen Regeln (z.B. geringe Lohnflexibilität, Unkündbarkeit) zu beschäftigen braucht. Jedoch kommen diese Einspareffekte aufgrund von Bestandsschutzregeln meist erst langfristig zum Tragen. Die Ausgabeersparnis durch „Contracting-out-Modelle" besteht in der Entpflichtung des Staates, für die Vorhaltung von Kapazitäten aufzukommen.[18] Auch wenn bei allen Privatisierungsformen grundsätzlich mehr Freiräume für privates Handeln geschaffen werden, so ist die Intensität der Deregulierung natürlich bei der Aufgabenprivatisierung am stärksten, da hier der weitestgehende Rückzug des Staates aus dem Wirtschaftsgeschehen stattfindet. Ihre ordnungspolitische Tragweite ist höher anzusetzen als die des „Contracting out" und erst recht als die der formalen Privatisierung. Während bei den Ausgründungen immerhin noch z.T. eine Entstaatlichung realisiert wird, ist die formale Privatisierung eigentlich nicht mehr als Privatisierung zu akzeptieren, weil hier die Aufgabenwahrnehmung des Staates praktisch unverändert bleibt.[19]

A.3 Gang der Untersuchung

Die aktuelle Debatte um die Privatisierung der Sparkassen und Landesbanken zeichnet sich nicht nur durch eine enorme Dynamik, sondern auch durch viele interessengebundene Diskussionsbeiträge und z.T. auch durch unvollständige Argumentationsketten aus. Um einen praktikablen Reformvorschlag entwickeln zu können, ist deshalb zunächst eine umfassende Darstellung der historischen Anfänge, der institutionellen Gegebenheiten und der Marktposition der Sparkassen und der Landesbanken erforderlich. Einen Schwerpunkt bildet dabei ihr durch den „öffentlichen Auftrag" und das kaufmännische Prinzip bestimmtes Zielsystem. In diesem Zusammenhang wird auch ein vergleichender Blick über die Grenzen geworfen, um Bezüge zu möglichen Vorbildentwicklungen in anderen Ländern herstellen zu können.

Nach der Analyse der empirischen Befunde und der Darstellung dessen, was Markt und Wettbewerb für die Wirtschaftsbeziehungen zwischen Staat und Individuen fordern (z.B. Subsidiarität, Privatautonomie, Individualhaftung usw.), werden die allgemeinen Vorgaben und Beschränkungen für die unternehmerische Betätigung des Staates betrachtet, um zu einer sachadäquaten Würdigung der behaupteten bzw. bestrittenen sozial-, struktur- und wettbewerbspolitischen Rolle der Sparkassen und Landesbanken zu gelangen. In diesem Zusammenhang werden auch Hergang und Folgen der beihilferechtlichen Auseinandersetzung zwischen Deutschland und der EU-Kommission untersucht. Es folgt schließlich die Aussage, daß die Privatisierung weniger wegen der europarechtlichen Nor-

---

[18] Vgl. *Monopolkommission:* a.a.O. (FN 7), S. 23-25.
[19] Vgl. *Achim von Loesch:* a.a.O. (FN 13), S. 47.

men, sondern vielmehr wegen der eigenen wirtschaftsverfassungsrechtlichen Grundsätze zu Gebote steht.

Sodann werden der weiteren Untersuchung sechs mögliche Privatisierungs-alternativen (Vollprivatisierung, Teilprivatisierung, private Kapitalerhöhung, jeweils mit und ohne Einschränkung des Käuferkreises) mit ihren jeweiligen Auswirkungen vorangestellt. Mit dem oben genannten Zwischenergebnis wird nämlich ein Spannungsfeld zwischen dem ordnungspolitischen Postulat und den realen Handlungsbedingungen betreten, das die Privatisierungsdiskussion zu einer komplexeren Angelegenheit werden läßt als die einfache Alternative zwi-schen dem Festhalten am Status quo einerseits und der vollständigen (und schrankenlosen) Veräußerung der Sparkassen und Landesbanken andererseits. So besteht z.B. eine nicht unerhebliche Unsicherheit bezüglich der Möglichkei-ten, die Sparkassen- und Landesbankanteile am Markt zu einem angemessenen Preis zu plazieren. Die maßgebliche Kapitalnachfrage und das zur Verfügung stehende Kapitalangebot hängen u.a. ab von der weiteren Entwicklung der Um-feldbedingungen der Finanzdienstleistungsbranche, den in Zukunft zu erwarten-den Erträgen der Sparkasseninstitute, von der Ausgestaltung der Privatisierung sowie von der Abgrenzung des Käuferkreises und dem Anlageverhalten der pri-vaten Haushalte.

Weitere Restriktionen ergeben sich, weil Politiker, Gewerkschaften, Beschäf-tigte, aber auch der überwiegende Teil der Entscheidungstrager in der Sparkas-senorganisation aus z.T. recht unterschiedlichen Gründen an den bestehenden Strukturen festhalten. Insbesondere bei Politikern stößt die Privatisierung staat-lich angebotener Dienstleistungen auf Vorurteile und Einwände, weil sie ein über viele Jahrzehnte gewachsenes und ihnen auf vielfältige Weise nützliches Beziehungs- und Interessengeflecht zu öffentlichen Unternehmen nicht ohne weiteres aufzugeben bereit sind.[20] Es wird gezeigt, daß die darin implizierte Verknüpfung zwischen politischer und wirtschaftlicher Macht den größten Wi-derstand gegen eine unvoreingenommene Auseinandersetzung hinsichtlich pri-vatrechtlicher Ausgestaltungsmöglichkeiten bei den Sparkassen und Landesban-ken begründet. Wo es um politische Interessenpositionen geht, verlieren norma-tive Argumente schnell ihre Überzeugungskraft. Die Forderung nach einem Rückzug des Staates aus den Sparkasseninstituten mag zwar ordnungspolitisch folgerichtig sein, hat aber für sich gesehen kaum Realisierungs-chancen.[21]

Eine Öffnung der Sparkassen und Landesbanken für privates Kapital ist aber deshalb nicht für alle Zeiten ausgeschlossen. Entsprechende Impulse sind jedoch

---

[20] Vgl. *Werner Zohlnhöfer:* Im Griff der öffentlichen Hand, in: Frankfurter Allgemeine Zei-tung, Nr. 80 vom 6.4.1991, S. 13.

[21] Vgl. *Frank Finzel / Peter Thuy*: Privatisierung der Sparkassen – tagespolitische Mode-erscheinung oder ordnungspolitische Notwendigkeit, in: Ordo, Band 47 (1996), S. 241-261, hier: S. 258.

bislang nicht von der nationalen, sondern von der europäischen Ebene ausgegangen. Die EU-Kommission hat mit ihren Entscheidungen zu den staatlichen Kapitalzuführungen und den Haftungsgrundlagen keine Privatisierung der Sparkassen und Landesbanken erzwungen, wohl aber dafür den Boden bereitet. Die Beseitigung der staatlichen Schutzgarantien und die angeordneten Nachzahlungen für ungerechtfertigte Wettbewerbsvorteile werden nämlich für die teilweise ohnehin angespannte Eigenkapital- und die Rentabilitätssituation der Sparkasseninstitute nicht ohne Folgen bleiben. Außerdem wird die anstehende Neuregelung der Basler Übereinkunft zur angemessenen Eigenmittelausstattung der Kreditinstitute („Basel II") den Eigenkapitalbedarf der Sparkassen und Landesbanken tendenziell weiter ansteigen lassen. Angesichts sich öffnender Märkte, des sich verschärfenden Wettbewerbs und steigender Kundenanforderungen sind die Institute langfristig möglicherweise nicht mehr ausreichend in der Lage, das für die Festigung bzw. den Ausbau ihrer Marktanteile erforderliche Eigenkapital ausschließlich durch Innenfinanzierung, d.h. durch Gewinnthesaurierung zu erwirtschaften. Als möglicher Ausweg verbleibt ihnen der Gang auf den Kapitalmarkt, weil die heutigen Eigentümer (Länder und Kommunen) aufgrund ihrer z.T. kritischen Finanzlage kaum imstande sein dürften, frisches Kapital in die Institute einzubringen.

Wie angedeutet, kann es sich bei einem Vorschlag zur Neuordnung der Eigentumsverhältnisse an den Sparkassen und Landesbanken realistischerweise nicht um eine „Alles-oder-Nichts-Lösung", sondern nur um eine Mischung aus bestehenden (staatlichen) und neuen (privaten) Gestaltungselementen handeln. In die Überlegungen zur Reform der Eigentums- und Organisationsstrukturen spielen auch wettbewerbspolitische, haushalts- und vermögenspolitische sowie rechtliche Gesichtspunkte hinein. Weil die Entwicklung der Sparkasseninstitute also auf mehreren Problemebenen zu betrachten ist, handelt es sich hier gewissermaßen um eine „interdisziplinäre" Untersuchung. Einfache Problemstellungen und -lösungen gibt es bei diesem Thema nicht.

Eine Teilprivatisierung, durch welche die Sparkassen und Landesbanken nur partiell für private Beteiligungen zugänglich gemacht werden, erscheint am ehesten realisierbar, weil sie den ökonomischen, aber auch den politischen Restriktionen am besten gerecht wird. So wird denn im Schlußkapitel mit einem Modell zur Neuordnung der Sparkassen und Landesbanken ein mögliches Ziel für die derzeitige Privatisierungsdiskussion vorgeschlagen und dem Gedanken nachgegangen, welche Chancen und Risiken für die innere Konsistenz und die äußere Geschlossenheit der Sparkassenorganisation unter den Bedingungen eines solchen Modells bestehen.

Kapitel B: Sparkassen und Landesbanken als Teil des öffentlich-rechtlichen Geschäftsbankensektors

B.1 Der inländische Geschäftsbankensektor im Überblick

Unter der Bezeichnung „Geschäftsbankensektor" ist der Teil des Bankensektors zu verstehen, der Bankgeschäfte gewerblich und ohne währungspolitische Funktionen betreibt. Die Europäische Zentralbank und die Deutsche Bundesbank zählen also nicht zum Geschäftsbankensektor. Damit die komplexen Strukturen innerhalb dieses Sektors anschaulicher werden, wird dieser Untersuchung der folgende kurze Überblick vorangestellt.

Ende des Jahres 2001 betrieben in Deutschland 2.521 Kreditinstitute[1] Bankgeschäfte im Sinne von § 1 (1) des Kreditwesengesetzes (KWG). Sie erwirtschafteten mit ihren rund 735.000 Beschäftigten eine Gesamtbilanzsumme in Höhe von 6,39 Bio. Euro.[2] Im Jahr 2000 betrug ihre Bruttowertschöpfung 59,6 Mrd. Euro bzw. 2,94 v.H. des nominalen BIP.[3] Die Geschäftsbanken nehmen jedoch seit jeher weniger aufgrund ihres Wertschöpfungsbeitrages, sondern wegen ihrer Funktionen im Wirtschaftskreislauf eine volkswirtschaftliche Schlüsselstellung ein. Durch ihre Vermögensbildungs- und Finanzierungsfunktionen beeinflussen sie u.a. das Wachstum und die Umlaufgeschwindigkeit der Geldmenge, das Marktzinsniveau, die Spareigung sowie die Preisniveaustabilität. Der Geschäftsbankensektor ist wegen seiner herausragenden Bedeutung für die Funktionsfähigkeit der Volkswirtschaft einer der höchstregulierten Wirtschaftsbereiche. Ein engmaschiges Normengeflecht soll Schräglagen bzw. Zusammenbrüche von Kreditinstituten verhindern, weil diese einen breiten Vertrauensverlust in das gesamte Finanzwesen nach sich ziehen könnten.[4] Neben diesem finanzwirtschaftlichen Ordnungsziel verfolgt der Staat mit eigenen, öffentlich-rechtlichen Geschäftsbanken auch struktur- und sozialpolitische Ziele.

Der Geschäftsbankensektor läßt sich grundsätzlich nach mehreren Merkmalen einteilen (z.B. Unternehmensziele, Geschäftsfelder, Rechtsformen, Größenverhältnisse), so daß je nach Wahl des Unterscheidungskriteriums ein anderes Bild entsteht. Nach dem meistverbreiteten Einteilungsmuster lassen sich zunächst Universalbanken, Spezialbanken und sonstige Institute des Bankenbereichs von-

---

[1] Ohne Bausparkassen, Institute in Liquidation und Institute mit Rumpfgeschäftsjahr.

[2] Vgl. *Deutsche Bundesbank:* Monatsbericht Februar 2002, S. 24*.

[3] Vgl. *Statistisches Bundesamt:* Volkswirtschaftliche Gesamtrechnungen, Fachserie 18, Reihe 1.3, Hauptbericht 2002, S. 99; eigene Berechnung.

[4] Vgl. *Doris Neuberger:* Mikroökonomik der Bank, München 1998, S. 178; *Paul-Günther Schmidt:* Ursachen systematischer Bankenkrisen, Erklärungsversuche, empirische Evidenz und wirtschaftspolitische Konsequenzen, in: Ordo, Band 52 (2001), S. 239-280, hier: S. 248.

einander abgrenzen. Während sich die letztgenannten Gruppen auf ausgewählte Geschäftsbereiche spezialisieren, engagieren sich die Universalbanken in allen Zweigen des Bankgeschäfts. Hier hat sich eine Unterteilung in drei Gruppen (Kreditbanken im engeren Sinne, Genossenschaftssektor und Sparkassensektor) etabliert. Dementsprechend spricht man auch von der „Dreigliedrigkeit" des Universalbankensektors (*Tabelle 1*).

Tabelle 1: Struktur des deutschen Bankensektors

Zentralnoten-banken	Geschäftsbanken				
	Universalbanken			Spezialban-ken	Sonstige In-stitute des Bankenbe-reichs
- Europäische Zentralbank - Deutsche Bundesbank	Kreditbanken i.e.S. - Großbanken - Regional-banken, Pri-vatbankiers und sonstige Kreditban-ken - Zweigstel-len ausländi-scher Ban-ken	Genossen-schaftssektor - Kreditge-nossen-schaften - Genossen-schaftliche Zentralban-ken	Sparkassen-institute - Sparkassen - Landesban-ken / Giro-zentralen	darunter: - Realkreditin-stitute - Kredit-institute mit Sonderauf-gaben	darunter: - Bausparkas-sen - Kapital-anlagege-sellschaften - Wertpapier-sammelstel-len

Quelle: *Eigene Darstellung in Anlehnung an Karl Scheidl: Die Geschäftsbanken, in: Geld-, Bank- und Börsenwesen, 38. Auflage, hrsg. von Norbert Kloten und Johann Hein-rich von Stein, Stuttgart 1988, S. 179-222, hier: S. 181.*

B.1.1 Kreditbanken (i.e.S.)

Der Begriff „Kreditbanken" umfaßt strenggenommen alle Banken. Im bankwirt-schaftlichen Sprachgebrauch umfaßt er aber nur die privatrechtlich organisierten Banken (im folgenden: Kreditbanken i.e.S.), die sich i.d.R. im Eigentum von Aktionären oder GmbH-Gesellschaftern, in wenigen Fällen auch noch im Fami-lienbesitz befinden. Nach Größenverhältnissen sind in diesem Bereich an erster Stelle die vier Großbanken zu nennen (Deutsche Bank AG, Dresdner Bank AG, Commerzbank AG, Bayerische Hypotheken- und Vereinsbank AG). Sie bedie-nen alle Geschäftsfelder und sind überwiegend in den wirtschaftlichen Zentren präsent. Zu den Kreditbanken i.e.S. zählen auch die Regionalbanken, die ihre Geschäftstätigkeit regional oder lokal beschränken (z.B. Baden-Württem-

bergische Bank AG, Oldenburgische Landesbank AG), und die „sonstigen Kreditbanken" (z.B. Deutsche Postbank AG). Auch die Zweigstellen ausländischer Banken und die Privatbanken bzw. Privatbankiers werden zu dieser Gruppe gerechnet, wobei es sich bei diesen allerdings nicht immer um Universalanbieter handelt.
Aufgrund ihrer vielgestaltigen Erscheinungsformen sind die Kreditbanken i.e.S. die heterogenste Anbietergruppe des Universalbankensektors. Sie treten sowohl zu den Instituten der anderen „Säulen" als auch untereinander in Konkurrenz. Gemeinsam ist ihnen das erwerbswirtschaftliche Unternehmensziel, d.h. die Gewinnmaximierung oder das Shareholder-Value-Prinzip.

B.1.2 Genossenschaftsbanken

Die Genossenschaftsbanken, auch als Kreditgenossenschaften bezeichnet, unterscheiden sich von den Kreditbanken i.e.S. zunächst in ihrer Eigentümerschaft, die sich aus den Reihen der Bankkunden rekrutiert. Das Eigentum wird durch die Zeichnung von Genossenschaftsanteilen der Mitglieder („Genossen") begründet. Die 1.619 rechtlich selbständigen Kreditgenossenschaften (Stand Ende 2001; *Tabelle 3*, S. 32), zu denen im wesentlichen die im Verbund der Volks- und Raiffeisenbanken organisierten Institute zählen, haben sich nahezu ausnahmslos von berufs- bzw. branchenspezifischen Selbsthilfeorganisationen zu Universalbanken entwickelt.[5] Die gesetzlich festgelegte Zielsetzung der Kreditgenossenschaften besteht nicht in der Gewinnmaximierung, sondern gemäß § 1 (1) des Genossenschaftsgesetzes (GenG) in der „Förderung des Erwerbs und der Wirtschaft ihrer Mitglieder mittels eines gemeinschaftlichen Geschäftsbetriebs", weshalb man auch von der „förderwirtschaftlichen" Ausrichtung der Kreditgenossenschaften spricht.
Der Genossenschaftsverbund ist eine zweistufige Organisation. Die „Primärebene" besteht aus den örtlichen Volks- und Raiffeisenbanken. Den Oberbau

---

[5] Die Anfänge dieses Verbundes reichen in das 19. Jahrhundert zurück. Namentlich FRIEDRICH W. RAIFFEISEN (1818-1888) und HERMANN SCHULZE-DELITZSCH (1808-1883) haben aus sozialpolitischen Motiven die Gründung genossenschaftlicher Kreditinstitute vorangetrieben. Vgl. *Arnd H. Kluge*: Geschichte der deutschen Bankgenossenschaften, Band 17 der Schriftenreihe des Instituts für Bankbetriebliche Forschung, hrsg. vom Wissenschaftlichen Beirat des Instituts für bankhistorische Forschung, Frankfurt am Main 1991, S. 100-106. – Außerhalb des Verbundes existieren weitere, z.T. später gegründete Genossenschaftsbanken, die ihre Dienstleistungen abgegrenzten Personenkreisen anbieten (z.B. Liga Bank eG, Bank für Kirche und Diakonie eG [Standesbanken für den katholischen bzw. evangelischen Klerus], Deutsche Apotheker- und Ärztebank eG [Bank für Erwerbstätige in Heilberufen]), und solche, die sich für die Allgemeinheit geöffnet, aber noch verbindende Elemente zu spezifischen Berufsgruppen haben (z.B. Badische Beamtenbank eG oder die Spar- und Darlehnskassen als frühere „Eisenbahnerbanken").

bilden die zwei genossenschaftlichen Zentralbanken, die als Refinanzierungs-, Liquiditäts- und als Verbundpartner funktionieren. In Nordrhein-Westfalen ist dies die Westdeutsche Genossenschaftszentrale (WGZ-Bank-Gruppe) und im übrigen Bundesgebiet die Deutsche Zentral-Genossenschaftsbank AG (DZ-Bank AG) mit Sitz in Frankfurt am Main.[6] Noch im Jahr 1980 bestanden in Deutschland neun genossenschaftliche Zentralkassen.[7] Die dezentrale Ausrichtung der Gruppe hat die – noch nicht abgeschlossene – Verdichtung zu einer einheitlichen Spitzenorganisation zwar verzögert, aber nicht verhindert.

Zum Wettbewerb zwischen den Kreditgenossenschaften kommt es in der Regel nur dann, wenn sich die (zumeist kleinräumigen) Geschäftsgebiete der Banken überschneiden. Im Vergleich zu den Kreditbanken i.e.S. ist die Wettbewerbsintensität innerhalb des Genossenschaftssektors deshalb gering.

B.1.3 Öffentlich-rechtliche Kreditinstitute

In Abweichung vom Gliederungsprinzip dieses Abschnitts, die einzelnen Universalbankgruppen zu skizzieren, wird an dieser Stelle der öffentlich-rechtliche Banktyp betrachtet. Öffentlich-rechtliche Kreditinstitute sind i.d.R. als Anstalten oder als Körperschaften[8] des öffentlichen Rechts, in wenigen Fällen auch in Rechtsformen des privaten Gesellschaftsrechts organisiert und kommen vor allem im Sparkassensektor und im Bereich der Spezialinstitute vor. Eigentümer bzw. Träger sind der Bund, die Länder, die Gemeinden bzw. Gemeindeverbände oder andere juristische Personen des öffentlichen Rechts.

Bei den öffentlich-rechtlichen Kreditinstituten handelt es sich zunächst um Unternehmen, die Bankdienstleistungen erbringen. Jedoch ist bei ihnen nicht die Gewinnmaximierung oder die Förderung von Mitgliederinteressen, sondern die Verfolgung öffentlicher Aufgaben der Unternehmenszweck. Es handelt sich dabei um Bereiche der öffentlichen Daseinsvorsorge, wozu z.B. die Förderung des Sparwesens, die Kreditversorgung des Mittelstandes und der öffentlichen Hand, die Vorhaltung von Finanzdienstleistungsangeboten in strukturschwachen Regionen sowie die Behebung von Notständen (z.B. durch Konsolidierungshilfen)

---

[6] Die DZ Bank AG ist 2001 hervorgegangen aus dem Zusammenschluss der genossenschaftlichen Zentralbanken GZ-Bank (Genossenschafts-Zentralbank) und der DG Bank AG (Deutsche Genossenschaftsbank AG); vgl. *Frankfurter Allgemeine Zeitung:* Fusion von DG Bank und GZ-Bank zur DZ Bank ist beschlossen, in: Nr. 190 vom 17.8.2001, S. 16.

[7] Zur Geschichte der genossenschaftlichen Zentralbanken vgl. *Hennar Schierenbeck:* Genossenschaftliches Zentralbankensystem, Band 4 der Schriftenreihe der Akademie Deutscher Genossenschaften, Wiesbaden 1988, S. 9-23.

[8] Im Gegensatz zu einer Anstalt des öffentlichen Rechts ist eine Körperschaft des öffentlichen Rechts nicht mitgliedschaftlich organisiert. Für die Bankpraxis ist diese Unterscheidung jedoch ohne Bedeutung.

gezählt werden. Vor allem nach den beiden Weltkriegen haben sich die öffentlich-rechtlichen Banken stark ausgebreitet, da sie mit Sonderaufgaben bei der Finanzierung des Wiederaufbaus betraut wurden. Die öffentlich-rechtlichen Kreditinstitute stehen bei der Erfüllung ihrer Aufgaben z.T. in einer Wettbewerbsbeziehung zu den anderen Banken. Insbesondere die Sparkassen und Landesbanken konkurrieren mit den Kreditbanken i.e.S. und den Kreditgenossenschaften. Im Vergleich dazu agieren die öffentlich-rechtlichen Spezialbanken eher losgelöst vom übrigen Wettbewerbsgeschehen.

B.1.4 Spezialbanken

Die Spezialbanken sind Kreditinstitute, die sich entweder auf einen bestimmten Kundenkreis oder einen Spezialzweig des Bankgeschäfts beschränken. Eine trennscharfe Abgrenzung zu den Universalbanken ist nicht immer möglich. So könnte man z.B. die sogenannten „Direktbanken" den Spezialbanken zurechnen, da sie i.d.R. über ein elektronisches Vertriebsnetz nur mit Privatkunden Geschäfte betreiben. Andererseits handelt es sich bei einem Teil der Direktbanken um Tochtergesellschaften von Universalbanken, welche lediglich einen ergänzenden Vertriebsweg zum Filialnetz darstellen.

Spezialbanken, die sich eindeutig auf einen Ausschnitt des Bankgeschäfts konzentrieren, sind die Realkreditinstitute (darunter private Hypothekenbanken, Schiffsbanken und die öffentlich-rechtlichen Grundkreditanstalten). Diese Banken beleihen Realgüter (z.B. Immobilien, Grund und Boden, Schiffe) und refinanzieren sich vorwiegend durch die Emission von Pfandbriefen.

Zum Spezialbankensektor zählen auch die Kreditinstitute mit Sonderaufgaben. Dieser Bereich wird durch Kreditinstitute im öffentlichen Besitz dominiert, die gelegentlich auch als „Interventionsinstitute" bezeichnet werden. In der Hauptsache befinden sie sich im Eigentum des Bundes, der Länder oder der Landesbanken/Girozentralen. Es handelt sich um Banken, deren Leistungsspektrum sich auf die Finanzierung von Wohnungsbau-, Infrastruktur-, Existenzgründungs-, Kultur-, Umweltschutz- und Technologieförderungsprojekten erstreckt. *Tabelle 2* (S. 30) zeigt die Eigentums- und Größenverhältnisse ausgewählter öffentlich-rechtlicher Kreditinstitute mit Sonderaufgaben.

B.1.5 Sonstige Institute des Bankbereichs

Zu den „sonstigen Instituten des Bankbereichs" werden solche Finanzunternehmen gezählt, die zwar keine Kreditinstitute im Sinne des KWG sind, sich jedoch mit ihren Geschäftsaktivitäten im banknahen Umfeld bewegen. Vielfach werden diese Anbieter deshalb auch unter dem Sammelbegriff „Near-Banks" zusammengefaßt. In diesem Segment spielen vor allem die Kapitalanlagegesellschaften und die Bausparkassen eine wichtige Rolle. Diese Institute betreiben ihre

Tabelle 2: Öffentlich-rechtliche Kreditinstitute mit Sonderaufgaben (Auswahl)
Stand: Ende 2001

Firma (ggf. Kurzbezeichnung), Sitz	Eigentümer (Eigentumsanteil in v.H.)	Bilanzsumme (Mrd. Euro)
Bremer Aufbau-Bank, Bremen	Freie und Hansestadt Bremen (100,00)	1,1
Deutsche Ausgleichsbank (DtA), Bonn	- ERP-Sondervermögen (53,29) - Bundesrepublik Deutschland (40,56) - Sondervermögen Ausgleichsfonds (6,15)	53,0
Hamburgische Wohnungsbaukreditanstalt, Hamburg	- Hamburgische Landesbank - Hamburger Gesellschaft für Beteiligungsverwaltung	4,8
InvestitionsBank des Landes Brandenburg, Potsdam	- Westdeutsche Landesbank (50,00) - Land Brandenburg (25,00) - Landesbank Berlin (25,00)	9,8
InvestitionsBank Hessen AG, Frankfurt am Main	- Land Hessen - Landesbank Hessen-Thüringen	0,2
Investitions- und Strukturbank Rheinland-Pfalz GmbH, Mainz	- Land Rheinland-Pfalz (100,00)	1,0
Kreditanstalt für Wiederaufbau (KfW), Frankfurt am Main	- Bundesrepublik Deutschland (80,00) - Länder (zusammen 20,00)	245,0
Landeskreditbank Baden-Württemberg – Förderbank (L-Bank), Karlsruhe	Land Baden-Württemberg (100,00)	43,4
Landwirtschaftliche Rentenbank, Frankfurt am Main	Stiftungsvermögen der deutschen Land- und Forstwirtschaft (100,00)	59,1
LfA Förderbank Bayern – Bayerische Landesanstalt für Aufbaufinanzierung, München	Freistaat Bayern (100,00)	15,8
Sächsische Aufbaubank GmbH, Dresden	Landesbank Sachsen (100,00)	16,6
Thüringer Aufbaubank, Erfurt	Freistaat Thüringen (100,00)	1,6
Westdeutsche Immobilienbank, Mainz	- Westdeutsche Landesbank (50,00) - Landesbank Rheinland-Pfalz (25,00) - Landesbank Baden-Württemberg (25,00)	16,2

Quelle: *Bundesverband Öffentlicher Banken Deutschlands: Verbandsbericht 2001/2002, S. 296-356.*

Geschäfte vielfach im Rahmen einer vertraglichen Verbundkooperation mit einer Universalbank. Unter den Kapitalanlagegesellschaften und Bausparkassen befinden sich auch einige im Eigentum der öffentlichen Hand. Die Aufgabe der Kapitalanlagegesellschaften besteht nach § 1 (1) des Gesetzes über Kapitalanlagegesellschaften (KAGG) darin, „bei ihnen eingelegtes Geld im eigenen Namen für gemeinschaftliche Rechnung der Einleger (Anteilinhaber) nach dem Grundsatz der Risikomischung [...] anzulegen und über die sich hieraus ergebenden Rechte der Anteilinhaber Urkunden (Anteilscheine) auszustellen." Hinsichtlich des Erwerberkreises ist zwischen Publikumsfonds, an deren Vermögen sich jedermann beteiligen kann, und Spezialfonds, die institutionellen Anlegern (z.B. Kreditinstitute, Versicherungen) vorbehalten sind, zu differenzieren. Wenn man die Fonds nach Anlageobjekten einteilt, unterscheidet man etwa zwischen Wertpapierfonds (z.B. Rentenfonds, Aktienfonds) und Immobilienfonds.

Auch das Bausparwesen hat in Deutschland eine große Bedeutung erlangt. Die Bausparkassen sind keine Kreditinstitute im Sinne des KWG, sondern Finanzunternehmen mit einer Spezialaufgabe. Sie pflegen ausschließlich das Kollektivsparen zum Zwecke der Wohnbaufinanzierung und die Darlehensausreichung zu wohnwirtschaftlichen Zwecken. Nebengeschäfte und Geldanlagen sind den Bausparkassen nur in beschränktem Umfang gestattet (z.B. Vor- und Zwischenfinanzierungsdarlehen). Das Gesetz über die Bausparkassen (BSpG), das die Geschäftätigkeit für private wie öffentlich-rechtliche Bausparkassen („Landesbausparkassen") gleichermaßen regelt, ist im Verhältnis zum KWG eine ergänzende Sondervorschrift *(lex specialis).*

Tabelle 3 (S. 32) gibt schließlich einen nach Bankengruppen gegliederten Überblick über die Zahl der in Deutschland ansässigen Kreditinstitute sowie über deren wichtigste Aktiva und Passiva. Der größte Anteil an der aggregierten Bilanzsumme (6.386,2 Mio. Euro) entfällt auf die Landesbanken (1.269,4 Mio. Euro), gefolgt von den Großbanken (1.026,8 Mio. Euro), den Sparkassen (985,5 Mio. Euro) und den Realkreditinstituten (922,1 Mio. Euro). Mit gewissem Abstand folgen die Regionalbanken, sonstigen Kreditbanken und Privatbankiers (insgesamt 633,2 Mio. Euro), die Kreditgenossenschaften (551,9 Mio. Euro) und die Banken mit Sonderaufgaben (493,5 Mio. Euro). Die genossenschaftlichen Zentralbanken (215,5 Mio. Euro), die Bausparkassen (158,4 Mio. Euro) und die Zweigstellen ausländischer Banken (129,8 Mio. Euro) spielen unter dem Gesichtspunkt der Größenverhältnisse eine eher untergeordnete Rolle. Auffällig ist der hohe Konzentrationsgrad der Bilanzsummen bei den Großbanken (4 Institute), den Landesbanken (13 Institute), den Realkreditinstituten (28 Institute) und den genossenschaftlichen Zentralbanken (2 Institute) einerseits und der vergleichsweise niedrige Konzentrationsgrad bei den Kreditgenossenschaften (1.619 Institute), den Sparkassen (537 Institute) und den Bausparkassen (29 Institute) andererseits.

Tabelle 3: Wichtige Aktiva und Passiva der Kreditinstitute in Deutschland nach Bankengruppen
Stand: Ende 2001

Bankengruppe	Anzahl (Stück)	Bilanzsumme	Kredite an Banken	Kredite an Nichtbanken	Einlagen von Banken	Einlagen von Nichtbanken	Kapital
Kreditbanken	279	1.789,8	604,1	949,5	667,4	650,0	102,1
- Großbanken	4	1.026,8	321,4	534,3	393,3	341,2	65,7
- Regionalbanken[9]	195	633,2	219,3	360,9	188,7	294,5	33,6
- Zweigstellen ausländischer Banken	80	129,8	63,5	54,3	85,4	14,3	2,8
Landesbanken/Girozentralen	13	1.269,4	619,2	560,4	460,8	304,6	53,9
Sparkassen	537	985,5	238,1	686,6	229,0	625,2	42,7
Genossenschaftliche Zentralbanken	2	215,5	132,9	61,4	119,1	33,8	9,3
Kreditgenossenschaften	1.619	551,9	141,7	373,7	78,9	393,8	27,8
Realkreditinstitute	28	922,1	236,8	650,2	119,1	141,2	18,1
Bausparkassen	29	158,4	35,7	113,9	29,8	99,7	7,5
Banken mit Sonderaufgaben	14	493,5	263,5	188,7	123,8	136,3	14,2
Alle Bankengruppen	**2.521**	**6.386,2**	**2.272,1**	**3.584,4**	**1.827,8**	**2.384,6**	**275,7**
darin enthalten: „Auslandsbanken"[10]	133	297,4	129,6	140,6	136,0	75,5	10,4

Angaben, sofern nicht anders bezeichnet, in Mrd. Euro.
Quelle: Deutsche Bundesbank: Monatsbericht Februar 2002, S. 24*-25*.

[9] Einschließlich sonstiger Kreditbanken und Privatbankiers.
[10] Summe der in anderen Bankengruppen enthaltenen Banken im Mehrheitsbesitz ausländischer Banken sowie der Gruppe (rechtlich unselbständiger) „Zweigstellen ausländischer Banken".

B.2 Entstehungsgeschichte der Sparkassen und Landesbanken

B.2.1 Sparkassen

Die Wurzeln der deutschen Sparkassen reichen in das 18. Jahrhundert zurück. Interessanterweise waren es keine Zweige der behördlichen Verwaltung, sondern philanthropisch gesinnte Bürgervereine, die die ersten „Ersparungs-Cassen" oder „Spar-Anstalten" errichteten. Mit ihnen sollte für wirtschaftlich schwächere Bevölkerungsschichten die Möglichkeit geschaffen werden, Ersparnisse sicher und verzinslich anzulegen.[11] Die Einlagen wurden anfänglich zur Refinanzierung von Real- und Pfandkrediten verwendet; weitere Ausleihgeschäfte kamen erst später hinzu.[12] Die Neugründungen stießen gewissermaßen in eine Marktlücke, da weder Bankiers noch Privatleute bereit waren, kleinere Beträge zum Zweck der sicheren Vermögensanlage entgegenzunehmen.[13]

Unklarheit herrscht hinsichtlich der Frage nach der ältesten Sparkasse Deutschlands. Nicht selten werden einige der in Württemberg und Baden Mitte des 18. Jahrhunderts gegründeten „Waisenkassen" als die ersten Sparkassen angesehen (z.B. Salem/Bodensee 1749), weil diese Anstalten zeitweilig auch Sparkassenfunktionen wahrgenommen haben.[14] Zwischen den Waisenkassen und den Sparkassen hat aber keine Rechtsnachfolge stattgefunden. WYSOCKI kommt zu dem Ergebnis, daß die 1786 gegründete Sparkasse Detmold aufgrund ununterbrochener funktionaler und rechtlicher Kontinuität die älteste heute noch bestehende Sparkasse Deutschlands ist.[15] Die bekannteste „Ursparkasse" ist die Hamburger „Ersparungskasse der Allgemeinen Versorgungskasse". Sie ist die heutige Hamburger Sparkasse und wurde 1778 auf Betreiben der „Patriotischen Gesellschaft" errichtet,

> „zum Nutzen geringer fleißiger Personen beiderlei Geschlechts, als Dienstboten, Tagelöhner, Handarbeiter, Seeleute [...], um ihnen Gelegenheit zu geben, auch bei Kleinigkeiten etwas zurückzulegen und ihren sauer erworbenen Brot- und Brautpfennig sicher zu einigen Zinsen belegen zu können, wobei man hoffet, dass sie diese ihnen

---

[11] Vgl. *Hans Pohl:* Von der Spar-Casse zum Kreditinstitut (Anfänge bis 1908), in: Die Entwicklung der Sparkassen zu Universalkreditinstituten, hrsg. von der Gesellschaft zur Förderung der wissenschaftlichen Forschung über das Spar- und Girowesen, Band 2 (Abteilung: Dokumentation), Bonn 1986, S. 15-33, hier: S. 16 f.

[12] Vgl. *Günter Ashauer:* Von der Ersparungscasse zur Sparkassen-Finanzgruppe: Die deutsche Sparkassenorganisation in Geschichte und Gegenwart, Stuttgart 1991, S. 39 f.

[13] Vgl. *Friedrich-Wilhelm Henning:* Die historischen Wurzeln des öffentlichen Auftrags der Sparkassen, in: Der öffentliche Auftrag der Sparkassen in der historischen Entwicklung, hrsg. von der Gesellschaft zur Förderung der wissenschaftlichen Forschung über das Spar- und Girowesen, Band 1 (Abteilung Dokumentation), Bonn 1985, S. 15-33, hier S. 17.

[14] Vgl. *Adolf Trende:* Deutschlands älteste Sparkasse, in: Sparkasse, Heft 6/1955, S. 85-89.

[15] Vgl. *Josef Wysocki:* Gutachten über die Frage der „ältesten Sparkasse", Salzburg 1986, S. 50.

verschaffte Bequemlichkeit sich zur Aufmunterung gereichen lassen mögen, um durch Fleiß und Sparsamkeit dem Staate nützlich und wichtig zu werden."[16]

Nachdem sich die Städte und Gemeinden der Sparkassenidee anfangs etwas zögerlich zuwandten (erst im Jahr 1801 entstand in Göttingen die erste kommunale Sparkasse), haben sich während des 19. Jahrhunderts überall öffentliche Sparkassen ausgebreitet, die als rechtlich unselbständige Einrichtungen der Gemeindeverwaltungen geführt wurden.[17] 1836 wurden in den deutschen Staaten 203 öffentliche und 78 private Sparkassen gezählt.[18] Von den letzteren gerieten später die meisten in die Obhut der Kommunen. Parallel wurden von den deutschen Staaten die Organisation und die Wirtschaftsführung der Sparkassen geregelt. 1838 wurde das „Preußische Sparkassenreglement" erlassen, dem später entsprechende Regelungen in den anderen Staaten folgten.[19] Diese Normen und die Errichtung regionaler Giroverbände zu Beginn des 20. Jahrhunderts bzw. des Deutschen Sparkassen- und Giroverbands als Dachverband im Jahr 1924 bewirkten eine Vereinheitlichung der Sparkassenlandschaft.[20] Vorausgegangen war die 1908 erlangte Berechtigung zur Durchführung des überörtlichen Zahlungsverkehrs („passive Scheckfähigkeit").

Während der Bankenkrise im Jahr 1931 kam es zu einer weitreichenden Veränderung der Unternehmensverfassung. Um die Sparkassen vor übermäßigen Zugriffen durch die in Finanznot geratenen Gemeinden zu schützen, griff erstmals das Reich mit den „Notverordnungen"[21] vom 6.10.1931 und 8.12.1931 in die Sparkassengesetzgebung ein und gliederte die Sparkassen aus den kommunalen Hoheitsverbänden aus. Die Sparkassen wurden zu rechtlich selbständigen Anstalten des öffentlichen Rechts. Zur Vermeidung von Interessenkollisionen ist seitdem die Geschäftsführung der Sparkassen durch solche Personen ausgeschlossen, die an der Spitze des Trägergemeinwesens stehen. Die Haftung des Staates für die Sparkassen blieb von dieser Strukturreform jedoch unberührt.

---

[16] § 94 Ersparungskassenordnung, zitiert nach: *Winfried Reimann:* Öffentliche Banken in der Zeit: Ein Verband wird 75, Bonn 1992, S. 18.

[17] Vgl. *Jürgen Mura:* Entwicklungslinien der deutschen Sparkassengeschichte, hrsg. von der Gesellschaft zur Förderung der wissenschaftlichen Forschung über das Spar- und Girowesen, Band 2 (Abteilung Forschung) Stuttgart 1987, S. 26.

[18] Vgl. *Carl A. Freiherr von Malchus:* Die Sparkassen in Europa, Darstellung der statutenmässigen Einrichtungen der grossen Mehrzahl von solchen in Europa, mit einer Nachweise des Betrages der in denselben aufgesammelten Ersparnisse, Heidelberg und Leipzig 1838, S. 186 und 191 f.

[19] Vgl. *Helmut Geiger:* Die deutsche Sparkassenorganisation, Bonn 1992, S. 13 f.

[20] Vgl. *Jürgen Mura:* a.a.O. (FN 17), S. 56.

[21] Notverordnungen waren nach Art. 48 der Weimarer Reichsverfassung (WRV) Gesetzsurrogate, von denen der Reichspräsident als Ersatzgesetzgeber bei Handlungsunfähigkeit ordentlicher Gesetzgebungsorgane Gebrauch machen konnte. In der Endphase der Weimarer Republik kam dieses Instrument häufig zum Einsatz.

Zwischen 1933 und 1945 wurden die Sparkassen durch das nationalsozialisti-
sche Wirtschaftssystem für die Finanzierung von staatlichen Ausgabenpro-
grammen und kriegswichtigen Industriezweigen in Dienst genommen.[22] Die
Kriegsniederlage führte zum Verlust der Sparkassen in den deutschen Ostge-
bieten und zur Auseinanderentwicklung der Sparkassen entsprechend den gegensätzlichen Wirtschafts- und Gesellschaftsordnungen im geteilten Deutschland. Anders als in der Bundesrepublik Deutschland besaßen die Sparkassen in
der Sowjetischen Besatzungszone (SBZ) bzw. der späteren DDR keine rechtliche, geschweige denn unternehmerische Selbständigkeit. 1945 wurden in der
SBZ alle Kreditinstitute durch die sowjetische Militäradministration geschlossen; ihr Vermögen durch die DDR-Verfassung wurde zu „Volkseigentum" erklärt.[23] Die DDR-Sparkassen standen in keiner Rechtsnachfolge zu ihren Vor-
gängerinstituten, sondern wurden durch die „Räte der Stadt- und Landkreise"
neu errichtet und gemäß den Vorschriften der DDR-Zentralbank („Staatsbank")
sowie der DDR-Verwaltungsbezirke betrieben.[24] Ihre Aufgabe bestand hauptsächlich in der Führung des Spargeschäfts mit Privatkunden und Kleingewerbe-
treibenden. Die Kreditvergabe war auf den – insgesamt bedeutungslosen – privaten Eigenheimbau und die Ausreichung von Ehestandsdarlehen beschränkt.
Überschüssige Einlagen waren bei der „Staatsbank" verzinslich anzulegen.[25]
Im Jahr 1990 ist auch die Einheit der deutschen Sparkassenorganisation wiederhergestellt worden. Bei der Transformation der DDR-Sparkassen nach westdeut-
schem Vorbild leisteten die Sparkassen aus den alten Bundesländern umfangreiche Aufbauhilfe. Im Jahr 1999 hat der Deutsche Sparkassen- und Giroverband
(DSGV) seinen Sitz wieder in Berlin bezogen.

B.2.2 Landesbanken/Girozentralen

Im Unterschied zu den Sparkassen weisen die heutigen Landesbanken so unterschiedliche Gründungsmuster und Umfeldbedingungen auf, daß sich nur wenige
allgemeine Feststellungen über ihre Entwicklung treffen lassen. Gemeinsam ist
allen Landesbanken ihre früher oder später eingetretene Vernetzung mit den
Sparkassen zu einem Organisationsverbund. Dieser Prozeß ist das Ergebnis der
Nachfrage der Sparkassen nach Gemeinschaftseinrichtungen für den insti-

---

[22] Vgl. *Günter Ashauer:* Entwicklung der Sparkassenorganisation ab 1924, in: Deutsche
Bankengeschichte, hrsg. vom Wissenschaftlichen Beirat des Instituts für bankhistorische
Forschung, Band 3, Frankfurt am Main 1983, S. 279-350, hier: S. 291-298.

[23] In Art. 12 (1) der DDR-Verfassung standen Kreditinstitute auf einer „Negativliste", die
festlegte, in welchen Bereichen privates Eigentum unzulässig war.

[24] Vgl. *Willi Ehlert/Diethelm Hunstock/Karlheinz Tannert:* Geld und Kredit in der Deutschen
Demokratischen Republik, Berlin (Ost) 1985, S. 95 f.

[25] Vgl. *Günter Ashauer:* Deutsch-deutsche Begegnung – Besuch bei Sparkassen und Banken
in der DDR, in: Sparkasse, Heft 8/1986, S. 344-346.

tutsübergreifenden Liquiditätsausgleich und die Abwicklung des überörtlichen Zahlungsverkehrs, der nach der 1908 verliehenen passiven Scheckfähigkeit stark zugenommen hat. Die Zentralstellen sind auf zwei unterschiedliche Arten entstanden. Eine Variante bestand in der Gründung von „Girozentralen" als unselbständige Einrichtungen der kommunalen Giroverbände. Auf Grundlage der Notverordnungen aus dem Jahr 1931 wurden auch die Girozentralen rechtlich verselbständigt. Die andere Variante führte über die Aufnahme der Girozentralfunktionen durch bereits bestehende Staats-, Kommunal- oder Provinzialbanken.[26] Spätestens hier wird deutlich, daß der Begriff „Girozentrale" eine Funktion und keine bestimmte Rechtsform bezeichnet. Girozentralen sind Gemeinschaftseinrichtungen mehrerer Kreditinstitute und können in prinzipiell allen Rechtsformen betrieben werden.

Nach dem Zweiten Weltkrieg war die Existenzberechtigung der Girozentralen in Frage gestellt. In der DDR erübrigten sich alle Überlegungen bezüglich einer Wiederinbetriebnahme der Landesbanken/Girozentralen nach der Verstaatlichung des Bankensektors und der Übernahme aller Clearingfunktionen durch die DDR-Zentralbank. Aber auch den Militärregierungen in den Westzonen erschienen nach der Errichtung der Landeszentralbanken die Girozentralen zunächst überflüssig. Außerdem erblickten sie in ihnen und in ihrem Spitzeninstitut („Deutsche Girozentrale") einen Widerspruch zu der von ihnen betriebenen Dezentralisierung des Landes.[27] Die Sparkassenverbände der Westzonen sahen mit diesen Plänen jedoch die Funktionsfähigkeit des Sparkassen gefährdet und konnten sich mit ihrer Forderung nach Wiederzulassung der Girozentralen durchsetzen.

Im Laufe der Nachkriegsjahre kam bei den Landesbanken/Girozentralen – aus ähnlichen Gründen wie bei den Sparkassen[28] – ein Konzentrationsprozeß in Gang (*Tabelle 4*, S. 37f., zweite Spalte), in dessen Gefolge sich die Gewichte zwischen den Funktionen als Geschäftsbanken und als Girozentralen beträchtlich verschoben haben. Heute liegt der Tätigkeitsschwerpunkt der Landesbanken im Geschäftsbankenbereich.[29] Bezeichnenderweise findet seit längerem der Firmenzusatz „Girozentrale" in der öffentlichen Berichterstattung kaum noch und

---

[26] Vgl. *Karl Fries:* Die Girozentralen, 2. Auflage, Stuttgart 1973, S. 7-14.

[27] Vgl. *Günter Ashauer:* a.a.O. (FN 22), S. 318.

[28] Die Notwendigkeit der Neuordnung des Landesbankenwesens ergab sich zunächst aus der territorialen Neugliederung Deutschlands nach dem Krieg. Die betriebswirtschaftlichen Gründe für die Schaffung größerer Betriebseinheiten kamen erst ab Ende der sechziger Jahre zum Tragen. Vgl. *Jürgen Steiner:* Die geschichtliche Entwicklung der Landesbanken/Girozentralen von 1945 bis zur Gegenwart, in: Die Landesbanken/Girozentralen – historische Entwicklung und Zukunftsperspektiven, hrsg. von der Gesellschaft zur Förderung der wissenschaftlichen Forschung über das Spar- und Girowesen, Band 6 (Abteilung Dokumentation), Stuttgart 1991, S. 71-97, hier: S. 74.

[29] Vgl. Abschnitt B.4.2.

seit 1999 auch im Berichtswesen der Deutschen Bundesbank keine Verwendung mehr.[30] Mit Ausnahme Sachsens, wo eine neue Landesbank gegründet wurde, werden die Aufgaben der Girozentralen in den neuen Ländern durch westdeutsche Landesbanken übernommen.

Die Deutsche Girozentrale – Deutsche Kommunalbank (DGZ) konnte in der Nachkriegszeit nicht an ihre frühere Rolle als Spitzeninstitut anknüpfen. Der Verlust ihrer Berliner Infrastruktur, die anfänglich auferlegten Geschäftsbeschränkungen und die Aufgabenverlagerungen im Bereich der Liquiditäts- und Mindestreservehaltung zu den Girozentralen bzw. den Landeszentralbanken führten zu einem Bedeutungsverlust der DGZ, den sie aber durch die Forcierung des Wertpapier- und Kommunalkreditgeschäfts z.t. ausgleichen konnte.[31] Zu Beginn des Jahres 1999 wurde die DGZ mit der DekaBank GmbH zur DGZ-DekaBank Deutsche Kommunalbank verschmolzen. Das fusionierte Institut ist zentraler Investmentdienstleister der Sparkassen-Finanzgruppe und besitzt mit einer Bilanzsumme von 76,7 Mrd. Euro und einem Fondsvermögen von 134,3 Mrd. Euro (Stand: Ende 2000) nach eigenen Angaben beim verwalteten Vermögen von Aktien-, Immobilien-, Spezial- und Publikumsfonds sowie im Depotgeschäft die Marktführerschaft in der Bundesrepublik Deutschland.[32]

Tabelle 4: Übersicht über die Landesbanken in Deutschland
Stand: Ende 2001

Firma (Kurzbezeichnung), Sitz(e)	Entstehung (Jahr), ggf. Vorgängerbanken	Girozentralen-funktion für die Sparkassen in	Eigentümer (Eigentumsanteil in v.H.)	Bilanz-summe (Mrd. Euro)
Bayerische Landesbank – Girozentrale (BayLB), München	Verschmelzung (1972) aus: - Bayerische Gemeindebank - Bayerische Landesbodenkreditanstalt	- Bayern	- Bayern (50,00) - Sparkassenverband Bayern (50,00) seit 2002: BayLB Holding AG (100,00) mit Eigentümern w.o.	301,3
Bremer Landesbank Kreditanstalt Oldenburg – Girozentrale (BLKO), Bremen und Oldenburg	Verschmelzung (1983) aus: - Bremer Landesbank - Staatliche Kreditanstalt Oldenburg-Bremen	- Bremen - Niedersachsen („Altes Land Oldenburg")	- Nord/LB (92,50) - Bremen (7,50)	35,1
Hamburgische Landesbank – Girozentrale (HLB), Hamburg	Gründung (1938) – wird 2002 mit der LB Kiel verschmolzen.	- Hamburg	- Hamburg (50,50) - LB Kiel (49,50)	87,5
Landesbank Baden-Württemberg (LBBW), Stuttgart, Karlsruhe und Mannheim	Verschmelzung (1999) aus: - Südwestdeutsche Landesbank - Landeskreditbank Baden-Württemberg - Landesgirokasse Stuttgart	- Baden-Württemberg	- Baden-Württemberg (39,50) - Sparkassenverband Baden-Württemberg (39,50) - Stadt Stuttgart (21,00)	271,2

---

[30] Sofern nicht auf eine schärfere Abgrenzung zwischen Landesbanken und Girozentralen abzustellen ist, ist auch in dieser Arbeit fortan nur noch von „Landesbanken" die Rede.

[31] Vgl. *Gerhard Zweig:* Die Deutsche Girozentrale – Deutsche Kommunalbank, Stuttgart 1986, S. 85-91.

[32] Vgl. *DGZ-DekaBank – Deutsche Kommunalbank:* Geschäftsbericht 2000, S. 5, 7 und 78 f.

Fortsetzung Tabelle 4: Übersicht über die Landesbanken in Deutschland

Firma, Kurzbezeichnung, Sitz(e)	Entstehungsjahr und ggf. Vorgängerbanken	Girozentrale im Land	Eigentumsverhältnisse	Bilanzsumme
Landesbank Berlin (LBB), Berlin	Verschmelzung (1990) aus: - Sparkasse Berlin (West) - Sparkasse der Stadt Berlin	- Berlin	- Bankgesellschaft Berlin AG[33] (100,00)	87,2
Landesbank Hessen-Thüringen – Girozentrale (Helaba), Frankfurt und Erfurt	Verschmelzung (1953) aus: - Hessische Landesbank - Nassauische Landesbank - Landeskreditkasse Kassel	- Hessen - Thüringen	- Sparkassen- und Giroverband Hessen-Thüringen (85,00) - Hessen (10,00) - Thüringen (5,00)	123,8
Landesbank Rheinland-Pfalz – Girozentrale (LRP), Mainz	Verschmelzung (1958) aus: - Girozentrale Kaiserslautern - Filialen Mainz und Koblenz der GZ Frankfurt bzw. Düsseldorf	- Rheinland-Pfalz	- Sparkassen- und Giroverband Rheinland-Pfalz (50,00) - WestLB (37,50) - LBBW (12,50)	59,4
Landesbank Saar – Girozentrale (SaarLB), Saarbrücken	Gründung (1941)	- Saarland	- Sparkassen- und Giroverband Saar (57,30, seit 2002: 14,90) - BayLB (25,10, seit 2002: 75,10) - Saarland (17,60, seit 2002: 10,00)	14,9
Landesbank Sachsen – Girozentrale (SachsenLB), Leipzig	Gründung (1992)	- Sachsen	- Sachsen-Finanzverband (73,10)[34] - Beteiligungszweckverband sächsischer Sparkassen (26,90)	50,1
Landesbank Schleswig-Holstein – Girozentrale (LB Kiel), Kiel	Gründung (1917) – wird 2002 mit der HLB verschmolzen.	- Schleswig-Holstein	- Schleswig-Holstein (25,05) - Sparkassen- und Giroverband Schleswig-Holstein (25,05) - WestLB (39,90) - LBBW (10,00)	91,8
Norddeutsche Landesbank Girozentrale (NordLB), Hannover, Braunschweig, Magdeburg und Schwerin (führt in Sachsen-Anhalt den Firmenzusatz „Mitteldeutsche Landesbank")	Verschmelzung (1970) aus: - Niedersächsische Landesbank - Braunschweigische Staatsbank - Braunschweigische Landessparkasse - Hannoversche Landeskreditanstalt - Niedersächsische Wohnungskreditanstalt	- Niedersachsen - Sachsen-Anhalt - Mecklenburg-Vorpommern	- Niedersachsen (40,00) - Sachsen-Anhalt (10,00) - Mecklenburg-Vorpommern (10,00) - Niedersächsischer Sparkassen- und Giroverband (26,66) - Sparkassenbeteiligungsverband Sachsen-Anhalt (6,66) - Sparkassenbeteiligungszweckverband Mecklenburg-Vorp. (6,66)	146,7
Westdeutsche Landesbank Girozentrale (WestLB), Düsseldorf und Münster	Verschmelzung (1969) aus: - Rheinische Girozentrale und Provinzialbank Düsseldorf - Landesbank für Westfalen	- Nordrhein-Westfalen - Brandenburg	- Nordrhein-Westfalen (43,20) - Westfälisch-Lippischer Sparkassen und Giroverband (16,70) - Rheinischer Sparkassen- und Giroverband (16,70) - Landschaftsverband Rheinland (11,70) - Landschaftsverband Westfalen-Lippe (11,70)	325,0

Quelle: Bundesverband Öffentlicher Banken Deutschlands, Verbandsbericht 2001/2002, S. 292-327; Zeitschrift für das gesamte Kreditwesen: Die Landesbanken im Geschäftsjahr 2001, in: Heft 19/2002, S. 1054-1066, hier: 1058-1061.

---

[33] Die Bankgesellschaft Berlin gehört zu 81,0 v.H. dem Land Berlin, zu 11,0 v.H. der Nord/LB und zu 2,0 v.H. der Parion-Versicherungsgruppe. 6,0 v.H. befinden sich im Streubesitz. Vgl. *Bankgesellschaft Berlin:* Geschäftsbericht 2001, S. 6.

[34] Der Sachsen-Finanzverband gehört zu 37,4 v.H. dem Freistaat Sachsen und zu 62,4 v.H. den sächsischen Kommunen. Vgl. *Landesbank Sachsen:* Geschäftsbericht 2001, S. 4.

B.3 Institutionelle Gegebenheiten

B.3.1 Sparkassen- und Landesbankenrecht

In das Sparkassen- und Landesbankenrecht fließen sowohl landes- als auch bundesgesetzliche Regelungen ein. Zunächst gelten die bundesrechtlichen Vorschriften über das Handels-, Wettbewerbs- und Gewerberecht. Die Sparkasseninstitute besitzen aufgrund ihrer Geschäftsnatur zwingend die Kaufmannseigenschaft nach § 1 (2) Nr. 4 HGB („Mußkaufleute") und sind deshalb in den Handelsregistern eintragungspflichtig. Im Rahmen dieser Regelungen führen die Sparkassen und Landesbanken ihre Geschäfte autonom nach privatrechtlichen Prinzipien. Ihre allgemeinen Geschäftsbedingungen sind denen des übrigen Bankgewerbes weitgehend angeglichen. Auch im Steuerrecht sind die Sparkassen seit 1982 den anderen Kreditinstituten gleichgestellt. Für alle Kreditinstitute von gleichermaßen herausragender Bedeutung ist das KWG. Im Rahmen der konkurrierenden Gesetzgebung des Bundes, die sich nach Art. 74 (1) Nr. 11 GG auf das Recht der Wirtschaft (darunter das Bank-, Börsen- und Versicherungswesen) erstreckt, regelt der Bund mit dem KWG und dessen Begleitvorschriften u.a. die Bankenaufsicht, die Mindestanforderungen an das Betreiben von Kreditinstituten (z.B. im Hinblick auf Eigenmittel, Liquidität, Kundenrechte, Sorgfaltspflichten), die Zulassung zum Geschäftsbetrieb, das Prüfungswesen und den Kreis verbotener Geschäfte. Da das KWG nicht zwischen einzelnen Bankengruppen differenziert, werden darin die Sparkassen und Landesbanken – vom Schutz des Firmenzusatzes „Sparkasse" nach § 40 (1) Nr. 1 KWG abgesehen[35] – nicht besonders behandelt.

Während das KWG die materiellen Anforderungen an die Wirtschaftsführung der Kreditinstitute regelt, werden in den Sparkassen- und Landesbankgesetzen[36] spezielle Regelungen über die Errichtung, die Verschmelzung, die Auflösung, den Unternehmenszweck, die Rechtsaufsicht sowie die Zusammensetzung und die Kompetenzen der Unternehmensorgane getroffen. In den meisten Bundesländern existieren ergänzende Verordnungen, in denen die sparkassengesetzlichen Vorschriften konkretisiert werden (z.B. Festlegung der Geschäftsbeschränkungen, Zusammenarbeit der Unternehmensorgane usw.).

---

[35] Der Schutzbereich umfaßt auch andere Unternehmen, die bei Inkrafttreten des KWG zur Führung der Bezeichnung „Sparkasse" befugt waren (z.B. „freie Sparkassen", vgl. Abschnitt B.3.8), und solche, die aufgrund ihrer Satzung sparkassentypische Merkmale aufweisen (§ 40 (1) Nrn. 1 und 2 KWG). Wortverbindungen aus „Spar" und „Kasse" dürfen auch die privaten und öffentlich-rechtlichen Bau*sparkassen* sowie die genossenschaftlichen *Spar-* und Darlehns*kassen* verwenden (§ 40 (2) KWG).

[36] Das Land Hamburg besitzt kein Sparkassengesetz, weil es dort keine öffentlich-rechtliche Sparkasse gibt. Die „Hamburger Sparkasse" ist eine privatrechtlich verfaßte („freie") Sparkasse, vgl. ausführlicher unter Abschnitt B.3.7.8.

B.3.2 Eigentumsverhältnisse

Mit den Notverordnungen von 1931 wurden die Sparkassen rechtlich verselbständigt. Seitdem ist ihr Vermögen dem Zugriff durch die Kommunen entzogen.[37] Die Kommunen sind nicht Eigner, sondern Träger der Sparkassen, so daß zwischen dem Vermögen der Kommunen einerseits und dem davon getrennten Sparkassenvermögen andererseits zu unterscheiden ist. Dies führt zu der Frage, wer die „eigentlichen" Eigentümer der Sparkassen sind. Wegen ihrer Zugehörigkeit zur mittelbaren öffentlichen (Wirtschafts-)Verwaltung befinden sich die Sparkassen letztlich im Eigentum der Bevölkerung.[38] Allerdings fungieren in den Sparkassen die von der Allgemeinheit gewählten kommunalen Entscheidungsinstanzen in einer Weise, die der Verantwortung eines Eigentümers sehr nahekommt. Die Kommunen verfügen über den Großteil der Eigentums- und Verfügungsrechte,[39] jedoch mangels gesetzlicher Ermächtigung nicht über das Recht zur Veräußerung der Sparkassen.

Anders als die Sparkassen befinden sich die Landesbanken in unmittelbarem Eigentum ihrer Träger. Dabei sind die Eigentumsstrukturen bei den Landesbanken höchst verschieden. In der Regel halten die Länder und die Sparkassen, vereinzelt auch Gemeinden oder Gemeindeverbände das Kapital der Landesbanken. Die Landesbanken sind also keine „reinen" Länderanstalten, sondern gemeinsame Töchter dieser Rechtssubjekte. Die meisten Landesbanken sind, wie in *Tabelle 4* (S. 37f.) dargestellt, untereinander durch Beteiligungen verflochten. Für die Länder, Kommunen und Sparkassen, denen Landesbanken gehören, die wiederum an anderen Landesbanken beteiligt sind, ergibt sich dadurch zusätzliches („indirektes") Eigentum außerhalb der Landesgrenzen. *Tabelle 5* (S. 41), in der diese kapitalmäßigen Verflechtungen auf der Grundlage des ausgewiesenen Eigenkapitals offengelegt werden, zeigt, daß die Landesbanken den Ländern direkt zu 36,4 v.H. und indirekt zu 10,5 v.H. (insgesamt also zu 46,9 v.H.), den Sparkassen zu 37,9 v.H. direkt und zu 4,3 v.H. indirekt (insgesamt also zu 42,2 v.H.) gehören. 10,4 v.H. der Landesbankanteile entfallen auf kommunale und 0,5 v.H. auf private Eigentümer.

---

[37] Bereits § 6 des Preußischen Sparkassenreglements bestimmte, daß das Sparkassenvermögen von den anderen Kommunalfinanzen unvermischt zu verwalten ist. Im Außenverhältnis durfte es jedoch wie Kommunalvermögen behandelt und ausgewiesen werden.

[38] Vgl. *Hans-Dieter Brandt*: Wem gehören die Sparkassen?, in: Sparkasse, Heft 2/1993, S. 54.

[39] Vgl. *Dieter Duwendag*: Kreditwesen in der Bundesrepublik Deutschland, II: Überblick, in: Handwörterbuch der Wirtschaftswissenschaften, Band 4, hrsg. von Willi Albers u.a., Stuttgart u.a. 1978, S. 624-640, hier: S. 627; *Carl-Christoph Hedrich*: Die Privatisierung der Sparkassen, Band 129 der Reihe „Wirtschaftsrecht und Wirtschaftspolitik", hrsg. von Ernst Joachim Mestmäcker, Stuttgart 1992 (Diss.), S. 57.

Tabelle 5: Länder- und Sparkassenanteile an den Landesbanken in Deutschland
Stand: Ende 2001; Angaben in Mio. Euro

Landesbank[40]	Eigenkapital	Eigentümer					
		Länder[41]	Sparkassen der Länder	andere Eigentümer	wiederum im Besitz von:		
					Ländern	Sparkassen der Länder	anderen
BayLB	8.243,9	BY: 4.121,9	BY: 4.121,9	0,0	0,0	0,0	0,0
BLKO	1.067,3	HB: 80,0	0,0	NordLB: 987,3	NS, MV, SA: 592,4	NS, MV, SA: 394,9	0,0
HLB	2.751,7	HH: 1.389,6	0,0	LB Kiel: 1.362,1	SH: 341,2	SH: 341,2	0,0
LBBW	8.473,7	BW: 3.347,1	BW: 3.347,1	Stuttgart: 1.779,5	NW (über WestLB): 234,8 BW (LBBW): 53,8	NW (WestLB): 181,5 BW (LBBW): 53,8	LV (WestLB): 127,2 Stuttgart (LWWB): 28,6
LBB	2.281,8	0,0	0,0	Bankgesellschaft Berlin: 2.281,8	BL: 1.848,3 NS, MV, SA (NordLB): 150,6	NS, MV, SA (NordLB): 100,4	private Aktionäre: 182,5
Helaba	3.528,0	HE, TH: 529,2	HE, TH: 2.998,8	0,0	0,0	0,0	0,0
LRP	1.319,6	0,0	RP: 659,8	WestLB: 494,9 LBBW: 164,9	NW: 213,8 BW: 65,1	NW: 165,3 BW: 65,1	LV:115,8 Stuttgart: 34,7
SachsenLB	1.150,0	0,0	SN: 309,4	Finanzverb.: 840,6	SN: 314,4	SN: 314,4	sächs. Gemeinden: 526,2
LB Kiel	3.005,5	SH: 752,9	SH: 752,9	WestLB: 1.199,2 LBBW: 300,6	NW: 518,1 BW: 118,7	NW: 400,5 BW: 118,7	LV: 280,6 Stuttgart: 63,1
NordLB	4.197,5	NS,MV,SA: 2.518,5	NS,MV,SA: 1.679,0	0,0	0,0	0,0	0,0
SaarLB	323,7	SL: 57,0	SL: 185,5	BayLB: 81,2	BY: 40,6	BY: 40,6	0,0
WestLB	6.462,2	NW: 2.791,7	NW: 2.158,4	LV: 1.512,1	0,0	0,0	LV: 1.512,1
Summe	**42.804,9**	**15.587,9**	**16.212,8**	**4.491,9**	**4.491,9**	**1.862,0**	**4.650,3**
Anteile	**100 v.H.**	**36,4 v.H.**	**37,9 v.H.**	**10,5 v.H.**	**10,5 v.H.**	**4,3 v.H.**	**10,9 v.H.** **ohne Private: 10,4 v.H.**

Quelle: Zeitschrift für das gesamte Kreditwesen: Die Landesbanken im Geschäftsjahr 2001, in: Heft 19/2002, S. 1054-1066, hier: S. 1058-1061, Eigene Berechnungen

40 Die Kurzbezeichnungen der Landesbanken entsprechen den in *Tabelle 4* (S. 37f.) verwendeten.

41 Aus Platzgründen werden für die Bundesländer folgende Abkürzungen verwendet: BW: Baden-Württemberg, BY: Bayern, BL: Berlin, HB: Bremen, HE: Hessen, HH: Hamburg, MV: Mecklenburg-Vorpommern, NS: Niedersachsen, NW: Nordrhein-Westfalen, RP: Rheinland-Pfalz, SA: Sachsen-Anhalt, SH: Schleswig-Holstein, SL: Saarland, SN: Sachsen, TH: Thüringen. Die Abkürzung „LV" bezeichnet die zwei nordrhein-westfälischen Landschaftsverbände (Rheinland und Westfalen-Lippe).

B.3.3 Anstaltslast und Gewährträgerhaftung

Die deutlichste Ausprägung der Finanzierungsverantwortung der Länder und Gemeinden für die Sparkasseninstitute ist die Gewährträgerhaftung, der die Anstaltslast vorausgeht. Anstaltslast bedeutet, daß eine öffentliche Körperschaft, die zur Erfüllung öffentlicher Aufgaben eine Anstalt des öffentlichen Rechts errichtet und betreibt, für das finanzielle Gleichgewicht dieser Anstalt verantwortlich ist. Aus diesem Grund müssen die Kommunen bzw. Länder die dauerhafte Funktionsfähigkeit der Sparkasseninstitute garantieren, was die Verpflichtung zum Ausgleich finanzieller Unterdeckungen einschließt (z.b. durch Barleistungen oder Schuldübernahmen).[42] Sofern die Anstaltslast als konstitutives Merkmal öffentlicher Einrichtungen verstanden wird, ist die Stellung der Sparkassen und Landesbanken als öffentlich-rechtliche Kreditinstitute ohne dieses Rechtsinstitut nicht denkbar.[43]

Während es sich bei der Anstaltslast um eine Einstandspflicht im Innenverhältnis zwischen Anstaltsherren und den öffentlich-rechtlichen Kreditinstituten handelt, betrifft die Gewährträgerhaftung das Außenverhältnis zwischen den Instituten und ihren Gläubigern (z.b. private Anleger). Letztere können ihre Ansprüche gegen den Gewährträger ihrer Sparkasse oder Landesbank so lange und so weit geltend machen, wie sie aus dem Vermögen des Kreditinstituts nicht mehr befriedigt werden können.[44] Die Gewährträgerhaftung ist damit einer privatrechtlichen Ausfallbürgschaft vergleichbar und impliziert, aufgrund der in § 12 (1) Nr. 2 der Insolvenzordnung (InsO) festgelegten Insolvenzunfähigkeit der öffentlichen Hand, eine unbeschränkte Haftung des Staates für die Sparkasseninstitute.

Die Gewährträgerhaftung besitzt in der Praxis nur eine nachgeordnete Bedeutung. Sie kam bislang angeblich nur einmal – im Jahr 1830 – zum Tragen, als die Stadt Duisburg für Verbindlichkeiten ihrer Sparkasse einstehen mußte. Im Rahmen der Anstaltslast mußte die öffentliche Hand aber schon des öfteren ih-

---

[42] Vgl. *Helmut Schlierbach:* Das Sparkassenrecht in der Bundesrepublik Deutschland, 4. Auflage, Stuttgart 1998, S. 137-147.

[43] Vgl. *Bernd Thode:* Zur Gewährträgerhaftung und Anstaltslast bei Sparkassen und Landesbanken, in: Sparkasse, Heft 3/1994, S. 134-136 m.w.N.

[44] Vgl. § 8 (4) BWSpkG, Art. 4 BaySpkG, § 5 LBBG, § 3 (1) BbgSpkG, § 2 BrSpkG, § 3 HSpkG, § 3 (1) MVSpkG, § 5 NSpkG, § 6 NWSpkG, § 3 (1) RPSpkG, § 5 (2) SaarSpkG, § 3 (1) SächsSpkG, § 3 (1) SASpkG, § 4 (2) SHSpkG, § 3 (1) ThürSpkG; § 4 (3) LBBWG, § 2 (3) SaLBBW, Art. 3 (1) BayLBG, § 3 (1) SaBayLB, § 2 SaLBB, § 3 (1) SaBLKO, § 2 (1) HLBG, § 2 (1) SaHLB, § 4 (1) SaHelaba, § 4 (2) SaLBKiel, § 26 (2) RPSpkG, § 5 NordLBG, § 2 (2) SaNordLB, § 3 SaSaarLB, § 4 (1) SächsLBG, § 5 (1) SaWestLB.

ren eigenen Kreditinstituten mit finanziellen Hilfen beistehen.[45] Aus der jüngeren Vergangenheit sind folgende Fälle zu nennen:

- Im Jahr 1997 brachten uneinbringliche bzw. notleidende Kredite die Sparkasse Mannheim in wirtschaftliche Schwierigkeiten. Neben umfangreichen Stützungen durch die Sicherungseinrichtungen der Sparkassen half die Stadt mit frischem Kapital in Höhe von 26,5 Mio. Euro und mit einer Garantie für latente Risiken über 76,7 Mio. Euro aus. Die Stadt mußte dafür ihre Kreditaufnahme erhöhen und Vermögensgegenstände veräußern.[46] Die Sparkasse Mannheim wurde inzwischen mit einer Nachbarsparkasse verschmolzen.

- Fehlgeschlagene Immobiliengeschäfte führten 2001 bei der Berliner Bankgesellschaft AG zu einem hohen Wertberichtigungsbedarf. Das Land hat bislang 1,8 Mrd. Euro aufgebracht, um die wirtschaftliche Basis des Konzerns, zu dem auch die LBB und die Berliner Sparkasse gehören,[47] sicherzustellen.[48] 2002 verpflichtete sich das Land Berlin per Gesetz, Risiken in Höhe von 21,6 Mrd. Euro auf die Dauer von 30 Jahren abzuschirmen. Die ohnehin kritische Haushaltslage dieses Bundeslandes verschärft sich dadurch zusätzlich. Bislang ist es dem Land noch nicht gelungen, den Konzern an einen privaten Investor zu verkaufen.

Anders als bei Schieflagen, die es aufgrund der Natur des Bankgeschäfts selbstverständlich auch im übrigen Geschäftsbankensektor immer geben kann, werden wirtschaftliche Schwierigkeiten bei öffentlichen Kreditinstituten regelmäßig zum Gegenstand der politischen Auseinandersetzung, da u.U. Steuergelder zur Verlustdeckung ausgegeben werden.[49] Kreditverluste der Sparkasseninstitute können die in den Aufsichtsgremien vertretenen Politiker in Bedrängnis oder sogar zu Fall bringen (z.B. Rücktritt des früheren Hessischen Ministerpräsidenten Oswald nach der sog. „Helaba-Krise" im Jahr 1976). Aber nicht nur in politischer, sondern auch in beihilferechtlicher Hinsicht waren die Haftungsgrundlagen der Sparkasseninstitute äußerst umstritten. Nach langen Auseinandersetzungen mit der EU-Kommission wurde im Juli 2001 faktisch ein stufenweise Beseitigung des bisherigen Haftungsregimes vereinbart. Über den Hergang und die Konsequenzen dieser Entscheidung wird in Abschnitt C.3.2.4 noch ausführlich zu sprechen sein.

---

[45] Vgl. *Gernot Mittler:* Bewährung und Zukunftsaussichten der Landesbanken und der kommunalen Sparkassen, in: Zeitschrift für das gesamte Kreditwesen, Heft 22/2001, S. 1280-1289.

[46] Vgl. *Frankfurter Allgemeine Zeitung:* Hoher Wertberichtigungsbedarf für das vergangene Jahr, in: Nr. 172 vom 28.7.1998, S. 172; *dies.:* Strafprozeß um Mannheimer Sparkasse, in: Nr. 24 vom 29.1.2000, S. 20.

[47] Zu den Eigentums- und Beteiligungsverhältnissen vgl. *Tabelle 4* (S. 37f.)

[48] Vgl. *Senatsverwaltung für Finanzen:* Wowereit bekräftigt Engagement des Landes Berlin bei der Sanierung der Bankgesellschaft, Pressemitteilung vom 28.8.2001.

[49] Vgl. *Handelsblatt:* System Sparkasse im Zwielicht, in: Nr. 138 vom 20.7.2000, S. 12.

B.3.4 Zielsystem

B.3.4.1 Gemeinnützigkeit

Die gesetzlichen Grundlagen verpflichten Sparkassen und Landesbanken zur „Gemeinnützigkeit". Es handelt sich dabei, wie SCHLIERBACH ausführt, um einen unbestimmten Rechtsbegriff, der inhaltlich nicht mit dem Begriff der steuerrechtlichen Gemeinnützigkeit verwechselt werden darf.[50] Statt dessen muß er als die allgemeine Verpflichtung der Sparkassen und Landesbanken auf das Wohl ihres Gewährträgergebietes angesehen werden. In der Praxis soll dies in der Wahrnehmung dessen, was „öffentlicher Auftrag" genannt wird, zum Ausdruck kommen. Danach sollen die Sparkasseninstitute Leistungen im Rahmen der öffentlichen Daseinsvorsorge erbringen.[51] Der aus der Genese des Sparkassenwesens[52] und der jüngeren Rechtsprechung[53] gleichermaßen ableitbare Primat dieser Zweckerfüllung erzeugt im Verhältnis zu dem für die Sparkassen und Landesbanken geltenden Kaufmannsgrundsatz ein Spannungsfeld, das nun dargestellt wird.

B.3.4.2 Öffentlicher Auftrag und Kaufmannsgrundsatz

Die als „öffentlicher Auftrag" bezeichneten Einzelaufgaben der Sparkassen sind in den Landessparkassengesetzen konkretisiert.[54] Diese Gesetze sind in formaler Hinsicht von Land zu Land unterschiedlich und umfassen zum Teil auch spezielle Aspekte. Das Sparkassenrecht ist damit vorrangig ein „föderalistisches" und kein bundesweit einheitlich geformtes Rechtsgebiet. Dennoch weisen die Sparkassengesetze starke inhaltliche Entsprechungen auf, weil die nachfolgend dargestellten Aufgabenschwerpunkte in allen Gesetzen gleichermaßen verankert sind:

– Die „Gewährleistungsfunktion" verpflichtet die Sparkassen, auf die Sicherstellung der flächendeckenden Versorgung der Bevölkerung mit Finanzdienstleistungen hinzuwirken. Dies schließt die ausreichende Präsenz der

---

[50] Vgl. *Helmut Schlierbach:* a.a.O. (FN 42), S. 46 f.

[51] Vgl. *Klaus Stern/Joachim Burmeister:* Die kommunalen Sparkassen, Band 34 der Schriftenreihe des Vereins für Kommunalwissenschaften e.V. Berlin, Stuttgart 1972, S. 75.

[52] Vgl. *Albin Gladen:* Öffentlicher Auftrag der Sparkassen und Wettbewerb, in: Sparkassen in der Geschichte, hrsg. von der Gesellschaft zur Förderung der wissenschaftlichen Forschung über das Spar- und Girowesen, Stuttgart 1986, S. 47-63, hier: S. 53.

[53] Vgl. *OVG Münster:* Urteil vom 20.9.1979, in: Deutsches Verwaltungsblatt, Heft 1/1980, S. 70-72, hier: S. 71.

[54] Vgl. § 6 (2) BWSpkG, Art. 2 (1) BaySpkG, § 3 (1) LBBG, § 2 (1) BbgSpkG, § 3 (1) und (2) BrSpkG, § 2 HSpkG, § 2 (1) MVSpkG, § 4 NSpkG, § 3 (1) und (2) NWSpkG, § 2 (1), (2) RPSpkG, § 2 (1) und (2) SaarSpkG, § 2 (1) SächsSpkG, § 2 (1) SASpkG, § 2 SHSpkG, § 2 (1) ThürSpkG.

Sparkassen auch in wirtschaftlich schwächeren Gebieten und die Orientierung der Kreditpolitik an den Bedürfnissen der örtlichen Wirtschaft („Struktursicherungsfunktion") ein.

– Die „Förderfunktion" umfaßt den Auftrag, in der Bevölkerung aktiv zur Förderung des Sparsinns und der Vermögensbildung beizutragen. Der „Kontrahierungszwang" der Sparkassen, also die Pflicht, für jedermann auf Wunsch bestimmte Dienstleistungen im Bereich der Kontoführung zu erbringen, kann als Ausfluß dieser Funktion interpretiert werden.

– Die „Hausbankfunktion" ist auf die Aufgabe gerichtet, den öffentlichen Haushalten – insbesondere den Städten und Gemeinden – für die Finanzierung öffentlicher Ausgaben, die Anlage von Guthaben und wirtschaftliche Beratung zur Verfügung zu stehen.

– Die „Wettbewerbssicherungsfunktion" resultiert aus der flächendeckenden Präsenz der Sparkassen und dem Umstand, nicht von Instituten außerhalb des Sparkassensektors übernommen werden zu können. Dies soll die marktbeherrschende Stellung einzelner Banken verhindern und alle Anbieter überall zu wettbewerblichem Verhalten zwingen.

Die Sparkassen sind aufgrund der ersten drei genannten Aufgaben als ein Teil der kommunalen (Wirtschafts-)Verwaltung anzusehen.[55] Neben dieser Stellung besitzen sie gleichzeitig die Kaufmannseigenschaft. Kaufmann kann nur sein, wer ein gewerbliches Unternehmen („Handelsgewerbe") betreibt. Ein solches setzt die Absicht voraus, im Rahmen einer planmäßigen und dauerhaften Tätigkeit Gewinne zu erzielen. Dieser Grundgedanke findet sich in den meisten Sparkassengesetzen bzw. -verordnungen wieder, die den Instituten wörtlich oder sinngemäß eine Wirtschaftsführung nach „kaufmännischen Grundsätzen" aufgeben.[56] Das bedeutet, daß die Sparkassen bei der Erfüllung ihres öffentlichen Auftrages beständig die Größen Wachstum, Rentabilität, Liquidität und Solvabilität im Auge behalten müssen. Im Zielsystem der Sparkassen sind also gemeinnützige und erwerbswirtschaftliche Ziele vereint, wobei die Gewinnerzielung nicht Selbstzweck, sondern Mittel zur Erfüllung des öffentlichen Auftrags zu sein hat:

„Der entscheidende Akzent der Geschäftätigkeit der Sparkassen liegt in der Unterordnung des Gewinnstrebens unter die öffentliche Zielsetzung und Wirtschaftsbetätigung, d.h. in dem Verbot, die Gewinnerzielung und -maximierung als das einzige oder hauptsächliche Ziel der geschäftspolitischen Entscheidungen zu deklarieren."[57]

---

[55] Vgl. *Helmut Schlierbach:* a.a.O. (FN 42), S. 45.
[56] Vgl. § 6 (5) BWSpkG, §§ 1 (1) und 4 (1) BaySpkO, § 4 LBBG, § 2 (3) BbgSpkG, § 3 (1) SpkGBrn, § 3 (3) NWSpkG, § 2 (3) MVSpkG, § 2 (2) RPSpkG, § 2 (3) SaarSpkG, § 2 (3) SächsSpkG, § 2 (3) SASpkG, § 2 SHSpkG, § 2 (3) ThürSpkG.
[57] *OVG Münster:* a.a.O. (FN 53), S. 71.

Die Gewinnerzielung ist also kein gleichberechtigtes, sondern ein nachgeordnetes Unternehmensziel. In dieser Hinsicht unterscheiden sich ihre gesetzlichen Rahmenbedingungen von denen der nichtöffentlichen Geschäftsbanken. Diese Zielhierarchie wird in *Abbildung 2* verdeutlicht.

Vergleichbar mit den Sparkassen, definiert das Landesbankenrecht ebenfalls zunächst die öffentlichen Aufgaben als die oberste Zielsetzung des Geschäftsbetriebs. Jeweils in Verbindung mit den Satzungen finden sich die Rechtsgrundlagen der Landesbanken in den Sparkassengesetzen oder in speziellen Errichtungsgesetzen (bei der BayLB, LBB, LBBW, HLB, Nord/LB und SachsenLB). Grundsätzlich ist die Aufgabenstellung der Landesbanken nach drei Seiten gerichtet:[58]

Abbildung 2: Ziele der Sparkassen in Deutschland

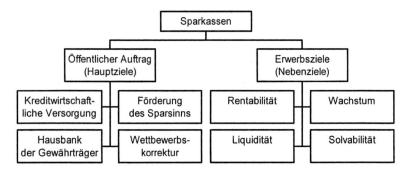

- Den Landesbanken ist die Aufgabe einer „Staats- und Kommunalbank" zugewiesen. Das bedeutet, daß sie die Länder und die Gemeinden bei der Erfüllung ihrer Aufgaben als Hausbanken unterstützen. Zu diesem Zweck sind die Landesbanken zur Ausgabe von Pfandbriefen und Schuldverschreibungen berechtigt. Außerdem fungieren sie als mittelbarer Bestandteil der öffentlichen Verwaltung (z.B. als Entscheidungsinstanzen bei Förderprogrammen im Wohnungsbau).
- Die Landesbanken sind Girozentralen der Sparkassen („Sparkassenzentralbanken"), d.h. sie stehen den Sparkassen für die Anlage liquider Mittel und die Refinanzierung zur Verfügung. Außerdem arbeiten sie als Verbundpartner mit den Sparkassen auf anderen Geschäftsfeldern zusammen (z.B. Beteili-

---

[58] Vgl. § 2 LBBWG, § 4 SaLBBW, Art. 4 BayLBG, § 4 SaBayLB, § 3 LBBG, § 5 SaBLKO, § 3 HLBG, § 3 SaHLB, § 5 SaHelaba, § 3 NordLBG, § 4 SaNordLB, § 38 NWSpkG, § 6 SaWestLB, § 26 (4) RPSpkG, § 1 SaLRP, § 34 SaarSpkG, § 5 SaSaarLB, § 2 SächsLBG, § 2 SaSächsLB, § 42 (1) SHSpkG, § 5 SaLBKiel.

gungs-, Auslands-, Wertpapiergeschäft). Die Kooperation der Sparkassen mit den Landesbausparkassen, die unselbständige Töchter der Landesbanken sind, ist ebenfalls in diesem Zusammenhang zu nennen.

– Schließlich sind die Landesbanken auch Geschäftsbanken, die volle Geschäftsfreiheit besitzen. Sie spezialisieren sich dabei insbesondere auf die Bereiche Unternehmensfinanzierung und Unternehmensbeteiligung sowie auf die gehobene Vermögensanlage.

Die oben beschriebenen Aufgaben der Landesbanken sind in *Abbildung 3* zusammenfassend dargestellt. Wie die Sparkassen, so müssen die Landesbanken ihre Aufgaben unter Wahrung kaufmännischer Grundsätze erfüllen.[59]

Abbildung 3: Aufgaben der Landesbanken in Deutschland (Auswahl)

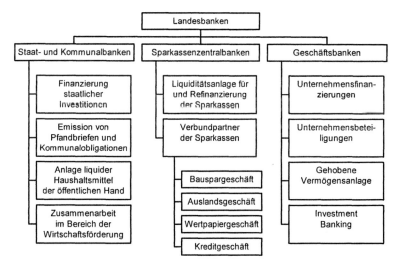

B.3.4.3 Regional- und Enumerationsprinzip

Das Gemeinnützigkeitsprinzip hängt mit der Beschränkung der Geschäftstätigkeit der Sparkassen auf das Gebiet ihres Gewährträgers eng zusammen („Regio-

---

[59] Vgl. § 7 LBBWG, § 7 SaLBBW, Art. 4 (3) BayLBG, § 4 (5) SaBayLB, § 4 LBBG, § 5 (2) SaBLKO, § 3 (6) HLBG, § 3 (6) SaHLB, § 5 (9) SaHelaba, § 6 (7) SaLBKiel, § 1 (6) SaLRP, § 4 NordLBG, § 4 (2) SaNordLB, § 5 (6) SaSaarLB, § 2 (5) SächsLBG, § 2 (6) SaSächsLB, § 6 (5) SaWestLB.

nalprinzip").[60] Am deutlichsten faßbar wird dieses Prinzip im Verbot, Sparkassenfilialen außerhalb des Gewährträgergebietes zu errichten. Die eingeschränkte Standortwahlfreiheit hindert die Sparkassen, ihre Aktivitäten auf wirtschaftlich interessantere Regionen als das Gewährträgergebiet zu verlagern. Sie sind vielmehr gezwungen, sich in ihrer Geschäftstätigkeit auf das Gebiet ihrer Gewährträger zu konzentrieren. Diese Domizilierungsvorschrift schränkt den Wettbewerb der Sparkassen untereinander ein. Jedoch wird das Regionalprinzip durch die Kundenmobilität und die Herausbildung neuer Vertriebswege (z.b. „Internet-Banking") unterlaufen.[61] Für die Aktivgeschäfte gilt es nicht in gleicher Weise, da die Sparkassen auch außerhalb ihres Geschäftsgebietes Kredite vergeben und Beteiligungen erwerben dürfen, wenn diese Geschäfte an eine wirtschaftliche Aktivität im Geschäftsgebiet anknüpfen.

Neben dem Regionalprinzip existiert mit dem „Enumerationsprinzip" eine weitere geschäftspolitische Einschränkung, da der Grundsatz der Gewerbefreiheit für die Sparkassen nicht in gleicher Weise gilt. Um das Sparkassenvermögen zu schützen, dürfen sie nur jenen Geschäften nachgehen, die ihnen durch die Sparkassenverordnungen bzw. die Satzungen ausdrücklich („enumerativ") gestattet sind.[62] Daraus ergibt sich beispielsweise das Verbot, mit eigenen Mitteln bestimmte Spekulationsgeschäfte durchzuführen, nicht jedoch das Verbot, solche Geschäfte auf Name und Rechnung von Kunden zu betreiben.

Die Geschäftsbeschränkungen gelten für die Landesbanken nicht in gleicher Weise. Sie besitzen praktisch völlige Geschäftsfreiheit und sind an das Regionalprinzip lediglich im Bereich ihrer öffentlichen Aufgabenfelder (Staatsbank, Girozentrale) gebunden. Als Geschäftsbanken unterhalten sie ein bundesweites und internationales Netz von Repräsentanzen. In ihrer weltweiten Präsenz stehen insbesondere die großen Landesbanken den Großbanken nicht nach.

B.3.5 Aufsicht und Prüfung

Aufgrund der speziellen Vorgaben, in welche die Geschäftstätigkeit der Sparkassen und Landesbanken eingebettet ist, können diese Institute als „Sonderform der Bank" bezeichnet werden. Sie sind kreditwirtschaftliche Anbieter und zugleich öffentliche Einrichtungen. Dieser Doppelnatur gemäß werden sie auch

---

[60] Vgl. *Manuel Gimple:* Das Regionalprinzip der deutschen kommunalen Sparkassen bei der Zweigstellenerrichtung im EG-Ausland, Konstanz 1990 (Diss.), S. 23.

[61] Vgl. *Hermann Meyer zu Seelhausen/Marcus Riekeberg:* Migration – ein Problem der Sparkassen?, in: Sparkasse, Heft 3/1996, S. 112-114; *Manfred Zaß:* Internet kennt kein Regionalprinzip, in: Deutsche Sparkassenzeitung, Nr. 44 vom 16.6.2000, S. 1; *Uwe H. Schneider/Peter Raskin:* Das Spannungsverhältnis zwischen Regionalprinzip und elektronischen Vertriebswegen, in: Zeitschrift für das gesamte Kreditwesen, Heft 21/2000, S. 1270-1275.

[62] Vgl. *Helmut Geiger:* a.a.O. (FN 19), S. 29.

doppelt beaufsichtigt. Dies entspricht dem Grundsatz, daß öffentliches Handeln auch öffentlicher Kontrolle zu unterwerfen ist.

Als Kreditinstitute im Sinne des KWG sind die Sparkassen und Landesbanken zunächst der Fachaufsicht durch die Bundesanstalt für die Finanzdienstleistungsaufsicht (BAFin) unterstellt, die die Rechtmäßigkeit und die Zweckmäßigkeit der Wirtschaftsführung nach Maßgabe des KWG und der sich daran anschließenden Bestimmungen prüft.[63] Neben der Fachaufsicht unterliegen die Sparkassen und Landesbanken in ihrer Eigenschaft als Einrichtungen der öffentlichen Hand einer besonderen Rechtsaufsicht. Sie obliegt einem Landesministerium (i.d.R. Finanz- oder Wirtschaftsministerium), das die Überwachungsaufgabe auf eine behördliche Zwischenebene (z.B. Regierungspräsidien, Bezirksregierungen) delegieren kann.[64] Die Aufsichtsbehörden kontrollieren die Beachtung der sparkassengesetzlichen und satzungsmäßigen Vorschriften. Dafür besitzen sie ein umfassendes Informationsrecht. Bei der Erteilung von Genehmigungen (z.B. bei Erlaß oder Änderung der Satzung) verfügen sie über einen Ermessensspielraum.

Von der Aufsicht ist die Prüfung zu unterscheiden. Die innerbetriebliche Prüfung ist ein laufender Prozeß, für den in erster Linie die Revisionsabteilungen der Sparkasseninstitute verantwortlich zeichnen. Die außerbetriebliche Prüfung, die sich insbesondere auf die Jahresabschlußprüfung erstreckt, kann bei den Sparkassen gemäß § 340k (3) HGB von den unabhängigen Prüfungsstellen der regionalen Sparkassen- und Giroverbände[65] übernommen werden. Bei einigen Landesbanken erfolgt die Prüfung auch durch die obersten Rechnungshöfe.[66] Die Prüfungsstellen testieren den Jahresabschluß und erteilen außerdem Vorschläge zur Fortentwicklung der Sparkassen (z.B. im Bereich des Kreditgeschäfts). Sie haben also einen umfassenderen Prüfungsauftrag als private Wirtschaftsprüfungsgesellschaften. Führt die Prüfung zu keinen Beanstandungen, wird dem Jahresabschluß der sogenannte „uneingeschränkte Bestätigungsvermerk" nach § 322 HGB erteilt. Danach soll der Jahresabschluß ein den tatsächlichen Verhältnissen entsprechendes Bild der Vermögens-, Finanz- und Ertragslage des geprüften Unternehmens vermitteln.[67]

---

[63] Am 1.5.2002 wurden unter dem Dach der BAFin die Aufgaben der ehemaligen Bundesaufsichtsämter für das Kreditwesen (BAKred), für das Versicherungswesen (BAV) und für den Wertpapierhandel (BAWe) zusammengeführt (§ 1 (1) des Gesetzes über die Bundesanstalt für die Finanzdienstleistungsaufsicht – FinDAG).

[64] Vgl. *Helmut Schlierbach:* a.a.O. (FN 42), S. 278.

[65] Vgl. Abschnitt B.5.1.

[66] Vgl. § 20 SaBayLB.

[67] Zu den Grenzen der Aussagekraft des Jahresabschlusses hinsichtlich Vermögens-, Finanz- und Ertragslage vgl. *Thomas Schildbach:* Der handelsrechtliche Jahresabschluß, 6. Auflage, Herne, Berlin 2000, S. 23-31.

B.3.6 Exkurs: Mindestanforderungen an die Eigenmittelausstattung

Zur Risikobegrenzung und Vermeidung von Schieflagen im Geschäftsbankensektor schreibt das KWG allen Kreditinstituten bestimmte Mindestrelationen zwischen den Eigenmitteln auf der einen und den Marktpreisrisiken (Währungs-, Rohwaren- und Handelsbuchrisikopositionen) sowie Risikoaktiva auf der anderen Seite vor.[68] Die Eigenmittel setzen sich aus dem „haftenden Eigenkapital" (Kern-/Ergänzungskapital) und den „Drittrangmitteln" (kurzfristiges Nachrangkapital, Nettogewinne aus Handelsgeschäften) zusammen (§ 10 (2) KWG). Zu den Risikoaktiva zählen neben den Bilanzaktiva auch Optionsrechte, außerbilanzielle Geschäfte, Swap- und Termingeschäfte. Die für die Eigenmittelausstattung maßgebliche Höhe der Bilanzaktiva wird ermittelt, indem jedes Aktivum entsprechend seiner Risikohaltigkeit mit einem Gewichtungsfaktor, der zwischen null und 100 v.H. liegt, multipliziert wird. Die so errechneten Risikoaktiva sind mit einem Eigenmittelsatz in Höhe von 8 v.H. zu unterlegen. Das genaue Verfahren wird durch den „Grundsatz I" geregelt, den die BAFin im Einvernehmen mit der Bundesbank erläßt (§ 10 (1) KWG).

Das Kernkapital der Sparkassen speist sich nahezu ausschließlich aus den thesaurierten Gewinnen im Sinne von § 10 (2a) Satz 1 Nr. 4 KWG; das Ergänzungskapital aus den Vorsorgereserven nach § 340f HGB (§ 10 (2b) Satz 1 Nr. 1 KWG). Da das kommunale Dotationskapital[69] und die Drittrangmittel bei den Sparkassen, die im Gegensatz zu anderen Banken kein Gründungskapital besitzen, kaum ins Gewicht fallen, bringen sie ihre Eigenmittel fast vollständig durch Innenfinanzierung auf. Im Gegensatz dazu können die Kreditbanken durch die Ausgabe von Aktien oder GmbH-Anteilen (§ 10 (2a) Satz 1 Nr. 2 KWG), und die Genossenschaftsbanken durch die Geschäftsguthaben ihrer Mitglieder (§ 10 (2a) Satz 1 Nr. 3 KWG) ihre Eigenmittel zusätzlich von außen stärken. Partiell wird der Haftungsmasse auch unternehmensexternes Vermögen angerechnet. So wird etwa der genossenschaftliche Haftsummenzuschlag, der die Nachschußpflicht der Genossen zum Ausdruck bringt, aufsichtsrechtlich als Ergänzungskapital anerkannt (§ 10 (2b) Nr. 8 KWG). Dagegen bleibt die Gewährträgerhaftung der Sparkasseninstitute bei der Bemessung der Haftungsfähigkeit ohne Berücksichtigung. PÜTTNER erblickt darin eine Verletzung des verfassungsmäßigen Gleichheitsgrundsatzes.[70] Eine Anrufung des Bundesverfassungsgerichts schei-

---

[68] Vgl. *Reinhold Hölscher:* Eigenmittelunterlegung von Marktpreisrisiken im Grundsatz I, in: Zeitschrift für das gesamte Kreditwesen, Heft 13/1998, S. 747-752.

[69] Darunter ist die Mitteleinbringung durch die Gewährträger zu verstehen, die jedoch wegen der chronischen Finanznot der Städte und Gemeinden faktisch ausscheidet.

[70] Vgl. *Günter Püttner:* Zur Eigenkapitalausstattung der Sparkassen, insbesondere zur Verfassungsmäßigkeit der Nichtanerkennung der Gewährträgerhaftung als Eigenkapital-Surrogat, Band 40 der Untersuchungen über das Spar-, Giro- und Kreditwesen, hrsg. von Walther Hadding und Uwe H. Schneider, Berlin 1983, S. 66.

terte aber an der fehlenden Grundrechtsfähigkeit der Sparkassen und Landesbanken.[71] Es ist zu vermuten, daß der Gesetzgeber die Sparkasseninstitute im Wettbewerb nicht zu sehr privilegieren bzw. seine eigenen Haftungsverpflichtungen beschränken wollte, so daß die Sparkasseninstitute den gleichen Eigenmittelvorschriften unterliegen wie die übrigen Banken.

Die Vorschriften zur angemessenen Eigenmittelausstattung resultieren aus den Standards des „Basler Ausschusses für Bankenaufsicht" (kurz „Basler Akkord") aus dem Jahr 1988. Es ist zu erwarten, daß nach der – derzeit noch laufenden – Überarbeitung dieser Übereinkunft („Basel II") die Eigenkapitalvorschriften risikoadäquater gestaltet und die Kreditinstitute ihre Konditionen noch stärker nach der Bonität ihrer Schuldner differenzieren. Die Reformpläne wurden anfänglich von der Kontroverse beherrscht, ob der Risikogehalt eines Aktivums durch bankinterne oder -externe Bonitätseinstufungen („Rating") objektiviert wird.[72] Ursprünglich war daran gedacht, die verpflichtende Eigenmittelunterlegung der Kreditinstitute bei Nichtvorliegen externer Ratings anzuheben, so daß Sparkassen und Genossenschaftsbanken eine Benachteiligung ihrer Hauptklientel – kleine und mittlere Unternehmen ohne externe Klassifikationen – befürchteten.[73] Die Folge waren heftige Proteste der Mittelstandsorganisationen, die sich auch die Politik zu eigen machte.[74] Auch ARTOPOEUS erhob Bedenken gegen die ausschließliche Anerkennung externer Ratings, weil dies die Kreditinstitute zur „großzügigeren" Prüfung der Kreditunterlagen veranlassen könnte.[75]

Auch wenn inzwischen den Forderungen nach der Gleichstellung der bankinternen Risikobewertung entsprochen wurde, müssen sich die Kreditinstitute darauf einstellen, daß sie künftig für höhere Risiken aus dem Kreditgeschäft zu einer höheren regulatorischen Eigenkapitaldecke verpflichtet werden. Für diese Vermutung sprechen auch die Bestrebungen der EU, die Rechnungslegungsvor-

---

[71] Grundrechte sind Individualrechte, die u.a. unberechtigte staatliche Eingriffe in die Sphäre des Grundrechtsträgers abwehren sollen. Verfassungsbeschwerde kann danach nur erheben, wer auch Träger von Grundrechten sein kann. Die Grundrechtsfähigkeit der Sparkassen als Einrichtungen der Gewährträger ist aber nicht anders zu bewerten als die der Gewährträger selbst. Vgl. ausdrücklich *BVerfGE* vom 14.4.1987, Band 75, S. 192-201.

[72] Vgl. *Neue Zürcher Zeitung:* Probleme mit der Eigenkapitalausstattung – Deutsche Kritik an Basel II, in: Nr. 139 vom 19.6.2001, S. 12.

[73] Vgl. *Anja Guthoff/Andreas Pfingsten/Til Schuermann:* Die Zukunft des Kreditgeschäftes, in: Zeitschrift für das gesamte Kreditwesen, Heft 21/1999, S. 1182-1186, hier: S. 1185.

[74] Vgl. *Deutscher Bundestag:* Antrag der Fraktionen SPD, CDU/CSU, Bündnis 90/Die Grünen, FDP und PDS: Fairer Wettbewerb bei Basel II – Neufassung der Basler Eigenkapitalvereinbarung und Überarbeitung der Eigenkapitalvorschriften für Kreditinstitute und Wertpapierfirmen, in: Drucksache 14/6196 vom 31.5.2001, Anlageband 674.

[75] Vgl. *Wolfgang Artopoeus:* Am „Supervisory Review Process" führt kein Weg vorbei, in: Börsen-Zeitung, Nr. 232 vom 1.12.1999, S. 6. Wolfgang Artopoeus war Präsident des früheren BAKred.

schriften künftig nach einheitlichen Richtlinien zu gestalten.[76] Insgesamt werden diese Entwicklungen für die Sparkasseninstitute einen wachsenden Zwang zur Rücklagenbildung und damit zur Gewinnerzielung bewirken.

B.3.7 Innere Organisation

B.3.7.1 Gewährträgerorgan

Die Sparkassen waren ursprünglich Teil der Stadt- und Gemeindeverwaltungen und als solche den kommunalen Spitzen direkt unterstellt. Seit ihrer rechtlichen Verselbständigung bildet der Vertretungskörper des Gewährträgers („Gewährträgerorgan") die Schnittstelle zwischen den Sparkasseneigentümern und den Sparkassen. Gewährträger der Sparkassen ist entweder die kommunale Gebietskörperschaft, in deren Wirkungsbereich die Sparkasse ihre Geschäfte betreibt (z.B. Landkreis) oder ein kommunaler Zweckverband, dem eine Mehrzahl von Gebietskörperschaften angehört (z.B. kreisfreie Stadt und Landkreis). Das Gewährträgerorgan ist das zugehörige Kommunalparlament (z.B. Stadtrat, Kreistag) oder die Zweckverbandsversammlung. Dem Gewährträgerorgan obliegt die Errichtung, Verschmelzung und Auflösung der Sparkassen. Zu seinen laufenden Aufgaben zählt die Wahl eines Teils der Verwaltungsratsmitglieder. In einigen Ländern fällt auch die Regelung der Dienstverhältnisse der Vorstandsmitglieder und die Gewinnverwendung in seinen Kompetenzbereich.[77]

Bei den Landesbanken gilt das Gesagte entsprechend ihrer – teilweise unterschiedlich gestalteten – institutionellen Gegebenheiten. Die meisten Landesbanken besitzen als ihr jeweils oberstes Organ eine Haupt- oder Gewährträgerversammlung,[78] in der die Repräsentanten der Eigentümer vertreten sind. Die Gewährträgerorgane der Landesbanken sind vor allem zuständig für den Erlaß und die Änderung der Satzung, die Entlastung der Verwaltungsrats- und Vorstandsmitglieder, das Eingehen und Aufgeben von Beteiligungen, die Verwendung des Bilanzgewinns und die Bestellung der Abschlußprüfer. Der Aufbau und die Kompetenzabgrenzung der Landesbankorgane sind mit der aktienrechtlichen Organisationsstruktur durchaus vergleichbar.[79]

---

[76] Vgl. *Burkhard Lehmann:* Nationale und internationale Aufsichtstrends unter dem Einfluß von Basel II, in: Betriebswirtschaftliche Blätter, Heft 12/2001, S. 552-555.

[77] Vgl. *Helmut Schlierbach:* a.a.O. (FN 42), S. 202 f.

[78] Bei der HLB: „Anteilseignerversammlung".

[79] Vgl. *Martin Grimm:* Organisationsrecht der Landesbanken im Spannungsfeld zwischen öffentlich-rechtlichem Organisationsrecht und Aktienrecht, Bochum 1988 (Diss.), S. 77-83.

B.3.7.2 Verwaltungsrat

Der Einfluß der Gewährträger auf die Sparkassen und Landesbanken wirkt in der Besetzung des Verwaltungsrates[80] fort. Bei den Sparkassen wird der größte Teil der Verwaltungsratsmitglieder – in der Regel zwei Drittel – vom Gewährträgerorgan entsandt.[81] Die Zusammensetzung der vom Gewährträger berufenen Mitglieder entspricht in der Regel dem Stärkeverhältnis der Fraktionen und Gruppen in den Kommunalparlamenten. In den Sparkassengesetzen Bremens, Niedersachsens und des Saarlands ist die Einhaltung dieses Proporzes sogar ausdrücklich gefordert.[82] Die übrigen Mitglieder des Verwaltungsrates werden von den Sparkassenbediensteten gewählt.[83] Die Größe der Verwaltungsräte richtet sich üblicherweise nach der Mitarbeiterzahl und übersteigt in keinem Bundesland regulär 21 Mitglieder.[84] Der Inhaber des politischen Spitzenamtes der Gewährträgerkörperschaft (z.B. Landrat, Oberbürgermeister) ist automatisch Vorsitzender des Verwaltungsrates (sogenannter „geborener" Vorsitzender).[85] Die Verwaltungsräte der Landesbanken setzen sich nach ähnlichen Prinzipien zusammen wie bei den Sparkassen.[86] Auch hier ist eine Dominanz des Gewährträgers festzustellen. Soweit ein Land bzw. Sparkassen an einer Landesbank beteiligt sind, haben ein oder mehrere Mitglieder der Landesregierung und der je-

---

[80] Bei LBB, BLKO, HLB, NordLB: „Aufsichtsrat".

[81] Vgl. § 14 (1) BWSpkG, Art. 8 (2) BaySpkG, § 9 (1) LBG, § 11 (1) BbgSpkG, § 10 (1) Nr. 4 BrSpkG, § 23 (1) HSpkG, § 11 (1) MVSpkG, § 12 (1) NSpkG, § 11 (1) NWSpkG, § 6 RPSpkG, § 10 (1) SaarSpkG, § 11 (1) SächsSpkG, § 11 (1) SASpkG, § 10 (1) SHSpkG, § 11 (1) ThürSpkG.

[82] § 10 (3) BrSpkG, § 12 (2) NSpkG, § 10 (2) SaarSpkG.

[83] In Bayern gibt es keine Belegschaftsvertretung im Verwaltungsrat (weder bei den Sparkassen noch bei der BayLB); die Bestellung des „dritten Drittels" erfolgt bei den Sparkassen durch die Aufsichtsbehörde (Art. 8 (2) BaySpkG). Außerdem ist in Bayern und in Hessen der Vorstandsvorsitzende der Sparkasse nach Art. 6 (1) Nr. 3 BaySpkG bzw. § 5a (1) Nr. 1 HSpkG Vollmitglied des Verwaltungsrates. Vgl. ansonsten § 11 (2) BbgSpkG, § 10 (3) BrSpkG, § 23 (2) HSpkG, § 11 (2) MVSpkG, § 11 (2) NWSpkG, § 6a RPSpkG, § 10 (3) SaarSpkG, § 11 (5) SächsSpkG, § 11 (2) SASpkG, § 10 (2) SHSpkG, § 11 (2) ThürSpkG

[84] Vgl. *Helmut Schlierbach*: a.a.O. (FN 42), S. 152 f.

[85] Vgl. *Helmut Geiger*: Die Besetzung der Verwaltungsräte der Sparkassen, in: Zeitschrift für öffentliche und gemeinwirtschaftliche Unternehmen, Heft 4/1979, S. 401-413, hier: S. 403 f.

[86] Vgl. §§ 9 (1) und 10 LBBWG, §§ 13 (1) und 14 SaLBBW, Art. 8 (2) und (3) BayLBG, § 8 (1) und (2) SaBayLB, § 9 (1) LBBG, § 21 (3) Buchst. b) SaLBB, § 9 (1) SaBLKO, § 10 (1) HLBG, § 13 (1) SaHLB, § 11 (1) SaHelaba, § 11 (1) SaLBKiel, § 6 (1) SaLRP, § 9 (1) NordLBG, § 8 (1) SaNordLB, § 9 (2) und (3) SaSaarLB, § 9 (3) SächsLBG, § 7 (3) SaSächsLB, § 12 (1) SaWestLB.

weiligen Sparkassen- und Giroverbände ihren festen Platz im entsprechenden Verwaltungsrat.[87]

Das passive Wahlrecht der Verwaltungsräte ist an Voraussetzungen geknüpft; dazu gehört die in den meisten Sparkassen- und Landesbankgesetzen ausdrücklich geforderte wirtschaftliche Sachkunde der Mitglieder.[88] Unbeschadet einiger Spezifika bei der Besetzung, Größe und Amtsdauer ist das Aufgabenspektrum der Verwaltungsräte der Sparkasseninstitute in allen Bundesländern weitgehend deckungsgleich. Neben der für den Aufsichtsrat einer Kapitalgesellschaft typischen Überwachungsfunktion umfaßt es auch Teile der unternehmerischen Führungskompetenzen (*Abbildung 4*, S. 55).

Die Überwachungsaufgabe des Verwaltungsrates ist nicht auf die Kontrolle des laufenden Geschäftsbetriebs gerichtet (hierfür sind die Sparkasseninstitute selbst zuständig), sondern auf die Prüfung der Konformität der Geschäftsführung mit den Unternehmenszielen. Die Überwachungsaufgabe erfordert regelmäßige Zusammenkünfte, in denen der Vorstand den Verwaltungsrat u.a. über die Geschäftsentwicklung und besondere Vorkommnisse informiert. Der Verwaltungsrat definiert im Rahmen seiner Richtlinienkompetenz die geschäftspolitische Grundlinie des Kreditinstituts. In Analogie zur Richtlinienkompetenz eines Regierungschefs handelt es sich dabei um die Festlegung auf eine allgemeine Richtung, die Einzelheiten zur Zielerreichung offenläßt.[89] Äußerer Ausdruck dieser Kompetenz ist auch der Erlaß von Geschäftsanweisungen für den Vorstand, den Kreditausschuß und die Innenrevision.[90] Anders verhält es sich bei der Einzelentscheidungskompetenz. Hier wird zwischen der Zustimmungskompetenz und der Alleinentscheidungskompetenz unterschieden. Bei Entscheidungen im Rahmen der Zustimmungskompetenz hat der Verwaltungsrat über zustimmungspflichtige Vorstandsbeschlüsse zu befinden (z.B. Besetzung von Führungspositionen, Errichtung und Schließung von Zweigstellen). Dagegen werden Verwaltungsratsentscheidungen, die in den Bereich der Alleinentscheidungskompetenz fallen, ohne Mitentscheidung des Vorstands gefällt (z.B. Re-

---

[87] Vgl. Art. 8 (1) BayLBG, § 9 (1) SaBLKO, § 10 (1) HLBG, § 8 (1) SaNordLBG, § 7 (1) SaSächsLB, § 12 (1) SaWestLB.

[88] Vgl. § 12 (3) BWSpkG, Art. 10 (1) BaySpkG, § 9 (3) BbgSpkG, § 11 (1) BrSpkG, § 9 (3) MVSpkG, § 12 (1) NSpkG, § 5 (2) RPSpkG, § 8 (3) SaarSpkG, § 9 (3) SächsSpkG, § 9 (3) SASpkG, § 9 (2) ThürSpkG, § 9 (2) LBBWG, § 17 (1) SaLBB, § 11 (1) Nr. 1 SaHelaba, § 6 (4) SaLRP, § 9 (5) SaSaarLB, § 7 (3) SaSächsLB, § 11 (5) SaLBKiel, § 12 (3) SaWestLB.

[89] Vgl. *Heinrich aus der Fünten:* Der Verwaltungsrat der Sparkasse, Band 42 der Untersuchungen über das Spar-, Giro- und Kreditwesen, hrsg. von Fritz Voigt, Berlin 1969, S. 110.

[90] Vgl. *Dirk Schmidt:* Sparkassen-Wissen für Verwaltungsräte, 7. Auflage, Stuttgart 2000, S. 91.

gelung der Dienstverhältnisse der Vorstandsmitglieder, Feststellung des Jahresabschlusses, Bestellung der Kreditausschußmitglieder).[91]

Abbildung 4:   *Aufgaben und Kompetenzen des Verwaltungsrates einer Sparkasse bzw. einer Landesbank*

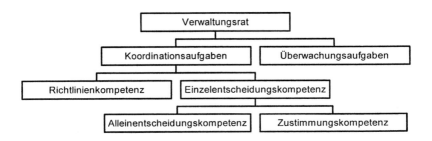

B.3.7.3 Kreditausschuß

Der Verwaltungsrat wählt aus seiner Mitte den Kreditausschuß, der in den meisten Ländern ein eigenes Unternehmensorgan ist.[92] Die Mitglieder des Kreditausschusses sollen sich durch besondere wirtschaftliche Fachkunde auszeichnen. Ihre Aufgabe besteht in der Entscheidung bzw. Beratung von Krediten ab einer bestimmten Größenordnung. In der Regel ergibt sich die Beteiligungspflicht des Kreditausschusses aus der Relation zwischen Kreditvolumen und den Eigenmitteln. Auch Organkredite im Sinne von § 15 KWG sind i.d.R. zustimmungspflichtig. Der Kreditausschuß kann nur über solche Kredite befinden, denen der Vorstand im Vorfeld bereits zugestimmt hat.
Es ist umstritten, ob den Bediensetetenvertretern im Verwaltungsrat das passive Wahlrecht zum Kreditausschuß zugestanden oder verwehrt werden soll.[93] Auf der einen Seite widerspricht einer Mitarbeitervertretung die Kompetenzhierarchie, welche die Mitarbeiter von Kreditentscheidungen ausschließt. Andererseits ist die Behandlung einzelner Kredite im Kreditausschuß keine Revision der

---

[91] Vgl. *Michael Völter:* Aufgaben und Pflichten von Verwaltungsräten, 2. Auflage, Stuttgart 1994 (Diss.), S. 52-59.

[92] Vgl. § 20 (1) BWSpkG, § 16 (1) BbgSpkG, § 6 (3) HSpkG, § 16 (1) MVSpkG, § 21 (2) NSpkG, § 17 (1) NWSpkG, § 10 (2) RPSpkG, § 18 SaarSpkG, § 16 (1) SächsSpkG, § 16 (1) SASpkG, § 17 (1) SHSpkG, § 14 (4) ThürSpkG; § 18 LBBWG, § 13 SaBayLB, § 12 (1) SaBLKO, § 14 (1) HLBG, § 19 (1) SaHLB, § 15 SaHelaba, § 17 SaLBKiel, § 9 SaLRP, § 13 (1) Buchst. a) SaNordLB, § 12 SaSaarLB, § 12 SaSächsLB, § 18 SaWestLB.

[93] Vgl. *Dirk Schmidt:* a.a.O. (FN 90), S. 129 f.

Sachbearbeitung, sondern eine Plausibilitäts- und Ergänzungskontrolle. Die Ausschußmitglieder sollen dabei auf die Vereinbarkeit der Kreditgewährung mit den Unternehmenszielen achten. Die Fähigkeit der Bedienstetenvertreter, dieser Anforderung zu genügen, wird in den Ländern, in denen ihre Mitgliedschaft im Kreditausschuß vorgesehen ist, offenbar angenommen.

B.3.7.4 Vorstand

Der Vorstand, dessen Mitgliederzahl sich nach der Größe der Sparkasse bzw. Landesbank richtet, ist ein Kollegialorgan, dessen Vorsitzender als *primus inter pares* fungiert. Grundvoraussetzung für die Übernahme einer Vorstandsposition in einer Sparkasse oder Landesbank ist die fachliche Eignung gemäß § 33 (2) KWG. Der Vorstand ist das Zentrum der innerbetrieblichen Willensbildung. Für das Verhältnis zwischen Verwaltungsrat und Vorstand ist das Prinzip der „Organtrennung" kennzeichnend, durch welches die Zugehörigkeit von politischen Amtsträgern des Verwaltungsrates zum Vorstand ausgeschlossen wird. Der Vorstand, der das Kreditinstitut gerichtlich und außergerichtlich vertritt, führt die laufenden Geschäfte im Rahmen der vorgegebenen Richtlinien in eigener Verantwortung.[94] Ein ausreichend großer Handlungsspielraum muß ihm dabei zur Verfügung stehen. Dabei hat er besondere Sorgfalt anzuwenden; Dienstpflichtverletzungen können die Verpflichtung zum Schadenersatz begründen.[95] Die Auswahl der Vorstandsmitglieder und die Regelung der Dienstverhältnisse sind in den meisten Bundesländern alleinige Angelegenheit des Verwaltungsrates.[96] Die Bedeutung der Sparkassen und Landesbanken für die wirtschaftliche Lage der Gemeinden und der Länder kann eine Vorstandsbesetzung zum Gegenstand breiterer politischer Diskussion machen. Jedoch hat, auch wenn die politische Mehrheitsgruppierung im Verwaltungsrat einen ihr nahestehenden Bewerber durchsetzen sollte, nicht die (partei-)politische Orientierung, sondern die besondere fachliche und persönliche Befähigung des Bewerbers ausschlaggebend zu sein. Über die Erfüllung dieser Qualifikationsanforderungen wachen die

---

[94] Vgl. § 22 (1) BWSpkG, Art. 5 (2) BaySpkG, § 8 (2) LBG, § 18 (1) BbgSpkG, § 16 (1) BrSpkG, § 7 (1) HSpkG, § 18 (1) MVSpkG, § 19 (2) NSpkG, § 19 (1) NWSpkG, § 14 (1) RPSpkG, § 16 (1) SaarSpkG, § 18 (1) SächsSpkG, § 18 (1) SASpkG, § 15 (2) SHSpkG, § 15 (2) ThürSpkG; § 13 (1) LBBWG, § 22 (1) SaLBBW, Art. 7 (1) BayLBG, § 7 (1) SaBayLB, § 8 (2) LBBG, § 13 (1) SaLBB, § 7 (1) SaBLKO, § 9 (1) HLBG, § 12 (1) SaHLB, § 17 (1) SaHelaba, § 19 (1) SaLBKiel, § 16 (1) SaLRP, § 8 (1) NordLBG, § 7 (1) SaNordLB, § 14 (2) SaSaarLB, § 10 (3) SächsLBG, § 14 (1) SaSächsLB, § 23 (1) SaWestLB.

[95] Vgl. *Marcus Lutter:* Pflichten und Haftung von Sparkassenorganen, Band 75 der Abhandlungen zum deutschen und europäischen Wirtschaftsrecht, hrsg. von Götz Hueck, Marcus Lutter und Wolfgang Zöllner, Bonn 1991, S. 15-73.

[96] Lediglich in Rheinland-Pfalz und im Saarland erfolgt die Bestellung der Vorstandsmitglieder durch das Gewährträgerorgan. Der Verwaltungsrat besitzt aber ein Mitwirkungsrecht.

BAFin (§§ 24 (1) Nr. 1, 33 (1) Nr. 4 und (2) KWG) und die jeweils zuständige Rechtsaufsichtsbehörde, denen bei der Bestellung eines Bewerbers jeweils ein Mitspracherecht zusteht.

B.3.7.5 Personalvertretungsorgane

Die Beschäftigten in den Sparkasseninstituten sind Angestellte im öffentlichen Dienst. Aus diesem Grund richtet sich die betriebliche Mitbestimmung nicht nach dem Betriebsverfassungsgesetz, sondern nach den Landespersonalvertretungsgesetzen, wonach Personalvertretungsorgane zu bilden sind (Personalrat, Jugend-, Auszubildenden- und Schwerbehindertenvertretung, Personalversammlung). In Abhängigkeit von den jeweiligen beteiligungspflichtigen Angelegenheiten nehmen die Personalvertretungsorgane mit unterschiedlichen Gestaltungskompetenzen an betrieblichen Entscheidungen teil (Mitbestimmung, Mitwirkung, Anhörung).

Von der betrieblichen Mitbestimmung ist die unternehmerische Mitbestimmung zu unterscheiden. Die Bediensteten entsenden in allen Bundesländern (außer Bayern) Vertreter in den Verwaltungsrat, in welchem diese gleichberechtigte Mitglieder sind. Eine Einflußmöglichkeit auf die Geschäftspolitik besteht für die Bediensteten also nicht nur durch die betriebliche Mitbestimmung, sondern auch über die Koordinationsfunktion des Verwaltungsrates.

B.3.8 Sonderfall „freie Sparkassen"

Nachdem die meisten privat gegründeten Sparkassen in kommunale Trägerschaft übergegangen sind, existieren heute nur noch acht Sparkassen, die als sogenannte „freie Sparkassen", d.h. in privater Rechtsform[97] betrieben werden (z.B. Aktiengesellschaft, Gesellschaft des bürgerlichen Rechts oder Stiftung). Es handelt sich um die Sparkassen der Städte Hamburg, Frankfurt/Main, Bremen und Lübeck sowie vier weitere kleinere Sparkassen in Schleswig-Holstein.[98]

Aufgrund ihrer Unternehmensverfassung ergeben sich für die freien Sparkassen einige Besonderheiten. Da sie keine kommunalen Einrichtungen sind, gab und gibt es bei ihnen weder Anstaltslast noch Gewährträgerhaftung. Außerdem besitzen die sparkassenspezifischen Geschäftsbeschränkungen (Regional- und Enumerationsprinzip) bei den freien Sparkassen keine Geltung. So hat das Bundesverwaltungsgericht festgestellt, daß die Filialeröffnung freier Sparkassen im Geschäftsgebiet einer kommunalen Sparkasse keinem Genehmigungsvorbehalt durch eine Rechtsaufsichtsbehörde unterliegt.[99] Wenn sich die freien Sparkassen

---

[97] Auch die öffentlich-rechtliche Sparkasse im Landkreis Steinburg, Sitz Itzehoe, wird zu den freien Sparkassen gerechnet, da sie aus einer freien Sparkasse hervorgegangen ist.
[98] Vgl. *Verband der Deutschen Freien Öffentlichen Sparkassen:* Jahresbericht 1999, S. 5.
[99] Vgl. *BVerwGE* vom 14.2.1984, in: Band 69, S. 11-24.

außerhalb ihrer angestammten Geschäftsgebiete dennoch nicht engagieren, geschieht dies aus freiwilliger Selbstbeschränkung und nicht aufgrund rechtlicher Restriktionen.[100] Gleichwohl kam und kommt es zu Auseinandersetzungen, sobald freie Sparkassen ihre Geschäftstätigkeit auf Gebiete öffentlich-rechtlicher Sparkassen ausgedehnt haben bzw. ausdehnen wollen.[101] Losgelöst von diesen Unterschieden, sind die freien Sparkassen in die Sparkassenorganisation voll integriert, da sie sich – wenn auch auf anderer rechtlicher Basis – geschäftspolitisch ähnlich verhalten wie die öffentlich-rechtlichen Sparkassen. Ebenso wie diese sind die freien Sparkassen zur Führung des – i.d.R. rotfarbigen – Sparkassen-Erkennungszeichens und des Firmenzusatzes „Sparkasse" (§ 40 (1) Nr. 2 KWG) berechtigt.

B.4 Marktstellung der Sparkassen und Landesbanken

B.4.1 Konzentration

Im Jahr 1949 existierten in der Bundesrepublik Deutschland (einschließlich Berlin-West) 889 selbständige Sparkassen.[102] Ende 2001 ist die Zahl der Sparkassen – bei erweitertem Gebietsstand (1957 Wiedereingliederung des Saarlandes, 1990 Beitritt der neuen Bundesländer) – auf 537[103] zurückgegangen. Die Ursache für diese (anhaltende) Verringerung bestand nicht in der Auflösung oder Veräußerung, sondern in der Verschmelzung von Sparkassen, wofür es neben betriebswirtschaftlichen Gründen (Effizienzsteigerung durch die Schaffung leistungsfähigerer Betriebsgrößen[104]) auch verwaltungsrechtliche Ursachen gab. Die Zusammenlegung von Gemeinden und Landkreisen im Zuge der kommunalen Gebietsreformen hat in besonderer Weise zur Straffung der Sparkassenstrukturen geführt. In den meisten Bundesländern blieb zwar die Selbständigkeit

---

[100] Vgl. *Manuel Gimple:* a.a.O. (FN 60), S. 4.

[101] Vgl. *Wirtschaftswoche:* Zügel für den Pionier, in: Nr. 17 vom 21.4.1989, S. 188-191; *Handelsblatt:* Expansionsdrang freier Institute birgt Zündstoff, in: Nr. 234 vom 4.12.2000, S. 25, *dass.:* Hamburger Sparkasse liebäugelt mit Kauf der Vereins- und Westbank, in: Nr. 77 vom 22.4.2003, S. 19.

[102] Vgl. *Bank deutscher Länder:* Monatsbericht Januar 1950, S. 54.

[103] Vgl. *Deutsche Bundesbank:* Monatsbericht Februar 2002, S. 24*.

[104] Langfristig betrachtet, haben sich die Fusionen im Bankensektor für die Filialpräsenz als unschädlich erwiesen, wie die gegenläufige Entwicklung der Instituts- und der Zweigstellenzahl zeigt. Während zwischen 1957 und 2000 die Zahl der Kreditinstitute von 13.359 auf 2.696 abgenommen hat, ist die Zahl der Bankstellen im gleichen Zeitraum von 26.333 auf 53.931 (einschließlich Postbank) gestiegen. Vgl. *Deutsche Bundesbank:* Bankenstatistik Juli 2002, Statistisches Beiheft zum Monatsbericht 1, S. 104. Für eine nach Bankengruppen gegliederte Darstellung vgl. *Tabelle 12* (S. 85).

der Sparkassen von der territorialen Neuordnung unberührt[105] (lediglich in Sachsen und Thüringen wurde gemäß § 22 des Sächsischen Kreisgebietreformgesetzes (SächsKrGebRefG) bzw. gemäß § 11 des Thüringer Maßnahmengesetzes (ThürMaßnG) die Neuordnung der Sparkassenstruktur entsprechend der Neugliederung der Stadt- und Landkreise gesetzlich angeordnet), jedoch sind die Gemeinde- oder Amtssparkassen unterhalb der Ebene der Landkreise bzw. kreisfreien Städte inzwischen zu einer Seltenheit geworden. Mit dem Abschluß der Gebietsreformen können die heutigen Fusionen so gut wie nur noch betriebswirtschaftlich begründet werden.

Auf die Ursachen des Konzentrationsprozesses im Landesbankenbereich wurde bereits eingegangen,[106] so daß diese hier nicht weiter vertieft werden müssen. Insbesondere nach dem Wegfall der Staatsgarantien ist davon auszugehen, daß sich die – seit den siebziger Jahren unveränderte – Zahl der Landesbanken aufgrund von Fusionen mittelfristig noch um zwei oder drei Institute verringern wird.[107] Im September 2002 einigten sich die Eigentümer der LB Kiel und der Hamburgischen Landesbank auf die Fusion dieser beiden Institute zum 1. Januar 2003.[108] Für diesen Schritt ist aber noch die Zustimmung der Landesparlamente erforderlich.

B.4.2 Wachstum und Marktanteile

Die zusammengefaßte Bilanz aller 537 deutschen Sparkassen weist per Ende 2001 eine Summe in Höhe von 985,5 Mrd. Euro aus, wovon 6,4 v.H. auf die freien Sparkassen entfallen.[109] Die aggregrierte Bilanzsumme der zwölf Landesbanken beläuft sich – ohne Konzerntöchter – per Ende 2001 auf 1,27 Bio. Euro. Der am Bilanzvolumen aller Kreditinstitute gemessene Marktanteil der Sparkassen beträgt 15,4 v.H. und jener der Landesbanken 19,9 v.H. Damit liegt der Marktanteil der Sparkasseninstitute per Ende 2001 bei 35,3 v.H. Ende 1991 lag er bei 35,8 v.H. (*Tabelle 6*, S. 60).

---

[105] In solchen Fällen kam es allerdings bisweilen zu „Gemengelagen" (mehrere Sparkassen innerhalb eines Gewährträgergebietes bzw. Zweigstellen im gewährträgerfremden Gebiet), die in der Regel durch die Bildung von Zweckverbänden gelöst werden konnten. Vgl. *Barbara Rost-Haigis/Frank-Peter Hohmann:* Auswirkungen der Gebietsreform auf das Sparkassenwesen, Band VI.3 der Schriftenreihe „Kommunale Gebietsreform", hrsg. von Hans Joachim v. Oertzen und Werner Thieme, Baden-Baden 1981, S. 137 f.; *Peter Weides:* Kreissparkassen und Gebietsreform, Band 3 der Schriftenreihe des Landkreistages Nordrhein-Westfalen, Köln u.a. 1983, S. 73-77.

[106] Vgl. Abschnitt B.2.2.

[107] Vgl. *Peer Steinbrück:* Fusionen von Landesbanken sind naheliegend, in: Handelsblatt, Nr. 8 vom 11./12.1.2002, S. 34.

[108] Vgl. *Financial Times Deutschland:* Landesbank-Fusion im Norden ist perfekt, in: Nr. 176 vom 11.9.2002, S. 20

[109] Vgl. *Verband der Deutschen Freien Öffentlichen Sparkassen:* Jahresbericht 2001, S. 5.

Tabelle 6: Größenverhältnisse der deutschen Sparkassen und Landesbanken
Stand jeweils zum Jahresende

Jahr	Bilanzsumme aller Bankengruppen in Mrd. DM (nur 2001: Mrd. Euro)	Sparkassen		Landesbanken	
		Bilanzsumme in Mrd. DM (nur 2001: Mrd. Euro)	Marktanteil in v.H.	Bilanzsumme in Mrd. DM (nur 2001: Mrd. Euro)	Marktanteil in v.H.
1950	30,8	7,7	24,9	4,2	13,6
1960	233,1	56,0	24,0	29,0	12,4
1970	820,7	187,6	22,9	129,6	15,8
1980	2.531,3	519,0	20,5	382,5	15,1
1991	5.573,5	1.164,7	20,9	828,7	14,9
2001	6.386,2	985,5	15,4	1.269,4	19,9

Quelle: *Bank Deutscher Länder, Monatsbericht Januar/Februar 1951, S. 48; Deutsche Bundesbank: Monatsbericht März 1961, S. 74-76; dies.: Monatsbericht März 1971, S. 24*-28*; dies.: Monatsbericht März 1981, S. 28*-31*; dies.: Monatsbericht März 1992, S. 32*-34*; dies.: Monatsbericht Februar 2002, S. 24*-25*; eigene Berechnungen.*

Die relative Bedeutung der Sparkassen und Landesbanken hat sich während der letzten zehn Jahre – bei insgesamt gleichbleibendem Marktanteil – umgekehrt. Der Grund dafür ist das unterdurchschnittliche Wachstum der Sparkassen und das überdurchschnittliche Wachstum der Landesbanken. Zwar ist zwischen 1991 und 2001 die durchschnittliche Sparkassen-Bilanzsumme von 798 Mio. Euro auf 1,84 Mrd. Euro gewachsen,[110] doch liegt die jahresdurchschnittliche Zuwachsrate der Sparkassen für diesen Betrachtungszeitraum mit 5,17 v.H. nicht unerheblich unter der des Gesamtmarktes (8,40 v.H.). Deshalb ist der Marktanteil der Sparkassen am Geschäftsvolumen kontinuierlich geschrumpft, obwohl nach der Wiedervereinigung die Sparkassen in den neuen Ländern mit ihrer zu DDR-Zeiten begründeten starken Marktstellung hinzugekommen sind. Im Unterschied zu den Sparkassen hat das im gleichen Zeitraum gemessene Bilanzsummen-Wachstum der Landesbanken (11,32 v.H.) das des Gesamtmarktes überstiegen. Die Ursachen für Marktanteilsverschiebungen sind vielfältig. Im Unterschied zu den Landesbanken fehlt den Sparkassen der Zugang zum Kapitalmarkt und die Möglichkeit, ihre Größe durch Zukäufe oder durch Auslandsaktivitäten zu erweitern. Ihr Positionsverlust ist aber auch eine Folge der Zusammensetzung des

---

[110] Vgl. *Deutsche Bundesbank:* Monatsbericht März 1992, S. 32*; *dies.:* Monatsbericht Februar 2002, S. 24*; eigene Berechnung. Die Streuung um diesen Mittelwert ist beträchtlich: Die an der Bilanzsumme gemessene größte Sparkasse ist die Hamburger Sparkasse (31,8 Mrd. Euro), die kleinste die Amtssparkasse Speicher (Landkreis Bitburg) mit 63 Mio. Euro. Vgl. *Deutscher Sparkassen- und Giroverband:* Sparkassenfachbuch 2002, S. 361-378.

Tabelle 7: Bilanzstruktur der deutschen Sparkassen und Landesbanken
Stand: Ende 2001

Aktiva	jahresdurchschnittliche Zuwachsrate im Zeitraum 1991-2001 im Gesamtmarkt (v.H.)	Sparkassen		Landesbanken	
		Mrd. Euro	Marktanteil (v.H.)	Mrd. Euro	Marktanteil (v.H.)
Kassenbestand (einschließlich Guthaben bei Zentralbanken)	1,60	21,9	30,8	6,0	8,4
Kredite an Kreditinstitute, darunter:	9,19	238,1	10,5	619,2	27,3
– Guthaben und Buchkredite	8,60	79,3	5,0	491,5	30,7
– Wertpapiere (von Banken)	11,52	158,6	23,8	125,7	18,9
Kredite an Nichtbanken, darunter:	7,71	686,6	19,1	560,4	15,6
– Buchkredite bis ein Jahr	5,35	78,8	16,5	69,1	14,5
– Buchkredite über ein Jahr	7,66	513,8	20,0	402,5	15,7
– Wechsel	-16,16	1,6	28,1	0,4	7,0
– Wertpapiere (von Nichtbanken)	16,92	91,9	17,7	83,9	16,2
Beteiligungen	15,91	11,8	8,2	23,6	16,4
Sonstige Aktivpositionen	12,62	27,1	8,6	60,2	19,1
Passiva					
Einlagen und aufgenommene Kredite von Kreditinstituten	9,05	229,0	12,5	460,8	25,2
Einlagen und aufgenommene Kredite von Nichtbanken, darunter:	6,20	625,2	26,2	304,6	12,8
– Sichteinlagen	9,48	170,7	30,4	39,3	7,0
– Termineinlagen	7,80	78,4	7,0	249,8	22,2
– Spareinlagen (einschl. Sparbriefe)	3,13	376,2	53,8	15,4	2,2
Inhaberschuldverschreibungen im Umlauf	11,05	46,0	3,0	390,3	25,6
Kapital (einschließlich offener Rücklagen)	9,48	42,7	15,5	53,9	19,6
Sonstige Passivpositionen	15,86	42,6	11,2	59,8	15,6
Bilanzsumme	**8,40**	**985,5**	**15,4**	**1.269,4**	**19,9**
zum Vergleich: Wachstum der Sparkassen	5,17				
Wachstum Landesbanken	11,32				

Quelle: Deutsche Bundesbank: Monatsbericht März 1992, S. 32*-35*; dies.: Monatsbericht Februar 2002, S. 24*-25*; eigene Berechnungen.

Mittelaufkommens, also der Struktur ihrer Passiva. Die Sparkassen dominieren zwar im traditionellen Spargeschäft (Marktanteil: 53,8 v.H.), das aber aufgrund sinkender Sparneigung und einer veränderten Anlageverhaltens nur noch unterdurchschnittlich wächst (mittlere Wachstumsrate: 3,13 v.H.).[111] Dagegen sind sie auf dem stark wachsenden Geschäftsfeld der Bankschuldverschreibungen (mittlere Wachstumsrate: 11,05 v.H.) nur unterdurchschnittlich vertreten. Dagegen sind die Landesbanken, die sich i.d.R. nicht im breiten Privatkundengeschäft engagieren und deshalb im Spargeschäft kaum eine Rolle spielen (Marktanteil: 2,2 v.H.), bei den Schuldverschreibungen besonders präsent (Marktanteil: 25,6 v.H.). Die Expansion der Landesbanken hängt also auch damit zusammen, daß ihr Geschäftsprofil mit dem Wachstumsprofil des Marktes besser übereinstimmt, als dies bei den Sparkassen der Fall ist (*Tabelle 7*, S. 61).

Die tieferen Gründe für die Expansion der Landesbanken liegen in der Verlagerung ihres Aufgabenschwerpunktes auf geschäftsbanktypische Felder. In Relation dazu haben ihre Aufgaben als Staats- und Kommunalbanken sowie als Zentralbanken der Sparkassen an Bedeutung eingebüßt. So machen die Geschäftsverbindungen mit angeschlossenen Sparkassen nur noch 7,5 v.H. auf der Aktivseite und 3,3 v.H. auf der Passivseite der aggregierten Landesbankbilanz aus (Stand: Ende 1999).[112] Dafür gibt es folgende Gründe:

– Große Sparkassen „emanzipieren" sich von den Landesbanken, wenn sie für die selbständige Durchführung solcher Geschäfte, die sie bislang gemeinsam mit den Landesbanken durchgeführt haben, groß genug geworden sind. So engagieren sich die größten deutschen Sparkassen inzwischen eigenständig im Investment-Banking.[113]

– Der Bedeutungsverlust der Landesbanken auf den öffentlichen Aufgabenfeldern erklärt sich auch durch das Wachstum der zahlreichen Kreditinstitute mit Sonderaufgaben, die sich im Eigentum des Bundes, der Länder und/oder anderer Landesbanken befinden.[114] Diese Kreditinstitute beschränken sich auf die Unterstützung der Länder und Gemeinden bei der Erfüllung ihrer Aufgaben und die Förderung der Wirtschaft.

Mit diesen Entwicklungen fällt es den Landesbanken leichter, über ihre öffentlich-rechtlichen Aufgabenbereiche hinauszuwachsen und sich verstärkt Geschäftsbankaktivitäten zuzuwenden. Daß die Landesbanken inzwischen primär geschäftsbanktypische Ziele verfolgen, läßt sich ihren eigenen Geschäfts-

---

[111] Vgl. hierzu ausführlicher Abschnitt D.2.3.

[112] Vgl. *Zeitschrift für das gesamte Kreditwesen*: Landesbanken im Geschäftsjahr 1999, in: Heft 18/2000, S. 1090-1102, hier: S. 1098.

[113] Vgl. *Handelsblatt*: Schöne neue Sparkassenwelt, in: Nr. 236 vom 6.12.2000, S. 14; *Wirtschaftswoche*: Neubers letzte Schlacht, in: Nr. 8 vom 17.2.2000, S. 50-55, hier: S. 54.

[114] Vgl. Abschnitt B.1.4.

berichten und zahlreichen Presseveröffentlichungen entnehmen.[115] Danach beteiligen sich die Landesbanken auch an solchen Projekten, bei denen der Zusammenhang mit der öffentlichen Daseinsvorsorge kaum noch erkennbar ist. So engagiert sich beispielsweise die WestLB, die inzwischen 53 v.H. ihres Ertrages im Ausland generiert, in der Reisebranche oder die LBB in der Finanzierung von Motorsportaktivitäten.[116]

Das veränderte Selbstverständnis der Landesbanken, die nach Regelung der Landesbank- und Sparkassengesetze „volle Geschäftsfreiheit" besitzen,[117] kommt auch durch einen Textvergleich zwischen einem älteren und einem neueren Landesbankgesetz gut zum Ausdruck. Nachfolgend wird die gesetzliche Aufgabenstellung der BayLB aus dem Gesetz über die Bayerische Landesbank (BayLBG) von 1972 und jene der LBBW aus dem Gesetz über die Landesbank Baden-Württemberg (LBBWG) von 1999 zitiert. Der Klarheit halber ist zu bemerken, daß sich diese beiden Landesbanken in ihrer Unternehmensphilosophie und ihrer Geschäftspraxis kaum unterscheiden. Indes zeigt der deutlich geänderte Wortlaut, daß der Gesetzgeber den faktischen Wandel der Landesbanken zu Geschäftsbanken offenbar mitträgt. Während im BayLBG noch die öffentliche Aufgabe vorangestellt wird, betont das LBBWG zunächst die volle Geschäftsfreiheit der Landesbank. Umgekehrt bleibt der Begriff „Gewinnerzielung", die im BayLBG ausdrücklich als Nebenzweck der Geschäftstätigkeit definiert wird, im LBBWG – absichtsvoll ? – unerwähnt.

Art. 4 BayLBG	§ 2 LBBWG
„Aufgaben	„Aufgaben
(1)Die Bank hat insbesondere die Aufgaben einer Staatsbank sowie einer Kommunal- und Sparkassenzentralbank. Sie hat durch ihre Geschäftstätigkeit den Freistaat Bayern und seine kommunalen Körperschaften einschließlich der Sparkassen in der Erfüllung öffentlicher Aufgaben zu unterstützen.	(1)Die Landesbank hat volle Geschäftsfreiheit. Sie kann alle Arten von Bank- und Finanzdienstleistungsgeschäften betreiben sowie alle sonstigen Geschäfte, die der Landesbank dienen. Sie ist berechtigt, Pfandbriefe, Kommunalobligationen und sonstige Schuldverschreibungen auszugeben.
(2)Zu den Aufgaben der Bank gehört auch die Ausgabe von Pfandbriefen, Kommu-	(2)Die Landesbank stärkt den Wettbewerb im Kreditgewerbe. Sie erbringt ihre Leistun-

---

[115] Eine umfangreiche Dokumentation des Engagements der Landesbanken im geschäftsbanktypischen Bereich findet sich bei *Hans-Werner Sinn:* a.a.O. (Kap. A, FN 8), S. 118-126.

[116] Vgl. *Zeitschrift für das gesamte Kreditwesen:* Was bleibt, ist eine Geschäftsbank, in: Heft 18/2000, S. 1032 f.

[117] Vgl. § 41 BWSpkG, § 4 (1) SaBayLB, § 38 (1) NWSpkG, § 26 (4) RPSpkG, § 5 (1) SaSaarLB, § 5 (6) SaHelaba, § 3 (1) HambLBG, § 3 (1) SaBLKO, § 6 (1) SaLBKiel, § 4 (1) NordLB, § 2 (1) SächsLBG.

nalschuldverschreibungen, Landesboden-
briefen und sonstigen Schuldverschreibungen sowie die Begründung von
Schuldbuchforderungen.

(3) Die Geschäfte der Bank sind nach kaufmännischen Gesichtspunkten zu führen,
wobei den ihr gestellten öffentlichen Aufgaben Rechnung zu tragen ist. Die Erzielung von Gewinn ist nicht Hauptzweck
des Geschäftsbetriebs."

gen für die Bevölkerung, die Wirtschaft
und die öffentliche Hand unter Berücksichtigung der Markterfordernisse.

(3) Die Landesbank ist Universalbank und
internationale Geschäftsbank.

(4) Die Landesbank ist auch die Zentralbank
der Sparkassen in Baden-Württemberg.
Insoweit betreibt sie ihre Geschäfte unter
Berücksichtigung der Belange der Sparkassen. Informationen, die ihr als Zentralbank zugänglich werden, dürfen nicht zur
Anbahnung anderer Geschäfte verwendet
werden. Zusammen mit den Verbundunternehmen der Sparkassen fördert und
unterstützt sie die Wettbewerbsfähigkeit
der Sparkassen im Markt.

(5) Die Landesbank erfüllt auf dem Gebiet
der Landeshauptstadt Stuttgart auch die
Aufgabe einer Sparkasse in entsprechender Anwendung des § 6 Abs. 2 des Sparkassengesetzes.

(6) Die Landesbank kann zur Erfüllung ihrer
Aufgaben und zur Wahrnehmung ihrer
Geschäfte rechtlich unselbständige Anstalten des öffentlichen Rechts errichten,
sich an Unternehmen beteiligen und Verbänden als Mitglied beitreten. Sie kann
sich ferner am Kapital von Kreditinstituten des öffentlichen Rechts beteiligen und
bei solchen Instituten Gewährträger sein.

(7) Die Landesbank ist zur Anlage von Mündelgeldern geeignet."

B.4.3 Rentabilität

Die Erfolgszahlen der Kreditinstitute, die im Berichtswesen der Bundesbank
sowohl in absoluten Zahlen als auch in Relation zur Jahresdurchschnittsbilanz-
summe ausgedrückt werden, zeigen bei den Sparkassen für den Zeitraum von
1995 bis 2001, daß sie den überwiegenden, jedoch absolut zurückgehenden Teil
ihrer Erträge im zinsabhängigen Geschäft, also der Hereinnahme von Einlagen
und der Ausreichung von Krediten und Eigenanlagen, erwirtschaften (*Tabelle 8*,
S. 66). Auf den Provisionsüberschuß, der den Ertrag aus dem Verkauf von eigenen Dienstleistungen (z.B. Kontoführung, Kreditkarten) und von Produkten
Dritter (z.B. Investmentzertifikate, Bausparverträge oder Versicherungsdienst-
leistungen) umfaßt, entfällt ein kleinerer Teil. Den Sparkassen ist es bislang
noch nicht gelungen, den Rückgang der Überschüsse im Zinsgeschäft durch die

Provisionserträge auszugleichen. Ein Grund dafür besteht darin, daß sie kaum am lukrativen Emissionsgeschäft teilnehmen, da es vorwiegend die Großbanken und Landesbanken sind, die Börsengänge begleiten. Der ordentliche Verwaltungsaufwand (Personal- und Sachkosten) der Sparkassen ist überdurchschnittlich hoch, was vor allem am umfangreichen Personalbestand (jede Sparkasse benötigt unabhängig von ihrer Größe einen Vorstand und diverse Stabsabteilungen) und am dichten Filialnetz liegt. Außerdem weisen die Sparkassen (wie die Kreditgenossenschaften) ein überdurchschnittliches Bewertungsergebnis auf. Der (negative) Saldo aus der Bewertung des Kredit-, Forderungs- und Wertpapierbestandes sowie aus den Zuführungen zu den Vorsorgereserven liegt deutlich über dem Vergleichswert der Branche. Dies ist zunächst erstaunlich, weil die für die Sparkassen geltenden Beschränkungen Spekulationsgeschäfte und Geschäfte außerhalb des Geschäftsgebietes untersagen. Die Sparkassen vergeben keine Kredite in wirtschaftlich riskante Regionen (z.B. Lateinamerika, Südostasien), sondern konzentrieren sich auf das vergleichsweise risikoarme Geschäft mit Privatkunden und Unternehmen vor Ort. Mit Blick auf die durchaus ungleiche Verteilung von Wirtschaftszweigen auf einzelne Regionen ist aber genau dieser Umstand für die Diversifikationsmöglichkeiten und damit für die Risikoentlastung von Nachteil. Eine Sparkasse ist von der Krise eines im Geschäftsgebiet bedeutsamen Wirtschaftszweiges stärker betroffen als ein überregional tätiges Kreditinstitut. Das Geschäft mit Privatkunden trägt kaum zur Risikoentlastung bei, da viele Arbeitsplätze und damit die Rückzahlung von privaten Finanzierungen (z.B. Wohnbaukredite, Konsumentendarlehen) von der Entwicklung der ortsansässigen Unternehmen abhängig sind. Aufgrund dieser Sonderfaktoren kommt bei den Sparkassen der Stärkung der Eigenmittel und der Vorsorgereserven besondere Bedeutung zu. Die hohen Kosten ändern nichts daran, daß die vorsteuerlichen Jahresüberschüsse der Sparkassen die Vergleichswerte der anderen Bankengruppen übersteigen. Auch ihre versteuerten Jahresüberschüsse liegen, trotz der überdurchschnittlichen Ertragssteuerbelastung, über dem Durchschnitt der Branche.

Während die Landesbanken ihren Marktanteil am Bilanzvolumen durch überdurchschnittliche Zuwachsraten nachhaltig steigern konnten, ist ihre an der Bilanzsumme gemessene Rentabilität vergleichsweise niedrig. Die konsolidierte Erfolgsrechnung der Landesbanken zeigt, daß sie im Vergleich zum Gesamtmarkt nur einen halb so hohen Zins- und Provisionsüberschuß erwirtschaften. Die Rentabilität der Landesbanken kann also mit ihrer Wachstumsentwicklung nicht mithalten, obwohl die Landesbanken während des Betrachtungszeitraumes (und auch davor) durch die staatlichen Einstandspflichten refinanzierungsseitig begünstigt worden sind. Andererseits profitieren die Landesbanken – dank ihrer Rahmenbedingungen – von einer wesentlich günstigeren Aufwands- und Bewertungsrelation. Auch die Steuerzahlungen fallen im Vergleich zum Branchendurchschnitt niedrig aus. Dafür dürften auch die internationalen Steuergestaltungsmöglichkeiten der Landesbanken die Ursache sein.

Tabelle 8: Erfolgsrechnung der deutschen Sparkassen und Landesbanken
Angaben in v.H. der durchschnittlichen Bilanzsumme
Durchschnittswerte für die Jahre 1995-2001

Erfolgsposition	Alle Banken-gruppen	Spar-kassen	Kredit-genos-senschaf-ten	Landes-banken	Genoss. Zentral-banken	Groß-banken
Zinsüberschuß	1,40	**2,61**	2,66	**0,63**	0,73	1,34
Provisionsüberschuß	0,36	**0,50**	0,58	**0,11**	0,20	0,69
Verwaltungsaufwand (Personal- und Sachkosten)	-1,21	**-2,05**	-2,39	**-0,43**	-0,58	-1,66
Nettoergebnis aus Finanzgeschäften	0,07	**0,04**	0,01	**0,04**	0,09	0,18
Bewertungsergebnis	-0,25	**-0,42**	-0,41	**-0,16**	-0,20	-0,20
Saldo der sonst. betrieblichen Erträge und Aufwendungen	0,03	**0,02**	0,11	**0,04**	0,02	-0,02
Betriebsergebnis	0,40	**0,67**	0,54	**0,23**	0,26	0,33
Saldo der außerordentlichen Erträge und Aufwendungen	0,01	**-0,01**	0,03	**-0,02**	0,11	0,13
Jahresüberschuß vor Steuern	0,41	**0,66**	0,57	**0,21**	0,37	0,46
Steuern vom Einkommen und Ertrag	-0,19	**-0,40**	-0,33	**-0,09**	-0,14	-0,14
Jahresüberschuß nach Steuern	0,22	**0,26**	0,24	**0,12**	0,23	0,32

Quelle: Deutsche Bundesbank: Die Ertragslage der deutschen Kreditinstitute im Jahr 2001, in: Monatsbericht September 2002, S. 17-47, hier: S. 37-39; eigene Berechnungen.

B.4.4 Zukunftsaussichten

Die Veränderungen der finanzwirtschaftlichen Rahmenbedingungen sind durch eine Zunahme der Wettbewerbsintensität und eine steigende Preiselastizität der Nachfrage gekennzeichnet.[118] Diese ändern nichts am wichtigsten Erfolgspotential der Sparkassenorganisation, nämlich an der Kombination aus regionaler Prä-

---

[118] Vgl. ausführlich Abschnitt D.2.2.2.

senz (Sparkassen) und Spezialisierung im Verbund (insbesondere Landesbanken, Versicherungsgesellschaften, Investmentdienstleister). Die Sparkassen verfügen über einen außerordentlich hohen Bekanntheitsgrad und eine breite Verankerung im Bewußtsein aller Bevölkerungsschichten.[119] Sie sind in der Lage, ihre starke Position im Geschäft mit Privatkunden und dem Mittelstand durch den Einsatz moderner Vertriebswege zu vitalisieren (sogenannter „Multi-Kanal-Ansatz").[120]

Die „guten Fundamente" der Sparkasseninstitute sind aber wachsenden Risiken ausgesetzt. Seit Beginn der neunziger Jahre verengen sich aufgrund des härteren Wettbewerbs die Margen im Zinsgeschäft, in dem die Landesbanken und insbesondere die Sparkassen den Großteil ihrer Deckungsbeiträge erwirtschaften. Mit der inzwischen beschlossenen Abschaffung der Gewährträgerhaftung wird sich der Zinsaufwand der Landesbanken und der Sparkassen erhöhen. Gleichzeitig wird im Gefolge von „Basel II" der Eigenkapitalbedarf und damit der Zwang, Gewinne zu erzielen, tendenziell weiter ansteigen.

Anders als bei den Kreditbanken i.e.S. haben die zahlreichen Fusionen bei den Sparkasseninstituten noch zu keiner nennenswerten Verringerung der Personalkosten, sondern allenfalls zur Verlangsamung ihres Anstiegs geführt. Hinzu kommen hohe Sachkosten, die durch das dichte Filialnetz begründet sind (Grundstückserwerb bzw. -miete, Betriebskosten, Kosten für IT-Ausstattung usw.). Die Kostensteigerungen können aufgrund der wachsenden Preisempfindlichkeit der Kunden nicht an diese weitergegeben werden. Filialarme oder fliallose „Low-Cost-Anbieter" (z.B. Direktbanken) nutzen ihre Kostenvorteile bei ihrer Konditionsgestaltung und erzeugen so bei den Sparkassen und Landesbanken einen beträchtlichen Wettbewerbsdruck. Deshalb ist neben der Stärkung der Verkaufskraft im zinsunabhängigen Geschäft auch ein offensiveres Vordringen in ertragreiche – und bislang unterentwickelte – Segmente im Firmenkundengeschäft angezeigt (z.B. Investmentgeschäft, Handel mit Asset Backed Securities oder derivativen Finanzinstrumenten). Die dafür notwendigen Qualifizierungsprogramme für die eigenen Mitarbeiter bzw. von außen angeworbene von Spitzenkräften werden allerdings die – ohnehin hohen – Personalkosten der Sparkassen und Landesbanken weiter in die Höhe treiben.

Um weiterhin im Wettbewerb bestehen zu können, stehen den Sparkasseninstituten nach Überzeugung des derzeitigen Präsidenten der BAFin, SANIO, ein-

---

[119] Der Bekanntheitsgrad der Marke „Sparkasse" liegt in allen Altersgruppen über 14 Jahren bei 98 v.H. 58 v.H. der Bevölkerung über 14 Jahre unterhalten eine Kontoverbindung mit einer Sparkasse. Vgl. *Spiegel/Manager Magazin* (Hrsg.): Soll und Haben 5, Hamburg 2000, S. 48.

[120] Vgl. *Renate Braun:* Der elektronische Vertrieb ist keine Direktbank-Kopie, in: Bank und Markt, Heft 10/1999, S. 29-31.

schneidende Schritte bevor.[121] Die Zielsetzung der Sparkasseninstitute muß darin bestehen, ihre Wettbewerbsvorteile zu niedrigeren Kosten zu realisieren. Als Ansatzpunkte sind die Flexibilisierung der Vergütungssysteme, verstärkte Rationalisierungen von kundenfernen Geschäftsprozessen, die Überprüfung des Engagements in gemeinnützigen Projekten und die kostengünstigere Organisation des kostenintensiven Privatkundengeschäfts anzuführen.[122] Gleichzeitig müssen die Institute mit Blick auf „Basel II" ihr Eigenkapital stärken. Es darf bezweifelt werden, ob das derzeitige Rechtskleid der Institute ihnen die für die Umsetzung der anstehenden Maßnahmen die erforderlichen Freiräume bietet.

B.5 Verbände und weitere Gemeinschaftseinrichtungen

B.5.1 Regionale Sparkassen- und Giroverbände

Die regionalen Sparkassen- und Giroverbände sind in den zwanziger Jahren aus der Verschmelzung der Sparkassenverbände mit den Giroverbänden hervorgegangen. Ihre heutige Struktur ist das Ergebnis zahlreicher Fusionen, die seither stattgefunden haben. Die Verbandsgebiete sind nicht immer deckungsgleich mit den Grenzen der Bundesländer. Drei Sparkassenverbände arbeiten länderübergreifend,[123] während es in Nordrhein-Westfalen zwei Sparkassenverbände gibt.[124] Die in die LBB integrierte Berliner Sparkasse wird seit 1992 nicht mehr bei den Sparkassen, sondern bei den Landesbanken mitgezählt. Die LBB übernimmt im Gebiet der Bundeshauptstadt auch die Aufgaben eines Sparkassenverbands. *Tabelle 9* (S. 69) gibt einen Überblick über die Verbände und die Zahl der Sparkassen in den jeweiligen Verbandsgebieten.

Die regionalen Sparkassen- und Giroverbände sind als Körperschaften des öffentlichen Rechts organisiert. Ausnahme ist der Hanseatische Sparkassen- und Giroverband, der ein Verein nach § 22 BGB ist. Die Verbandszugehörigkeit und die weiteren Rechtsgrundlagen werden in den Sparkassengesetzen und den Verbandssatzungen geregelt.[125] Die Sparkassen und ihre kommunalen Gewährträger gehören den regionalen Sparkassen- und Giroverbänden als Pflichtmitglieder,

---

[121] Vgl. *Handelsblatt:* Sinkende Erträge sind das Zukunftsproblem der Banken, in: Nr. 122 vom 28.6.2001, S. 34.

[122] Vgl. *Oskar Betsch:* Eine Neuausrichtung des Privatkundengeschäfts ist unabdingbar, in: Frankfurter Allgemeine Zeitung, Nr. 8 vom 11.1.1999, S. 25.

[123] Der HSGV ist für die Sparkassen der Länder Hamburg und Bremen, der SGVHT für die in Hessen und Thüringen und der OSGV für jene in Brandenburg, Mecklenburg-Vorpommern, Sachsen und Sachsen-Anhalt zuständig.

[124] An den RSGV sind die Sparkassen im westlichen und an den WLSGV die Sparkassen im nordöstlichen Landesteil Nordrhein-Westfalens angeschlossen.

[125] Vgl. § 35 BWSpkG, Art. 22 BaySpkG, § 3 (3) LBBG, § 2 (4) BbgSpkG, § 8 BrSpkG, § 31 HSpkG, § 2 (4) MVSpkG, § 8 NSpkG, § 47 NWSpkG, § 25 RPSpkG, § 40 SaarSpkG, § 2 (4) SächsSpkG, § 2 (4) SASpkG, § 38 SHSpkG.

die freien Sparkassen als freiwillige Mitglieder an.[126] Verbandsträger sind die Gewährträger der Sparkassen und die Sparkassen selbst. Die Verbände werden von einem Verbandsvorsteher geführt. Oberstes Entscheidungsorgan ist die Mitgliederversammlung. Ihrer Aufgabenstellung gemäß gliedern sich die regionalen Sparkassen- und Giroverbände in folgende Teilbereiche:

Tabelle 9: Regionale Sparkassen- und Giroverbände in Deutschland
Stand: Ende 2001

Verbandsbezeichnungen in alphabetischer Reihenfolge (Kurzbezeichnung)	Sitz der Geschäftsstelle	Sparkassen
Hanseatischer Sparkassen- und Giroverband (HSGV)	Hamburg	3
Niedersächsischer Sparkassen- und Giroverband (NSGV)	Hannover	53
Ostdeutscher Sparkassen- und Giroverband (OSGV)	Berlin	72
Rheinischer Sparkassen- und Giroverband (RSGV)	Düsseldorf	49
Sparkassen- und Giroverband für Schleswig-Holstein (SGVSH)	Kiel	27
Sparkassen- und Giroverband Hessen-Thüringen (SGVHT)	Frankfurt/Erfurt	53
Sparkassen- und Giroverband Rheinland-Pfalz (SGVRP)	Mainz	34
Sparkassen- und Giroverband Saar (SGVS)	Saarbrücken	7
Sparkassenverband Baden-Württemberg (SVBW)	Stuttgart	64
Sparkassenverband Bayern (SVB)	München	84
Westfälisch-Lippischer Sparkassen- und Giroverband (WLSGV)	Münster	91
Insgesamt		**537**

Quelle: Deutscher Sparkassen- und Giroverband: Mitteilung vom 28.2.2002.

- Die *Geschäftsstelle* betreut die Mitgliedssparkassen in marktpolitischen, betrieblichen und rechtlichen Fragen. Ferner vertritt sie die Sparkasseninteressen gegenüber Politik, öffentlicher Verwaltung und anderen Interessengruppen. Schließlich ist die Geschäftsstelle für die Führung der Sicherungseinrichtung der Sparkassen zuständig („Stützungsfonds").
- Der *Prüfungsstelle* obliegt die Durchführung der Jahresabschlußprüfungen sowie die Prüfung des Kredit- und Wertpapierdienstleistungsgeschäfts. Sie führen die Prüfungen im Auftrag der Sparkassenaufsichtsbehörden durch.
- Die – nicht in allen Verbandsgebieten bestehende – *Schlichtungsstelle* versucht, bei Auseinandersetzungen zwischen einer Mitgliedssparkasse und ei-

---

[126] Vgl. Abschnitt B.5.3.

nem Kunden eine vor- bzw. außergerichtliche Verständigung zu erreichen, wenn dies vor Ort nicht mehr möglich ist.

– Die regionalen *Sparkassenakademien* arbeiten mit den Sparkassen im Bereich der Aus- und Weiterbildung zusammen.

B.5.2 Deutscher Sparkassen- und Giroverband

Der Deutsche Sparkassen- und Giroverband (DSGV) mit Sitz in Berlin entstand im Jahr 1924 aus der Verschmelzung des Deutschen Sparkassenverbands, des Deutschen Zentral-Giroverbands und des Deutschen Verbandes der kommunalen Banken.[127] Auch der DSGV ist eine Körperschaft des öffentlichen Rechts. Seine Organe sind der Vorstand und die Mitgliederversammlung. Darin sind die regionalen Sparkassenverbände, die Sparkassen, die Landesbanken und die kommunalen Spitzenverbände vertreten.

Der DSGV vertritt als zentrales Sprachrohr die überregionalen Interessen der Sparkassenorganisation gegenüber den politischen Instanzen und den Aufsichtsbehörden. In diesem Zusammenhang ist die Öffentlichkeitsarbeit des Verbandes bedeutsam. Nach innen wirkt der DSGV als zentrale Stelle für die strategische Fortentwicklung der Sparkassenorganisation. Der DSGV beteiligt sich auch an der betriebswirtschaftlichen Beratung der Sparkassen. Für die Aus- und Fortbildung des Führungsnachwuchses betreibt der Verband das „Lehrinstitut für das kommunale Sparkassen- und Kreditwesen". Auf einigen geschäftspolitischen Feldern (z.B. Werbung, gemeinsame Internet-Plattform) handelt der DSGV im Sinne eines einheitlichen Marktauftritts, ohne jedoch eine Richtlinienkompetenz gegenüber seinen Mitgliedern zu besitzen.

B.5.3 Verband der Deutschen Freien Öffentlichen Sparkassen

Der Verband der Deutschen Freien Öffentlichen Sparkassen (Kurzbezeichnung: Verband der Freien Sparkassen) mit Sitz in Frankfurt am Main wurde 1920 gegründet. Er hat gemäß § 3 seiner Satzung neben der „Förderung des Spargedankens und Sparkassenwesens im allgemeinen" die Aufgabe, „die besonderen Interessen seiner Mitglieder" zu fördern und zu unterstützen. Letztere leiten sich aus der Entstehungsgeschichte und der Rechtsstellung der freien Sparkassen ab. Der Verband ist außerordentliches Mitglied des DSGV sowie einiger anderer Gemeinschaftseinrichtungen der Sparkassenorganisation.

---

[127] Vgl. *Helmut Geiger:* a.a.O. (FN 19), S. 124.

B.5.4 Bundesverband Öffentlicher Banken Deutschlands

Der Bundesverband Öffentlicher Banken Deutschlands (Kurzbezeichnung: Verband öffentlicher Banken – VÖB) wurde 1916 gegründet und hat seinen Sitz in Berlin. Dem VÖB gehören die Landesbanken und die meisten öffentlich-rechtlichen Spezialinstitute als Vollmitglieder sowie einige freie Sparkassen, Landesbausparkassen und andere öffentliche Unternehmen (z.B. Spielbanken) als Gastmitglieder an. Das Aufgabenspektrum des VÖB ist breit gefächert.[128] Ähnlich den anderen öffentlichen Bankverbänden umfaßt es zunächst die Vertretung der Interessen der Mitgliedsinstitute gegenüber EU, Bund, Ländern und anderen Interessengruppen. Mit den anderen kreditwirtschaftlichen Verbänden arbeitet der VÖB im „Zentralen Kreditausschuß" (ZKA) zusammen. Für die Förderung der Mitgliederinteressen ist eine Mehrzahl von Service-Gesellschaften zuständig. Die Tarifgemeinschaft öffentlicher Banken, die sich unter dem Dach des VÖB befindet, übernimmt die Rolle eines Arbeitgeberverbandes für die Mitgliedsinstitute. Des weiteren betreibt der VÖB die Einlagensicherung für jene öffentlichen Kreditinstitute, die nicht einem Stützungsfonds der Sparkassenverbände angeschlossen sind.

B.5.5 Weitere Gemeinschaftseinrichtungen

Die Betrachtung der übrigen Gemeinschaftseinrichtungen der Sparkassenorganisation soll an dieser Stelle ohne weitere Vertiefung erfolgen.[129] Neben den 537 Sparkassen, 12 Landesbanken, den Landesbausparkassen und der Kapitalanlagegegesellschaft DGZ-DekaBank umfaßt die Finanzgruppe 7 Rechenzentren, die Unternehmensgruppe Deutscher Sparkassenverlag, 75 Kapitalbeteiligungs-, 37 öffentliche Versicherungs-, 10 Unternehmensberatungs-, 8 Leasing- und 2 Factoring-Gesellschaften. Im Jahr 2001 ging die elektronische Plattform für den Wertpapierhandel an den Start, bei der es sich aber um keine Sparkassen-Direktbank handelt. In den Bereichen Bildung, Wissenschaft und Kultur sind neben zahlreichen lokalen Stiftungen die Wissenschaftsförderung der Sparkassenorganisation, die „Eberle-Butschkau-Stiftung" und die „Sparkassenstiftung für internationale Kooperation" zu nennen. Auf europäischer bzw. internationaler Ebene fördern die Europäische Sparkassenvereinigung (ESBG) und das Internationale Institut der Sparkassen (IIS) die gegenseitige Kommunikation und Information zwischen den nationalen Sparkassenorganisationen.

---

[128] Vgl. hierzu und im folgenden *Bundesverband Öffentlicher Banken Deutschlands:* Verbandsbericht 2000/2001, S. 161 f.

[129] Vgl. hierzu und im folgenden: *Deutscher Sparkassen- und Giroverband:* Märkte 2000, Geschäftsentwicklung, Trends, Analysen (Jahresbericht 2000), vordere Umschlaginnenseite.

B.6 Exkurs: Sparkassenentwicklungen in ausgewählten EU-Ländern

Nachfolgend werden die unterschiedlichen Entwicklungen der Sparkassen in Großbritannien, Frankreich, Italien und Österreich dargestellt, da sie möglicherweise Vorbildcharakter für Deutschland haben können.

B.6.1 Großbritannien

Zwischen dem britischen und dem deutschen Bankenmarkt bestehen grundsätzliche Unterschiede. Eine sektorale Einteilung ist dem britischen Kreditgewerbe ebenso fremd wie die aktive Teilnahme des Staates am Bankenwettbewerb. Mit Ausnahme der – 1945 verstaatlichten – Bank of England, der sukzessive die Rolle der Zentralbank zugewachsen ist, ist der britische Bankenmarkt rein privatwirtschaftlich organisiert. Der geringe Regulierungsgrad des wirtschaftlichen Lebens ist Ergebnis der liberalen Wirtschaftsordnung, die nach dem Regierungswechsel im Jahr 1979 eine Renaissance erlebt hat. Im Zuge dieses Wechsels wurden zahlreiche Regulierungen beseitigt und eine umfassende Marktöffnung verwirklicht. Heute sind die im Vereinigten Königreich tätigen Kreditinstitute zu einem Drittel ausländischer Herkunft; die Banktransaktionen lauten überwiegend auf eine ausländische Währung.[130] Wichtigste inländische Anbieter sind die sogenannten „Big Four" (Barclays, HSBC, Lloyds TSB, NatWest), die über ein überregionales Filialnetz verfügen.

Rückblickend lassen sich die meisten Gemeinsamkeiten mit den deutschen Sparkassen bei den Trustees Savings Banks (TSB) feststellen. In der gleichen Epoche wie die deutschen Sparkassen gegründet, bestand ihre Aufgabe in der Förderung der privaten Vermögensbildung und der Bereitstellung einer Sparinfrastruktur. Sie wurden von öffentlichen Stiftungstreuhändern (sog. „trustees") betrieben, die die Beschränkung der Geschäftätigkeit überwachten. Zu keinem Zeitpunkt waren die Trustees Savings Banks Bestandteil des öffentlichen Sektors.[131] Mit dem Trustees Savings Bank Act von 1976 wurden die zulässigen Betätigungsfelder der Trustees Savings Banks erweitert. Mit der aufsichtsrechtlichen Gleichstellung der Trustees Savings Banks im Jahr 1985 war der Boden für ihre Umwandlung in Aktiengesellschaften bereitet.[132] Der Verkaufs-

---

[130] Vgl. *Office for National Statistics:* Annual Abstract of Statistics, Nr. 136, London 2000, S. 389.

[131] Vgl. *Christian Woeste:* Rahmenbedingungen für die Bildung von Eigenkapital bei öffentlich-rechtlichen Sparkassen, Bundesrepublik Deutschland, Großbritannien und Österreich – ein Vergleich vor dem Hintergrund der jüngsten Entwicklungen, Band 17 der Schriften zum deutschen und ausländischen Geld-, Bank- und Börsenrecht, hrsg. von Karl Bundschuh u.a., Frankfurt am Main 1989 (Diss.), S. 158-183.

[132] Vgl. *Manfred Piel:* Britische Sparkassen vor tiefgreifenden Veränderungen, in: Sparkasse, Heft 1/1985, S. 35-36, hier: S. 35.

erlös betrug 1,5 Mrd. £, ein Betrag, der nicht dem Staatshaushalt, sondern den Rücklagen der Institute zugeführt wurde, wodurch sich deren Substanzwert erhöht hat.[133] Die bis 1991 geltende Festlegung einer fünfprozentigen Beteiligungshöchstgrenze und die Kontrolle der Beteiligungsverhältnisse durch die Ausgabe von Namensaktien sorgte anfangs für eine breite Streuung des Kapitals.[134]

Im Vorfeld der Privatisierung war die Zahl der Trustees Savings Banks, die 1968 noch 77 betrug, auf vier gesunken (je eine in England/Wales, Schottland, Nordirland und auf den Kanalinseln). 1995 hat der Finanzkonzern Lloyds die TSB-Gruppe übernommen. Aus der Verschmelzung ist die heutige Lloyds TSB Group plc. entstanden.[135] Die Zielsetzung des Unternehmens besteht in der Maximierung des Unternehmenswertes aus Sicht der Eigenkapitalgeber (Shareholder Value). Nach Unternehmensangaben wird 1,0 v.H. des vorsteuerlichen Gewinns für gemeinnützige Zwecke verwendet (1999: 27 Mio. £).[136] Seit der Privatisierung verläuft die Geschäftsentwicklung durchweg erfolgreich. Mit einer Bilanzsumme von 359,1 Mrd. Euro, 77.000 Mitarbeitern und 2.400 Filialen[137] ist Lloyds TSB Group eine profitable und auf Expansionskurs befindliche Bank.[138] Die Gesamtentwicklung auf dem britischen Bankenmarkt wird von der Bank of England mit Blick auf eine flächendeckende Versorgung der Bevölkerung mit Finanzdienstleistungen inzwischen skeptisch gesehen, weil der hohe Konzentrationsgrad – auf die „Big Four" entfallen 68 v.H. des privaten Girokontogeschäfts und 86 v.H. des gewerblichen Kreditgeschäfts – mit einem allmählichen Rückzug der Kreditinstitute aus strukturschwachen Regionen einhergeht.[139] Diese Erkenntnis bestätigt auch der im Jahr 2000 vorgelegte „Cruickshank-Bericht", wonach der britische Bankenmarkt durch eine unzureichende Monopolaufsicht, eine geringe Wettbewerbsdynamik, eine lückenhafte Versorgung kleiner und mittlerer Unternehmen mit Beratungsleistungen und durch ein schlechtes Preis-Leistungs-Verhältnis gekennzeichnet ist.[140] 3,5 Mio. Briten oder 9 v.H. der Ge-

---

[133] Vgl. *Friedrich Schogs:* Die Privatisierungspolitik in Großbritannien, in: Sparkasse, Heft 9/1987, S. 404-406, hier: S. 405.

[134] Vgl. *Klaus Meyer-Horn:* Die Reform der britischen Sparkassen, in: Sparkasse, Heft 3/1987, S. 105-111, hier: S. 108.

[135] Vgl. *Zeitschrift für das gesamte Kreditwesen:* Marktmacht günstig eingekauft, in: Heft 22/1995, S. 1121.

[136] Vgl. *Lloyds TSB Group plc.:* Annual Report & Accounts 1998, S. 3-10.

[137] Vgl. *European Savings Bank Group:* Mitteilung vom 8.2.2002.

[138] Vgl. *Handelsblatt:* Lloyds TSB verblüfft mit TOP-Gewinn, in: Nr. 31 vom 15.2.1999, S. 21; *dass.:* Lloyds TSB droht Abbey National mit einer feindlichen Übernahme, in: Nr. 35 vom 19.2.2001, S. 44.

[139] Vgl. *Bank of England:* Finance for small firms, A seventh report, January 2000, S. 25.

[140] Vgl. *Don Cruickshank:* Competition in UK banking, A report to the Chancellor of the Exchequer, London 2000, S. 125.

samtbevölkerung besitzen keinen Zugang zu Bankdienstleistungen.[141] Die deutsche Sparkassenorganisation wertet diese Ergebnisse als Beleg für die Notwendigkeit öffentlicher Bankstrukturen.[142]

B.6.2 Frankreich

Neben den öffentlichen Banken („établissements à but non lucratif") gibt es in Frankreich einen genossenschaftlichen Sektor („secteur mutualiste") und eine Reihe privater Banken (z.b. Société Générale, Banque Nationale de Paris). Der französische Staat besitzt eine traditionell starke Stellung im Wirtschaftsprozeß, die er im Vergleich zu Großbritannien nur zögerlich aufgibt. Während zu Beginn der achtziger Jahre in den meisten westlichen Industrienationen Privatisierungsanstrengungen unternommen wurden, wies die Entwicklung in Frankreich nach den Wahlsiegen der Sozialistischen Partei im Jahre 1981 sogar in die entgegengesetzte Richtung. So wurde der Bankensektor vollständig „nationalisiert".[143] Nach der konservativ-liberalen Regierungsübernahme von 1986 wurde jedoch damit begonnen, die Verstaatlichungen wieder zurückzunehmen.[144] Die Reprivatisierungsschritte erreichten aber die französischen Sparkassen (Caisses d'Epargne) vorerst nicht, wohl auch deshalb, weil sie bereits vor der Verstaatlichungswelle Teil des staatlichen Bankensektors waren. Früher besaßen die Sparkassen, deren Aktivität auf das Geschäft mit kleinen Privatkunden und auf die Finanzierung staatlicher Wohnungsbauprogramme beschränkt war, das Monopol auf das steuerbegünstigte Sondersparbuch („Livret A"). Ihre Produktpalette war im Vergleich zu anderen Universalbanken recht lückenhaft, so daß sie bis heute einen deutlich geringeren Marktanteil als die deutschen Sparkassen halten.[145] Ende 2000 betrug die konsolidierte Bilanzsumme bei 42.800 Mitarbeitern und 4.715 Filialen 263,9 Mrd. Euro.[146]

---

[141] Vgl. *Handelsblatt:* In Großbritannien teilen sich vier Institute den Markt, in: Nr. 64 vom 30./31.3.2001, S. 47.

[142] Vgl. *Deutscher Sparkassen- und Giroverband:* Angebot und Qualität von Finanzdienstleistungen für Verbraucher und mittelständische Unternehmen: Eine Analyse des Finanzmarktes in Großbritannien – unter Berücksichtigung des deutschen Finanzmarktes, Berlin 2000, S. 17-20.

[143] Vgl. *Süddeutsche Zeitung:* Frankreichs Wirtschaft ist schockiert, in: Nr. 108 vom 12.5.1981, S. 18.

[144] Vgl. *Frankfurter Allgemeine Zeitung:* Der Bruch mit dem Sozialismus, in: Nr. 188 vom 16.8.1986, S. 1.

[145] Vgl. *Handelsblatt:* Frankreichs Sparkassen sind auf den kleinen Privatkunden fixiert, in: Nr. 117 vom 22.6.1999, S. 21.

[146] Vgl. *European Savings Bank Group:* a.a.O. (FN 137).

Mit den Reformgesetzen der Jahre 1983 und 1991 sind die Geschäftsbeschränkungen schrittweise gelockert und Zusammenschlüsse erleichtert worden.[147] Die Zahl der Sparkassen hat von 585 (1952) auf heute 34 abgenommen. 1999 folgte eine weitere Liberalisierung des Sparkassenwesens: Neben dem Wegfall aller verbliebenen Geschäftsbeschränkungen und der Genehmigung grenzüberschreitender Unternehmensbeteiligungen werden die Sparkassen seither in genossenschaftlicher Struktur geführt. Zu diesem Zweck werden sie an private Anteilseigner („Genossen") veräußert.[148] Um die Privatisierung den eigenen Wählerschichten besser vermitteln zu können, hat die – inzwischen wieder sozialistisch geführte – Regierung die genossenschaftliche Gesellschaftsform der aktienrechtlichen vorgezogen.[149] Die Beherrschung der Sparkassen durch institutionelle Anleger oder Konkurrenzinstitute soll damit ausgeschlossen werden. Mit dem Verkauf des Sparkassenvermögens an wenigstens sechs Millionen Genossen („sociétaires") wird ein Erlös von etwa 2,4 Mrd. Euro angestrebt, die der französische Staat vereinnahmt.[150] Die Sparkassen sind zu 65 v.H. an dem Spitzeninstitut (Caisse Nationale des Caisses d'Epargne) beteiligt, in dem der frühere Sparkassenverband (Centre National des Caisses d'Epargne) aufgegangen ist. Die restlichen 35 v.H. entfallen auf die Staatsdepositenkasse (Caisse des Dépôts et Consignations), eine Art Hausbank des französischen Staates. Langfristig sollen sich am Spitzeninstitut auch andere europäische Sparkassen beteiligen dürfen. Der Gesetzgeber möchte die Sparkassen für die Erfüllung einiger gemeinnütziger Aufgaben (Finanzierung des sozialen Wohnungsbaus, Förderung des Sparsinns der Bevölkerung) heranziehen. Diese Absichtserklärung wurde aber unter einen Ertragsvorbehalt gestellt, um die Rentabilität und das Wachstum der privatisierten Sparkassen dadurch nicht zu gefährden.[151] Die Privatisierung hat die Transformation der Sparkassen von einem losen Verband lokaler Kleinbanken in eine schlagkräftige Finanzgruppe befördert. Nach der Lösung vom Staat wurde mit der Verstärkung des vergleichsweise dünnen Filialnetzes und dem Ausbau elektronischer Vertriebswege begonnen. Die Entwicklung des

---

[147] Vgl. *Maurice Benushilo:* Die Entwicklung der französischen Sparkassen zwischen 1983 und 1992, in: Sparkasse, Heft 6/1991, S. 263-268, hier: S. 265.

[148] Vgl. *Frankfurter Allgemeine Zeitung:* Frankreichs Sparkassen verwandeln sich in Genossenschaftsbanken, in: Nr. 149 vom 1.7.1998, S. 25.

[149] Vgl. *Antoine Moster:* Sparkassenreform in Frankreich: Die Genossenschaft als Rechtsform, in: Sparkasse, Heft 12/1999, S. 549-553, hier: S. 550.

[150] Vgl. *Deutsche Sparkassenzeitung:* Sparkassen in Europa, Frankreich, Nr. 47 vom 25.6.1999, S. 7.

[151] Vgl. *Österreichische Sparkassenzeitung:* Reform der französischen Sparkassenorganisation, Heft 9/1999, S. 465-467, hier: S. 467.

Geschäftsvolumens und die Ertragslage der Gruppe sprechen für ihre langfristige Überlebensfähigkeit.[152]

B.6.3 Italien

Das italienische Kreditgewerbe unterscheidet sich in seiner Entwicklungsgeschichte und seiner heutigen Gestalt erheblich von den Verhältnissen in Deutschland. Es gibt zwar öffentliche, genossenschaftliche und privatrechtliche Kreditinstitute, doch ist eine solche Markteinteilung unüblich.[153] Der Großteil der italienischen Sparkassen (Casse di Risparmio) wurde während des 19. Jahrhunderts in den unter österreichischer Gebietsherrschaft stehenden norditalienischen Provinzen nach dem Vorbild der österreichischen Sparkassen errichtet. Die Zielsetzung bestand in der Bereitstellung von Sparmöglichkeiten für untere Einkommensschichten und in der Vergabe von Pfanddarlehen an kleinere und mittlere Betriebe. Eine Gewährträgerhaftung oder ein Regionalprinzip hat es in Italien zu keinem Zeitpunkt gegeben.[154]

Die gesetzlichen Grundlagen für das italienische Bankwesen stammen aus den Jahren 1936 bzw. 1938 und haben die Marktstruktur bis zum Ende der achtziger Jahre konserviert. Bis dahin befanden sich 80 v.H. der Banken, unter ihnen die Sparkassen, im Eigentum der öffentlichen Hand.[155] Das Bankgeschäft, das als öffentliche und nicht als private Aufgabe gesehen wurde, war eher durch politische Indienstnahme als durch den Effizienzgedanken geprägt. Im Zuge der Staatsreformen zu Beginn der neunziger Jahre hat mit dem sogenannten „Amato-Gesetz" (benannt nach dem damaligen Finanzminister Giuliano Amato) der schrittweise Rückzug des Staates aus dem Geschäftsbankensektor begonnen.[156] Das Ziel des Gesetzes bestand in der Überwindung der Renditerückstände, an denen die chronisch unterkapitalisierten öffentlichen Banken Italiens krankten. Dieses Gesetz veränderte nachhaltig die Wesensmerkmale der Sparkassen, deren Kapital bis zum Inkrafttreten des Gesetzes von Stiftungen öffentlichen Rechts

---

[152] Vgl. *Handelsblatt:* Caisse d'Epargne mit Rückenwind, in: Nr. 83 vom 28./29.4.2000, S. 23.

[153] Zur Übersicht über die früheren Strukturen vgl. *Gianguido S. Morsiani:* Italien, in: Kreditinstitute im europäischen Binnenmarkt 1993, hrsg. von der Gesellschaft zur Förderung der wissenschaftlichen Forschung über das Spar- und Girowesen, Band 1 (Abteilung Dokumentation), Stuttgart 1990, S. 195-221.

[154] Vgl. *José López Yepes:* Die geschichtliche Entwicklung der Sparkassen in Italien, Spanien und Portugal, in: Die Sparkassen in der EG – historische Entwicklung und Zukunftsperspektiven, Sparkassenhistorisches Symposium 1989, hrsg. von der Gesellschaft zur Förderung der wissenschaftlichen Forschung über das Spar- und Girowesen, Band 5 (Abteilung Dokumentation), Stuttgart 1990, S. 33-45.

[155] Vgl. *Wirtschaftswoche:* Langer Abschied vom Staat, in: Nr. 8 vom 17.2.2000, S. 53.

[156] Vgl. *Dietmar Huber:* Das Gesetz Amato und die angestrebte Neustrukturierung des italienischen Kreditwesensystems, in: Österreichisches Bankarchiv, Heft 10/1993, S. 841-846.

getragen wurde und in denen der Einfluß der staatlichen Gebietskörperschaften dominierte. Durch das Amato-Gesetz wurde den Sparkassen zunächst aufgegeben, sich in Aktiengesellschaften umzuwandeln und ihr Grundkapital in Stiftungen privaten Rechts einzubringen. Mit dieser formalen Privatisierung wurde gleichzeitig eine Aufgabentrennung zwischen der Sparkasse und der Stiftung durchgeführt: Die Sparkasse muß sich nun auf das Bankgeschäft beschränken, während die Stiftung den Stiftungszweck zu verfolgen hat. Die Sparkassenstiftungen dürfen ihr Vermögen, das auf etwa 20 Mrd. Euro geschätzt wird,[157] und die daraus fließenden Erträge nur für definierte Verwendungszwecke im sozialen und im kulturellen Bereich einsetzen. Die materielle Privatisierung der italienischen Sparkassen wurde schließlich durch das nach dem späteren Finanzminister (und heutigen Staatspräsidenten) Carlo Ciampi benannte „Ciampi-Gesetz" eingeleitet. Dieses Gesetz verpflichtet die öffentlichen Stiftungsgesellschafter, ihren Kapitalanteil bis zum Jahr 2005 auf unter 50 v.H. zu senken.[158] Obwohl die steuerlichen Anreize, mit denen das Gesetz die Anteilsveräußerungen an Private beschleunigen wollte, von der EU-Kommission gestoppt wurden, gibt es inzwischen so gut wie keine Stiftung mehr, die die zugehörige Sparkasse noch mehrheitlich besitzt.[159]

Die italienischen Sparkassen (Bilanzsumme: 192,5 Mrd. Euro, 56.000 Mitarbeiter, 5.024 Filialen – Stand jeweils Ende 2000)[160] sind heute unter dem Dach der Associazione fra le Casse di Risparmio Italiane zusammengeschlossen, die für die Interessenvertretung, Rechtsberatung, Personalentwicklung, für Tarifverhandlungen und Einlagensicherung der Sparkassen zuständig ist. Das Spitzeninstitut der Sparkassen (Istituto di Credito delle Casse di Risparmio Italiane) nimmt keine Spitzenfunktionen mehr wahr, weil die kleinen Sparkassen in größeren Einheiten aufgegangen sind und die großen ihre Geschäfte auch ohne diese Gemeinschaftseinrichtung durchführen können. Einen Sparkassenverbund nach deutschem Vorbild gibt es in Italien also nicht.[161] Die Reform der italienischen Sparkassen hat deren Rentabilität verbessert. Interessanterweise ist seit der Privatisierung keine Ausdünnung, sondern eine Verdichtung des Filialnetzes zu beobachten.[162]

---

[157] Vgl. *Deutsche Bank Research:* Reform und Privatisierung der italienischen Sparkassen, in: Bulletin vom 7.8.2000, S. 17-20, hier: S. 20.

[158] Vgl. *Annette Josten:* Aktuelle Entwicklungen im italienischen Bankensystem, in: Sparkasse, Heft 7/1996, S. 317-319, hier: S. 318.

[159] Vgl. *Deutsche Bank Research:* a.a.O. (FN 157), S. 20.

[160] Vgl. *European Savings Bank Group:* a.a.O. (FN 137).

[161] Vgl. *Handelsblatt:* Italiens Sparkassen sind im Umbruch, in: Nr. 141 vom 26.7.2999, S. 21.

[162] Vgl. *Handelsblatt:* Italiens Sparkassen haben ihr Gesicht verändert, in: Nr. 42 vom 28.2.2001, S. 46.

B.6.4 Österreich

Die österreichische Bankenstruktur ähnelt der deutschen, wofür die räumliche, historische, rechtliche und kulturelle Nähe beider Länder die Ursache ist. Aus diesem Grund können die Entwicklungen im österreichischen Sparkassensektor am ehesten Vorbildcharakter für Deutschland haben. Die Einteilung des österreichischen Geschäftsbankensektors und die Stärkeverhältnisse der Bankengruppen sind in *Tabelle 10* dargestellt.

Tabelle 10: Marktanteile der österreichischen Bankengruppen
Stand: Ende 2001

Bankengruppe	Zahl der Institute	Zahl der Filialen	Bilanzsumme (Mrd. Euro)	Bilanzsummen- anteil (v.H.)
Aktienbanken / Bankiers[163]	61	738	129,2	22,0
Sparkassensektor[164]	67	1.380	203,2	34,5
Landeshypothekenbanken	9	164	35,8	6,1
Volksbankensektor	70	475	29,4	5,0
Raiffeisensektor	617	1.725	125,8	21,4
Bausparkassen	5	59	19,1	3,3
Sonderbanken	78	5	45,3	7,7
Insgesamt	**907**	**4.546**	**587,8**	**100,0**

Quelle: *Österreichische Nationalbank, Statistisches Monatsheft Februar 2002, Tabellen 2.0.0.0 und 2.0.0.1; eigene Berechnungen.*

Der Sparkassensektor bildet in Österreich mit seinen knapp 24.000 Beschäftig-ten[165] einen Teilbereich des öffentlichen Geschäftsbankenwesens. In der Vergangenheit haftete der Staat für alle Institute des Sektors. Der Sparkassenverbund, der innerhalb des Sparkassensektors einheitlich am Markt auftritt, besteht aus den Sparkassen in den österreichischen Bundesländern (außer Wien) und der in der Hauptstadt ansässigen Ersten Österreichischen Bank AG (Kurzbezeichnung: Erste-Bank), die ähnlich den deutschen Landesbanken als Spitzeninstitut Clearing- und Reservefunktionen für die Sparkassen übernimmt. Die als Wiener

---

[163] Einschließlich der von der Bank Austria AG übernommenen Creditanstalt AG.
[164] Einschließlich der von der Bayerischen Hypo- und Vereinsbank AG übernommenen Bank Austria AG.
[165] Vgl. *European* Savings *Bank Group:* a.a.O. (FN 137).

Gemeindesparkasse gegründete und durch die Übernahmen von Österreichischer Länderbank (1991) und Creditanstalt (1997) zur größten Bank aufgestiegene Bank Austria AG wird in der amtlichen Statistik zwar noch zum Sparkassensektor gezählt, ist aber nicht Bestandteil des heutigen Sparkassenverbundes. Mit dem Aufkauf der Bank Austria AG durch die Bayerische HypoVereinsbank AG im Jahr 2000 ist der öffentliche Einfluß auf die Bank Austria AG ohnehin nur noch gering.[166]

Die österreichischen Sparkassen sind von Gemeinden oder „Sparvereinen" als juristische Personen privaten Rechts gegründet worden. Vom Gesetzgeber wurden ihnen keine besonderen Aufgaben übertragen. Im Jahr 1987 wurde den Sparkassen das Recht erteilt, ihren Geschäftsbetrieb in eine Aktiengesellschaft einzubringen. Das Sparkassenkapital verblieb bei einer Holding, der sogenannten Anteilsverwaltungs-Zentralsparkasse (AVZ). Mit der Reform des Sparkassengesetzes im Jahr 1999 wurde der Weg für eine weitere Liberalisierung des österreichischen Sparkassenwesens freigemacht. Die AVZ sind nun berechtigt, das Kapital in eine privatrechtliche Stiftung einzubringen. Stiftungsmitglieder und Ausschüttungsempfänger können die Gemeinden, aber auch andere Wirtschaftssubjekte sein.[167] Die überwiegende Zahl der österreichischen Sparkassen hat inzwischen ihre Anteile in eine Stiftung eingebracht.[168] Mit diesem Schritt geht der Wegfall der „Gemeindehaftung" einher. Weil das Garantieversprechen für Altverbindlichkeiten der Sparkassen davon unberührt bleibt, sind die Gemeinden erst nach der Begleichung dieser Verbindlichkeiten vollends enthaftet. Damit wird dem potentiellen Vorwurf, europarechtlich unzulässige staatliche Beihilfen zu gewähren, weitgehend die Grundlage entzogen.[169]

Das neue Sparkassengesetz sieht bis Ende 2005 ein Vorkaufsrecht („Aufgriffsrecht") für das Spitzeninstitut vor, um diesem mindestens 51 v.H. des Kapitalanteils an den AVZ zu sichern und so ein Auseinanderdriften des Verbundes zu verhindern.[170] Die Erste-Bank, die inzwischen auch unter dem roten Sparkassen-Erkennungszeichen firmiert, hat sich auf diese Weise an zahlreichen Sparkassen beteiligt. Gleichzeitig wurden Filialen der Erste-Bank in Filialen der Sparkassen umgewandelt. Durch diese Maßnahmen konnte das einheitliche Erscheinungsbild und der Zusammenhalt im österreichischen Sparkassenwesen, das in der Vergangenheit durch politisch bedingte Sonderentwicklungen im Be-

---

[166] Vgl. *Frankfurter Allgemeine Zeitung:* Die Hypo-Vereinsbank übernimmt die Bank Austria, in: Nr. 169 vom 24.7.2000, S. 20.

[167] Vgl. *Isabel Mailly:* Reform des österreichischen Sparkassengesetzes, in: Sparkasse, Heft 3/1999, S. 138-140.

[168] Vgl. *Handelsblatt:* Gemeindesparkassen spielen eine Nebenrolle, in: Nr. 43 vom 1.3.2001, S. 46.

[169] Vgl. *Christa Fries:* Von der Sparkasse zur Stiftung, Anmerkungen zur geplanten Sparkassen-Privatstiftung, in: Österreichisches Bankarchiv, Heft 8/1998, S. 621-629, hier: S. 621.

[170] Vgl. *Isabel Mailly:* a.a.O. (FN 167), S. 139.

reich der beiden Wiener Sparkassen beeinträchtigt wurde, gestärkt werden. Es ist absehbar, daß aufgrund der Rückbesinnung auf das Verbundprinzip die Entwicklung des österreichischen Sparkassenwesens homogener verläuft als in Italien, wo sich der Sparkassenverbund allmählich auflöst. Seit der Novellierung des Sparkassengesetzes gelingt es den Sparkassen, verlorengegangene Marktanteile zurückzugewinnen.[171] Investitionen in elektronische Vertriebswege und Rationalisierungsmaßnahmen im überaus dichten Filialnetz haben die bislang unterdurchschnittliche Rentabilität der österreichischen Sparkassen deutlich verbessert.[172]

B.7 Zwischenergebnis und weitere Vorgehensweise

In Deutschland beschränkt sich der Staatseinfluß auf den Bankensektor nicht nur auf den Erlaß gesetzlicher Vorschriften, die Tätigkeit der Aufsichtsbehörden und die Währungspolitik der Zentralbank. Er kommt auch in der Existenz öffentlicher Geschäftsbanken zum Ausdruck. 36,0 v.H. des Geschäftsvolumens entfallen auf die Sparkassen und Landesbanken, die zum größten deutschen Finanzdienstleistungsverbund herangewachsen sind. Die bankbetrieblichen Aktivitäten der öffentlichen Hand umfassen in Deutschland aber auch die öffentlich-rechtlichen Grundkreditanstalten und den ganz überwiegenden Teil der Kreditinstitute mit Sonderaufgaben. Nimmt man diese Bereiche noch hinzu, dann reicht der Staatsanteil im Geschäftsbankensektor an 44 v.H. heran. Der Staatsanteil hat aber, wie in *Tabelle 11* (S. 81) ersichtlich, während der letzten drei Jahrzehnte kontinuierlich abgenommen, was aber nicht an Privatisierungen, sondern an der überdurchschnittlichen Expansion der privaten Banken und am Wachstumsrückstand der Sparkassen lag. Letzterer konnte durch die überdurchschnittlichen Zuwachsraten der Landesbanken zum Teil wieder ausgeglichen werden.

Der hohe Staatsanteil im deutschen Bankensektor stellt im internationalen Vergleich eine Ausnahmeerscheinung dar. Diese Feststellung gilt insbesondere im Vergleich zu Großbritannien, wo öffentliche Banken nach den Privatisierungen der achtziger Jahre praktisch nicht mehr vorkommen. Aber auch in Frankreich, Italien und Österreich sowie in weiteren EU-Ländern (Dänemark, Finnland, Schweden und Griechenland) hat ein Rückzug des Staates aus dem Geschäftsbankensektor stattgefunden.[173] Die starke Stellung öffentlicher Kreditinstitute ist

---

[171] Vgl. *Handelsblatt*: Neue Gemeinsamkeit von Österreichs Sparkassen, in: Nr. 132 vom 13.7.1999, S. 22.

[172] Vgl. *Handelsblatt*: Österreichs Banken straffen Filialnetz, in: Nr. 48 vom 8.3.2001, S. 46.

[173] Vgl. *Handelsblatt*: Sparkassen sind im hohen Norden fast unbekannt, in: Nr. 120 vom 25./26.6.1999, S. 30; *dass.*: Athen plant Privatisierungs-Offensive, in: Nr. 157 vom 17.8.1999, S. 14,

um so bedeutungsvoller, als sich die deutschen Unternehmen mehr als in anderen Ländern über Bankkredite – und weniger direkt über den Kapitalmarkt – refinanzieren.[174]

Tabelle 11: Staatsanteil im deutschen Geschäftsbankensektor (ohne Auslandsbanken)

Bankengruppe	Marktanteil in v.H. des Geschäftsvolumens (Stand jeweils am Jahresende)					jahresdurchschnittlicher Zuwachs des Geschäftsvolumens 1970-2000
	1970	1980	1990	1995	2001	
Private Banken, darunter:	31,3	32,1	34,8	35,2	43,1	10,3 v.H.
– Großbanken	10,2	9,6	9,9	9,3	16,3	10,8 v.H.
– Private Hypothekenbanken	6,5	8,5	9,8	11,0	14,7	12,0 v.H.
– Übrige Kreditbanken i.e.S.	14,0	14,0	15,1	14,9	12,1	9,6 v.H.
Genossenschaftsbanken, darunter:	11,5	15,2	16,2	15,2	12,2	9,3 v.H.
– Genoss. Zentralbanken	3,8	4,3	4,1	3,5	3,4	8,7 v.H.
– Kreditgenossenschaften	7,7	10,9	12,1	11,7	8,8	9,6 v.H.
Öffentliche Banken, darunter:	45,8	43,5	40,6	40,1	36,9	8,4 v.H.
– Sparkassen	23,0	22,1	21,0	20,1	15,7	7,8 v.H.
– Landesbanken	15,3	16,3	16,3	18,2	20,2	10,1 v.H.
– Öff.-rechtl. Grundkreditanstalten	7,5	5,1	3,3	1,8	1,0	2,3 v.H.
Kreditinstitute mit Sonderaufgaben	8,4	6,4	6,9	9,5	7,8	8,9 v.H.
Alle Bankengruppen						9,1 v.H.

Quelle: Bundesverband Öffentlicher Banken Deutschlands: Verbandsbericht 2001/2002, S. 44. Wegen der getrennten Ausweisung der öffentlich-rechtlichen Grundkreditanstalten und der privaten Hypothekenbanken kann der Staatsanteil im Geschäftsbankensektor mit der VÖB-Statistik zutreffender abgebildet werden als mit der Bundesbankstatistik.

Ein Rückzug des Staates aus dem Bankensektor ist in Deutschland derzeit aber nicht in Sicht. Dabei steht der Betrieb öffentlicher Kreditinstitute keineswegs im freien Belieben des Staates, sondern ist vielmehr – auch rechtlich – an Bedingungen geknüpft, die sich konzeptionell aus den Prinzipien der Sozialen Marktwirtschaft ableiten. Verkürzt formuliert, muß danach für wirtschaftliche Interventionen des Staates ein Funktionsmangel oder ein Funktionsversagen auf den Märkten vorliegen. Die unternehmerische Betätigung des Staates ist erst dann gerechtfertigt, wenn der Markt nicht alleine zur Herbeiführung allokativer Effizienz oder distributiver Gerechtigkeit in der Lage ist. Die Gewinnerzielung darf

---

[174] Vgl. ausführlicher Abschnitt D.2.2.2.

dagegen nicht das dominierende und erst recht nicht das ausschließliche Ziel öffentlicher Unternehmen sein.

Unter Zugrundelegung dieses Beurteilungsmaßstabs wird in der weiteren Untersuchung eine Antwort auf die Frage versucht, ob sich die öffentliche Hand mit ihren Sparkassen und Landesbanken in angemessener oder in unverhältnismäßiger Weise unternehmerisch engagiert. Prinzipiell könnte man die Analyse auch auf die öffentlich-rechtlichen Spezialinstitute ausdehnen. Weil aber bei diesen das Spannungsverhältnis zwischen gesetzlicher Zweckerfüllung und tatsächlichem Marktverhalten deutlich geringer ist, beschränkt sich die Untersuchung auf die Sparkassen und Landesbanken. Gleichwohl muß die Existenz der Spezialinstitute in die Beurteilung der Frage einfließen, ob es zur Befriedigung der öffentlichen Interessen noch zusätzlicher öffentlich-rechtlicher Universalbankstrukturen bedarf. Unter diesem Blickwinkel werden die behaupteten Funktionen der Sparkasseninstitute als Einrichtungen der Daseinsvorsorge bzw. der Aufrechterhaltung des Wettbewerbs zu überprüfen sein, um daraus die entsprechenden Schlußfolgerungen ziehen zu können (z.B. Beibehalt des Status quo oder Einleitung der Privatisierung).

Eine ordnungspolitische Erkenntnis bietet natürlich noch keine Gewähr für die Durchsetzbarkeit sich daraus eventuell ergebender Handlungsnotwendigkeiten. Das zeigt auch der Blick über die Grenzen: Mit Ausnahme Großbritanniens waren in den betrachteten Nachbarländern die Privatisierungen weniger Bestandteil einer ordnungspolitischen Wende, sondern vielmehr das Ergebnis anderer Zielsetzungen. So stand etwa in Österreich und Italien die Erhöhung der Leistungsfähigkeit des Sparkassenverbundes bzw. des gesamten Bankenmarktes im Vordergrund, während in Frankreich insbesondere fiskalische Motive eine Rolle spielten. So unterschiedlich wie die Zielsetzungen sind auch die Ergebnisse der Privatisierung in den einzelnen Ländern: In Großbritannien und in Italien sind die Sparkassen in größeren Einheiten aufgegangen. Eine eigenständige Sparkassen-Verbundgruppe gibt es in diesen Ländern nicht mehr. Dagegen sind in Frankreich und Österreich die Sparkassen als homogene Anbietergruppe erhalten geblieben. In Österreich haben die Sparkassen sogar Aktienbanken übernommen und nicht umgekehrt.

Ein Teil der Zielsetzungen, welche mit den Privatisierungen der Sparkassen im Ausland angestrebt wurden, ist in Deutschland bereits Realität. Die deutschen Sparkassen und Landesbanken bilden einen organischen Verbund und erfüllen damit eine wesentliche Voraussetzung für ihre eigene Wettbewerbsfähigkeit. Die ausländischen Entwicklungen können deshalb nicht insgesamt, sondern nur partiell, d.h. bei einzelnen (operativen) Fragen für eine mögliche Privatisierung der deutschen Sparkassen und Landesbanken beispielgebend sein.[175] So wären etwa im Interesse der Verbundeinheit die in Großbritannien anfänglich vorgeschriebenen Beteiligungshöchstgrenzen, die in Frankreich festgelegte Beschränkung des Käuferkreises auf private Haushalte oder das in Österreich praktizierte „Aufgriffsrecht" u.U. nutzbare Vorbildentwicklungen.[176]

---

[175] Vgl. *Jürgen Steiner:* a.a.O. (Kap. A, FN 8), S. 138-142. Anders dagegen *Hans-Hagen Härtel:* Öffentlicher Bankensektor im Konflikt mit der EU, in: Wirtschaftsdienst, Heft 8/2000, S. 450 f.

[176] Vgl. Abschnitt E.1.1.

Kapitel C: Sparkassen und Landesbanken im Spannungsfeld zwischen Gewinnerzielung und Gemeinnützigkeit

C.1 Der ordnungspolitische und rechtliche Rahmen

C.1.1 Begriff und Voraussetzungen des Wettbewerbs

Weder im Gesetz gegen Wettbewerbsbeschränkungen (GWB) noch im Gesetz gegen unlauteren Wettbewerb (UWG) findet sich eine genaue Definition dessen, was vor Beschränkungen bzw. Unlauterkeiten bewahrt werden soll. Auch in der Volkswirtschaftslehre wird der Wettbewerbsbegriff nicht einer Verständnisebene allein zugeordnet, sondern zwischen einer wohlfahrtsökonomischen und einer systemtheoretischen Bedeutung unterschieden.[1] Der wohlfahrtsökonomische Ansatz unterstellt, daß die individuelle Vorteilssuche und die Rivalität der Wirtschaftssubjekte bei Transaktionen am besten die allokative Effizienz und den technischen Fortschritt gewährleisten.[2] Die Aufgabe der Wettbewerbspolitik besteht darin, die jeweils gegebene Marktstruktur, das Marktverhalten und das Marktergebnis zu einer definierten Optimalsituation in Beziehung zu setzen und ggf. mit geeigneten Instrumenten einzugreifen. Demgegenüber ist die systemtheoretische Grundposition auf die „Freiheitsfunktion" des Wettbewerbs gerichtet. Der Wettbewerb verkörpert danach ein konstitutives Wesensmerkmal einer freiheitlichen Gesellschafts- und Wirtschaftsordnung. Er ist ein „Wert an sich", weil er zur Verwirklichung der Freiheits- und Gerechtigkeitsziele beiträgt. Die Freiheit der Individuen, nach dem eigenen Vorteil zu streben, führt in einer Welt knapper Güter automatisch zum Wohlfahrtsoptimum.[3] Zwischen der ökonomischen Vorteilhaftigkeit und der Wettbewerbsfreiheit besteht also kein Widerspruch, so daß es keine Alternative und keine Prioritätskonflikte zwischen

---

[1] Vgl. *Klaus Herdzina:* Wettbewerbspolitik, 4. Auflage, Stuttgart, Jena 1993, S. 113-123.

[2] Nach v. HAYEK ist der Wettbewerb ein „Such- und Entdeckungsprozeß", durch den – oft unwillkürlich – Innovationen befördert und Bewegungsvorgänge zwischen den Innovatoren und den Imitatoren ausgelöst werden. Vgl. *Friedrich A. v. Hayek:* Der Wettbewerb als Entdeckungsverfahren, Kieler Vorträge, gehalten im Institut für Weltwirtschaft an der Universität Kiel, hrsg. von Erich Schneider, N.F. Band 56 (1968), S. 9-12.

[3] In diesem Zusammenhang sei an die klassische Formulierung von SMITH erinnert: „Und er wird in diesem wie auch in vielen anderen Fällen von einer unsichtbaren Hand geleitet, um einen Zweck zu fördern, den zu erfüllen er in keiner Weise beabsichtigt hat", in: Wohlstand der Nationen, Eine Untersuchung seiner Natur und seiner Ursachen [im Original: An inquiry into the nature and the causes of the Wealth of Nations], aus dem Englischen ins Deutsche nach der 5. Auflage übertragen von Horst C. Recktenwald, München 1974, S. 371.

diesen beiden Zielen geben kann. Die Frage nach einer „optimalen" – und operationalisierbaren – Wettbewerbsintensität stellt sich folglich nicht.[4] Die Funktionsfähigkeit des Wettbewerbs ist an subjektive und objektive Voraussetzungen gebunden. Die subjektiven Voraussetzungen zielen i.e.L. auf die Fähigkeit und den Willen der Individuen, ihre Ressourcen für unternehmerische Wagnisse einzusetzen. Für letzteres sind die Erziehungsgrundsätze und die Wertvorstellungen innerhalb der Gesellschaft einflußbestimmend. Die objektiven Wettbewerbsvoraussetzungen erfordern die institutionelle Sicherung durch eine Wettbewerbsaufsicht zur Verhinderung der mißbräuchlichen Ausnutzung wirtschaftlicher Machtstellungen und zur Unterbindung von Kartellen sowie die Einhaltung bestimmter Ordnungs- und Verhaltensgrundsätze durch den Staat. Hier ist neben dem Privateigentum, der Vertragsfreiheit und dem freien Marktzugang das Prinzip der Individualhaftung zu nennen. Danach muß derjenige, der Gewinne aus unternehmerischer Tätigkeit vereinnahmen will, auch für die Verluste einstehen. Die Befolgung dieses Prinzips stellt sicher, daß ökonomische Fehlleistungen vom Markt sanktioniert und die knappen Ressourcen effizient eingesetzt werden. Deshalb ist es unzulässig, wenn der Staat das Ausscheiden eines Insolventen durch Verlustübernahme, Bürgschaften oder Kredite verhindern will. Die Verwirklichung der genannten Prinzipien bildet die zentrale Aufgabe der Ordnungspolitik, deren konzeptionelle Grundlage in Deutschland das Leitbild der Sozialen Marktwirtschaft ist.

C.1.2 Die Soziale Marktwirtschaft als ordnungspolitisches Leitbild

Die Ordnungskonzeption der Sozialen Marktwirtschaft geht auf die ordoliberale Freiburger Schule zurück.[5] In Anbetracht der Fülle der hierzu erschienenen Literatur wird das Denkgebäude dieser Schule nachfolgend nur in groben Strichen skizziert. EUCKEN, der den geistigen Hintergrund für die Ordnungskonzeption lieferte, ging davon aus, daß der Wettbewerb das wirtschaftliche Beziehungsgefüge in der Sozialen Marktwirtschaft koordiniert und deshalb zum wesentlichen Kriterium jeder wirtschaftspolitischen Maßnahme gemacht werden muß. Der Wettbewerb hat die Qualität eines wirtschaftsverfassungsrechtlichen Grundprin-

---

[4] Diese Frage bildet den Gegenstand der später ausgetragenen Kontroverse zwischen ERICH HOPPMANN und ERHARD KANTZENBACH. Vgl. *Erich Hoppmann: Das Konzept der optimalen Wettbewerbsintensität*, in: Jahrbücher für Nationalökonomie und Statistik, Band 179 (1966), S. 286-323; vgl. *Erhard Kantzenbach: Das Konzept der optimalen Wettbewerbsintensität. Eine Erwiderung auf den gleichnamigen Besprechungsaufsatz von Erich Hoppmann*, in: Jahrbücher für Nationalökonomie und Statistik, Band 180 (1967/68), S. 193-241.

[5] Zu den Hauptvertretern dieser interdisziplinären Wissenschaftlergruppe zählen neben WALTER EUCKEN (1891-1950) auch ALEXANDER RÜSTOW (1885-1963), HANS GROSSMANN-DOERTH (1894-1944), FRANZ BÖHM (1895-1977), WILHELM RÖPKE (1899-1966), LEONHARD MIKSCH (1901-1950) und ALFRED MÜLLER-ARMACK (1901-1978).

zips.[6] Gleichzeitig bejahte EUCKEN einen Zusammenhang zwischen Marktstruktur, Marktverhalten und Marktergebnis, indem er die ökonomische Vorteilhaftigkeit des Polypols hervorhob. Er erklärte die vollständige Konkurrenz gar zu einer „Referenz-Marktform" und brachte Marktvermachtungen ein grundsätzliches Mißtrauen entgegen.[7] Auf dieser Grundlage erklärte EUCKEN mit sechs weiteren, gleichzeitig anzuwendenden „konstituierenden Prinzipien" (autonome Geldordnung, offene Märkte, Privateigentum, Vertragsfreiheit, Individualhaftung, Konstanz der Wirtschaftspolitik) das Zustandekommen des Wettbewerbs.

Weil aber der Wettbewerb von den Individuen auch als Bedrohung des erreichten Wohlstandes oder gar der wirtschaftlichen Existenzgrundlage empfunden wird, tendiert ein unbeaufsichtigter Wettbewerb zur Selbstaufhebung. Deshalb bedarf es zu seiner Aufrechterhaltung sogenannter „regulierender Prinzipien". Diese umfassen neben der Wettbewerbsaufsicht auch die Korrektur der primären Einkommens- und Vermögensverteilung, eine erweiterte Wirtschaftsrechnung und eine Arbeitsmarktordnung. Der Staat besitzt damit neben seiner wettbewerbspolitischen auch eine sozialpolitische Rolle.[8]

Wie die wirtschaftspolitischen Entscheidungsträger wettbewerbliche und soziale Aspekte gewichten, steht in ihrem Ermessen („offene Konzeption" der Sozialen Marktwirtschaft). Zuvörderst sollten sie für die Funktionsfähigkeit des Wettbewerbs sorgen, der kein „wünschenswertes Beiwerk" der Sozialen Marktwirtschaft ist. Er ist vielmehr die notwendige Bedingung für die Verwirklichung der sozialen Ziele, weil für die Verteilung immer nur das in der laufenden Periode

---

6 Eine verfassungsmäßige Verankerung der Sozialen Marktwirtschaft gibt es aber nicht. Erst im Staatsvertrag über die Wirtschafts-, Währungs- und Sozialunion mit der ehemaligen DDR vom 1.7.1990 wird die Soziale Marktwirtschaft ausdrücklich als die in der Bundesrepublik Deutschland zu verwirklichende Wirtschaftsordnung bezeichnet.

7 Vgl. *Walter Eucken:* Grundsätze der Wirtschaftspolitik, hrsg. von Edith Eucken und Karl P. Hensel, 6. Auflage (Neuausgabe), Tübingen 1990, S. 254 f. – Mit Blick auf die Innovationsfunktion des Wettbewerbs wurden und werden auch oligopolistische Marktstrukturen als notwendig anerkannt, weil in einem polypolistischen Markt von den Anbietern mangels Größe und Finanzkraft weder Kosten noch Risiken bei der Einführung neuer Güter und Verfahren getragen werden können. Vgl. *Friedrich A. Lutz:* Bemerkungen zum Monopolproblem, in: Ordo, Band 8 (1956), S. 19-43, hier: S. 32; *Wolfgang J. Mückl:* Innovation und Wettbewerb. Zur dynamischen Effizienz des Wettbewerbs, in: Der Bürger im Staat, Heft 3/1988, S. 178-183, hier: S. 180.

8 Vgl. *Alexander Rüstow:* Das Versagen des Wirtschaftsliberalismus, 2. Auflage, Heidelberg 1950, S. 90-100; *Ludwig Erhard:* Die neuen Tatsachen, in: Grundtexte zur Sozialen Marktwirtschaft, Zeugnisse aus zweihundert Jahren ordnungspolitischer Diskussion, hrsg. von Wolfgang Stützel u.a., Stuttgart, New York 1981, S. 47 f.

Produzierte zur Verfügung steht.[9] Da ein funktionierender Wettbewerb die Wertschöpfung maximiert, wirkt er an sich schon sozial.[10] Auf der anderen Seite ist die Absicherung gegen elementare Lebensrisiken eine Voraussetzung dafür, daß sich die Individuen im Produktionsprozeß einer Wettbewerbswirtschaft dauerhaft frei entfalten können.[11] Die wettbewerblichen und sozialen Politikelemente schließen sich also keineswegs gegenseitig aus.

An diese ordnungspolitischen Grundüberlegungen schließen sich prozeßpolitische Gestaltungsaufträge an. Der Staat soll dann ins Wirtschaftsgeschehen eingreifen, sobald das Marktergebnis von definierten Referenzkriterien abweicht.[12] Hierbei werden üblicherweise folgende Felder unterschieden:

– Zur allokativen Effizienz im Sinne des Pareto-Kriteriums bedarf es der Bereitstellung öffentlicher Güter und der Internalisierung externer Effekte.

– Für die Realisierung der maßgeblichen Gerechtigkeitsvorstellung (Leistungsgerechtigkeit mit bedarfsgerechten Korrekturen) müssen geeignete Umverteilungsinstrumente zur Anwendung kommen.

– Für ein stetiges und angemessenes Wachstum, einen hohen Beschäftigungsstand, Preisniveaustabilität und außenwirtschaftliches Gleichgewicht sind ggf. stabilisierungspolitische Eingriffe erforderlich.

Es gibt mehrere Möglichkeiten, Staatseingriffe zu organisieren. Wenn z.B. Marktversagen oder Marktmängel vorliegen, muß sich der Staat u.U. um die Bereitstellung öffentlicher Güter kümmern. Ob er das Gut auch selbst produzieren soll bzw. muß, ist eine andere Frage. Denkbar sind auch Dienstverpflichtungen Privater oder Kontraktlösungen. Häufig betätigt sich in diesen Fällen aber der Staat selbst als Produzent – mit eigenen, „öffentlichen" Unternehmen, zu denen u.a. die Sparkasseninstitute zählen. Hinsichtlich der Qualität und des Umfangs des Geschäftsbetriebs öffentlicher Unternehmen ist der Staat allerdings nicht frei, sondern an Schranken gebunden.

---

[9] Vgl. *Gerhard Mackenroth:* Die Reform der Sozialpolitik durch einen deutschen Sozialplan, in: Verhandlungen auf der Sondertagung des Vereins für Socialpolitik, hrsg. von Gerhard Albrecht, Berlin 1952, S. 39-76, hier: S. 41 f.

[10] Vgl. *Alfred Müller-Armack:* Die Wirtschaftsordnungen sozial gesehen, in: Ordo, Band 1 (1948), S. 125-154, hier: S. 133 f.

[11] Vgl. *Werner W. Engelhardt:* Grundsätzliche und aktuelle Aspekte der Sicherung, Subsidiarität und Sozialpolitik, in: Soziale Ausgestaltung der Marktwirtschaft, Festschrift zum 65. Geburtstag für Prof. Dr. Heinz Lampert, hrsg. von Gerhard Kleinhenz, Berlin 1995, S. 3-28, hier: S. 5-7.

[12] Vgl. *Richard A. Musgrave/Peggy B. Musgrave/Lore Kullmer:* Die öffentlichen Finanzen in Theorie und Praxis, Band 1, 6. Auflage, Tübingen 1994, S. 5-15.

C.1.3 Vorgaben und Grenzen für die unternehmerische Betätigung des Staates

C.1.3.1 Ordnungsidee des Subsidiaritätsprinzips

Die Väter der Sozialen Marktwirtschaft beschäftigten sich mit der unternehmerischen Aktivität des Staates eher am Rande. Bei EUCKEN und BÖHM finden sich vereinzelte Hinweise darauf, daß die Existenz öffentlicher Unternehmen den Wettbewerb nicht beeinträchtigen und zu keiner politisch-ökonomischen Machtkonzentration führen darf.[13] Hinsichtlich der Zulässigkeit öffentlicher Unternehmen in den einzelnen Wirtschaftsbereichen gibt es aber keine konkreten Aussagen. Ähnliches gilt für die Erklärungen auf der Grundlage des Subsidiaritätsprinzips.[14] Bei der Spezifikation dieses Prinzips stößt man auf eine Vielzahl von Anwendungsformen und Verständnisvarianten, die von Fragen der Wirtschafts- und Rechtspolitik, der Staatsorganisationslehre bis zu sozialphilosophischen Problemstellungen reichen.[15] Wegbereitend für das Gebiet der Wirtschafts- und Sozialwissenschaften war u.a. die Interpretation durch die katholische Soziallehre, aus welcher sich der Primat der ökonomischen Privat-initiative und die Nachrangigkeit staatlicher Aufgabenübernahme ergibt.[16] Soweit Aufgaben durch Private mindestens ebensogut erfüllt werden können und öffentliche

---

[13] Vgl. *Walter Eucken:* a.a.O. (FN 7), S. 271 f.; *Franz Böhm:* Die Aufgaben der freien Marktwirtschaft, Heft 14 der Schriftenreihe der Hochschule für politische Wissenschaften, München 1951, S. 59 f.

[14] Vgl. *Theo Thiemeyer:* Öffentliche Unternehmen in der Sozialen Marktwirtschaft heute, in: Öffentliche Unternehmen in der Sozialen Marktwirtschaft heute, Dokumentation einer Vortrags- und Diskussionsveranstaltung der Konrad-Adenauer-Stiftung und der Gesellschaft für öffentliche Wirtschaft und Gemeinwirtschaft am 27.10.1983 in Bonn, Heft 26 der Schriftenreihe der Gesellschaft für öffentliche Wirtschaft und Gemeinwirtschaft, Baden-Baden 1984, S. 15-32.

[15] Vgl. *Thomas Döring:* Marktwirtschaftliche Ordnung und föderativer Staatsaufbau, in: Subsidiarität, Gestaltungsprinzip für eine freiheitliche Ordnung in Staat, Wirtschaft und Gesellschaft, Rechts- und Staatswissenschaftliche Veröffentlichungen der Görres-Gesellschaft, N.F. Band 85, hrsg. von Wolfgang J. Mückl, Paderborn u.a. 1999, S. 63-91.

[16] In der Enzyklika „Quadragesimo anno" von 1931 heißt es: „Wie dasjenige, was der Einzelmensch aus eigener Initiative und mit seinen eigenen Kräften leisten kann, ihm nicht entzogen und der Gesellschaftstätigkeit zugewiesen werden darf, so verstößt es gegen die Gerechtigkeit, das, was die kleineren und untergeordneten Gemeinwesen leisten und zum guten Ende führen können, für die weitere und übergeordnete Gemeinschaft in Anspruch zu nehmen; zugleich ist es überaus nachteilig und verwirrt die ganze Gesellschaftsordnung. Jedwede Gesellschaftstätigkeit ist ja ihrem Wesen und Begriff nach subsidiär; sie soll Glieder des Sozialkörpers unterstützen, darf sie aber niemals zerschlagen oder aufsaugen." Quadragesimo anno, Ziff. 79, zitiert nach: *Anton Rauscher:* Subsidiarität und berufständische Ordnung in „Quadragesimo anno", Band 6 der Schriften des Instituts für christliche Sozialwissenschaften der Westfälischen Wilhelms-Universität Münster, hrsg. von Joseph Höffner, Münster 1958, S. 15.

Interessen dadurch nicht beeinträchtigt werden, ist Zurückhaltung bzw. der Rückzug des Staates angezeigt. Nicht die Aufgabe, sondern die Aufnahme bzw. Fortführung der Wirtschaftstätigkeit durch den Staat bedarf demnach einer Rechtfertigung. Daraus ergibt sich die Pflicht zur Dauerüberprüfung öffentlicher Unternehmern hinsichtlich ihrer Privatisierungsmöglichkeit. Diese eher abstrakte Grundposition, die nur eine allgemeine Richtlinie und keine konkrete Entscheidungsregel für die unternehmerische Betätigung des Staates darstellt, spiegelt sich in den Grundsätzen der Beteiligungs- und Privatisierungspolitik einer (früheren) Bundesregierung wider:

> „In der Sozialen Marktwirtschaft gebührt grundsätzlich privater Initiative und privatem Eigentum Vorrang vor staatlicher Zuständigkeit und staatlichem Eigentum (Subsidiaritätsprinzip). Privates Eigentum und privatwirtschaftliche, durch Markt und Wettbewerb gesteuerte und kontrollierte, unternehmerische Tätigkeit gewährleisten am besten wirtschaftliche Freiheit, ökonomische Effizienz und Anpassung an sich ändernde Marktverhältnisse und damit Wohlstand und soziale Sicherheit für die Bürger. Soweit eine soziale Flankierung notwendig ist, erfolgt sie durch Ausgleichs- und Förderinstrumente der Sozial-, Arbeitsmarkt- und Strukturpolitik, nicht dagegen durch die unternehmerische Beteiligung des Staates. Für die Beteiligungspolitik des Bundes folgt daraus: Es ist nicht Aufgabe des Staates, dort unternehmerisch tätig zu werden, wo private Initiative Aufgaben ebenso gut und ohne Beeinträchtigung staatlicher Belange erfüllen kann. Es ist nicht Aufgabe des Staates, bei hoher Steuerlast und hoher Staatsverschuldung Substanzakkumulation zu Lasten und anstelle des einzelnen Bürgers zu betreiben. Überall da, wo es möglich ist, muß in weitestgehendem Umfang privates Eigentum an die Stelle des staatlichen Eigentums treten."[17]

Hinsichtlich der unternehmerischen Betätigung des Staates hat auch die nachfolgende Bundesregierung keine neue Position bezogen.[18] Die großen politischen Lager sind sich also einig, daß für das Wirtschaftsgeschehen eine „subsidiäre" Ordnung nach den Prinzipien des Marktes und des Wettbewerbs angestrebt werden soll. Daraus folgt, daß der Staat i.e.L. einen verläßlichen Rahmen für das individuelle Handeln schaffen muß. Als Unternehmer darf er in den Wirtschaftsprozeß nur zur Erreichung wohldefinierter (und nicht über Märkte realisierbarer Ziele) eingreifen. In seiner ökonomischen Auslegung entspricht das Subsidiaritätsprinzip damit einer allokativen Regel, die in einem permanenten Begründungszwang für alle Wirtschaftsaktivitäten des Staates – darunter auch der Betrieb der Sparkasseninstitute – fortwirkt.

---

[17] *Bundesministerium der Finanzen:* Vermerk vom 28.11.1990, in: Gesamtkonzept 1990 für die Privatisierungs- und Beteiligungspolitik des Bundes, Material für die Presse, S. 5 f.

[18] Vgl. *Bundesministerium der Finanzen:* Rede des Bundesministers der Finanzen anläßlich des Vorstandstreffens der Unternehmen mit Bundesbeteiligung am 19.9.2000 in Berlin, S. 2 f.; *Deutscher Bundestag:* Antwort der Bundesregierung auf die Große Anfrage der Fraktion der CDU/CSU, in: Drucksache 14/4696 vom 20.11.2000, Anlageband 660, S. 2 f.

C.1.3.2 Rechtliche Zulässigkeit öffentlicher Unternehmen

Die rechtlichen Vorgaben für die unternehmerische Betätigung des Staates werden in einem umfangreichen und vielschichtigen, durch das Ineinandergreifen mehrerer Rechtsebenen komplex gewordenen Schrifttum reflektiert. Es ist im Rahmen dieser Arbeit nicht möglich, sich mit allen hierzu vorgetragenen Lehrmeinungen auseinanderzusetzen. Das Folgende beschränkt sich deshalb auf eine kursorische Darstellung der herrschenden Rechtsauffassung.

C.1.3.2.1 Verfassungsrecht

In verfassungsrechtlicher Sicht lassen sich trotz der ordnungspolitischen Neutralität des Grundgesetzes aus dem Grundrechtskatalog Aussagen über die Rolle des Staates in der Wirtschaft herleiten.[19] Ein Teil der Grundrechte besitzt eine „Abwehrfunktion", die Staatseingriffe in das wirtschaftliche Tun des einzelnen beschränken und damit die Zentralisierung der ökonomischen Pläne durch den Staat verhindern soll. Auf der anderen Seite ist es jedoch dem Staat verwehrt, den Wirtschaftsprozeß nach dem Leitbild einer „Laissez-faire-Marktwirtschaft" gänzlich sich selbst zu überlassen, weil dem die sozialen Fürsorgeprinzipien entgegenstehen.[20] Wenn sich der Staat nun mit Eigenbetrieben einschaltet, darf er dies nur dann tun, wenn er dies hinreichend begründen kann.[21] Die Ausübung entsprechender staatlicher Handlungskompetenzen setzt das Vorhandensein eines „öffentlichen Zwecks" (synonym: eines „öffentlichen Interesses") voraus (Prinzip der Zweckerfordernis). Für die Konkretisierung der staatlichen Betätigungsbefugnisse sind diese Begriffe als solche aber nur von geringem Nutzen, gehören sie doch – wie LERCHE in anderem Zusammenhang feststellt – „zu den verschwommensten, die das ohnehin flüssige Verfassungsrecht anzubieten hat."[22] Gefragt ist also eine fallbezogene Präzisierung, damit nicht die vorschnelle Berufung auf einen Blankettbegriff namens „öffentlicher Zweck" eine

---

[19] Vgl. *Peter Badura:* Die Rechtsprechung des Bundesverfassungsgerichts zu den verfassungsrechtlichen Grenzen wirtschaftspolitischer Gesetzgebung im sozialen Bundesstaat, in: Archiv des öffentlichen Rechts, Band 92 (1967), S. 398-407.

[20] Vgl. *Peter Badura:* Auftrag und Grenzen der Verwaltung im sozialen Rechtsstaat, in: Die Öffentliche Verwaltung, Heft 13-14/1968, S. 446-455, hier: S. 446; *Alex Möller:* Gesetz zur Förderung der Stabilität und des Wachstums der Wirtschaft und Art. 109 GG; Kommentar unter besonderer Berücksichtigung der Entstehungsgeschichte, hrsg. von Alex Möller, Hannover 1969, S. 63-66.

[21] Vgl. *Peter Badura:* Die Erfüllung öffentlicher Aufgaben und die Unternehmenszwecke bei der wirtschaftlichen Betätigung der öffentlichen Hand, in: Festschrift für Hans-Jürgen Schlochauer zum 75. Geburtstag, hrsg. von Ingo v. Münch, Berlin, New York 1981, S. 3-24.

[22] *Peter Lerche:* Rundfunkmonopol, Zur Zulassung privater Fernsehveranstaltungen, Beiträge zum Rundfunkrecht, Frankfurt am Main 1970, S. 90.

das zulässige Maß übersteigende Ausdehnung staatlicher Wirtschaftsaktivität nach sich zieht.[23] Wird ein öffentliches Unternehmen mit der Zielsetzung geführt, Dienste zu erbringen, auf welche die Allgemeinheit nach den ordnungs- und staatspolitischen Zielvorstellungen Anspruch hat (hierzu zählen insbesondere der Daseinssicherung dienende Leistungen), ist der Betrieb dieses Unternehmens in öffentlicher Regie gerechtfertigt.[24] Dagegen können auf Gewinnerzielung gerichtete Motive die Unternehmeraktivitäten des Staates nicht legitimieren.[25] Sobald der Staat in Konkurrenz zu Privaten tritt, ist die Frage zu beantworten, ob sich aus den Grundrechten Schranken für die Unternehmertätigkeit des Staates ergeben. BETTERMANN skizziert die Konfliktlage folgendermaßen:

> „Art. 12 GG gibt dem Bürger ein Recht zu ungestörter Berufsausübung, also einen Anspruch gegen den Staat auf Unterlassung einer Störung oder Behinderung seiner Berufsausübung. Infolgedessen stößt die wirtschaftliche Betätigung der ‚öffentlichen Hand‘ dann an die Grenze des Art. 12 GG, wenn sie den Bürger in seiner wirtschaftlichen Betätigung und Entfaltung behindert, was insbesondere dann der Fall ist, wenn sie ihm fühlbare Konkurrenz macht, das Wirtschaftsleben der öffentlichen Hand sich also auf Kosten oder zu Lasten der privaten Unternehmer vollzieht. Dann verringert sich deren Freiheitsraum zwar nicht rechtlich, aber tatsächlich.“[26]

STERN und BURMEISTER bestreiten, daß Konkurrenzbeziehungen zu privaten Unternehmen eine Funktionssperre für die öffentlichen Unternehmen begründen, weil die Grundrechtsausübung in einer Wechselbeziehung zu den Zielen des modernen Leistungsstaates steht. Wenn der Staat seine Ziele nicht mit einer geringeren Eingriffstärke erreichen kann, ist die wettbewerbliche Betätigung des

---

[23] Vgl. *Walter Leisner:* Privatinteresse als öffentliches Interesse, in: Die Öffentliche Verwaltung, Heft 7/1970, S. 217-233; *Gunnar F. Schuppert:* Zur Kontrollierbarkeit öffentlicher Unternehmen, in: Zeitschrift für gemeinwirtschaftliche und öffentliche Unternehmen, Heft 3/1985, S. 310-332, hier: 314 f.

[24] Vgl. *Rupert Scholz:* Art. 12 GG, in: Kommentar zum Grundgesetz, Band 2 (Loseblattsammlung), hrsg. von Theodor Maunz u.a., Rdnr. 401; *Fritz Ossenbühl:* Daseinsvorsorge und Verwaltungsprivatrecht, in: Die Öffentliche Verwaltung, Heft 15-16/1971, S. 513-524, hier: S. 513; *Peter Badura:* a.a.O. (FN 21), S. 4. STERN und BURMEISTER erklären, daß über den Daseinsvorsorgeaspekt hinaus auch erkennbare „sachliche Vorzüge" und die historische Entwicklung („Rechtstradition") die Zuordnung einer Wirtschaftsaktivität zur öffentlichen Sphäre rechtfertigen können („normative Kraft des Faktischen"). Vgl. *Klaus Stern/Joachim Burmeister:* a.a.O. (Kap. B, FN 51), S. 125.

[25] Vgl. *Rupert Scholz:* a.a.O. (FN 24), Rdnr. 404; *Karl Oettle:* Grundfragen öffentlicher Betriebe, Band 14 der Schriften zur öffentlichen Verwaltung und zur öffentlichen Wirtschaft, hrsg. von Peter Eichhorn und Peter Friedrich, Baden-Baden 1976, S. 24-35.

[26] *Karl-August Bettermann:* Juristische Personen des öffentlichen Rechts als Grundrechtsträger, in: Neue Juristische Wochenschrift, Heft 31/1969, S. 1321-1328, hier: S. 1323. Dazu auch *Rupert Scholz:* Das Wirtschaftsrecht der öffentlichen Unternehmen, in: Archiv des öffentlichen Rechts, Band 97 (1972), S. 301-311.

Staates legitim.[27] Gegen die verfassungsrechtliche Ablehnung einer rein auf Gewinne zielenden Strategie öffentlicher Unternehmen ließe sich einwenden, daß auch maximale Gewinne der Staatsbetriebe im öffentlichen Interesse sind, weil die Gewinne ja dem Staatsbudget zufließen und nach Maßgabe des sozialpolitisch Gewollten verteilt werden können.[28] Dieser Sichtweise stehen jedoch schwerwiegende ordnungspolitische Bedenken entgegen. Wenn öffentliche Unternehmen – womöglich unter Ausnutzung von Fiskal-, Haftungs- und Wettbewerbsprivilegien – rein gewinnmaximierend vorgingen, wäre dies ein Verstoß gegen den Subsidiaritätsgrundsatz. Der Staat ist also gehalten, sich seine Einnahmen durch eine geeignete Steuer- und Abgabenordnung zu verschaffen.[29] Die Gewinnerzielung darf bei öffentlichen Unternehmen, wie auch verfassungsgerichtlich festgestellt worden ist, somit nur Nebenzweck sein.[30]

C.1.3.2.2 Kommunalrecht

Mit der Klärung der allgemeinen Berechtigungsgrundlage ist der Boden für die mit Blick auf die Sparkassen besonders interessierende Frage bereitet, in welcher Weise sich die kommunalen Gebietskörperschaften unternehmerisch engagieren dürfen. Im Zusammenhang mit den Sparkassen wird auf die Garantie der kommunalen Selbstverwaltung verwiesen.[31] Art. 28 (2) GG berechtigt die Gemeinden, „alle Angelegenheiten der örtlichen Gemeinschaft in eigener Verantwortung im Rahmen der Gesetze zu regeln." Die Gemeinden besitzen also einen Schutzbereich, innerhalb dessen sie aktiv am Wirtschaftsleben teilnehmen können. Insbesondere die auf die Befriedigung zivilisatorischer Elementarbedürfnisse gerichtete unternehmerische Betätigung zählt unstritig zu diesem Tätigkeitskreis.[32] Mit Blick auf die Sparkassen und auf die Tatsache, daß der fehlende Zugang der Individuen zu Standard-Bankdienstleistungen ihre ökonomischen Entfaltungsmöglichkeiten stark beeinträchtigt und damit die Funktionsfähigkeit einer marktwirtschaftlichen Ordnung faktisch in Frage gestellt wird, ließe sich auch die Ansicht vertreten, die Individuen hätten sogar einen Anspruch auf eine

---

[27] Vgl. *Klaus Stern/Joachim Burmeister:* a.a.O. (Kap. B, FN 51), S. 126.
[28] Vgl. *Walther Zügel:* Die Sparkassen zwischen öffentlicher Aufgabe und kreditwirtschaftlichem Wettbewerb, in: Sparkassen im Wandel, 3. Bad Iburger Gespräche, Symposium des Instituts für Kommunalrecht der Universität Osnabrück am 21.10.1992, hrsg. von Jörn Ipsen, Köln u.a. 1993, S. 13-22, hier: S. 17.
[29] Vgl. *Joseph Stiglitz:* Economics of the Public Sector, New York 1986, S. 326.
[30] Vgl. *BVerfGE vom* 8.7.1982, Band 61, S. 82-118, hier: S. 107.
[31] Vgl. *Klaus Stern/Joachim Burmeister:* a.a.O. (Kap. B, FN 51), S. 64-94 m.w.N.
[32] Vgl. *Ernst Forsthoff:* Lehrbuch des Verwaltungsrechts, Erster Band, Allgemeiner Teil, 10. Auflage, München 1973, S. 567 f.

diesbezügliche Grundversorgung,[33] zumal sich hierzulande eine engmaschige Sozialinfrastruktur entwickelt hat.[34] Gegen diese Forderung spricht allerdings, daß die Verteilung elementarer Güter (z.B. Lebensmittel, Arzneien, Kraftstoffe) privat organisiert ist und keine Engpässe festgestellt werden können.[35] Selbst wenn man Finanzdienstleistungen als ein höherwertiges Versorgungsgut betrachtet, gibt es keine Norm, die dem Staat die Bereitstellung einer kreditwirtschaftlichen Grundversorgung gebietet.[36]

Neben diesen Grundaussagen finden sich auch in den Gemeindeordnungen Bestimmungen, welche die Zulässigkeit von wirtschaftlichen Unternehmen der Gemeinde regeln und beschränken. Sie gehen auf § 67 (1) der (außer Kraft getretenen) Deutschen Gemeindeordnung (DGO) von 1935 zurück. Die Gemeindeordnungen der Bundesländer haben den Rechtsgehalt der kommunalwirtschaftlichen Vorschriften aus der DGO weitgehend übernommen und teilweise sogar verschärft. Damals wie heute gilt, daß die Kommunen Wirtschaftsunternehmen nur unter den folgenden Bedingungen errichten, übernehmen oder wesentlich erweitern dürfen:[37]

– Ein öffentlicher Zweck muß den Betrieb des Unternehmens erfordern (Prinzip der Zweckerfordernis). Dieser Zweck muß operational und präzise formuliert sein und bildet die *conditio sine qua non* für den Betrieb eines öffentlichen Unternehmens. Gewinnerzielung darf nur Nebenzweck sein.

– Der Zweck kann nicht ebensogut durch private Dritte erfüllt werden (Prinzip der Subsidiarität). Vereinzelt existieren zusätzliche, die unternehmerischen Aktivitäten der Gemeinden noch stärker einschränkende Sonderregelungen. So dürfen sich die niedersächsischen Gemeinden gemäß § 108 (1) Nr. 3 der Niedersächsischen Gemeindeordnung (NGO) nur dann wirtschaftlich betätigen, wenn sie die Aufgaben besser und nicht lediglich „ebenso gut" wie andere erfüllen können.

– Der Zweck darf nicht durch weniger regelungsintensive und weniger dauerhafte Maßnahmen erreicht werden (Prinzip der Verhältnismäßigkeit).

– Das Unternehmen steht nach Art und Umfang im angemessenen Verhältnis zum voraussichtlichen Bedarf und zur Leistungsfähigkeit der Gemeinde (Prinzip der Angemessenheit). Das bedeutet, daß die Gemeinden beim Einge-

---

[33] Vgl. *Bernd Claussen:* Teilprivatisierung kommunaler Sparkassen?, Ökonomische und rechtliche Rahmenbedingungen für eine Beteiligung Privater an den kommunalen Kreditinstituten, Baden-Baden 1990 (Diss.), S. 127.

[34] Vgl. *Heinz Lampert:* Lehrbuch der Sozialpolitik, 3. Auflage, Berlin u.a. 1994, S. 118-130.

[35] Vgl. ausführlicher Abschnitt C.2.1.

[36] Vgl. *Hans-Detlef Horn:* Sparkassen privatisieren?, Anmerkungen zum (bayerischen) Stand der Dinge, in: Sparkasse, Heft 4/1999, S. 187-189, hier: S. 188.

[37] Vgl. § 102 BWGO, Art. 89 (1) BayGO, § 100 KVBbg, § 121 HGO, § 68 KVMV, § 108 NGO, § 107 NWGO, § 85 RPGO, § 106 KSVG, § 86 SächsGO, § 116 SAGO, § 101 SHGO, § 71 ThürKO.

hen unternehmerischer Risiken ihre eigene Risikotragfähigkeit (z.B. laufende Einnahmen, Vermögenssubstanz) nicht überbeanspruchen dürfen. Um zu klären, ob sich die Gemeinde die Übernahme von Risiken überhaupt leisten kann, müssen die Risiken quantifiziert werden. Da jedoch die dem Bankgeschäft innewohnenden Risiken für Außenstehende nur schwer erfaßbar sind, dürfen sich die Gemeinden nicht bankwirtschaftlich betätigen. Für die Sparkassen verbleibt es bei den bestehenden Sondervorschriften.

Die vorstehenden Prinzipien werden in Nordrhein-Westfalen gemäß § 88 (1) der nordrhein-westfälischen Gemeindeordnung (NWGO) und in Mecklenburg-Vorpommern gemäß § 68 (1) der mecklenburg-vorpommerschen Kommunalverfassung (KVMV) nicht nur auf die Errichtung, sondern auch auf die Fortführung der bestehenden Unternehmen angewendet. Aus dieser gesetzlichen Aufgabenkritik folgt die Verpflichtung der dortigen Gemeinden zur Dauerüberprüfung ihrer wirtschaftlichen Betätigung hinsichtlich eventueller Privatisierungsmöglichkeiten.[38]

C.1.3.2.3 EU-Recht

Die nationale Eigentums- und Wettbewerbsordnung wird auch durch die Vertragsgrundlagen der Europäischen Union bestimmt. Art. 295 des EG-Vertrags (EGV) stellt die nationalen Eigentumsordnungen grundsätzlich in das nationale Ermessen. Das bedeutet, daß die Mitgliedstaaten in der Gestaltung ihrer Eigentumsordnung frei sind, solange dadurch der zwischenstaatliche Wettbewerb nicht beeinträchtigt wird. Öffentliche Unternehmen sind damit prinzipiell zulässig. Das bedeutet, daß der Bestand, die Rechtsform, die Träger- bzw. Eigentümerschaft der Sparkassen und Landesbanken durch den EGV unberührt bleibt. Daraus folgt, daß weder eine formale noch eine materielle Privatisierung durch die EU-Kommission angeordnet werden kann.[39]

Die EU-Kommission hat aber 1993 klarstellend mitgeteilt, daß diese Garantie keinen Bestandsschutz für solche Gestaltungselemente begründet, die den Prinzipien des EGV entgegenstehen. Nicht durchgesetzt werden konnte deshalb die Zielsetzung des Bundesrates,[40] bei der Verhandlung des Amsterdamer Vertrages im Jahre 1997 die staatlichen Einstandspflichten für die Sparkasseninstitute in Form eines Protokolls – solche sind nach Art. 311 EGV Vertragsbestandteil – festzuschreiben. Anstaltslast und Gewährträgerhaftung wären dadurch der euro-

---

[38] Vgl. *Friedrich Schoch:* Privatisierung von Verwaltungsaufgaben, in: Deutsches Verwaltungsblatt, Heft 17/1994, S. 962-977, hier: S. 972.

[39] Vgl. *Wernhard Möschel:* Privatisierung öffentlichrechtlicher Kreditinstitute, in: Wertpapier-Mitteilungen, Heft 29/1999, S. 1455.

[40] Vgl. *Bundesrat:* Entschließung zur Frage der Anstaltslast und Gewährträgerhaftung bei öffentlich-rechtlichen Kreditinstituten vom 21.2.1997, in: Anlage zur Drucksache 100/97, Anlageband 3/1997.

päischen Beihilfeaufsicht dauerhaft entzogen worden.[41] Vielmehr wurde lediglich eine Erklärung der deutschen Seite zu den öffentlich-rechtlichen Kreditinstituten angenommen (sog. „Amsterdamer Erklärung"), die sich zu dem Grundsatz bekennt, daß die europäischen Wettbewerbsregeln nur Kompensationen für die Erfüllung gesetzlicher Aufgaben im Allgemeininteresse zulassen; die Institute sind aber der europäischen Wettbewerbsaufsicht unterworfen. Dies zeigte sich in der – weiter unten ausführlich betrachteten – weitgehenden Abschaffung der Staatsgarantien für die Sparkassen und Landesbanken.[42]

C.1.4 Implikationen für die Sparkasseninstitute

In der Sozialen Marktwirtschaft sollen Eigenverantwortung und private Initiative Vorrang vor staatlicher Wirtschaftsaktivität haben. „Eigenverantwortliche Betätigung" bedeutet, daß die Wirtschaftssubjekte selbst über den Einsatz ihrer Ressourcen entscheiden und für die Folgen ihres Handelns haften. Sie haben das primäre Verwertungsrecht an den Früchten ihrer Leistungen, aber auch die Pflicht, für verursachte Schäden vollständig einzustehen. „Privatwirtschaftliche Aktivität" fußt auf dem Subsidiaritätsprinzip, woraus sich ein Regel-Ausnahme-Verhältnis zwischen privater und staatlicher Aktivität ergibt. Der Staat muß sich auf die Formung des Ordnungsrahmens beschränken und hat sich intervenierender Eingriffe grundsätzlich zu enthalten.[43] Direkte Eingriffe in den Wettbewerb sind ihm nur in Ausnahmefällen erlaubt. Auch wenn mit diesen Prinzipien für die spezielle Beurteilung öffentlicher Bankstrukturen noch nicht viel gewonnen ist, zeigen diese jedoch, daß die Beweislast nicht bei demjenigen liegt, der das Erfordernis solcher Strukturen in Frage stellt, sondern vielmehr bei dem, der ihren Umfang beibehalten oder ausdehnen möchte. Gemäß dieser Grundlinie legt die Rechtsordnung den Zulässigkeitsbereich für die unternehmerische Betätigung des Staates fest.

Als Betreiber von Bankgeschäften kann sich der Staat nur legitimieren, wenn davon ausgegangen werden muß, daß ein ausschließlich privater Bankensektor für die Volkswirtschaft und das Gemeinwohl untragbare Nachteile und Risiken birgt. Aus diesem Grunde können nur Marktversagen, Marktmängel und wettbewerbspolitische Gefahrenpotentiale die Rechtfertigungsgrundlage für den öffentlich-rechtlichen Geschäftsbankensektor bilden. Darauf aufbauend erklären

---

[41] Vgl. *Matthias Herdegen:* Die vom Bundesrat angestrebte Festschreibung der Privilegien öffentlich-rechtlicher Kreditinstitute: Gefahr für die EG-Wettbewerbsordnung, in: Wertpapier-Mitteilungen, Heft 24/1997, S. 1130-1134.

[42] Vgl. Abschnitt C.3.2.4.

[43] Vgl. *Franz Böhm:* a.a.O. (FN 13), S. 15-25; *Alfred Müller-Armack:* Die Soziale Marktwirtschaft nach einem Jahrzehnt ihrer Erprobung, in: Wirtschaftsordnung und Wirtschaftspolitik, Band 4 der Reihe „Beiträge zur Wirtschaftspolitik", hrsg. von Egon Tuchtfeld, 2. Auflage, Freiburg 1976, S. 251-267.

die meisten Politiker und Funktionsträger der Sparkassenorganisation, daß ein rein privat organisierter Bankenmarkt die flächendeckende Versorgung der Bevölkerung mit Finanzdienstleistungen, ausgewogene Wirtschaftsstrukturen, die Förderung des Sparsinns und die finanzwirtschaftliche Unterstützung der Gebietskörperschaften nicht sicherstellen kann und es deshalb öffentlich-rechtlicher Sparkassen und Landesbanken bedarf.[44] Neben diesen, einzelne Strukturfragen beschreibenden Gesichtspunkten stellen auch der Deutsche Landkreistag und die Gesellschaft für öffentliche Wirtschaft heraus, daß der Markt für Finanzdienstleistungen ohne die öffentlich-rechtlichen Kreditinstitute nicht in dem Sinne funktionieren würde, wie es die ordnungspolitischen Maßstäbe gebieten. Sie behaupten weiter, daß die Sparkasseninstitute die Herausbildung wirtschaftlicher Machtstellungen im Bankenmarkt verhindern, das private Bankgewerbe vor einer Verstaatlichung schützen und die Vertragsfreiheit aller Wirtschaftssubjekte gewährleisten würden. Angesichts dieser (vermuteten) Gefahren gelangen sie zu dem Schluß, daß die Privatisierung der Sparkassen und Landesbanken mit den Grundprinzipien der Sozialen Marktwirtschaft nicht zu vereinbaren sei.[45]

Die Reformbefürworter beschränken sich freilich nicht auf die bloße Widerlegung der angeführten prozeß- und ordnungspolitischen Rechtfertigungsgründe, sondern erklären, daß die Sparkasseninstitute keineswegs den behaupteten Schutz des Bankenwettbewerbs, sondern vielmehr das Gegenteil bewirken.[46] Sie werten insbesondere die noch bis 2005 bestehenden staatlichen Haftungsgrundlagen als Wettbewerbsverzerrung zugunsten der öffentlich-rechtlichen Kreditinstitute und als Verstoß gegen das Prinzip der allokativen Effizienz.[47] Außerdem wird nach ihrer Meinung durch die fehlende Übernahmemöglichkeit der Sparkassen und Landesbanken der freie Marktzugang beschränkt, so daß die Schaf-

---

[44] Vgl. etwa *Günther Beckstein:* Die Sparkassen als bedeutende Einrichtung der Daseinsvorsorge; *Siegfried Naser:* Sparkassen nehmen historische Verantwortung an; beide Beiträge erschienen in: Wirtschaftskurier, Sonderbeilage zum Bayerischen Sparkassentag 2002 vom 2.7.2002, S. 1 f.

[45] Vgl. *Gesellschaft für öffentliche Wirtschaft:* Sparkassen und Landesbanken in der Wettbewerbs- und Privatisierungsdiskussion, Stellungnahme des Wissenschaftlichen Beirats der Gesellschaft für öffentliche Wirtschaft, Beiträge zur öffentlichen Wirtschaft, Heft 17, Berlin 1998, S. 24; *Hans-Günter Henneke:* Entwicklungsperspektiven kommunaler Sparkassen in Deutschland, Band 12 der Schriften zum deutschen und europäischen Kommunalrecht, hrsg. von Eberhard Schmidt-Aßmann und Friedrich Schoch, Stuttgart u.a. 2000, S. 104-107.

[46] Vgl. *Ralf Zimmermann:* Die Sparkassen und Landesbanken privatisieren, in: Frankfurter Allgemeine Zeitung, Nr. 292 vom 16.12.1997, S. 19.

[47] Vgl. etwa *Hans-Werner Sinn:* a.a.O. (Kap. A, FN 8), S. 99-104.

fung von privaten Beteiligungsmöglichkeiten an den Sparkassen und Landesbanken auch aus diesem Gesichtspunkt dringend angezeigt sei.[48]

C.2 Begründung des öffentlichen Auftrags des Sparkassensektors durch Marktmängel?

Sowohl die Behauptungen der Verteidiger des Status quo als auch die der Ge-
genseite werden in den beiden folgenden Abschnitten auf ihre Stichhaltigkeit
geprüft. Dabei wird auch der Frage nachgegangen, ob der Staat bei seinem Engagement die Gebote der Verhältnismäßigkeit und der Angemessenheit beachtet, also seine Ziele nicht auch auf eine weniger eingriffsintensive Weise erreichen kann. Nur wenn dafür valide Hinweise auffindbar sind, hat die öffentlich-
rechtliche Rechtsform der Sparkassen und Landesbanken ihre Berechtigung. Im
Falle des Gegenteils ist das Festhalten am Status quo nicht begründbar. Die
Aufgabe des Staates besteht in diesem Falle darin, die formale und materielle
Privatisierung zügig einzuleiten.

C.2.1 Gewährleistungsfunktion

Mit dem Begriff „Gewährleistungsfunktion" wird die Bereitstellung eines breiten Angebots von Finanzdienstleistungen in allen Regionen für alle Bürger
durch die Sparkassen verstanden.[49] Sie wird damit begründet, daß ohne öffentliche Bankstrukturen in wirtschaftlich schwächeren Bevölkerungskreisen und in
strukturschwachen Regionen Versorgungsengpässe zu befürchten seien.[50] Der
Gewährleistungsauftrag ist als Ergebnis des staatlichen Fürsorgegedankens zu
interpretieren. Er zielt vornehmlich auf die Vorhaltung einer verläßlichen
Grundversorgung mit Finanzdienstleistungen, durch die alle Individuen in die
Lage versetzt werden sollen, am modernen Wirtschaftsverkehr teilzunehmen.
Die diesbezügliche Leistungspalette umfaßt einfache Standardangebote (z.B.
Giro- oder Sparkonto), aber auch anspruchsvollere Dienstleistungen (z.B. Kredite, Anlageprodukte).
Die Operationalisierung des Gewährleistungsauftrags bereitet Schwierigkeiten,
da hierfür kein allgemein verbindlicher Beurteilungsmaßstab existiert. Häufig
wird auf die Bankstellenzahl zurückgegriffen, die der Zahl der Kreditinstitute
einschließlich der von ihnen unterhaltenen Zweigstellen entspricht. Diese Größe
ist gemäß § 24 (1a) Nr. 3 des Kreditwesengesetzes (KWG) Gegenstand regel-

---

[48] Vgl. etwa. *Wernhard Möschel:* Die Finger der öffentlichen Hand im Bankgewerbe, in:
Frankfurter Allgemeine Zeitung, Nr. 187 vom 14.8.1999, S. 13.

[49] Vgl. § 6 (1) BWSpkG, Art. 2 (1) BaySpkG, § 2 (1) BbgSpkG, § 3 (1) BrSpkG, § 2 (1)
HessSpkG, § 2 (1) MVSpkG, § 4 NSpkG, § 3 (1) NWSpkG, § 2 (1) RPSpkG, § 2 (1)
SaarSpkG, § 2 (1) SächsSpkG, § 2 (1) SASpkG, § 2 SHSpkG, § 2 (1) ThürSpkG.

[50] Vgl. *Gesellschaft für öffentliche Wirtschaft:* a.a.O. (FN 45), S. 10 f.

mäßiger amtlicher Erhebungen der Deutschen Bundesbank. Der Blick auf die Bankstellenstatistik (*Tabelle 12*) zeigt zunächst, daß die Zahl der Kreditinstitute während der letzten Jahre stärker gesunken ist als die der Filialen. Zwischen 1991 und 2001 hat die Zahl der Kreditinstitute – insbesondere wegen der vielen Fusionen im Genossenschaftsbereich – um 39,5 v.H., die Zahl der Filialen dagegen nur um 11,1 v.H. abgenommen. Die Anteile der Bankengruppen am Gesamtbestand aller Filialen blieben weitgehend unverändert. Im Jahr 2001 entfielen (ohne Berücksichtigung der über 13.000 Postbankstellen) auf die Sparkassen und die Kreditgenossenschaften 38,8 v.H. bzw. 37,0 v.H. und auf die privaten Banken 13,4 v.H. der Bankstellen.

Tabelle 12: Bankstellen der Sparkassen, Kreditgenossenschaften und der Kreditbanken i.e.S. in Deutschland
Stand jeweils zum Jahresende

Jahr	Sparkassen		Kreditgenossen-schaften		Kreditbanken i.e.S		Alle Bankengruppen[51]	
	Institute	Bankstellen	Institute	Bankstellen	Institute	Bankstellen	Institute	Bankstellen
Früheres Bundesgebiet								
1957	871	9.053	11.795	14.100	364	2.281	13.359	26.333
1970	832	15.735	7.095	18.339	305	5.291	8.549	40.800
1980	599	17.489	4.225	19.678	246	6.160	5.355	44.666
1990	574	17.786	3.042	18.811	332	6.621	4.170	43.977
Deutschland								
1991	734	20.220	3.147	21.197	342	7.017	4.453	49.315
2001	534	17.025	1.621	16.205	303	5.879	2.695	43.834
Anteile:		*38,8 v.H.*		*37,0 v.H.*		*13,4 v.H.*		*100,0 v.H.*
Δ 1991-2001	- 27,2 v.H.	- 15,8 v.H.	- 48,5 v.H.	- 23,6 v.H.	- 11,4 v.H.	- 16,2 v.H.	- 39,5 v.H.	- 11,1 v.H.
Bayern								
2000	91	2.925	483	3.975	40	1.243	650	11.032
Anteile:		*27,0 v.H.*		*36,0 v.H.*		*11,3 v.H.*		*100,0 v.H.*

Quelle: *Deutsche Bundesbank: Monatsbericht Dezember 1971, S. 39*; dies.: Monatsbericht Dezember 1981, S. 41*; dies.: Monatsbericht Dezember 1991, S. 45*; dies.: Monatsbericht Dezember 1992, S. 45*; dies.: Bankenstatistik Juli 2002, Statistisches Beiheft zum Monatsbericht 1, S. 104; Landeszentralbank im Freistaat Bayern: Bankenstatistik und Wirtschaftszahlen, Vierteljahresheft 3/2001, S. 59; dies.: Jahresbericht 2001, S. 61.*

---

[51] Ohne die Filialen der Postbank.

Die Aussagekraft von *Tabelle 12* (S. 99) darf aber nicht überschätzt werden. Sie besagt lediglich, daß die Sparkassen und Genossenschaftsbanken die meisten Bankstellen im Bundesgebiet unterhalten. Daraus können noch keine Rückschlüsse auf die flächenmäßige Verteilung dieser Stellen gezogen werden. Gleichwohl zeigt die Praxis, daß sich die Filialen der Kreditbanken i.e.S. auf Ballungsräume und wirtschaftlich prosperierende Gebiete konzentrieren, während sich die Zweigstellen der Sparkassen und Kreditgenossenschaften räumlich ausgewogener verteilen. Insbesondere die letzteren sind, bedingt durch ihre Entstehungsgeschichte, in ländlich geprägten Gegenden stark vertreten. Die Bankstellenstatistik für den Freistaat Bayern (*Tabelle 12*, letzte Zeile), größtes Flächenland der Bundesrepublik, scheint diese Vermutung zu bestätigen.

Außerdem ist zu beachten, daß die Bankstellenstatistik jede Bankstelle ohne Rücksicht auf ihre Größe und ihre sachliche Zuständigkeit gleichwertig erfaßt. Eine „flächendeckende Versorgung" der Bevölkerung bedeutet– auch bei den Sparkassen – keineswegs, daß überall allen eine Vollversorgung angeboten wird. Vielmehr stufen die Kreditinstitute die Leistungsspektren ihrer Filialen entsprechend dem differenzierten Nachfrageverhalten der Kunden ab.[52] Sie bieten komplexere und seltener nachgefragte Anlage- und Finanzierungsgeschäfte in einem weitmaschigeren Netz an, als dies etwa bei Routineleistungen im Zahlungsverkehr der Fall ist. Bei den ersteren sind die Nachfrager eher bereit, weitere Wege auf sich zu nehmen. Darüber hinaus spielen aufgrund der Fortschritte in der Informations- und Telekommunikationstechnologie Öffnungszeiten und räumliche Entfernungen eine immer geringere Rolle.[53]

Dessen ungeachtet befürchten die Privatisierungsgegner, daß ohne öffentliche Bankstrukturen den entlegenen Regionen und wirtschaftlich schwächeren Bevölkerungskreisen eine finanzwirtschaftliche Versorgungslücke droht.[54] Dem ist entgegenzuhalten, daß in anderen Wirtschaftsbereichen der Markt für ein ausreichendes Angebot von Gütern und Dienstleistungen sorgen kann, ohne daß es dafür bislang einer staatlichen Kapazitätsvorhaltung bedurft hätte. So erfolgt beispielsweise ohne staatliches Zutun die Distribution von Nahrungsmitteln, pharmazeutischen Erzeugnissen und Kraftstoffen durch 33.000 Facheinzelhandelsunternehmen, 22.000 Apotheken und 16.000 Tankstellen.[55] Über deren Existenz oder Nichtexistenz entscheiden Markt und Wettbewerb. Der Nachweis,

---

[52] Vgl. *Hans-Michael Heitmüller*: S-Vertriebspolitik in der Zukunft, in: Zeitschrift für das gesamte Kreditwesen, Heft 8/1998, S. 424-426.

[53] Vgl. *Handelsblatt*: Homebanking ergänzt das Angebot der Filiale, in: Nr. 208 vom 28.10.1998, S. 27.

[54] Vgl. *Deutscher Sparkassen- und Giroverband*: Öffentlich-rechtliche Kreditinstitute in Deutschland, Positionspapier vom Januar 2000, S. 4.

[55] Vgl. *Statistisches Bundesamt*: Statistisches Jahrbuch für die Bundesrepublik Deutschland 2000, S. 246 und 426; *Bundeskartellamt*: Bundeskartellamt gibt Mineralfusionen Shell/ DEA und BP/Veba Oel nur mit strikten Auflagen frei, Pressemeldung vom 21.12.2001.

weshalb eine rein marktwirtschaftliche Ausgestaltung des Geschäftsbankensektors keine verläßliche Grundlage für das finanzwirtschaftliche Angebot bilden kann, wurde bislang noch nicht überzeugend geführt.[56] Die Herstellung einer Kausalität zwischen der öffentlichen Rechtsform der Sparkassen und der gesamten kreditwirtschaftlichen Versorgung ist im übrigen auch mit Blick auf die Kreditgenossenschaften problematisch, die ein ähnlich dichtes und räumlich ausgewogenes Filialnetz unterhalten.

Vielmehr ist festzustellen, daß die heutige Präsenzdichte der Sparkassen und der Kreditgenossenschaften ein Ergebnis ihrer zwar unterschiedlich geprägten, in jedem Fall aber dezentralen Entstehungsgeschichte ist. Das Angebot von Finanzdienstleistungen „in der Fläche" ist nicht von vornherein ein unrentables Geschäft. Hohe Kundenzahlen und Marktanteile versetzen die Sparkassen und die Kreditgenossenschaften eher in die Lage, Zweigstellen auch in vergleichsweise dünnbesiedelten Regionen einigermaßen gewinnbringend auszulasten. Im Gegensatz dazu besitzen die Kreditbanken i.e.S. häufig nicht die „kritische Masse" von Kunden, um aus ihrer derzeitigen Filialpräsenz den nach ihren Maßstäben angemessenen Gewinn erzielen zu können. Sie haben deshalb mit einem umfangreichen Filialabbau, insbesondere außerhalb der Wirtschaftszentren, begonnen.[57] Für die Sparkassen ergibt sich durch diese Entwicklung die Chance, einen Teil der von solchen Schließungen betroffenen Bankkunden für sich zu akquirieren und damit ihr eigenes Filialnetz besser auszulasten.[58]

C.2.2 Struktursicherungsfunktion

Die Struktursicherungsfunktion ist mit der Gewährleistungsfunktion verwandt. Während letztere auf die soziale Pflichtstellung des Staates gegenüber dem einzelnen zielt, soll erstere eine räumlich ausgewogene Verteilung des Wirtschaftsgeschehens und die Angleichung der Lebensverhältnisse bzw. Startchancen bewirken.[59]

---

[56] Vgl. *Monopolkommission:* Mehr Wettbewerb ist möglich, Hauptgutachten 1973/75, Baden-Baden 1976, Tz. 421; *Karl-Bräuer-Institut des Bundes der Steuerzahler:* a.a.O. (Kap. A, FN 8), S. 60-65.

[57] Vgl. *Süddeutsche Zeitung:* Die Filialen sterben – langsam, aber sicher, in: Nr. 150 vom 3./4.7.1999, S. 57; *Die Zeit:* Abdruck der Grundsatzvereinbarung über die Verschmelzung zwischen der Deutschen Bank AG und der Dresdner Bank AG vom 8.3.2000, in: Nr. 16 vom 13.4.2000, S. 23; *Handelsblatt:* Commerzbank schließt jede fünfte Filiale, in: Nr. 222 vom 16.11.2000, S. 1; *dass.:* Hypo-Vereinsbank schließt bis zu 165 Filialen, in: Nr. 47 vom 7.3.2001, S. 47; *Frankfurter Allgemeine Zeitung:* Deutsche Bank führt Privatkundengeschäft wieder zusammen, in: Nr. 213 vom 13.9.2002, S. 14.

[58] Vgl. *Handelsblatt:* Filialabbau begünstigt freie Berater, in: Nr. 152 vom 11.8.1997, S. 17; *Frankfurter Allgemeine Sonntagszeitung:* Deutschlands kleinste Sparkasse gibt nicht auf, in: Nr. 4 vom 27.1.2002, S. 35.

[59] Vgl. *Udo Güde:* Geschäftspolitik der Sparkassen, 6. Auflage, Stuttgart 1995, S. 27 f.

Auch wenn der Inhalt des Begriffs „Struktursicherung" nirgendwo operational definiert ist, so sieht doch die gesetzliche Aufgabenstellung vor, die Kreditpolitik insbesondere an den Bedürfnissen der mittelständischen Wirtschaft vor Ort auszurichten.[60] Damit wird den Sparkassen insbesondere die Finanzierung der mittleren bzw. kleineren Betriebe innerhalb ihrer Geschäftsbezirke vorgegeben. Die Sparkassen verweisen in diesem Zusammenhang auf ihre Ausleihungen an Handwerksbetriebe, die nach eigenen Angaben per Ende 2000 49,1 Mrd. Euro betragen und einem Marktanteil von 66,4 v.H. entsprechen.[61] Grundsätzlich ist die Klientel der Handwerker bzw. mittelständischen Gewerbetreibenden auch für die anderen Kreditinstitute interessant. Trotz gegenteiliger Bekundungen[62] deutet jedoch einiges darauf hin, daß sich insbesondere die Großbanken aus den mittelständischen und kleingewerblichen Segmenten zurückziehen und sich ihnen rentabler erscheinenden Bereichen zuwenden.[63] Ein Indikator für diese These ist die „Durchleitungsstatistik" der Kreditanstalt für Wiederaufbau (KfW), die über das veränderte Bankenverhalten bei der Mittelstandsfinanzierung besser Aufschluß gibt als die Bundesbankstatistik. Nach Angaben der KfW entfielen im Jahr 1999 83 v.H. ihrer Kreditzusagen an Unternehmen mit einem Umsatz von bis zu 10 Mio. DM (5,11 Mio. Euro).[64] Diese Kredite wurden und werden i.d.R. nicht direkt vergeben, sondern an die Kreditnehmer über deren Hausbanken „durchgeleitet". *Tabelle 13* (S. 103) zeigt, daß der Anteil der Groß- und Regionalbanken an der Zahl der Zusagen und am Volumen während der neunziger Jahre deutlich abgenommen hat. Gleichzeitig ist der Anteil des Sparkassen- und des Genossenschaftssektors gestiegen.

---

[60] Vgl. § 3 (6) LBBG, § 2 (1) BbgSpkG, § 2 (2) HSpkG, § 2 (1) MVSpkG, § 4 NSpkG, § 3 (2) NWSpkG, § 2 (2) RPSpkG, § 2 (1) SächsSpkG, § 2 (1) SASpkG, § 2 SHSpkG, § 2 (1) ThürSpkG. In den Sparkassengesetzen der Länder Baden-Württemberg, Bayern, Bremen und Saarland wird nicht der Begriff „Mittelstand", sondern „Wirtschaft" bzw. „örtliches Kreditbedürfnis" verwendet (Art. 2 (1) BaySpkG, § 6 (2) BWSpkG, § 3 (2) BrSpkG, § 2 (2) SaarSpkG).

[61] Die Kreditnehmerstatistik der Deutschen Bundesbank weist die Ausleihungen der Kreditinstitute nur nach Wirtschaftszweigen, nicht aber nach der Größe der Kreditnehmer aus. Weil die Sparkassen der Kreditnehmergruppe „Handwerker" kleine und mittlere Betriebe zuordnen, wird behelfsweise diese Zahl verwendet. Vgl. *Deutscher Sparkassen- und Giroverband:* a.a.O. (Kap. B, FN 129), S. 17.

[62] Vgl. *Wirtschaftskurier:* Die Deutsche Bank steht zum Mittelstand, in: Nr. 12 vom Dezember 1999, S. 6.

[63] Vgl. *Finanzministerium Nordrhein-Westfalen:* Zunehmende Bedeutung der Sparkassen und der Genossenschaftsbanken bei der Mittelstandsfinanzierung, Information vom 14.3.2000.

[64] Vgl. *Kreditanstalt für Wiederaufbau:* Mitteilung vom 29.11.1999.

Tabelle 13: Anteile der Bankengruppen an KfW-Durchleitungsfinanzierungen[65]
Stand 1991 und 1996 jeweils zum Jahresende; 2002 (Ende 1. Quartal)

Institutsgruppe	Anteil an der Zahl der Zusagen (v.H.)			Anteil am Zusagevolumen (v.H.)		
	1991	1996	2002	1991	1996	2002
Kreditbanken i.e.S.	42	27	15	70	49	31
Sparkassen und Landesbanken	34	39	41	20	32	39
Genossenschaftsbanken	24	34	44	10	19	28

Quelle: *Mitteilungen der KfW vom 25.9.2001 und vom 17.6.2002*

MÖSCHEL hält dagegen die Zusammenarbeit der Sparkasseninstitute mit den Spezialinstituten für verzichtbar. Seiner Meinung nach können letztere die Geschäfte mit den Gewerbetreibenden auch direkt durchführen.[66] Allerdings ist zu bezweifeln, ob eine Zentralisierung dieser Geschäfte auf die Spezialinstitute ökonomisch vorteilhaft wäre. Auf die Spezialbanken kämen nämlich höhere Transaktionskosten (z.B. für Informationsbeschaffung und Vertragskontrolle) zu, so daß es für sie vorteilhafter ist, auf das bereits vorhandene Marktwissen der Durchleitungsbank vor Ort zurückgreifen zu können.[67] Deshalb sollten die Überlegungen nicht in die Richtung gehen, wie man die Förderung der mittelständischen Wirtschaftsbetriebe von den Sparkasseninstituten auf die Spezialbanken verlagert, sondern dahin, wie die Großbanken wieder stärker an diese Geschäftsfelder herangeführt werden können (z.B. durch Haftungsfreistellungen oder Forderungsankäufe).[68]

Neben ihrem Finanzierungsverhalten führen die Sparkasseninstitute ihr Bemühen um das kulturelle Leben und um soziale Belange als weiteren Aspekt ihrer Struktursicherungsfunktion an. Derzeit bewirtschaften über 450 Sparkassenstiftungen ein Stiftungskapital in Höhe von 602 Mio. Euro. Im Jahr 1999 wurden daraus etwa 38 Mio. Euro für gemeinnützige Zwecke ausgeschüttet, vor allem

---

[65] KfW-Mittelstandsprogramme (In- und Ausland) ohne Beteiligungen, ERP-Aufbauprogramm, ERP-Regionalprogramm, ERP-Innovationsprogramm, KfW/BMWi-Technologiebeteiligungsprogramm. Angaben nur bezogen auf die in *Tabelle 12* genannten Bankengruppen.

[66] Vgl. *Wernhard Möschel:* a.a.O. (Kap. A, FN 8), S. 97.

[67] Vgl. *Rupert Pfeffer:* Die Mittelstandsförderung der LfA Förderbank Bayern – eine Zwischenbilanz, in: Zeitschrift für das gesamte Kreditwesen, Heft 1/1999, S. 22-25.

[68] Vgl. *Hans W. Reich:* „Forderungen abkaufen", in: Wirtschaftswoche, Nr. 16 vom 13.4.2000, S. 119-122; *Handelsblatt:* KfW-Chef will Banken stärker in Kreditvergabe einbinden, in: Nr. 204 vom 21.10.1999, S. 23.

für Kultur, Soziales, Wissenschaftsförderung, Umwelt und Sport.[69] Schließlich wäre auf das bloße Vorhandensein der Sparkassen mit über 280.000 Beschäftigten hinzuweisen.[70] Der Sparkassensektor sorgt damit auch in strukturschwachen Gebieten für qualifizierte Arbeits- und Ausbildungsplätze und leistet so einen wichtigen Beitrag zum lokalen Steueraufkommen.[71]

Angesichts der räumlichen Agglomerationstendenzen[72] sind die regionalpolitischen Effekte durch die Sparkassen und Landesbanken positiv zu werten. Der Begriff „Struktursicherungsfunktion" umfaßt auch die These, daß die öffentliche Rechtsform und die Geschäftspolitik der Sparkassen, die auch die Zusammenarbeit mit den Kommunen im Bereich der Wirtschaftsförderung einschließt, der differenziert angelegten Wirtschaftsstruktur Deutschlands mit einer Reihe von Ober-, Mittel- und Nebenzentren zugute kommt. Die positiven Externalitäten bezüglich der Regionalentwicklung ergeben sich bei den Sparkassen (wie auch bei den Kreditgenossenschaften) vor allem aus ihrer lokalen bzw. regionalen Orientierung.

Ob sich aus den genannten Gesichtspunkten eine Rechtfertigung für die öffentlich-rechtliche Rechtsform ableiten läßt, ist eine andere Frage. Hohe Marktanteile im Mittelstandsgeschäft besagen zunächst, daß sich die Sparkasseninstitute dort besser durchsetzen können als ihre Konkurrenten. Den Sparkassen ist es keineswegs aufgegeben, bei der Mittelstandsfinanzierung die Rolle eines „Lückenbüßers" zu spielen oder gar finanzielle Opfer zu bringen. Die Tatsache, daß sie sich als Finanzpartner der mittelständischen Unternehmen verstehen und im Rahmen dieses Geschäfts zunehmend komplexere Beratungsleistungen erbringen (z.B. strukturierte Förderungen, Organisation von Beteiligungskapital, Unterstützung beim Börsengang), ist *in praxi* weniger Ausfluß eines gesetzlichen Auftrags, sondern vielmehr ihrer strategischen Positionierung und Profilierung. Mit dem mittelständischen Kundensegment ist auch in Zukunft durchaus Geld zu verdienen. Dafür sprechen z.B. die nötige Begleitung bei Betriebsübergaben und -übernahmen, der anhaltend hohe Finanzierungsbedarf und der Wandel der Managementkonzepte (z.B. Konzentration auf Kernkompetenzen, wertorientierte Unternehmenssteuerung). Die Struktursicherungsfunktion beinhaltet also kein Junktim zu einer bestimmten Rechtsform und kann sie deshalb auch nicht rechtfertigen.

---

[69] Vgl. *Deutscher Sparkassen- und Giroverband:* Positionen 2001 (Wirtschaft, Gesellschaft, Politik), S. 48-50; *Friedrich-Wilhelm von Rauch:* Sparkassen als größte nichtstaatliche Förderer von Kunst und Kultur in Deutschland, in: Sparkasse, Heft 9/1999, S. 395 f.

[70] Vgl. *Deutsche Bundesbank:* Die Ertragslage der deutschen Kreditinstitute im Jahr 2001, in: Monatsbericht September 2002, S. 17-47, hier: S. 27.

[71] Vgl. Abschnitt D.3.2.2.1.

[72] Vgl. *Walter Hamm:* Milliardenstrom in die Ballungsgebiete, in: Frankfurter Allgemeine Zeitung, Nr. 169 vom 25.7.1989, S. 9.

C.2.3 Förderfunktion

Der Auftrag zur Förderung des Sparsinns und der Vermögensbildung, der die Sparkassen verpflichtet, für alle Bevölkerungskreise die Möglichkeit zur sicheren und verzinslichen Anlage ihres finanziellen Vermögens zu schaffen,[73] geht auf das Gründungsmotiv der Sparkassen zurück.[74] Die Bildung privater Ersparnisse steht im Einklang mit den Ordnungsgrundsätzen der Sozialen Marktwirtschaft, weil die Akkumulation privaten Vermögens einen Beitrag zur selbstverantwortlichen Vorsorge für das eigene Dasein darstellt. Der gesamtwirtschaftliche Nutzen besteht in der Bereitstellung des Kapitalangebots für die Finanzierung von Investitionsvorhaben.[75] Die Förderung des Sparsinns durch die Sparkassen darf aber nicht mit der staatlichen Sparförderung, die auch hoheitliche Instrumente umfaßt (z.B. Steuererleichterungen, Sparprämien),[76] gleichgesetzt werden. Die Sparkassen besitzen die – lediglich theoretische –Möglichkeit, durch besonders attraktive Anlagekonditionen die Spartätigkeit zusätzlich anzuregen. Ihre Konditionen unterscheiden sich aber kaum von jenen der Konkurrenten, weil alles andere langfristig betriebswirtschaftlich nicht durchzuhalten wäre. *In praxi* findet die Förderfunktion der Sparkassen ihren Ausdruck in der Übermittlung von Aufklärungsbotschaften, deren vornehmliche Adressaten Kinder und Jugendliche sind. Bei passender Gelegenheit, insbesondere am „Weltspartag", können die Schulkinder durch Sparkassenmitarbeiter über die Bedeutung des Sparens belehrt und an den modernen Zahlungsverkehr herangeführt werden. Auch Vertreter anderer Banken dürfen an der Wirtschaftserziehung der Jugend mitwirken.[77] Mit solchen Aktivitäten können alle Kreditinstitute frühzeitig Kundenverbindungen herstellen. Die „Förderfunktion" der Sparkassen steht im Einklang mit ihren natürlichen Geschäftsinteressen und kann deshalb die öffentliche Rechtsform nicht begründen. Daß bei der Sparfähigkeit

---

[73] Vgl. § 6 (2) BWSpkG; Art. 2 (1) BaySpkG, § 3 (6) LBBG, § 2 (1) BbgSpkG, § 3 (2) BrSpkG, § 2 (2) HSpkG, § 2 (1) MVSpkG, § 4 NSpkG, § 3 (2) NWSpkG, § 2 (2) RPSpkG, § 2 (2) SaarSpkG, § 2 (1) SächsSpkG, § 2 (1) SASpkG, § 2 SHSpkG, § 2 (1) ThürSpkG.

[74] Vgl. Abschnitt B.2.1.

[75] Vgl. *Hans Peters*: Sparen, in: Staatslexikon, hrsg. von der Görres-Gesellschaft, Band 5, 7. Auflage, Freiburg, Basel, Wien 1989, Sp. 98-101, hier Sp. 98-99.

[76] Zur Sparförderung zählt auch die Instrumente zu rechnen, mit denen der Gesetzgeber zur unfreiwilligen Ersparnis zwingt (etwa durch Wiederanlagevorschriften oder Sperrfristen); vgl. *Wolfgang J. Mückl*: Vermögenspolitische Konzepte in der Bundesrepublik Deutschland, Kommission für den wirtschaftlichen und sozialen Wandel, Heft 34, Göttingen 1975, S. 5; *ders.*: Vermögenspolitik, in: Wirtschaftswissenschaftliches Studium, Heft 5/1987, S. 229-233, hier: S. 231.

[77] Vgl. etwa *Bayerisches Staatsministerium für Unterricht und Kultus*: Bekanntmachung vom 4.7.1978, in: KMBl. I S. 431, zuletzt geändert durch Bekanntmachung vom 23.9.1988, in: KWMBl. I S. 449.

und der Sparwilligkeit keine Mängel bestehen und deshalb die „Förderfunktion" obsolet geworden ist, zeigt die nachfolgende *Tabelle 14*:

Tabelle 14: Struktur des Geldvermögens der privaten Haushalte und der privaten Organisationen ohne Erwerbszweck in Deutschland
Stand jeweils zum Jahresende

Geldvermögen	1993		2000		Zuwachs
	Mrd. Euro	v.H. des Geldvermögens	Mrd. Euro	v.H. des Geldvermögens	1993-2000 (in v.H.)
bei Banken (im In- und Ausland)					
kurzfristig	760,3	31,4	920,8	25,3	+ 17,4
längerfristig	328,8	13,6	313,9	8,6	- 4,5
Σ Banken	1.089,1	45,0	1.234,7	33,9	+ 13,3
bei Versicherungen (inkl. Pensionskassen und berufsständischen Versorgungseinrichtungen)					
Σ Versicherungen	479,1	19,8	867,2	23,8	+ 81,0
in Wertpapieren					
Rentenwerte	306,8	12,7	366,6	10,1	+ 19,5
Aktien	172,3	7,1	417,2	11,4	+ 142,1
Sonstige Beteiligungen	98,7	4,1	147,3	4,0	+ 49,2
Investmentzertifikate	136,0	5,6	417,2	11,4	+ 206,8
Σ Wertpapiere	713,8	29,5	1.348,3	37,0	+ 88,9
aus Pensionsrückstellungen					
Σ Pensionsrückstellungen	138,0	5,7	193,8	5,3	+ 40,4
Insgesamt	**2.420,0**	**100,0**	**3.644,0**	**100,0**	**+ 50,6**
Verbindlichkeiten insgesamt	979,6	40,5	1.497,6	41,1	+ 52,9
Nettogeldvermögen	1.440,4	59,5	2.146,4	58,9	+ 49,0
~ je Haushalt in Tsd. Euro	39,7	.	56,5	.	+ 42,3

Quelle: Deutsche Bundesbank: Die gesamtwirtschaftlichen Finanzierungsströme im Jahr 2000, in: Monatsbericht Juni 2001, S. 15-40, hier: S. 30.

Das finanzielle Nettovermögen der privaten Haushalte einschließlich der privaten Organisationen ohne Erwerbszweck hat innerhalb der letzten acht Jahre um 49,0 v.H. zugenommen, was i.e.L. an den gestiegenen Einkommen sowie der Einsicht in die Notwendigkeit privater Altersvorsorge und weniger mit den gesetzlichen Auftragszielen der Sparkassen zusammenhängt.

Die Förderfunktion der Sparkassen wurde in den Ländern Brandenburg, Nordrhein-Westfalen und Rheinland-Pfalz auf den Bereich der Schuldnerberatung ausgeweitet.[78] Die Sparkassen werden dort zur Finanzierung dieser Beratungsstellen in dem Umfang herangezogen, wie es die Träger für angemessen halten. Weil eine solche Dispositionsunterstützung nicht über den Markt bereitgestellt wird, könnte man daraus eine gewisse Rechtfertigung für den öffentlichen Status der Sparkassen ableiten. Die Finanzierung der Schuldnerberatung ist aber kein zentraler Bestandteil des Aufgabenkatalogs der Sparkassen und fällt im Vergleich zur übrigen Geschäftstätigkeit nicht besonders ins Gewicht. Die Beratungsleistungen für Überschuldete können auch durch die Wohlfahrtsverbände angeboten und öffentlich oder kirchlich finanziert werden.

C.2.4 Hausbankfunktion

Die Funktion der Sparkassen und Landesbanken, ihren Gewährträgern als Hausbanken zur Verfügung zu stehen, ist ein weiterer Bestandteil ihrer gesetzlich und satzungsmäßig definierten Aufgaben.[79] Darunter fällt insbesondere die Finanzierung öffentlicher Ausgaben durch die Gewährung von Krediten. Ergänzend werden durch die Sparkasseninstitute auch Leasing-, Fonds- oder Factoring-Finanzierungen öffentlicher Investitionen angeboten. Um sich zu refinanzieren, sind die Landesbanken zur Emission von Pfandbriefen und Kommunalobligationen berechtigt.[80] Im Verhältnis zu den Finanzierungsaktivitäten spielt die Anlage staatlicher Gelder und sonstiger Vermögensmassen eher eine untergeordnete Rolle, weshalb sie hier nicht weiter betrachtet wird.

Im Geschäft mit den Gebietskörperschaften bieten die Sparkasseninstitute keine Konditionsvorteile.[81] Das bedeutet, daß die öffentlichen Stellen ihre Geschäfte zu gleichen Kosten und Erträgen auch mit anderen Banken durchführen können. Dennoch wird mit der „Hausbankfunktion" die öffentlich-rechtliche Stellung

---

[78] Vgl. § 2 (1) BbgSpkG, § 3 (2) NWSpkG, § 2(2) RPSpkG.

[79] Vgl. § 6 (2) BWSpkG, § 3 (6) LBBG, § 2 (1) BbgSpkG, § 3 (2) BrSpkG, § 2 (2) HSpkG, § 2 (1) MVSpkG, § 3 (1) NWSpkG, § 2 (2) RPSpkG, § 2 (2) SaarSpkG, § 2 (1) SächsSpkG, § 2 (1) SASpkG, § 2 SHSpkG, § 2 (1) ThürSpkG. Für die Landesbanken vgl. Art. 4 (1) BayLBG, § 4 (1) SaBayLB § 5 (1) SaBLKO, § 3 (2) HLBG, § 3 (2) SaHLB, § 2 (2) LBBWG, § 4 (2) SaLBBWG, § 3 (1) LBBG, § 5 (1) und (3) SaHelaba, § 26 (4) RPSpkG, § 1 (2) SaLRP, § 34 SaarSpkG, § 5 (1) SaSaarLB, § 2 (2) SachsenLBG, § 2 (1) und (2) SaSachsenLB, § 42 (1) SHSpkG, § 5 (1) SaLBKiel, § 3 (1) NordLBG, § 4 (1) SaNordLB, § 38 NWSpkG, § 6 (1) SaWestLB.

[80] Vgl. Art. 4 (2) BayLBG, § 4 (3) SaBayLB, § 5 (1) SaBLKO, § 3 (2) HLBG, § 3 (1) SaHLB, § 2 (1) LBBWG, § 5 (1) SaLBBW, § 5 (7) SaHelaba, § 1 (5) Nr. 5 SaLRP, § 34 SaarSpkG, § 5 (1) SaSaarLB, § 3 SachsenLBG, § 2 (5) Buchst. a) SaSachsenLB, § 6 (1) SaLBKiel, § 3 (1) NordLBG, § 4 (1) SaNordLB, § 6 (4) Buchst. a) SaWestLB.

[81] Vgl. *Hans Tiedeken*: Sparkassen und Kommunen, in: Sparkasse, Heft 8/1984, S. 286-291, hier: S. 288; *Helmut Geiger*, a.a.O. (Kap. B, FN 19), S. 12.

begründet, weil eine kontinuierliche Geschäftsbeziehung zu einer öffentlichen Bank als unerläßlich gilt.[82] Die tatsächliche Bedeutung der Sparkasseninstitute als Financier der öffentlichen Hand wird in *Tabelle 15* (S. 109) dargestellt. Von den gesamten Direktausleihungen des Geschäftsbankensektors an die öffentliche Hand, welche 38,3 v.H. der öffentlichen Gesamtschulden ausmachen, entfallen auf die Landesbanken 25,0 v.H. und auf die Sparkassen 5,8 v.H., zusammen also 30,8 v.H. Die Kreditbanken i.e.S. spielen mit einem Anteil von 11,3 v.H. eine Nebenrolle; die Anteile der übrigen Bankengruppen sind nicht nennenswert. Die dominierende Marktposition in der Staatsfinanzierung besitzen die Realkreditinstitute mit einem Marktanteil von 52,2 v.H. Interessanterweise entfallen die Ausleihungen dieser Schuldnergruppe fast vollständig, nämlich zu 94,1 v.H., auf die privaten Hypothekenbanken (Stand: Ende 2000).[83] Die Bedeutung der einzelnen Bankengruppen ist auf den drei gebietskörperschaftlichen Ebenen höchst unterschiedlich ausgeprägt.

– Beim Bund, der nur zu 6,7 v.H. bei den Geschäftsbanken verschuldet ist, treten die Realkreditinstitute mit einem Anteil der auf diese Gläubigergruppe entfallenden Kredite in Höhe von 72,3 v.H. deutlich hervor. Die Landesbanken und Kreditbanken i.e.S. spielen mit 14,6 v.H. bzw. 7,8 v.H. noch eine nennenswerte, die übrigen Bankengruppen mit zusammengenommen 5,3 v.H. so gut wie keine Rolle.

– Auf Länderebene ist der Geschäftsbankensektor mit einem Anteil von 73,1 v.H. die wichtigste Gläubigergruppe. Bei der Struktur der Bankverbindlichkeiten ergeben sich im Vergleich zum Bund keine nennenswerten Unterschiede. Auch hier dominieren die Realkreditinstitute (66,8 v.H.), während die Landesbanken und Sparkassen nur 19,4 v.H. bzw. 2,4 v.H. der Bankkredite an Länder vergeben haben. Wenn man bedenkt, daß die Landesbanken (und nicht die Realkreditinstitute) im Gesetz als Hausbanken der Länder figurieren, ist dies einigermaßen erstaunlich, zumal die Landesbanken wie die Hypothekenbanken das Recht zur Emission öffentlicher Pfandbriefe besitzen.

– Lediglich auf der kommunalen Ebene, die so gut wie ausschließlich an den Geschäftsbankensektor verschuldet ist, nehmen die Landesbanken mit 39,7 v.H. die führende Stellung ein. Auf die Sparkassen entfallen 14,4 v.H., auf die Realkreditinstitute 17,4 v.H., auf die Kreditbanken i.e.S. 16,4 v.H. und auf die Banken mit Sonderaufgaben 10,1 v.H.

---

[82] Vgl. *Gesellschaft für öffentliche Wirtschaft*: Öffentliche Kreditinstitute in der Bundesrepublik Deutschland und im EG-Binnenmarkt, in: Zeitschrift für öffentliche und gemeinwirtschaftliche Unternehmen, Band 13, Heft 4/1990, S. 409-425, hier: S. 415.

[83] Vgl. *Verband deutscher Hypothekenbanken*: Jahresbericht 2000, S. 48.

Tabelle 15: Kreditaufnahme des Staates (nach Banken- und Schuldnergruppen)
Stand: Ende 2001

Gesamtschuld aller öffentlichen Haushalte	1.223.386 Mio. Euro	100,0 v.H.
darunter Verbindlichkeiten an Nicht-Geschäftsbanken	636.186 Mio. Euro	52,0 v.H.
darunter Verbindlichkeiten an Geschäftsbanken	587.200 Mio. Euro	48,0 v.H.
- Direktausleihungen der Geschäftsbanken (Kredite)	468.478 Mio. Euro	38,3 v.H.
- Wertpapierbesitz/sonstige Forderungen der Geschäftsbanken	118.722 Mio. Euro	19,7 v.H.

	Insgesamt[84]		darunter Bund[85]		darunter Länder		darunter Gemeinden[86]	
	Mio. Euro	v.H.	Mio. Euro	v.H.	Mio. Euro	v.H.	Mio. Euro	v.H.
Kreditbanken i.e.S.	52.768	11,3	4.905	7,8	23.704	9,1	23.408	16,4
Landesbanken	117.390	25,0	9.196	14,6	50.466	19,4	56.576	39,7
Sparkassen	27.424	5,8	475	0,8	6.165	2,4	20.578	14,4
Genossenschafen[87]	6.801	1,5	1.417	2,2	3.423	1,3	1.878	1,3
Realkreditinstitute	244.632	52,2	45.556	72,3	174.214	66,8	24.785	17,4
KI mit Sonderaufg.	18.190	3,9	1.477	2,3	2.377	0,9	14.333	10,1
Bausparkassen	1.273	0,3	3	0,0	298	0,1	972	0,7
Kredite Gesamt	**468.478**	**100,0**	**63.029**	**100,0**	**260.647**	**100,0**	**142.530**	**100,0**
Anteil Bankensektor an öffentlichen Schulden		38,3		6,7		73,1		96,8

Quelle: Deutsche Bundesbank: Monatsbericht Juni 2002, S. 55*; dies.: Bankenstatistik,
Statistisches Beiheft zum Monatsbericht 1, Juli 2002, S. 50-53; eigene Berechnun-
gen.

Aus diesen Zahlen ergibt sich, daß neben den Sparkasseninstituten die nichtöffentlichen Bankengruppen ebenfalls Geschäftsbeziehungen mit allen gebietskörperschaftlichen Ebenen unterhalten. Es zeigt sich sogar, daß die – überwiegend privat organisierte – Gruppe der Realkreditinstitute besonders stark im Staatskreditgeschäft vertreten ist. Die öffentlich-rechtliche Stellung der Sparkasseninstitute durch die Hausbankfunktion zu rechtfertigen, würde aber voraussetzen, daß der Staat bei der Kreditbeschaffung auf einem privat organisierten Markt

---

[84] Einschließlich (der nicht in einer gesonderten Spalte ausgewiesenen) Sozialversicherungen.
[85] Einschließlich Sondervermögen des Bundes.
[86] Einschließlich kommunale Zweckverbände.
[87] Genossenschaftliche Zentralbanken und Kreditgenossenschaften.

Schwierigkeiten hätte. Weil dies aber nachweislich nicht der Fall ist, liegt in dieser Hinsicht auch kein Marktmangel vor. Mit der „Hausbankfunktion" kann also keine Rechtfertigung für die öffentlich-rechtliche Verfaßtheit der Sparkasseninstitute konstruiert werden.

C.2.5 Girozentralfunktion der Landesbanken

Die Leistungspflicht der Landesbanken gegenüber den Sparkassen als Girozentralen ist Bestandteil ihres gesetzlichen Aufgabenkatalogs.[88] Die öffentliche Rechtsform der Landesbanken wird damit (auch) aus ihrer Stellung als Gemeinschaftseinrichtung der Sparkassen abgeleitet. Jedoch erwächst daraus auch dann, wenn man die öffentlich-rechtliche Stellung der Sparkassen als gerechtfertigt ansieht, nicht automatisch eine Begründung für die öffentlich-rechtliche Rechtsform der Landesbanken. Nach FRIES umgibt den Begriff der Girozentralen, die inzwischen ein breites Kooperations- und Leistungsspektrum anbieten, zwar eine gewisse öffentliche Aura, jedoch handelt es sich dabei nur um einen Funktions- und keinen Verwaltungsbegriff.[89] Die gemeinschaftliche Organisation von Produktionsprozessen innerhalb eines Unternehmensverbundes unter dem Dach einer Zentraleinrichtung ist eine Frage der ökonomischen Zweckmäßigkeit. Sie kann deshalb keinen Rechtfertigungsgrund für eine bestimmte Gesellschafts- und Eigentumsform darstellen.

Für die Richtigkeit dieser Überlegung spricht auch die Anfang 1998 vollzogene formale und materielle Privatisierung der Deutschen Genossenschaftsbank (DG Bank). Als Körperschaft des öffentlichen Rechts befand sich diese Bank früher teilweise im Bundesbesitz.[90] Der Bund bezweckte damit u.a. die Förderung der flächendeckenden Versorgung der Bevölkerung mit Finanzdienstleistungen und die Sicherung des Bankenwettbewerbs durch die dreigliedrige Bankenstruktur. In der amtlichen Begründung des DG-Bank-Umwandlungsgesetzes heißt es, daß beide Ziele inzwischen erreicht worden sind, so daß das Zweckerfordernis für die öffentliche Beteiligung weggefallen ist.[91] Die Umwandlung der Bank in eine Aktiengesellschaft und das schrittweise Ausscheiden des Bundes waren deshalb

---

[88] Vgl. Art. 4 (1) BayLBG, § 4 (1) SaBayLB § 5 (1) SaBLKO, § 3 (2) HLBG, § 3 (2) SaHLB, § 2 (2) LBBWG, § 4 (2) SaLBBWG, § 3 (1) LBBG, § 5 (1) und (3) SaHelaba, § 26 (4) RPSpkG, § 1 (2) SaLRP, § 34 SaarSpkG, § 5 (1) SaSaarLB, § 2 (2) SachsenLBG, § 2 (1) und (2) SaSachsenLB, § 42 (1) SHSpkG, § 5 (1) SaLBKiel, § 3 (1) NordLBG, § 4 (1) SaNordLB, § 38 NWSpkG, § 6 (1) SaWestLB.

[89] Vgl. *Karl Fries:* a.a.O. (Kap. B, FN 26), S. 14.

[90] Vgl. *Sylvie Hambloch-Gesinn:* Die Umwandlung der DG Bank in eine Aktiengesellschaft, in: Zeitschrift für das gesamte Kreditwesen, Heft 14/1998, S. 813-816.

[91] Vgl. *Deutscher Bundestag:* Entwurf eines Gesetzes zur Umwandlung der Deutschen Genossenschaftsbank, in: Drucksache Nr. 13/10366 vom 3.4.1998, Anlageband 605, S. 8-11.

folgerichtig und standen im vollen Einklang mit den – oben angeführten – beteiligungspolitischen Grundsätzen der damaligen Bundesregierung.[92]

C.3 Die Rolle der Sparkassen und Landesbanken im Wettbewerb

C.3.1 Der Sparkassensektor: Eine wettbewerbspolitische Notwendigkeit?

C.3.1.1 Begrenzung der Marktvermachtung?

Die Sicherung des Bankenwettbewerbs durch den Sparkassensektor ist in der Privatisierungsdiskussion ein besonders umstrittener Gesichtspunkt. Die Privatisierungsgegner behaupten, daß die bloße Existenz öffentlich-rechtlicher Sparkasseninstitute eine ausreichend große Anzahl von Wettbewerbern und somit den Wettbewerb sichert. Die Privatisierung würde dagegen die Übernahme der Sparkasseninstitute durch Privatbanken ermöglichen und zu marktbeherrschenden Stellungen der aufkaufenden Banken führen. Damit würde der bewährte „Gruppenwettbewerb" beschädigt.[93] Nach dieser Vorstellung kommt der Bankenwettbewerb weniger durch einen Wettbewerb in Gang, der an den Konditionen, der Beratungsqualität oder Kundenfreundlichkeit einzelner Kreditinstitute festzumachen wäre, sondern vielmehr durch die Rivalität dreier Gruppen, d.h. der Kreditbanken i.e.S., der Genossenschaftsbanken und der Sparkasseninstitute mit ihren spezifischen Zielen (Gewinnmaximierung bzw. Shareholder-Value-Prinzip, Förderung der Mitgliederinteressen, Gemeinnützigkeit). Die in den sechziger Jahren von der Bundesregierung eingesetzte Enquetekommission war bemüht, den Zusammenhang zwischen der Gruppenstruktur und dem Wettbewerbsergebnis als besonders vorteilhaft hervorzuheben. In der Schlußbemerkung des Berichts appellierte die Kommission an die Marktteilnehmer, mehr Respekt für diese gewachsene Ordnung zu zeigen und kritische Äußerungen am Status quo zu unterlassen, weil diese „zu immer neuen Störungen des Wettbewerbsklimas führen."[94]
Indes sind wettbewerbspolitische Schlußfolgerungen aus dem Gruppenkonzept vorsichtig zu beurteilen. Die spezifischen geschäftspolitischen Ausprägungen der öffentlich-rechtlichen, genossenschaftlichen und privaten Institute entsprechend ihren ursprünglichen Zielsetzungen sind stellenweise sicherlich noch vorhanden. Jedoch ist nicht von der Hand zu weisen, daß sich inzwischen alle Gruppen in hohem bzw. wachsendem Maße an der Gewinnerzielung orientie-

---

[92] Vgl. Abschnitt C.1.3.1.

[93] Vgl. *Helmut Geiger:* Die Folgen für den Wettbewerb werden geflissentlich außer acht gelassen, in: Handelsblatt, Nr. 172 vom 7.9.1992, S. 12.

[94] *Deutscher Bundestag:* a.a.O. (Kap. A, FN 4), S. X.

ren.[95] Mit verschärftem Wettbewerb und steigenden Eigenmittelanforderungen[96] dürfte sich dieser Angleichungsprozeß weiter fortsetzen. Außerdem bilden die drei Gruppen keineswegs drei gleichermaßen abgeschlossene Sektoren. Vielmehr bestehen auch innerhalb der Gruppen mehr oder weniger intensive Konkurrenzbeziehungen. Bei den Sparkassen sorgt zwar das Regionalprinzip dafür, daß sich einzelne Sparkassen einander kaum als Wettbewerber gegenüberstehen. Bei den Landesbanken ist dies schon eher möglich, weil für sie keine Domizilierungsbeschränkungen gelten. Auch innerhalb der genossenschaftlichen Institutsgruppe kommt es gelegentlich zum „gruppeninternen" Wettbewerb, weil sich die Geschäftsgebiete der Kreditgenossenschaften bisweilen überscheiden. Allerdings drängt der genossenschaftliche Bankenverband auf die zügige Beseitigung dieser Mehrfachpräsenzen.[97] Innerhalb der Gruppe der Kreditbanken i.e.S. ist die Wettbewerbsintensität am stärksten. Die Kreditbanken i.e.S. sind im Grunde nicht als eine geschlossene „Gruppe", sondern als eine „Restgröße" zu betrachten, in der sich diejenigen Universalbanken finden, die nicht im Sparkassen- oder im Genossenschaftssektor organisiert sind. Da die Kreditbanken i.e.S. sowohl mit diesen beiden Gruppen als auch untereinander in Konkurrenz stehen, betrachten sie sich selbst als die „eigentlichen" Triebfedern des Bankenwettbewerbs.[98]

Es ist in der Tat zweifelhaft, ob das Drei-Gruppen-Konzept eine brauchbare wettbewerbspolitische Grundlage bilden kann. Es erinnert an das Leitbild der „countervailing power" von GALBRAITH, wonach Wettbewerb nur deshalb funktioniert, weil Oligopolisten auf die „Gegenmacht" von anderen Oligopolisten treffen. Wo eine solche „Gegenmacht" nicht besteht, müsse eine solche durch den Staat organisiert werden.[99] Dieser Sichtweise ist entgenzuhalten, daß sie auf der Vorstellung eines abgeschlossenen Marktes beruht, in dem der Staat ggf. mit eigenen Unternehmen für „ausgewogene" Marktanteile sorgt. Dies ist aber nicht (mehr) nötig, weil es zur Sicherung des Wettbewerbs v.a. auf die Schaffung wettbewerbsfreundlicher Rahmenbedingungen (z.B. freier Marktzugang für alle, Gleichstellung in- und ausländischer Anbieter) ankommt, wofür insbesondere die europäische Integration gesorgt hat und weiter sorgen wird.

---

[95] Vgl. *Ekkehard Seifert:* Privilegierung und Deregulierung im Bankwesen, Ein Beitrag zur ordnungspolitischen Problematik branchenorientierter Strukturpolitik, Band 12 der Studien zum Bank und Börsenrecht, hrsg. von Ulrich Immenga, Baden-Baden 1984, S. 165; *Hermann Remsperger/Uwe Angenendt:* Strukturwandel im deutschen Universalbanksystem, in: Die Bank, Heft 10/1990, S. 540-547, hier: S. 542.

[96] Vgl. Abschnitt B.2.2.5.

[97] Vgl. *Handelsblatt:* Konsolidierung bei Genossen geht voran, in: Nr. 1 vom 2.1.2001, S. 21.

[98] Vgl. *Manfred Weber/Wolfgang Arnold:* Wettbewerbsverzerrungen in der Kreditwirtschaft, in: Zeitschrift für das gesamte Kreditwesen, Heft 7/1993, S. 300-303, hier: S. 300.

[99] Vgl. *John K. Galbraith:* American Capitalism – The Concept on Countervailing Power, 7. Auflage, Boston 1956, S. 124-148.

Im übrigen ist die Formulierung eines generellen Zusammenhangs zwischen Konzentrationsprozessen und Wettbewerbsbeschränkungen nicht unproblematisch. Die differenzierte rechtliche Behandlung von Unternehmenszusammenschlüssen nach §§ 23 bis 24a GWB zeigt, daß Fusionen und Wettbewerbsbeschränkungen nicht a priori gleichgesetzt werden können. Im globalen Wettbewerb tragen Zusammenschlüsse schließlich zur verbesserten Wettbewerbsfähigkeit der Unternehmen und damit zur verbesserten Funktionsfähigkeit des Wettbewerbs bei.[100] Ursächlich sind dafür z.B. die günstigere Verteilung der Fixkosten und die Steigerung der für die Forschungs- und Entwicklungsaktivitäten der Unternehmen maßgeblichen Risikotragfähigkeit. Solange Unternehmenszusammenschlüsse nicht zu marktbeherrschenden Stellungen führen, ist gegen sie nichts einzuwenden. In diesem Zusammenhang ist es erwähnenswert, daß die Schaffung größerer betriebswirtschaftlicher Einheiten keineswegs vor dem Sparkassensektor haltmacht. Die Fusionsaktivitäten sind hier sogar vergleichsweise stark ausgeprägt. Die Zahl der Sparkassen hat im Zeitraum von 1991 bis 2001 um 27,2 v.H. abgenommen, während die Zahl der Kreditbanken i.e.S. nur um 11,4 v.H. zurückgegangen ist.[101] In den Sparkassenfusionen erblickt auch NASER keine Wettbewerbsbeschränkung, sondern einen Beitrag zur Wettbewerbssicherung, da sich größere Institute aus den oben genannten Gründen besser im Markt behaupten können.[102]

Im Euro-Währungsgebiet ist eine unterschiedliche Bankenkonzentration zu beobachten. *Tabelle 16* (S. 114) zeigt, daß der Konzentrationsprozeß in den meisten kleineren EWU-Teilnehmerstaaten weiter fortgeschritten ist als in den größeren. Ein Zusammenhang mit der Präsenz ausländischer Kreditinstitute in den einzelnen Ländern ist aber (noch?) nicht zu erkennen. Aus *Tabelle 16*, die für Deutschland den weitaus niedrigsten Konzentrationsgrad im Euro-Raum ausweist, können wettbewerbspolitische Schlußfolgerungen aber nur bedingt gezogen werden. Entscheidend für die Aussagefähigkeit solcher Analysen ist nämlich die Abgrenzung des relevanten Marktes, der für einzelne Geschäftsarten höchst unterschiedlich sein kann. So sind beispielsweise die Märkte für das Online-Banking räumlich weiter zu fassen als etwa jene für das „klassische" Filialgeschäft. Niedrige Konzentrationsgrade in einigen Mitgliedsländern schließen deshalb lokale Konzentrationen nicht aus. Man denke z.B. an die in Deutschland und Österreich zu beobachtende Dominanz der Sparkassen und der Kreditgenossenschaften in ländlichen Regionen.

---

[100] Vgl. *Stefan Voigt:* Die globale Entdeckung der Fusion, in: Frankfurter Allgemeine Zeitung, Nr. 175 vom 31.7.1999, S. 15.

[101] Vgl. Abschnitt C.2.1 (*Tabelle 12*, S. 99).

[102] Vgl. *Siegfried Naser:* Für rasche Fusion der Stadtsparkassen mit der umgebenden Kreissparkasse, in: Bayerische Staatszeitung, Nr. 19 vom 14.5.1999, S. 1 und 11. Siegfried Naser ist Geschäftsführender Präsident des Sparkassenverbands Bayern.

Tabelle 16: Konzentration und Marktöffnung im Bankgeschäft der Euro-Länder

Land	Marktanteil der fünf größten, in dem jeweiligen Land vertretenen Banken an den Aktiva aller dortigen Banken (Stand: 2001)	Marktanteil der jeweils ausländischen Banken an den gesamten Bankaktiva des Landes (Stand: 1997)
Belgien	78,0 v.H.	36,3 v.H.
Deutschland	20,0 v.H.	4,3 v.H.
Finnland	80,0 v.H.	7,1 v.H.
Frankreich	47,0 v.H.	9,8 v.H.
Griechenland	66,0 v.H.	k.A.
Irland	43,0 v.H.	53,6 v.H.
Italien	29,0 v.H.	6,8 v.H.
Luxemburg	28,0 v.H.	99,9 v.H.
Niederlande	82,0 v.H.	7,7 v.H.
Österreich	45,0 v.H.	3,3 v.H.
Portugal	60,0 v.H.	10,5 v.H.
Spanien	53,0 v.H.	11,7 v.H.

Quelle: *Europäische Zentralbank: Der Bankensektor im Euroraum – strukturelle Merkmale und Entwicklungen, in: Monatsbericht April 1999, S. 47-60, hier: S. 53 und 55; dies.: Structural analysis of the EU banking sector, Year 2001. Frankfurt 2002, S. 54 (Table 6).*

Mit Blick auf die Entwicklung nach den Sparkassenprivatisierungen in Großbritannien äußern Privatisierungsgegner die Befürchtung, die Privatisierung der Sparkasseninstitute könnte auch hierzulande zu einer großen Konzentrationswelle und zu Versorgungslücken führen.[103] Zwischen den Sparkassenprivatisierungen und den tatsächlichen bzw. vermeintlichen Wettbewerbsbeschränkungen des britischen Bankenmarktes besteht allerdings keine eindeutige Kausalität. Der hohe Konzentrationsgrad ist dort einerseits auf die nachlässige Wettbewerbskontrolle und andererseits auf die mit der Deindustrialisierung der nördlichen Landesteile einhergehende Verdichtung des wirtschaftlichen Geschehens auf den Süden des Landes zurückzuführen.[104]

---

[103] Vgl. Abschnitt B.6.1.

[104] Vgl. *Jürgen B. Donges u.a.:* Privatisierung von Landesbanken und Sparkassen, Band 38 der Schriftenreihe des Kronberger Kreises, hrsg. vom Frankfurter Institut, Bad Homburg 2001, S. 37; *Ron Martin:* The political economy of Britain's north-south divide, in: The North-South Divide, Regional Change in Britain in the 1980s, hrsg. von Jim Lewis und Alan Townsend, London 1989, S. 20-60.

Unabhängig davon spricht sicherlich einiges dafür, daß eine schrankenlose Sparkassen- und Landesbankenprivatisierung einen Anstieg des Konzentrationsgrades herbeiführen kann, weil die Großbanken an einer schnellen Erhöhung ihrer Kundenzahlen interessiert sind.[105] Durch den Aufkauf großer Sparkassen könnten sie diesem Ziel näherkommen, was die Herausbildung marktbeherrschender Stellungen begünstigen kann. Außerdem dürfte ein Herausfallen der Landesbanken aus dem Sparkassenverbund auch die Sparkassen in ihrer Wettbewerbsfähigkeit beeinträchtigen, weil nach einer Übernahme der Landesbanken durch private Anbieter die Verbundleistungen für die angeschlossenen Sparkassen vermutlich nicht mehr oder nur zu höheren Preisen zur Verfügung stünden. Auch die Übernahme von Sparkassen durch Fremdinstitute dürfte sich auf die vielerorts bestehenden Kooperationen der Sparkassen untereinander störend auswirken.

Ob die rechtlichen Instrumente der Fusionskontrolle zur Begrenzung von Wettbewerbsrisiken nach einer Privatisierung geeignet sind, wird kontrovers diskutiert. MÖSCHEL und der Kronberger Kreis sind überzeugt, daß bei konsequenter Anwendung des geltenden Rechts die Gefahr einer übermäßigen Konzentration beherrschbar und die generelle Skepsis gegenüber Konzentrationen unangebracht seien.[106] Demgegenüber bestreitet STEINER – unter Verweis auf die bürokratischen Informations- und Kontrollkosten – die Effizienz hoheitlicher Korrekturen wie z.B. Untersagung oder Entflechtung. Mit Blick auf den Bankenmarkt spricht er sich für ein Festhalten an der derzeitigen Verfassung der Sparkasseninstitute aus.[107] Auch EUCKEN beurteilt die Wirksamkeit der staatlichen Mißbrauchsaufsicht skeptisch, sieht aber auch die Gefahren, wenn der Staat die wirtschaftliche Macht selbst in die Hand nimmt:

> „Eine Monopolkontrolle, die sich gegen den sogenannten ‚Mißbrauch' wirtschaftlicher Machtstellung wendet, scheitert. Der Begriff des ‚Mißbrauchs' ist nicht exakt zu definieren. [...] Nicht in erster Linie gegen die Mißbräuche vorhandener Machtkörper sollte sich die Wirtschaftspolitik wenden, sondern gegen die Entstehung der Machtkörper überhaupt. [...] In Deutschland sind zwei Experimente in dieser Richtung gemacht worden. [...] Nämlich einmal die Übertragung der Macht an zentrale, staatliche Planstellen unter Aufrechterhaltung des Privateigentums und zweitens die Verstaatlichung. [...] Das Problem der wirtschaftlichen Macht wurde auf diese Weise nicht gelöst, sondern wurde noch ernster."[108]

---

[105] Vgl. *Albrecht Schmidt:* Ich lade die Sparkassen ein, sich in unsere Gruppe einzubringen, in: Süddeutsche Zeitung, Nr. 199 vom 31.8.1998, S. 19.

[106] Vgl. *Wernhard Möschel:* a.a.O. (Kap. A, FN 8), S. 98; *ders.:* Ein Welt-Wettbewerbsamt ist überflüssig, in: Handelsblatt, Nr. 188 vom 29.9.1999, S. 63; *Jürgen B. Donges u.a.:* a.a.O. (FN 104), S. 37.

[107] Vgl. *Jürgen Steiner:* a.a.O. (Kap. A, FN 8), S. 106-109.

[108] *Walter* Eucken: a.a.O. (FN 7), S. 172 f.

Der Sparkassenverbund ist ein durchaus wirksamer Machtbegrenzungsfaktor, weil er durch sein bloßes Vorhandensein Marktvermachtungen tendenziell vorbeugt. Daraus ist aber keine kategorische Privatisierungssperre ableitbar. Eine Privatisierung ist wettbewerbspolitisch vertretbar, wenn der Sparkassenverbund als Einheit erhalten bleibt und auf diese Weise marktbeherrschenden Stellungen einzelner Großbanken entgegenwirkt. In diesem Sinne wäre es zweckmäßig, bei der Privatisierung von Sparkasseninstituten den Konkurrenzbanken Übernahmen oder Beteiligungen an den Sparkasseninstituten grundsätzlich zu verweigern und, wie bei den Kreditgenossenschaften, den Eigentümerkreis auf Nichtbanken zu beschränken. Auf diese Weise wurde bei der Privatisierung der französischen Sparkassen verfahren.[109] Flankierend könnte es sich anbieten, den Bankenmarkt (ähnlich wie das Presse- und Medienwesen) einer generellen Sonderaufsicht zu unterwerfen und die Bereichsausnahmen nach § 102 GWB abzuschaffen.[110]

C.3.1.2 Schutz privater Banken vor Verstaatlichung?

Der Schutz des Privateigentums beinhaltet auch die Freiheit, ein Kreditgewerbe auf Dauer einzurichten und zu veräußern, die betrieblichen Dispositionen autonom zu treffen und die erzielten Gewinne zu vereinnahmen. Zugleich schließt der Schutz des Privateigentums grundsätzlich aus, daß sich der Staat diese Rechte aneignet. Gleichwohl sehen Art. 14 (3) und 15 GG die Möglichkeit vor, Privateigentum in Staatseigentum zu überführen, wenn übergeordnete Gründe des Gemeinwohls dies verlangen. Weil aber die Erfüllung gemeinwohlbezogener Ziele Hauptaufgabe des Sparkassensektors ist, entziehen – nach Überzeugung mehrerer Sparkassen- und Landesbankvertreter – Sparkassen und Landesbanken der Begründung für eine Bankenverstaatlichung den Boden, bewahren also andere Kreditinstitute vor ihrer Sozialisierung und sichern auf diese Weise den Wettbewerb.[111]

---

[109] Vgl. Abschnitt B.6.2.

[110] Banken und Versicherungen stellen im nationalen Recht einen Ausnahmebereich dar. Das bedeutet, daß wesentliche Teile des GWB für diesen Wirtschaftszweig keine Anwendung finden. Nach § 102 GWB können Banken und Versicherungen auf Antrag vom Kartellverbot (§ 1 GWB), vom Verbot vertraglicher Preis- und Konditionenabsprachen (§ 15 GWB) und vom Verbot von Empfehlungen, die gleichförmiges Verhalten bewirken (§ 38 (1) Nr. 11 GWB), befreit werden, sofern diese Geschäftspraxen keinen Mißbrauch darstellen. Hintergrund dieser Regeln sind die „hinübergeretteten" Kartellierungen der Vorkriegszeit. Vgl. *Wernhard Möschel:* Das Wirtschaftsrecht der Banken, Die währungs-, bankaufsichts-, kartell- und EWG-rechtliche Sonderstellung der Kreditinstitute, Frankfurt am Main 1972, S. 326-479 (Habil.); *ders.:* Recht der Wettbewerbsbeschränkungen, Köln u.a. 1983, S. 624 f.

[111] Vgl. *Ludwig Poullain:* Die Sparkassen unter neuen Wettbewerbsaspekten, in: Zeitschrift für das gesamte Kreditwesen, Heft 13/1968, S. 614-617, hier: S. 614; *ders.:* Wettbewerb und Konzentration in der Kreditwirtschaft, Vortrag auf der 22. Kreditpolitischen Tagung

Den während der siebziger Jahre intensiv, aber folgenlos debattierten[112] und seither nur noch vereinzelt auflebenden Forderungen nach der vollständigen „Vergesellschaftung" des Bankwesens liegen im wesentlichen zwei Intentionen zugrunde: Erstens soll die „Macht der Banken", die in der Präsenz von Bankenvertretern in den Aufsichtsorganen und Hauptversammlungen von Industrieunternehmen sowie in der gewinnorientierten Kapitalbeteiligungspolitik der Kreditinstitute gesehen wird, größerer „gesellschaftlicher Kontrolle" unterworfen werden.[113] Zweitens wird geglaubt, einen verstaatlichten Bankensektor für die Finanzierung der Staatsverschuldung dienstbar machen und mit der direkten Steuerung der Kreditvergabepolitik eine Art „Investitionslenkung" betreiben zu können.[114] Der Verweis der Sparkassenvertreter auf das „kreditwirtschaftliche Gegengewicht" ihres Sektors und dessen gesetzlichen Auftrag beeindruckt die Befürworter einer Bankenverstaatlichung freilich nicht. Sie erblicken im Sparkassensektor vielmehr einen Schrittmacher für ihre Vorstellungen, d.h. sie wollen diesen mit dem Sparkassensektor verschmelzen.[115]

Diesen ordnungspolitisch völlig unverträglichen Verstaatlichungszielen fehlt aber die verfassungsrechtliche Grundlage. Die herrschende Auslegung von Art. 15 GG zeigt, daß die Sozialisierungskompetenz des Staates nicht schrankenlos ist. Nur Grund und Boden, Naturschätze und „Produktionsmittel", darunter Industrieunternehmen, können verstaatlicht werden. Dagegen dürfen Dienstleistungsunternehmen, darunter Banken und Versicherungsgesellschaften, keine Sozialisierungsobjekte sein.[116] Deshalb steht die oben behauptete Schutzwirkung des Sparkassensektors und der damit verknüpfte Anspruch, den Wettbewerb durch einen „Verstaatlichungsschutz" zu sichern, auf schwachen Füßen.

---

der Deutsche Bank AG in Frankfurt am Main, in: Zeitschrift für das gesamte Kreditwesen, Heft 16/1976, S. 1156-1160, hier S. 1159; *Udo Güde:* a.a.O. (FN 59), S. 28; *Friedel Neuber:* Aufgaben der öffentlichen Banken in einem größeren Europa, in: Sparkasse, Heft 4/1992, S. 166-169, hier: S. 166.

[112] Vgl. *Süddeutsche Zeitung:* Brandt distanziert sich von Juso-Plänen, in: Nr. 86 vom 11./12.4.1974, S. 2.

[113] Vgl. *Rainer Heinrich:* Ein Vorschlag zur Verstaatlichung des privaten Bankensektors, in: WSI-Mitteilungen, Zeitschrift des Wirtschafts- und Sozialwissenschaftlichen Instituts des Deutschen Gewerkschaftsbunds, Heft 9/1975, S. 480-496, hier: S. 489 f.

[114] Vgl. *Irene Moesch/Diethard B. Simmert:* Banken: Strukturen, Macht, Reformen, Köln 1976, S. 80.

[115] Vgl. *Sozialismus:* Vergesellschaftung der Banken, in: Heft 1/1982, S. 41-47, hier: S. 46 f.

[116] Vgl. *Theodor Maunz:* Art. 15 GG, in: Kommentar zum Grundgesetz, Band 2 (Loseblattsammlung), hrsg. von Theodor Maunz u.a., Rdnrn. 14-15; *Alexander Gauland:* Die Verstaatlichung der Banken nach dem Grundgesetz, in: Die Öffentliche Verwaltung, Heft 18/1974, S. 622-624, hier: S. 624; *Roland Seeberger:* Inhalt und Grenzen der Sozialisierung nach Art. 15 GG, Heidelberg 1978 (Diss.), S. 49; *Claus Schröder:* Verfassungsrechtliche Grenzen der Sozialisierung, Hamburg 1978 (Diss.), S. 68.

C.3.1.3 Sicherung der Vertragsfreiheit durch ein „Mindestkonto"?

Für die sinnvolle Teilnahme des einzelnen am modernen Wirtschaftsgeschehen stellt der Zugang zum bargeldlosen Zahlungsverkehr eine notwendige Bedingung dar. Lohn- und Gehaltszahlungen, ein beträchtlicher Teil des privaten Konsums und nahezu alle Vorsorgebeziehungen erfordern inzwischen den Besitz eines privaten Girokontos. Die Tatsache, über keinen Kontozugang zu verfügen, beschränkt faktisch die Freiheit, Geschäftsabschlüsse zu tätigen oder zu unterlassen (Vertragsfreiheit). Weil die Vertragsfreiheit aber eine wesentliche Grundlage für die selbstverantwortliche Daseinssicherung darstellt, erscheint es gerechtfertigt, die Kreditinstitute in ihrer Vertragsfreiheit dergestalt zu beschränken, daß sie jedermann auf Wunsch ein Girokonto einrichten müssen, und zwar auch dann, wenn die Kundenverbindung wirtschaftlich uninteressant erscheint. Auch andernorts werden zum Schutz wirtschaftlich schwacher Personenkreise einzelne Bereiche mit Abschlußverboten (z.B. Beschäftigungsverbot von Kindern) oder mit Abschlußverpflichtungen (z.B. Einstellung Schwerbehinderter) belegt. Um die strukturelle Unterlegenheit einer Vertragsseite abzumildern, kann der Staat auch für private Anbieter, wie z.B. im Post- und Telekommunikationswesen,[117] Angebotsverpflichtungen festlegen oder aber selbst als Produzent auftreten (z.B. Stadtwerke, Sparkassen).

Aufgrund ihres gesetzlichen Auftrags müssen die Sparkassen den Zugang zu einem Spar- und einem Girokonto prinzipiell für jedermann eröffnen.[118] Es ist aber nicht unproblematisch, daraus eine Rechtfertigung der öffentlichen Rechtsform herzuleiten.[119] Denn zunächst ist es nicht erwiesen, daß der Staat zur Sicherung des bargeldlosen Zahlungsverkehrs die Leistungserbringung selbst in die Hand nehmen muß. Im übrigen kann, wenn für den Einzelnen keine zumutbare „Ausweichmöglichkeit" zu einer öffentlich-rechtlichen Sparkasse gegeben ist, unter dem Gesichtspunkt des Monopolmißbrauchs aus § 826 BGB ein Kon-

---

[117] Gemäß §§ 17-22 TKG bzw. §§ 11-17 PostG ist eine Grundversorgung mit sog. „Universaldienstleistungen" (z.B. Sprachtelefondienst in öffentlichen Fernsprechzellen, Telefonverzeichnisse, stationäre Postfilialen und Briefkästen) zu erschwinglichen Preisen, flächendeckend und entsprechend der technischen und gesellschaftlichen Entwicklung anzubieten.

[118] Die Sparkassen sind aber berechtigt, an sie herangetragene Geschäfte unter bestimmten Voraussetzungen abzulehnen. Die Führung eines Girokontos kann verweigert werden, wenn das Konto ein Jahr umsatzlos geführt wurde, kein Guthaben aufweist, der Inhaber sein Konto für strafbare Handlungen mißbraucht oder geschlossene Vereinbarungen bricht. Vgl. etwa § 5 (3) BaySpkO; § 8 (2) NWSpkO.

[119] Vgl. etwa *Deutscher Sparkassen- und Giroverband:* a.a.O. (FN 69), S. 2.

trahierungszwang auch für die privaten Banken hergeleitet werden.[120] Es wäre deshalb zu überlegen, alle Kreditinstitute zu verpflichten, jedem auf Wunsch ein Konto, das der Teilnahme am bargeldlosen Zahlungsverkehr dient, auf Guthabenbasis einzurichten. Über entsprechende Gesetzesanträge hat der Bundestag während der neunziger Jahre wiederholt beraten.[121] Um einer gesetzlichen Verankerung eines Mindestkontos zuvorzukommen, hat der Zentrale Kreditausschuß (ZKA), in dem die Spitzenverbände der deutschen Kreditwirtschaft vertreten sind, im Jahr 1995 allen Kreditinstituten empfohlen, auf Wunsch für jedermann, unabhängig von der Art und der Höhe der Einkünfte des Antragstellenden, ein solches Konto zu führen. Indizien, die auf schlechte wirtschaftliche Verhältnisse des Kunden hindeuten (z.B. negative Schufa-Auskunft), sollen kein Grund sein, die Führung eines Kontos von vornherein abzulehnen.[122] Nach dieser – rechtlich unverbindlichen – Empfehlung hat der Bundestag die Gesetzesberatungen über eine entsprechende Verpflichtung der Kreditinstitute ausgesetzt und beschlossen, die Umsetzung der ZKA-Empfehlung in der Praxis abzuwarten.[123] Weil der Gesetzgeber nach wie vor die Möglichkeit besitzt, die Garantie auf ein Girokonto allgemeinverbindlich zu verankern (z.B. durch eine Ergänzung des KWG), stellt der Kontrahierungszwang der Sparkassen keinen Rechtfertigungsgrund für die öffentlich-rechtliche Rechtsform dar.

C.3.2 Der Sparkassensektor: Ein wettbewerbspolitisches Ärgernis?

C.3.2.1 Isolation des Bankenmarktes gegen neue Anbieter?

Nach Meinung ordnungspolitischer Kritiker der derzeitigen Verfassung des Sparkassensektors bewirken die Sparkassen und Landesbanken nicht die Sicherung des Wettbewerbs, sondern das genaue Gegenteil. Sie erblicken nicht nur in den Haftungsgrundlagen und Kapitalzufuhren, sondern auch in den Markteintrittshürden, die der Sparkassensektor angeblich für neue, insbesondere ausländische Anbieter begründet, eine erhebliche Wettbewerbsverzerrung. Mit der Privatisierung der öffentlich-rechtlichen Sparkassen und Landesbanken könnten die

---

[120] Vgl. *Udo Reifner:* Das Recht auf ein Girokonto, in: Zeitschrift für Bankrecht und Bankwirtschaft, Heft 3/1995, S. 243-260; *Stefan Grüneklee:* Der Kontrahierungszwang für Girokonten bei Banken und Sparkassen, Baden-Baden 2001, S. 193f. (Diss.).

[121] Vgl. *Deutscher Bundestag:* Gesetzesantrag der SPD-Fraktion: Privatgirokonto, in Drucksache 12/1110 vom 3.9.1991, Anlageband 433; *ders.:* Entwurf eines Gesetzes zur Regelung des Rechts auf ein Girokonto, in: Drucksache 13/351 vom 30.1.1995, Anlageband 520; *ders.:* Gesetzentwurf der SPD-Fraktion zur Sicherung der Teilnahme am bargeldlosen Zahlungsverkehr, in: Drucksache 13/856 vom 20.3.1995, Anlageband 524.

[122] Vgl. *Zentraler Kreditausschuß:* Girokonto für jedermann, Verlautbarung vom 20.6.1995.

[123] Vgl. *Deutscher Bundestag:* Plenarprotokoll der 178. Sitzung vom 5.7.1997, in: Verhandlungen des Deutschen Bundestages, Band 188, S. 16088-16098.

verkrusteten Gegebenheiten aufgebrochen werden.[124] Vor allem die Exponenten des privaten Bankgewerbes beanstanden die fehlenden Beteiligungsmöglichkeiten im Sparkassensektor und führen darüber Klage, daß Deutschland trotz des sich vollziehenden Konzentrationsprozesses noch immer „overbanked" sei.[125] Freilich sind die Mißfallensbekundungen der privaten Banken über eine vermeintlich zu hohe Anbieterzahl weniger als wettbewerbspolitische Mahnung, sondern wohl eher als Artikulation eigener Expansionsinteressen zu verstehen, zumal sie gleichzeitig konkrete Zusammenschlußofferten an den Sparkassensektor adressieren.[126] Es ist auch nicht auszuschließen, daß durch diese Klagen von den Ursachen der eigenen Ertragsverluste abgelenkt werden soll.

Die These, der Bankenstandort Deutschland sei im Vergleich zu den anderen EWU-Ländern ein nach außen relativ abgeschotteter Markt, wird augenscheinlich durch den geringen Marktanteil der Zweigstellen und Tochtergesellschaften ausländischer Kreditinstitute – lediglich 4,3 v.H. der gesamten Bankaktiva entfallen auf Auslandsbanken – bestätigt (*Tabelle 16*, S. 114). Indes sind die vorgetragenen Kritikpunkte aus den folgenden Gründen wenig plausibel:[127]

– Erstens sind im privaten Unternehmenssektor Übernahmen zwar prinzipiell möglich, aber die meisten Publikumsgesellschaften befinden sich mehrheitlich im Eigentum von Großaktionären. Auch private Unternehmen sind, solange die Eigentümer nicht verkaufen wollen, *extra commercium*. Die private Rechtsform ist nur eine notwendige, aber keine hinreichende Bedingung für tatsächliche Übernahmen.

– Zweitens ist die Gewerbefreiheit im Bankensektor inzwischen umfassend verwirklicht. Im Inland ist nach der Abschaffung der Bedürfnisprüfung zur Zweigstellenerrichtung[128] die Niederlassungsfreiheit keinen Restriktionen mehr unterworfen. Das Regionalprinzip der Sparkassen diskriminiert die anderen Anbieter nicht, weil diese für Niederlassungen im Geschäftsbezirk einer Sparkasse keine verwaltungsmäßige Genehmigung einholen müssen.

– Drittens ist der deutsche Geschäftsbankensektor nach außen keineswegs abgeschottet. Das zurückhaltende Engagement ausländischer Banken in Deutschland liegt auch an den im internationalen Vergleich geringen Renditen der Kreditinstitute, die wiederum ein Ergebnis des starken Wettbewerbs und der hohen Steuerbelastung sind. Der niedrige Marktanteil ausländischer Banken

---

[124] Vgl. *Wernhard Möschel:* a.a.O. (Kap. A, FN 8) S. 93-99, hier: S. 98; *ders.:* Landesbanken und Sparkassen sollten privatisiert werden, in: Handelsblatt, Nr. 150 vom 6.8.1999, S. 2.

[125] Vgl. *Börsen-Zeitung:* Brüsseler WestLB-Entscheidung „von geradezu säkularer Entscheidung", Berichte von der Halbjahres-Pressekonferenz der Deutschen Bank, in: Nr. 143 vom 29.7.1999, S. 6.

[126] Vgl. *Albrecht Schmidt:* a.a.O. (FN 105), S. 19.

[127] Vgl. hierzu und im folgenden *Jürgen Steiner:* a.a.O. (Kap. A, FN 8), S. 111-116.

[128] Vgl. *BVerwGE* vom 10.7.1958, in: Band 8, S. 14-20.

im Inland bringt außerdem nur die Aktivitäten ausländischer Anbieter zum Ausdruck, die mit der Errichtung einer Zweigstelle verbunden sind (*Tabelle 16*, S. 114). Direktengagements ausländischer Banken werden aber in dieser Statistik nicht erfaßt. Der tatsächliche Internationalisierungsgrad des deutschen Bankenmarktes ist deshalb höher anzusetzen als der statistisch ausgewiesene. Unbestreitbar ist, daß mit einheitlichen Bankaufsichtsprinzipien, der Vollendung des Binnenmarktes und der Einführung der Gemeinschaftswährung frühere Zugangsbarrieren inzwischen abgebaut sind. Damit ist der deutsche Bankenmarkt für Wettbewerber frei zugänglich und im Sinne des „Contestable-Market-Konzepts" von BAUMOL[129] angreifbar.

Tabelle 17 zeigt, daß sich in der Bundesrepublik immerhin 202 ausländische Kreditinstitute mit über 1.100 Bankstellen engagieren. Die ausländischen Banken konzentrieren ihre Geschäftsaktivitäten aus freiwilliger Selbstbeschränkung und nicht aufgrund gesetzlicher Vorschriften auf die wirtschaftlichen Oberzentren, und auch dort nur auf bestimmte Marktsegmente, während sie sich aus dem breiten Privatkundengeschäft eher fernhalten. Aber auch hier deuten jüngste Erhebungen auf Marktanteilszuwächse ausländischer Banken hin.[130]

Tabelle 17: Ausländische Banken in Deutschland
Stand: Ende 2001

	Institute	Bank-stellen	Bilanzsumme Mrd. Euro
Zweigstellen ausländischer Banken	79	92	129,8
Banken im Mehrheitsbesitz ausländischer Banken	66	558	297,4
Banken im Mehrheitsbesitz ausländischer Nichtbanken	45	266	k.A.
Insgesamt	190	916	> 427,2

Quelle: Deutsche Bundesbank: Bankenstatistik Juli 2002, Statistisches Beiheft zum Monatsbericht 1, S. 10, 14 und 104.

Im Ergebnis ist die fehlende Übernahmemöglichkeit der Sparkasseninstitute durch private Kreditinstitute weniger als eine Markteintritts-, sondern eher als eine Konzentrationshürde anzusehen. Es ist aber nicht bewiesen, daß die Spar-

---

[129] Nach BAUMOL sind in geöffneten („angreifbaren") Märkten Marktvermachtungen wettbewerbspolitisch im Grunde unbedenklich. Wenn der Markteintritt und der Marktaustritt Dritter ohne Probleme und kostengünstig möglich ist, wird auch ein Monopolist keine überhöhten Renten abschöpfen, weil er damit nur potentielle Konkurrenten anlockt. Vgl. *William J. Baumol:* An Uprising in the Theory on Industry Structure, in: American Economic Review, Band 72 (1982), S. 1-15, hier: S. 4.

[130] Vgl. *Neue Zürcher Zeitung:* Erfolg bei deutschen Privatkunden, in: Nr. 34 vom 11.2.2003, S. 11

kassen und Landesbanken ihre konzentrationshemmende Wirkung nur im Rahmen der öffentlich-rechtlichen Strukturen entfalten können. Im Sinne der oben dargestellten ordnungspolitischen und rechtlichen Grundsätze müßte vielmehr erwogen werden, ob nicht auch privatisierte Sparkassen und Landesbanken in der Lage sind, den Konzentrationsgrad im Bankenmarkt zu begrenzen. Dies ist davon abhängig, unter welchen rechtlichen Rahmenbedingungen und in welchem Umfang eine Privatisierung durchgeführt wird. Als mögliches Vorbild könnten hier die anfänglichen Beteiligungshöchstgrenzen bei der Privatisierung der britischen Sparkassen und die Beschränkung des Käuferkreises auf private Haushalte bei der Privatisierung der französischen Sparkassen dienen.

C.3.2.2 Anstaltslast und Gewährträgerhaftung

Anstaltslast und Gewährträgerhaftung sind ein Nebenprodukt der staatlichen Unternehmertätigkeit.[131] Weil es diese Rechtsfiguren nicht „mit beschränkter Haftung" gibt, haftet der Staat für die Verbindlichkeiten der Sparkassen und Landesbanken in voller Höhe. Sie sind deshalb nicht mit der Finanzierungsverantwortung eines privaten Unternehmers vergleichbar,[132] weil letzterer konkursfähig und seine Haftungsmasse begrenzt ist. Diese Unbegrenztheit der Haftung des Staates kann zu Kollisionen mit kommunalrechtlichen, wettbewerbspolitischen und allokativen Maßstäben führen.

C.3.2.2.1 Verstoß gegen das kommunalrechtliche Gebot der Angemessenheit

Anstaltslast und Gewährträgerhaftung verstoßen möglicherweise gegen den kommunalrechtlichen Grundsatz der Angemessenheit, welcher die unternehmerische Betätigung der Gemeinden auf ihre Risikotragfähigkeit begrenzt. Um dieser Frage nachzugehen, wird in *Tabelle 18* (S. 123) das Bilanzvolumen der Sparkasseninstitute in Beziehung zu den Einnahmen der Gebietskörperschaften gesetzt.

Vor der Beurteilung der hier interessierenden Frage ist einschränkend zu bemerken, daß die Bankenaufsicht darüber wacht, daß alle Kreditinstitute – also auch Sparkassen und Landesbanken – ihre Risiken mit den vorhandenen Deckungsmassen (Ertrag, Vorsorgereserven, Eigenkapital) eigenverantwortlich abschirmen. Außerdem darf nicht verkannt werden, daß die Risikolage für die Gewährträger auf der Grundlage der Bilanzbetrachtung überschätzt wird, weil ein beträchtlicher Teil der Aktiva mit überhaupt keiner oder nur einer sehr geringen Ausfallwahrscheinlichkeit behaftet ist (z.B. Kredite an inländische öffentliche Haushalte, Beteiligungen an öffentlichen Einrichtungen) und damit für Risikoüberlegungen irrelevant wird. Man müßte sich also auf risikohaltige Aktiva be-

---

[131] Vgl. Abschnitt B.3.3.
[132] Vgl. dagegen *Gesellschaft für öffentliche Wirtschaft:* a.a.O. (FN 45), S. 9.

schränken (z.B. Kredite an Unternehmen, wirtschaftlich Selbständige, private Haushalte, Anleihen in- und ausländischer Emittenten) und diese Größen risikomathematisch verfeinern. Auf der anderen Seite bildet die Rechnungslegung nicht alle risikorelevanten Aspekte ab (z.b. übernommene Bürgschaften, Rechts-, Betriebs- und Personalrisiken).

Trotz dieser methodischen Unzulänglichkeiten ist es als wahrscheinlich anzunehmen, daß sich die Gemeinden mit ihren Bestandsgarantien für die Sparkassen im Falle der Inanspruchnahme dieser Garantien finanziell übernehmen würden. Selbst wenn nur ein geringer Bruchteil der Sparkassen auf finanzielle Hilfe angewiesen wäre, so überstiege bereits dies die verfügbare Leistungsfähigkeit der Gemeinden, wenn man dafür ihre ordentlichen Einnahmen als Gradmesser nimmt. Diese reichen nämlich inzwischen nicht einmal mehr für die Finanzierung der laufenden Ausgaben aus. Dies belegt der auch in *Tabelle 18* dargestellte hohe Schuldenstand der Kommunen.

Tabelle 18: Bilanzvolumen der Sparkasseninstitute, Steuereinnahmen und Schulden von Ländern und Gemeinden in Deutschland
Stand: Ende 2001

	Sparkassen	Landesbanken
Bilanzsumme, darunter:	985,5	1.269,4
Kredite an inländische Unternehmen und Selbständige	284,9	227,0
Kredite an Privatpersonen[133]	279,9	48,5
Anleihen inländischer Unternehmen	5,2	19,9
Schuldverschreibungen ausländischer Nichtbanken	14,7	46,3
	Gemeinden	**Länder**
Steuereinnahmen	57,7	182,0
Schuldenstand	99,2	364,6

Quelle: *Deutsche Bundesbank: Bankenstatistik, Statistisches Beiheft zum Monatsbericht 1, Februar 2002, S. 38 und 56; dies.: Monatsbericht September 2002, S. 53* und 55*; SVR: Zwanzig Punkte für Beschäftigung und Wachstum, Jahresgutachten 2002/03, Stuttgart 2002, Tabelle 35.*

Gleiches gilt selbstverständlich für die Länder, die für den Bestand der Landesbanken mithaften. Auch wenn sie „nur" zu 46,9 v.H. an den Landesbanken beteiligt sind (*Tabelle 5*, S. 41), deuten die Zahlen aus *Tabelle 18* darauf hin, daß auch sie überfordert wären, wenn sie tatsächlich in größerem Umfang zur Sanierung ihrer Landesbanken herangezogen würden. Zu bedenken ist das z.T. beträchtliche finanzielle Gefälle zwischen den einzelnen Bundesländern. So verfü-

---

[133] Einschließlich der privaten Organisationen ohne Erwerbszweck.

gen z.B. das Saarland oder das Land Bremen längst nicht mehr über die Haushaltsspielräume, die erforderlich wären, um in Not geratene Kreditinstitute zu retten. Die beiden genannten Länder sind inzwischen von Bundesergänzungszuweisungen abhängig, um ihre Schulden tilgen zu können. Gleiches dürfte auch für das Land Berlin zu erwarten sein, das für die Deckung der Verluste seiner Bankgesellschaft Beträge in noch nicht absehbarer Höhe aufbringen muß. Spätestens seit der Schräglage dieses Finanzkonzerns ist deutlich geworden, daß die Anstaltslast keine abstrakte oder theoretische, sondern eine konkrete und praktische Gefahr für die öffentlichen Haushalte bedeuten kann. Anstaltslast und Gewährträgerhaftung verkörpern also einen Verstoß gegen den Grundsatz der angemessenen Risikoübernahme der öffentlichen Hand.[134]

C.3.2.2.2 Verstoß gegen den Grundsatz der Chancengleichheit im Wettbewerb

Anstaltslast und Gewährträgerhaftung kollidieren aber nicht nur mit dem Verhältnismäßigkeitsgrundsatz, sondern auch mit wettbewerbspolitischen Prinzipien, weil sie die Sparkasseninstitute in ihrer Gesamtheit schützen und nicht nur die Bereiche, die der öffentlichen Daseinsvorsorge zuzurechnen sind. Da die Geschäftätigkeit der Sparkasseninstitute bislang nicht in erwerbs- und sozialwirtschaftliche „Abteilungen" aufgegliedert ist, kann der Schutzbereich nicht sinnvoll abgegrenzt werden.[135] Weil auch die Risiken, die sich aus dem Gewinnstreben ergeben, vollständig durch den Staat abgesichert sind, sind die Gewährträgerhaftung und die Anstaltslast wettbewerbspolitisch nicht tolerabel.[136] SINN kritisiert in diesem Zusammenhang die Auswirkung der Einstandspflichten auf die Refinanzierungsposition der Landesbanken. Er erklärt, daß die bislang erstklassige Bonität der Landesbanken („Triple-A-Einstufung") auf die Gewährträgerhaftung zurückzuführen sei und diesen eine verbilligte Mittelaufnahme erlaube.[137] In seiner Beweisführung vergleicht er die tatsächliche, unter Einbeziehung aller Umweltparameter gemessene Rating-Note der Landesbanken mit jener Einstufung, die sich aus der alleinigen Betrachtung ihrer Bilanzstruktur ergeben würde (man spricht hier vom „Stand-Alone-Rating" oder vom „Bank Financial Strength Rating"). Wenn man die externen Bonitätsstützen ausblenden und die Bonitätsanalyse ausschließlich auf die finanzielle Stärke der Landesbanken beschränken würde, käme es zu einer nicht unerheblichen Bonitätsverschlechterung, was wiederum eine um bis zu 0,2 v.H. höhere Verzinsung für aufgenommene Mittel zu Folge hätte. Die Monopolkommission schätzt unter

---

[134] Vgl. *Carl-Christoph Hedrich:* a.a.O. (Kap. B, FN 39), S. 265-274.

[135] Vgl. *Christian Koenig:* Die Privilegien öffentlich-rechtlicher Einstandspflichten zugunsten der Landesbanken vor den Schranken der EG-Beihilfenaufsicht, in: Europäisches Wirtschafts- und Steuerrecht, Heft 5/1998, S. 149-156, hier: S. 154.

[136] Vgl. *Monopolkommission:* a.a.O. (Kap. A, FN 9, 1. Quelle), S. 48.

[137] Vgl. *Hans-Werner Sinn:* a.a.O. (Kap. A, FN 8), S. 38-46.

Berufung auf ein unveröffentlichtes EU-Papier den allein der WestLB zufallenden Refinanzierungsvorteil auf jährlich rund 128 Mio. Euro.[138] Aufgrund der durch die Staatsgarantien bewirkten Verbilligung der Passivseite der Landesbanken entsprechen diese Garantien einer Subvention und damit einer Benachteiligung der anderen Anbieter.

Bei der Formulierung dieser – schwerwiegenden – Einschätzung sind jedoch einige Einschränkungen zu beachten. Die Aussagefähigkeit eines Vergleichs zwischen dem tatsächlichen und dem „Stand-Alone-Rating" als Maß für Wettbewerbsverzerrungen ist begrenzt, weil die Differenz zwischen der tatsächlichen Rating-Note und dem „Stand-Alone-Rating" nicht ein ausschließliches Ergebnis der Staatsgarantien ist. Eine solche Differenzbetrachtung muß aus folgenden Gründen relativiert werden:

– Erstens verfügen nur die Landesbanken über ein internationales Rating. Dagegen sind die Sparkassen (wie die Genossenschaftsbanken) als regional tätige Kreditinstitute bis auf wenige Ausnahmen überhaupt nicht durch ein Rating erfaßt, so daß ihnen der behauptete Refinanzierungsvorteil nur indirekt, nämlich über eine Refinanzierung bei ihren Landesbanken, zugute kommen kann. Bei den Landesbanken ist ein großer Teil des Refinanzierungsvolumens durch Pfandbriefe gedeckt, so daß die günstigen Refinanzierungskonditionen nicht nur ein Ergebnis der staatlichen Haftungsgrundlagen, sondern auch einer besonders sicheren Produktkonstruktion sind, derer sich im übrigen auch die privaten Hypothekenbanken bedienen.[139]

– Zweitens ist zu beachten, daß die Sparkassen und Landesbanken die für alle Kreditinstitute verbindlichen Regelungen zur Einlagensicherung und Anlegerentschädigung beachten müssen. Darüber hinaus sind sie in ein engmaschiges Netz von ergänzend wirkenden Selbsthilfeeinrichtungen verwoben, die eine Institutssicherung bezwecken sollen.[140] Dieses – im „Stand-Alone-Rating" nicht abgebildete – Netz, das aus

– dem „Stützungsfonds" der regionalen Sparkassen- und Giroverbände,

– einem überregionalen Ausgleich dieser Fonds,

– der „Sicherungsreserve" der Landesbanken und

– dem gegenseitigen Haftungsverbund der Stützungsfonds der Sparkassen und der Sicherungsreserve der Landesbanken besteht,

schließt eine einzelne Insolvenz zwar nicht aus, macht sie aber sehr unwahrscheinlich. In der Vergangenheit wurden bei finanziellen Notfällen die Stützungsfonds und die Gewährträger gleichermaßen zu Hilfsmaßnahmen her-

---

[138] Vgl. *Monopolkommission:* a.a.O. (Kap. A, FN 9, 2. Quelle), S. 91.

[139] Vgl. *Verband deutscher Hypothekenbanken:* a.a.O (FN 87), S. 15.

[140] Vgl. *Deutsche Bundesbank:* Die Einlagensicherung in der Bundesrepublik Deutschland, in: Monatsbericht Juli 1992, S. 30-38; *dies.:* Einlagensicherung und Anlegerentschädigung in Deutschland, Monatsbericht Juli 2000, S. 29-45.

angezogen. Da die Selbsthilfeeinrichtungen finanziell gut ausgestattet sind und es bei Sparkassen und Landesbanken so gut wie nie zu Liquiditätsengpässen kommt, können die Sparkasseninstitute nach eigenem Bekunden auch ohne Gewährträgerhaftung auskommen,[141] zumal der Gesetzgeber auch die Sicherungseinrichtungen der anderen Banken im Hinblick auf die Verwahrung von Geldern besonders schutzwürdiger Personenkreise als mit der Gewährträgerhaftung gleichwertig erachtet.[142] Der zähe Widerstand der Länder und der Sparkasseninstitute gegen die Abschaffung der Gewährträgerhaftung[143] hängt vor allem mit der Befürchtung zusammen, mit der Abschaffung der Haftungsgrundlagen würde ein „Rutschbahneffekt" ausgelöst, durch den die öffentlich-rechtliche Rechtsform in Frage gestellt wird und an dessen Ende die Privatisierung steht.

– Drittens darf – die ordnungspolitische Kritikwürdigkeit einmal beiseite gestellt – beim Vergleich der tatsächlichen Rating-Note mit der „Stand-Alone-Rating"-Note nicht unberücksichtigt bleiben, daß der Staat drohende Zusammenbrüche generell – auch im privaten Bankgewerbe – abzuwenden bemüht sein dürfte.[144] Dieser Umstand wird ebenfalls nicht in den „Stand-Alone-Ratings" der Institute abgebildet. Die Wahrscheinlichkeit einer Staatsintervention ist im Bankensektor noch höher als in anderen Wirtschaftsbereichen, weil es hier nicht nur um Arbeitsplatzsicherung oder andere soziale Gesichtspunkte, sondern auch um die Abwendung eines grundsätzlichen Vertrauensschadens in die Stabilität des Finanzwesens geht. So weist MEISTER, Direktoriumsmitglied der Deutschen Bundesbank, darauf hin, daß die Schieflage eines Kreditinstituts breite Einlagenrückforderungen auslösen und, mit einer Kettenreaktion vergleichbar, sich auch auf gesunde Institute übertragen könnte.[145] Um dieser Gefahr vorzubeugen, wird der Staat der betroffenen

---

[141] Vgl. *Handelsblatt:* „Wir können auch ohne Gewährträgerhaftung leben", in: Nr. 28 vom 9.2.2000, S. 25; *dass.:* Das Ende eines Sparkassentabus, in: Nr. 234 vom 4.12.2000, S. 25; *dass.:* Ost-Sparkassen verzichten auf Staatshaftung, in: Nr. 38 vom 22.2.2001, S. 46.

[142] Bei der Anlage von Mündelgeldern nach § 1807 (1) Nr. 3 BGB oder im Rahmen des Schulsparens eingeworbener Guthaben sind die anderen Kreditinstitute den Sparkassen gleichgestellt, wenn sie einer ausreichenden Sicherungseinrichtung angeschlossen sind.

[143] Vgl. *Frankfurter Allgemeine Zeitung:* Sparkassen für Erhalt der Haftungsgarantien, in: Nr. 283 vom 5.12.2000, S. 25.

[144] Das jüngste Beispiel lieferte die wegen notleidender Kredite in Schwierigkeiten geratene Schmidt Bank AG. Für die Rettung der oberfränkischen Privatbank einschließlich ihrer Tochter, dem Online-Broker Consors, organisierte die Bayerische Staatsregierung – bei Indienstnahme der bayerischen Sparkassenorganisation – eine Auffanggesellschaft. Vgl. *Frankfurter Allgemeine Zeitung:* Vier Großbanken und Landesbank übernehmen Schmidt Bank, in: Nr. 269 vom 19.11.2001, S. 17.

[145] Vgl. *Edgar Meister:* Banken: Große Tradition – gefährdete Zukunft?, Vortrag bei der Veranstaltung „Topic of the year" der „Group of 20 + 1" am 12.1.2000 in Frankfurt am Main.

Bank als „Lender of Last Resort" mit Beteiligungen, Liquiditätshilfen, langfristigen Krediten oder Bürgschaften höchstwahrscheinlich zur Seite stehen.[146] Insbesondere die Großbanken gelten wegen dieser vermuteten – und nicht vergüteten – Bestandssicherung als „too big to fail", so daß auch bei ihnen das tatsächliche Rating besser ausfällt als das „Stand-Alone-Rating".[147] Der den Privatbanken auf diese Weise zufallende finanzielle Vorteil dürfte noch schwieriger zu messen sein als derjenige, den öffentliche Banken durch die Gewährträgerhaftung erzielt haben und noch erzielen. Insgesamt sollte die Diskussion der Refinanzierungsvorteile der Sparkasseninstitute also nicht ausschließlich unter dem Blickwinkel ihrer haftungsrechtlichen Ausstattungsmerkmale geführt werden, sondern auch unter Einbeziehung ihrer risikoarmen Produktgestaltung, ihrer umfangreichen Eigenvorsorge und der als wahrscheinlich anzunehmenden staatlichen Rettungsaktionen auch in den anderen Bankengruppen. Diese Aspekte müßte man bei einer Quantifizierung des finanziellen Vorteils der Gewährträgerhaftung berücksichtigen, was sich aber mit Blick auf die Erfassungs-, Abgrenzungs- und Bewertungsprobleme als äußerst schwierig erweist.

C.3.2.2.3 Verstoß gegen den Beurteilungsmaßstab der allokativen Effizienz

Oben wurde dargelegt, daß die Refinanzierungsvorteile der Sparkasseninstitute nur teilweise auf das staatliche Schutzversprechen zurückgeführt werden können.[148] Dies ändert aber natürlich nichts daran, daß diese Garantien die Chancengleichheit im Wettbewerb zu Gunsten der öffentlich-rechtlichen Kreditinstitute berühren. Darüber hinaus bewirken sie möglicherweise auch die ineffiziente Allokation des Faktors Kapital, weil sie den Sparkassen und Landesbanken u.U. riskantere geschäftspolitische Strategien erlauben könnten („moral hazard"). Man denke in diesem Zusammenhang beispielsweise an den Vorwurf, die Bayerische Landesbank (BayLB) habe im Jahr 1998 in Malaysia unzureichend gesicherte Spekulationskredite an dort lebende Privatkunden vergeben,

---

[146] Die Bundesbank darf sich nicht direkt, sondern nur über die ihr zu 30 v.H. gehörende Liquiditätskonsortialbank an einer Bankensanierung beteiligen. Jedoch betonen inzwischen selbst Bundesbankspitzen die faktische Bedeutung der Bundesbank als „Lender of last resort". Vgl. *Hans-Helmut Kotz:* Ein Reförmchen will Reform sein, in: Die Zeit, Nr. 6 vom 1.2.2001, S. 27.

[147] Vgl. *Der Langfristige Kredit:* VÖB: Neues Banken-Rating von Moody's verwirrend, in: Heft 18/1995, S. 604.

[148] Vgl. *Lukas Menkoff:* Öffentliche Banken: nutzlos und teuer?, in: Ifo-Studien, Band 43 (1997), S. 549-575, hier: S. 568.

welche im Zuge der „Asienkrise" zum Teil uneinbringlich wurden und umfangreiche Abschreibungen bei der BayLB erforderlich machten.[149]
Auch in preispolitischer Hinsicht könnten die Haftungsgrundlagen zur volkswirtschaftlich suboptimalen Aufteilung der verfügbaren Kreditmittel führen. Diesem Gedanken wird im folgenden nachgegangen. Unter der Annahme, daß
– das Gesamtvolumen der Kreditmittel gegeben ist,
– die Wirtschaftssubjekte Investitionsvorhaben durchführen, wenn deren interne Verzinsung den Kapitalkostensatz übersteigt,
– die Nachfrager nach Krediten zwischen den Anbietern indifferent sind,
– die Landesbanken und Sparkassen in den Genuß günstigerer Refinanzierungskonditionen gelangen und
– diese vergünstigten Konditionen auch an ihre Kunden weitergeben,
werden die Kunden der Sparkassen und Landesbanken solche Investitionsvorhaben realisieren, die eine geringere interne Verzinsung aufweisen als die Projekte der Kunden der privaten Banken, die sich wegen höherer Finanzierungskosten auf Projekte mit höherer interner Verzinsung beschränken müssen. Unter diesen Voraussetzungen verhindert die Gewährträgerhaftung eine optimale Verwendung der verfügbaren Kreditmittel. SINN erklärt, daß die Abschaffung der Staatshaftung eine Zinsangleichung zwischen den öffentlich-rechtlichen und den privaten Instituten zur Folge haben und eine Umschichtung zwischen den öffentlich-rechtlich finanzierten und den privat finanzierten Investitionsprojekten nach sich ziehen wird. Auf diese Weise wäre ohne erhöhte Kapitalkosten die Summe der volkswirtschaftlichen Kapitalerträge zu steigern.[150]
Diesen Überlegungen steht aber zunächst die Tatsache entgegen, daß sich die Zinsen bei öffentlich-rechtlichen und bei privatwirtschaftlichen Instituten kaum unterscheiden. Der Wettbewerb und der Zwang zur Erzielung von Gewinnen verhindern, daß sich eine Bank oder eine Sparkasse über einen längeren Zeitraum in ihrer Konditionsgestaltung deutlich vom Marktniveau abhebt. Die Behauptung, die Sparkasseninstitute hätten im Konditionengefüge Verzerrungen bewirkt, entbehrt eines empirischen Nachweises. Auch die Vermutung, die Sparkasseninstitute würden wegen der Staatsgarantien durchweg eine leichtfertige Kreditvergabe betreiben, ist wenig plausibel, weil die Wirtschaftsführung der Sparkasseninstitute den gleichen aufsichtsrechtlichen Anforderungen genügen muß wie die der übrigen Kreditinstitute. Die Geschäftsleitungsorgane (Vorstand, Verwaltungsrat) sind zur Förderung des Unternehmenserfolges und zur Schadensabwehr durch Gesetz und Satzung verpflichtet. Für schuldhafte Verstöße gegen diesen Maßstab können sie zivil- und strafrechtlich zur Verantwor-

---

[149] Vgl. *Süddeutsche Zeitung:* Wohin steuert die Bayerische Landesbank?, in: Nr. 253 vom 3.11.1998, S. 26; *Handelsblatt:* BayernLB verliert in Asien 770 Mio. DM, in: Nr. 227 vom 10.11.1998, S. 23.
[150] Vgl. *Hans-Werner Sinn:* a.a.O. (Kap. A, FN 8), S. 99-104.

tung gezogen werden.[151] Diese Vorschriften beschneiden aber nicht das erforderliche unternehmerische Entscheidungsermessen, sondern sollen vielmehr zu ordnungsgemäßer Entscheidungsfindung zwingen. Unternehmerische Fehlentscheidungen sind nichts Unrechtes, solange die Organe zum Zeitpunkt der Entscheidung durch kritisches Abwägen der Chancen und Risiken die gebotene kaufmännische Sorgfalt walten lassen. Bei Geschäften mit hohen Schadensrisiken muß darauf geachtet werden, daß ein möglicher Schadenseintritt den Bestand des Kreditinstituts nicht gefährdet.

Auch finden sich keine empirischen Belege, daß die Vorstände und Verwaltungsräte der Sparkassen und Landesbanken eine übermäßig riskante Geschäftspolitik betreiben. Nimmt man das Bewertungsergebnis (Saldo aus der Bewertung von Krediten, Forderungen und Wertpapieren) als Indikator für schlagend gewordene Kreditrisiken, so fällt dieser Wert bei den Landesbanken sogar vergleichsweise günstig aus (*Tabelle 19*).

Tabelle 19: Bewertungsergebnisse der Bankengruppen in Deutschland
Stand jeweils zum Jahresende, Angaben in v.H. der durchschnittlichen Bilanzsumme

	1995	1996	1997	1998	1999	2000	2001
Alle Bankengruppen	- 0,27	- 0,26	- 0,26	- 0,25	- 0,19	- 0,24	-0,28
Großbanken	- 0,19	- 0,15	- 0,25	- 0,15	- 0,24	- 0,16	-0,24
Regionalbanken	- 0,35	- 0,41	- 0,36	- 0,37	- 0,22	- 0,25	-0,39
Landesbanken	- 0,15	- 0,15	- 0,14	- 0,27	- 0,11	- 0,12	-0,20
Sparkassen	- 0,52	- 0,47	- 0,46	- 0,34	- 0,17	- 0,46	-0,52
Genoss. Zentralbanken	- 0,13	- 0,04	- 0,10	- 0,19	- 0,17	- 0,47	-0,32
Kreditgenossenschaften	- 0,35	- 0,37	- 0,41	- 0,36	- 0,39	- 0,46	-0,49

Quelle: Deutsche Bundesbank: Die Ertragslage der Kreditinstitute im Jahr 2001, in: Monatsbericht September 2002, S. 17-47, hier: S. 38.

Bei den Sparkassen und den Kreditgenossenschaften waren in der Vergangenheit häufig überdurchschnittliche Werte zu verzeichnen. Der größere Wertberichtigungsbedarf der Sparkassen ist aber nicht durch ein „moral hazard" bei der Kreditvergabe, sondern durch die ungleiche regionale Verteilung von Wirtschaftszweigen und die geringen Diversifikationsmöglichkeiten der Sparkassen zu begründen. Auf diese Gesichtspunkte wurde bereits oben eingegangen.[152]

---

[151] Vgl. *Marcus Lutter:* Zur Haftung von Sparkassenorganen, in: Sparkassen im Wandel, 3. Bad Iburger Gespräche, Symposium des Instituts für Kommunalrecht der Universität Osnabrück am 21.10.1992, Band 39 der Reihe „Osnabrücker Rechtswissenschaftliche Abhandlungen", hrsg. von Jörn Ipsen, Köln u.a. 1993, S. 101-115, hier: S. 104 f.

[152] Vgl. Abschnitt B.4.3.

C.3.2.3 Staatliche Kapitalzufuhren

Die Eigenmittel begrenzen nach Grundsatz I zu § 10 KWG den Kreditschöpfungsspielraum der Kreditinstitute.[153] Die Sparkassen sind deshalb auf ausreichend hohe Eigenmittel angewiesen, um Kredite vergeben zu können. Im Unterschied zu den anderen Banken speisen sich aber ihre Eigenmittel weder durch ein Gründungskapital noch durch außenfinanzierte Kapitalerhöhungen, sondern so gut wie ausschließlich durch Innenfinanzierung. Das regelmäßige Nichtvorhandensein eines Gründungskapitals schließt zwar eine Mittelzufuhr durch die Kommunen an die Sparkassen nicht aus; allerdings waren und sind erstere aufgrund ihrer chronischen Finanzknappheit dazu nicht in der Lage. Bei den Landesbanken sieht es dagegen anders aus. Zum einen besitzen sie ein Gründungsbzw. Stammkapital, das von ihren Eigentümern (Länder, Sparkassen) gehalten wird.[154] Außerdem ist es in der Vergangenheit mehrfach zu Kapitalzufuhren durch die Länder an die Landesbanken gekommen (*Tabelle 20*).

Tabelle 20: Vermögensübertragungen an die Landesbanken in Deutschland seit 1991

Landesbank	Übertragenes Vermögen (Jahr der Übertragung)	zugeführtes Kapital (in Mio. Euro)
Norddeutsche Landesbank	Landestreuhandstelle Niedersachen (1991)	767
Landesbank Schleswig-Holst.	Investitionsbank Schleswig-Holstein (1991)	710
Westdeutsche Landesbank	Wohnungsbauförderungsanstalt NRW (1992)	3.017
Hamburgische Landesbank	Hamburgische Wohnungsbaukreditanstalt (1993)	337
Landesbank Berlin	Investitionsbank Berlin (1993)	1.077
Bayerische Landesbank	Bayerische Landesbodenkreditanstalt (1994)	335
Landesbank Hessen-Thüringen	Stille Vermögenseinlage des Landes Hessen (1998)	870

Quelle: Hans-Werner Sinn: a.a.O. (Kap. A, FN 8), S. 134; Wirtschaftswoche: Kredit zum Sozialtarif, in: Nr. 6 vom 4.2.1999, S. 8.

Die ordnungspolitische Zulässigkeit solcher Transaktionen ist davon abhängig, ob sie auf die Erfüllung öffentlicher Auftragsziele oder auf die Unterstützung der Landesbanken im Leistungswettbewerb gerichtet sind. Wenn die Eigentümer Kapital mit der Zielsetzung einbringen, die Landesbanken im Wettbewerb zu stärken, dann hängt die Wettbewerbskonformität einer solchen Kapitalzufuhr von der vereinbarten Verzinsung ab. Die EU-Kommission verdeutlicht in ihren

---

[153] Vgl. Abschnitt B.3.6.
[154] Vgl. *Tabelle 5* (S. 41).

Beihilferichtlinien bzw. Bürgschaftsmitteilungen, daß die Einbringung öffentlichen Kapitals in die Landesbanken die Chancengleichheit immer dann verletzt, wenn für das Kapital keine marktüblichen Zinsen vereinbart werden.[155] Eine zu niedrig verzinste Kapitaleinlage erfüllt den Tatbestand unzulässiger staatlicher Beihilfe nach Art. 87 f. EGV. Damit stellt sich die Kommission implizit auf den Standpunkt, daß die Landesbanken überwiegend zum Zweck der Gewinnerzielung betrieben werden. Diese Sichtweise bildete die Grundlage für die Entscheidung der EU-Kommission, die Einbringung der Wohnungsbauförderanstalt Nordrhein-Westfalen (Wfa) in die Westdeutsche Landesbank (WestLB) im Jahr 1999 als unzulässig zu bewerten. Diese Entscheidung löste eine Strukturdebatte aus, in welcher nicht nur die staatlichen Kapitalzufuhren, sondern auch der öffentlich-rechtliche Charakter zunächst der Landesbanken und anschließend der Sparkassen in Frage gestellt wurde.

C.3.2.4 Verlauf und Konsequenzen der Beihilfebeschwerden bei der Europäischen Kommission

Nach Anhebung der Mindestkapitalanforderungen im Rahmen der 4. KWG-Novelle brachte das Land Nordrhein-Westfalen Ende 1991 die landeseigene Wfa in die WestLB ein. Per Gesetz wurde die WestLB verpflichtet, auf das zugeführte Wfa-Kapital, welches die Bankenaufsicht nur teilweise als haftendes Eigenkapital anerkannte,[156] eine jährliche Verzinsung in Höhe von 0,6 v.H. vor Körperschaftsteuer zu leisten.[157] Nach Meinung der privaten Banken war diese Vereinbarung marktunüblich niedrig, so daß der Verband der privaten Banken Ende 1994 bei der EU-Kommission eine Beihilfebeschwerde einlegte. Die Frage nach der Rechtmäßigkeit der Kapitalzufuhr an die Landesbank wurde in der öffentlichen Diskussion von Anfang an mit der Frage nach der Rechtmäßigkeit der Haftungsgrundlagen in engen Zusammenhang gebracht, wie die folgende Äußerung von LAMBSDORFF verdeutlicht:

---

[155] Vgl. *Europäische Kommission:* Mitteilung an die Mitgliedsstaaten zur Anwendung der Artikel 92 und 93 EWG-Vertrag und des Art. 5 der Richtlinie 80/723/EWG der Kommission über öffentliche Unternehmen der verarbeitenden Industrie, in: ABl. EG C 307 vom 13.11.1993, S. 5.; *dies.:* Mitteilung über die Anwendung der Art. 87 und 88 EG-Vertrag auf staatliche Beihilfen in Form von Haftungsverpflichtungen und Bürgschaften, in: ABl. EG C 71 vom 11.3.2000, S. 14.

[156] Die Vollanerkennung des Wfa-Vermögens als haftendes Eigenkapital hätte dessen uneingeschränkte und sofortige Heranziehbarkeit zur Verlustdeckung vorausgesetzt. Weil jedoch § 5 (2) WBFG die Zweckbindung dieses Vermögens zur Finanzierung von Wohnungsbaufördermaßnahmen fordert, wurde es nur teilweise als haftendes Eigenkapital anerkannt.

[157] Vgl. *Frankfurter Allgemeine Zeitung:* WestLB muß 808 Millionen Euro zurückzahlen, in: Nr. 156 vom 9.7.1999, S. 13.

„Die Landesbanken haben sich schon seit Jahren von den ursprünglichen Prinzipien der Sparkassenorganisation entfernt. Das Regionalprinzip gilt für sie schon lange nicht mehr. [...] Wenn aber die Landesbanken ihre Geschäfte in dieser Form ausweiten, dann verliert das Gewährträgerprinzip seine Gültigkeit. Staatliche Daseinsvorsorge kann doch wohl kaum bedeuten, daß die Steuerzahler für Geschäfte ihrer Landesbank in Hongkong oder anderswo haften. Der Staat als Risikoträger von Bankgeschäften – diese Vorstellung mag in der Gründungszeit ihre Rechtfertigung gehabt haben. Heute ist sie überholt. Der Staat muß deshalb aus der Haftung. Für einen mittleren Skandal halte ich es, wenn dem Eigenkapitalmangel der WestLB nachgeholfen wird durch die Fusion mit der Wohnungsbaukreditanstalt Nordrhein-Westfalen. Solche Entwicklung ist Wettbewerbsverzerrung und ordnungs- wie verfassungsrechtlich höchst bedenklich."[158]

Auf Ersuchen des Bundesrates versuchte die Bundesregierung im Jahr 1997, den Status der Sparkasseninstitute bei den Verhandlungen über den Amsterdamer Vertrag europarechtlich in Form eines Protokolls abzusichern.[159] Obwohl die öffentlichen Banken ihre Zustimmung zur Euro-Einführung davon abhängig machen wollten,[160] scheiterte das Vorhaben. Durchsetzbar war lediglich eine rechtlich unverbindliche „Erklärung". Davon unbeeindruckt, erklärte die seit 1998 amtierende Bundesregierung im Wortlaut ihrer ersten Koalitionsvereinbarung, sich für den Einhalt der „Zusagen" zum Status der öffentlich-rechtlichen Kreditinstitute – solche hat es allerdings zu keinem Zeitpunkt gegeben – einzusetzen.[161] Die Überzeugungsversuche der deutschen Verhandlungsseite blieben in Brüssel ohne Erfolg. Im Verfahren gegen die WestLB teilte die EU-Kommission die Sichtweise der Antragstellerin und ordnete eine Zinsnachzahlung in Höhe von 808 Mio. Euro durch die WestLB an das Land Nordrhein-

---

[158] *Otto Graf Lambsdorff:* Die deutsche Kreditwirtschaft – Herausforderungen des Europäischen Binnenmarktes, in: Sparkassen im Wandel, 3. Bad Iburger Gespräche, Symposium des Instituts für Kommunalrecht der Universität Osnabrück am 21.10.1992, hrsg. von Jörn Ipsen, Köln u.a. 1993, S. 3-12, hier: S. 11.

[159] Vgl. Abschnitt C.1.3.2.3.

[160] Vgl. *Frankfurter Allgemeine Zeitung:* Die öffentlichen Banken drohen mit einer Ablehnung des Euro, in: Nr. 96 vom 25.4.1997, S. 19.

[161] Im Text der Koalitionsvereinbarung heißt es: „Die neue Bundesregierung setzt sich dafür ein, daß die Europäische Kommission den vom Vertrag von Amsterdam festgelegten Zusagen zum öffentlich-rechtlichen Rundfunk und zu öffentlich-rechtlichen Kreditinstituten entsprechend den Verhandlungsabsprachen einhält, d.h. den geltenden Rechtsstatus beihilferechtlich nicht beanstandet." – *Sozialdemokratische Partei Deutschlands:* Aufbruch und Erneuerung – Deutschlands Weg ins 21. Jahrhundert, Koalitionsvereinbarung zwischen der Sozialdemokratischen Partei Deutschlands und Bündnis 90/Die Grünen vom 20.10.1998, S. 56.

Westfalen an.[162] Bei der Ermittlung des Nachzahlungsbetrages legte die EU-Kommission ein Vergleichskonzept zugrunde, wonach sich ein „marktwirtschaftlich handelnder Investor" das von ihm bereitgestellte Eigenkapital zu mindestens 9,3 v.H. nach Steuern entgelten lassen würde. Die Anwendung eines einheitlichen Renditemaßstabes zeigt, daß die EU-Kommission die Tätigkeit der Landesbanken offenbar nicht anders bewertet als die der übrigen Banken. Gegen die Entscheidung der EU-Kommission, die der Bundesrat am Tag darauf in einer Entschließung bedauerte,[163] legten sowohl die Bundesrepublik Deutschland als auch das Land Nordrhein-Westfalen Rechtsmittel ein. Im Dezember 2002 entschied jedoch der Europäische Gerichtshof (EuGH), daß die von der Kommission angeordnete Rückforderung des Nachzahlungsbetrages rechtens gewesen und auszuführen sei. Auch das für das Hauptsacheverfahren zuständige Europäische Gericht erster Instanz (EuG I) folgte der Ansicht der Kommission, wenngleich das Gericht die Kommission verpflichtete, ihre Berechnung des geforderten Renditesatzes für das staatliche Wohnungsbauvermögen besser zu begründen. Bis zur Neuberechnung muß die WestLB keine Rückzahlung leisten.[164]

Die Auseinandersetzung war durch fundamentale Meinungsverschiedenheiten zwischen der Sparkassenorganisation und der deutschen Politik auf der einen sowie der EU-Kommission und den privaten Bankenverbänden auf der anderen Seite gekennzeichnet. Die Solidaritätsbekundungen der Bundes- und Landespolitiker zeigten eine bemerkenswerte, weil doch eher seltene, parteiübergreifende Übereinstimmung.[165] Die Politiker befürchteten die Auslösung einer nicht mehr steuerbaren Entwicklung, die den gesamten öffentlichen Bankensektor erfassen und in eine dauerhafte Defensivsituation bezüglich seiner Rechtsstellung brin-

---

[162] Vgl. *Europäische Kommission:* Entscheidung vom 8.7.1999 über eine von der Bundesrepublik Deutschland zugunsten der Westdeutschen Landesbank Girozentrale durchgeführte Maßnahme, in: ABl. EG, 2000, Nr. L 150/1.

[163] Vgl. *Bundesrat:* Entschließung zur Frage der Anstaltslast und Gewährträgerhaftung bei öffentlich-rechtlichen Kreditinstituten sowie zur Einbringung von Wohnungsbauvermögen in die Landesbanken vom 9.7.1999, in: Drucksache 409/99, Anlageband 8/1999.

[164] Vgl. *Handelsblatt:* WestLB erleidet Rückschlag im Beihilfestreit, in: Nr. 241 vom 13./14.12.2002, S. 24; *Frankfurter Allgemeine Zeitung:* Europarichter kassieren Zahlungsbefehl an WestLB, in: Nr. 56 vom 7.3.2003, S. 11.

[165] Vgl. *Erwin Teufel:* „Starkes Land – starke Zukunft", Rede auf dem Festakt zur Gründung des Sparkassenverbands Baden-Württemberg vom 26.1.2000; *Edmund Stoiber:* „Föderalismus: Solidarität und Wettbewerb – Starke Länder in Europa", Regierungserklärung vom 22.3.2000; *Heide Simonis:* Öffentlich-rechtlicher Auftrag der Sparkassen muß erhalten bleiben, Rede auf dem Schleswig-Holsteinischen Sparkassentag vom 4.5.2000; *Gerhard Schröder:* Rede anläßlich des Weltkongresses der Sparkassen am 28.6.2000 in Berlin; *Wolfgang Clement:* Neue Wege – Neue Chancen – Neues Handeln – Zukunftsland Nordrhein-Westfalen, Regierungserklärung vom 30.8.2000.

gen könnte.[166] Die Sparkassenorganisation versuchte deshalb nach der Kommissionsentscheidung, mit einer breit angelegten Kampagne die Öffentlichkeit für ihre Positionen zu gewinnen.[167] Damit konnte die Sparkassenorganisation allerdings nicht verhindern, daß sich die Auseinandersetzung um die WestLB genau zu der Strukturdebatte entwickelte, die abzuwenden sie bemüht war.[168] Die EU-Kommission nahm im Dezember 1999 eine Wettbewerbsbeschwerde der Europäischen Bankenvereinigung gegen die Bundesrepublik Deutschland wegen Verletzung von Art. 87 (1) und 88 (3) EGV durch Anstaltslast und Gewährträgerhaftung zur Prüfung an. Vorausgegangen war die Überarbeitung der EU-Beihilferichtlinie (aus dem Jahr 1993) durch die sog. „Bürgschaftsmitteilung" (aus dem Jahr 1999), wonach staatliche Einstandspflichten bereits dann als Beihilfen zu qualifizieren seien, wenn sie in der Form von Bürgschaften gewährt würden.[169] Die EU-Kommission stellte ferner klar, daß solche Garantien künftig nur dann genehmigungsfähig seien, wenn ihnen eine marktgerechte Vergütung gegenübersteht. Gestützt auf diese Verlautbarung, argumentierten die privaten Banken in ihrer im Juli 2000 nachgereichten Beschwerdebegründung, daß es sich bei Anstaltslast und Gewährträgerhaftung um entgeltfreie, unbefristete und unbegrenzte Garantien handele, die zu besseren Rating-Einstufungen der Sparkasseninstitute führten und ihnen Refinanzierungsvorteile verschafften. Damit sei der Tatbestand unzulässiger staatlicher Beihilfe erfüllt.[170] Die Forderung der Beschwerdeführer, Sparkassen und Landesbanken zur Rückzahlung der bisher genossenen Vorteile zu verpflichten, lehnte die EU-Kommission aber ab, weil eine solche Rückzahlung nur bei „neuen" Beihilfen in Frage kommen könne. Weil aber die Haftungsgrundlagen für die Sparkassen und Landesbanken nach deutschem Recht bereits vor Inkrafttreten der Römischen Verträge im Jahr 1957 Geltung besessen hätten, könne es sich um keine „neuen" Beihilfen im Sinne des EGV

---

[166] Vgl. *Handelsblatt:* Musterfall für andere Landesbanken, in: Nr. 130 vom 9./10.7.1999, S. 2, *Frankfurter Allgemeine Zeitung:* Zu retten, was wohl nicht zu retten ist, in: Nr. 21 vom 26.1.2000, S. 17.

[167] Vgl. *Handelsblatt:* Kampagne der Sparkassen gegen die Banken, in: Nr. 149 vom 5.8.1999, S. 1; *Dietrich H. Hoppenstedt:* Offener Brief an Dr. Breuer, in: Deutsche Sparkassenzeitung, Nr. 59 vom 6.8.1999, S. 3 sowie gleichlautend in: *Zeitschrift für das gesamte Kreditwesen,* Heft 16/1999, S. 819.

[168] Eine Dokumentation der Berichterstattung findet sich bei *Ferdinand Kirchhof/Hans-Günter Henneke:* Entwicklungsperspektiven kommunaler Sparkassen in Deutschland, Band 12 der Schriften zum deutschen und europäischen Kommunalrecht, hrsg. von Eberhard Schmidt-Aßmann und Friedrich Schoch, Stuttgart u.a. 2000, S. 84-102.

[169] Vgl. *Europäische Kommission:* a.a.O. (FN 155).

[170] Vgl. *Handelsblatt:* Pro und Contra im Beihilfestreit, in: Nr. 144 vom 28./29.7.2000, S. 19.

handeln, so daß keine rückwirkenden Ansprüche gegen die Sparkassen und Landesbanken geltend gemacht werden dürfen.[171] Um zu klären, unter welchen Bedingungen eine Verständigung mit Brüssel hergestellt werden könne, setzte die Bundesregierung bereits im Januar 2000 eine Bund-Länder-Arbeitsgruppe unter Federführung des Staatssekretärs im Bundesfinanzministerium, KOCH-WESER, ein. Die Arbeitsgruppe stellte daraufhin ein Lösungsmodell vor, das einen Abbau der Staatshaftung bei gleichzeitigem Ausbau der Eigensicherung vorsah. Die Gewährträgerhaftung sollte nach einer Übergangsfrist entfallen. Die Ministerpräsidenten erklärten sich aber nicht damit einverstanden; ein Vermittlungsversuch des Bundeskanzlers blieb erfolglos.[172] Die Länder bekräftigten ihren Willen, an den bisherigen Haftungsstrukturen festzuhalten und diese notfalls auch in einer rechtlichen Auseinandersetzung mit der EU zu verteidigen. Der EU-Wettbewerbskommissar ließ indes keinen Zweifel mehr daran, daß die Staatsgarantien unzulässige staatliche Beihilfen darstellten, und drohte mit der weiteren Betreibung des Beihilfeverfahrens.[173] Unabhängig davon setzte die deutsche Politik in Brüssel ihre „Überzeugungsarbeit" in Brüssel fort und erreichte einen Teilerfolg. Die EU-Kommission ließ im September 2000 erkennen, daß sie ihre Prüfung bei Sparkassen mit „regional beschränktem Wirkungskreis" nicht anzuwenden beabsichtige und sich nur gegen die öffentlich-rechtlichen Kreditinstitute richten wolle, die den Wettbewerb grenzüberschreitend beeinflussen. Ohne diese direkt zu erwähnen und näher zu definieren, wurden damit die „kleinen" Sparkassen aus dem wettbewerbsrechtlichen Visier genommen.[174] Im Herbst des Jahres 2000 kam neue Bewegung in die festgefahrenen Verhandlungen. Die Eigentümer der WestLB, die sich aufgrund des dargestellten Beihilfeverfahrens in einer Sondersituation befanden, präsentierten einen Lösungsvorschlag, der die Wettbewerbsfähigkeit der Bank sichern und aus der beihilferechtlichen Konfliktlage befreien sollte. Die Bank soll in eine öffentlich-rechtliche Mutter, die die Funktion als Sparkassenzentralbank und Hausbank des Landes Nordrhein-Westfalen behielte, und in eine privatrechtliche Tochter, in der das übrige Geschäft aufginge, aufgespalten werden. Für die Tochtergesellschaft wurde ein späterer Börsengang nicht ausgeschlossen; bis zu diesem Zeitpunkt müsse die Tochter aber unter dem Schutz einer Patronatserklärung durch

---

[171] Vgl. *Financial Times Deutschland:* Europas Bankenvereinigung wertet Staatsgarantien als neue Beihilfe, in: Nr. 145 vom 28./29.7.2000, S. 18.

[172] Vgl. *Handelsblatt:* Schröder im Bankenstreit als Vermittler gescheitert, in: Nr. 138 vom 20.7.2000, S. 8.

[173] Vgl. *Handelsblatt:* Monti will gegen Landesbanken vorgehen, in: Nr. 138 vom 20.7.2000, S. 8.

[174] Vgl. *Handelsblatt:* Brüssel kommt den Ländern einen Schritt entgegen, in: Nr. 178 vom 14.9.2000, S. 3.

die Mutter stehen.[175] Die Aufspaltung der WestLB ist in der nachstehenden *Abbildung 5* dargestellt.

Abbildung 5: Die neue Struktur der WestLB

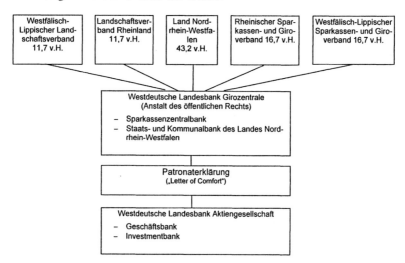

Im Lichte dieser Überlegungen verständigten sich im November 2000 die Präsidenten der regionalen Sparkassenverbände und die Vorstandsvorsitzenden der Landesbanken auf ein Modell, das den ursprünglichen Überlegungen der „Koch-Weser-Arbeitsgruppe" sehr nahekam. Die Sparkassen- und Landesbankspitzen erklärten sich bereit, nach einer Übergangsfrist von zehn Jahren auf die Gewährträgerhaftung völlig zu verzichten und, um dem zu erwartenden Bonitätsverlust entgegenzuwirken, innerhalb dieser Frist ihre Eigensicherung umfassend zu verstärken. Außerdem solle die Anstaltslast „europafest" gemacht werden.[176] Diese – bis dato unvorstellbare – Verzichtserklärung, die bei einigen Ministerpräsidenten auf Unverständnis stieß,[177] wurde an die Bedingung geknüpft, daß die Landesbanken weiterhin als öffentliche Unternehmen betrieben werden können. Das „Mutter-Tochter-Modell" der WestLB wurde als zulässig, aber nicht als zwingend bewertet. Diese Klarstellung war für eine Kompromißfindung

---

[175] Vgl. *Handelsblatt:* Das Mutter-Tochter-Modell für die WestLB rückt näher, in: Nr. 9 vom 12./13.1.2001, S. 29.

[176] Vgl. *Handelsblatt:* a.a.O. (FN 141, 2. Quelle), S. 25.

[177] Vgl. *Handelsblatt:* Simonis fürchtet Zerschlagung der Sparkassen, in: Nr. 226 vom 22.11.2000, S. 6.

notwendig, da das nordrhein-westfälische Modell nicht für alle Landesbanken praktikabel bzw. zweckmäßig erschien. Hinsichtlich der Abschaffung der Gewährträgerhaftung bestimmte ab diesem Zeitpunkt nicht mehr das „Ob", sondern nur noch das „Wie" die Debatte. Die Länder wiederholten, daß sie die Frage, ob Anstaltslast und Gewährträgerhaftung beihilferechtlich relevant seien, im Grunde für nicht zutreffend gestellt hielten.[178] Im Hinblick auf die andauernden Diskussionen mit der EU-Kommission erklärten sie aber, daß sie im Sinne der Orientierungssicherheit für die Sparkassen und Landesbanken den Beihilfestreit einer zügigen Lösung zuführen wollten. Sie beauftragten die Koch-Weser-Arbeitsgruppe erneut, in Abstimmung mit den Ländern und dem Bund Vorschläge für die weitere Vorgehensweise zu machen.[179] Dabei sollten die Grundprinzipien des Sparkassenwesens (öffentliche Bindung, Regionalprinzip, Gemeinwohlorientierung usw.) nicht aufgegeben werden.[180] In diese Zielrichtung weist die – unter dem Stichwort „Plattform-Modell" bekannt gewordene – Neuordnung der BayLB, mit der der Freistaat Bayern im März 2001 auf den Druck aus Brüssel reagiert hat (*Abbildung 6*).

Abbildung 6: Die neue Struktur der BayLB

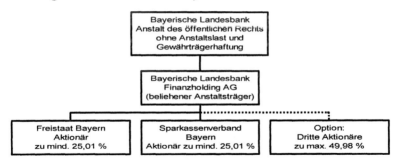

Die BayLB bleibt danach als Ganzes erhalten; die unmittelbare staatliche Beteiligung an der Bank entfällt aber vollständig. Die Eigentümer der BayLB (zu jeweils 50 v.H. der Freistaat Bayern und der Sparkassenverband Bayern) übertragen ihr Eigentum steuerneutral an eine in aktienrechtlicher Gesellschaftsform zu schaffende Finanzholding, die mit der alleinigen Trägerschaft für die BayLB

---

[178] Vgl. *Thüringer Finanzministerium:* Mitteilung vom 2.1.2001.

[179] Vgl. *Handelsblatt:* Streit um Landesbanken tritt in eine neue Phase, in: Nr. 29 vom 9./10.2.2001, S. 4.

[180] Vgl. *Emil Schneider:* Sparkassen im Umbruch?, in: Bayerische Staatszeitung, Nr. 13 vom 30.3.2001, S. 15.

„beliehen" wird. Die Finanzholding-Konstruktion eröffnet die Möglichkeit zur Aufnahme weiterer strategischer Partner in den Kreis der BayLB.[181] Im Oktober 2001 wurde bekannt, daß die BayLB mit der französischen Staatsdepositenkasse (Caisse des Dépôts et Consignations)[182] für das Jahr 2002 eine Überkreuzbeteiligung anstrebt. Durch die wechselseitige Beteiligung sollen in beiden Häusern Kosten gesenkt und die Wettbewerbspositionen gestärkt werden.[183]

Am 17.7.2001 führten schließlich die EU-Kommission und die deutsche Seite eine Einigung in der Kernfrage, nämlich der Anpassung der staatlichen Haftungsverpflichtungen für die Sparkassen und Landesbanken an die gemeinschaftsrechtlichen Vorschriften, herbei. Es wurde vereinbart, die Gewährträgerhaftung am 18.7.2005 abzuschaffen und die Anstaltslast so zu modifizieren, daß etwaige Kapitalzufuhren der Gebietskörperschaften an die Sparkasseninstitute vorher durch die EU-Kommission „notifiziert", d.h. genehmigt werden müssen. Flankiert wird diese Regelung durch einen bis Ende 2015 geltenden Bestandsschutz für bisher eingegangene und bis zum Ende der Übergangsfrist noch einzugehende Verbindlichkeiten („Grandfathering"). Das bedeutet, daß die Gewährträgerhaftung z.B. für begebene Schuldverschreibungen bis zu diesem Zeitpunkt fortwirkt.[184] Am 28.2.2002 haben die Bundesregierung und die EU-Kommission die konkreten Modalitäten der Umsetzung der Brüsseler Verständigung festgelegt. Damit wurde der Weg für die parlamentarischen Verfahren zur Änderung der Sparkassen- und Landesbankgesetze freigemacht.[185]

Aus der Abschaffung der Gewährträgerhaftung folgt nach Überzeugung von MÖSCHEL auch die Abschaffung der Anstaltslast – und nicht lediglich eine „Modifikation", wie es in der Vereinbarung vom 17.7.2001 heißt. Die ordnungsgemäße Erfüllung der Anstaltslast, die die finanzielle Unterstützung einer Sparkasse bzw. Landesbank durch ihre Träger beinhaltet, sorge für die Insolvenzunfähigkeit der Sparkasseninstitute und dafür, daß die Gewährträgerhaftung erst gar nicht zum Tragen kommen könne.[186] Die Insolvenzunfähigkeit, die sich für Anstalten des öffentlichen Rechts aus § 12 (1) Nr. 2 der Insolvenzordnung (InsO) ergibt, müsse aber nach der Vereinbarung vom 17.7.2001 beseitigt werden. Da sich die Finanzbeziehungen zwischen den Trägern und den Sparkasseninstituten künftig nicht von der zwischen einem privaten Anteilseigner und

---

[181] Vgl. *Bayerisches Staatsministerium der Finanzen:* Bayerische Landesbank: Weichenstellung zur zukünftigen Struktur und Führung, Pressemitteilung vom 27.3.2001.

[182] Vgl. Abschnitt B.6.2.

[183] Vgl. *Süddeutsche Zeitung:* Bayerische Landesbank öffnet sich, in: Nr. 244 vom 23.10.2001, S. 25.

[184] Vgl. *Europäische Kommission:* Press statement after the meeting of Commissioner Monti and State Secretary Koch-Weser on 17.7.2001.

[185] Vgl. *Europäische Kommission:* Common press statement on the understanding on Anstaltslast and Gewährträgerhaftung for special credit institutions, 1.3.2002.

[186] Vgl. Abschnitt B.3.3.

einem Unternehmen mit beschränkter Haftung unterscheiden dürfen, könne es folglich auch keine Nachschußpflichten des Trägers im Insolvenzfall mehr geben. Genau dies sei aber der Kern der Anstaltslast. Weil die Anstaltslast von ihm als ein unabdingbarer Bestandteil des öffentlichen Rechts gesehen wird,[187] könne es folglich keine öffentlichen Anstalten ohne Anstaltslast geben.[188] Die zwingende Folge dieser Annahme bestünde in der formalen Privatisierung der Sparkassen und Landesbanken. Unter diesen Umständen wäre es folgerichtig, wenn die auf die Vereinbarung vom 17.7.2001 abzustimmenden Sparkassen- und Landesbankgesetze eine Überführung der Kreditinstitute in eine Gesellschaftsform des Privatrechts vorsähen. Damit wäre auch für die materielle Privatisierung die notwendige Voraussetzung geschaffen (die aber nicht Bestandteil dieser Vereinbarung war). Demgegenüber erklärt DÜLP unter Bezugnahme auf die fehlende verfassungsmäßige Fundierung der Anstaltslast und die neuere Rechtsprechung, daß dem Begriff der Anstaltslast keineswegs solch strenge Grundsätze innewohnen, die seine rechtsfortbildende Entwicklung unmöglich machen würden.[189]

Losgelöst davon, erweckten die Verlautbarungen der Sparkassenorganisation den Eindruck, als ändere sich für sie durch die Vereinbarung vom 17.7.2001 prinzipiell nichts. Das Verhandlungsergebnis wurde als „Stärkung der gesellschaftlichen Stellung der Sparkassen" bewertet. An der Geschäftsausrichtung, der Rechtsform und der Trägerschaft brauche nichts revidiert zu werden, und deshalb sei der Kompromiß auch keine Weichenstellung in Richtung Privatisierung. Man habe auf diese Weise eine langwierige Debatte aus der Welt geschaffen und könne sich nun wieder voll auf den Markt konzentrieren.[190]

Auch die Bundesregierung zeigte sich zufrieden. Im Gegensatz zu den Sparkassen und Landesbanken, die die Verständigung eher als eine rechtstheoretische Fragestellung ohne größere Bedeutung für die Praxis abtaten, bewertete das Bundesfinanzministerium die Entscheidung allerdings als eine „verläßliche, Rechtssicherheit schaffende Grundlage für die Neuausrichtung [sic!] im europäischen Wettbewerb".[191]

---

[187] Vgl. *Deutscher Bundestag:* a.a.O. (Kap. A, FN 4), S. 50; *Bernd Thode:* a.a.O. (Kap. B, FN 43), S. 135.

[188] Vgl. *Wernhard Möschel:* Die Anstaltslast bei öffentlichen Banken ist tot, in: Frankfurter Allgemeine Zeitung, Nr. 223 vom 25.9.2001, S. 19.

[189] Vgl. *Heinrich Dülp:* Kann es Anstalten ohne Anstaltslast geben?, in: Zeitschrift für das gesamte Kreditwesen, Heft 5/2002, S. 207 f.

[190] Vgl. *Sparkassenverband Bayern:* Sparkassen bleiben öffentlich-rechtlich, Presse-Information vom 19.7.2001; *Dietrich H. Hoppenstedt:* Sparkassen und Landesbanken EU-fest, in: Deutsche Sparkassenzeitung, Nr. 28 vom 20.7.2001, S. 3.

[191] *Bundesministerium der Finanzen:* Lösung im Landesbankenstreit mit EU-Kommission gefunden, Pressemitteilung vom 17.7.2001.

Die privaten Bankenvereinigungen bezeichneten die Abschaffung bzw. Modifikation der Haftungsgrundlagen als wenig überraschend. Sie übten aber heftige Kritik an der Dauer der Übergangsfristen. Die Gewährträgerhaftung und die Anstaltslast hätten sofort und vollständig abgeschafft werden müssen.[192] Letztlich haben sie sich mit dem Verhandlungsergebnis aber doch zufriedengegeben und auf weitere Rechtsmittel verzichtet.

C.4 Zwischenergebnis und weitere Vorgehensweise

In der öffentlichen Diskussion bildet die behauptete Verzerrung des Wettbewerbs durch die Sparkassen und Landesbanken eines der gewichtigsten Argumente, auf welches sich die Befürworter der materiellen Privatisierung dieser Kreditinstitute berufen. Die Privatisierung würde nämlich, so etwa die Einschätzung der Monopolkommission, die Wettbewerbsverzerrungen, die mit der fehlenden Übernahmemöglichkeit, den Haftungsgrundlagen (Anstaltslast und Gewährträgerhaftung) und den staatlichen Kapitalzuführen verbunden sind, vollständig und unwiderruflich eliminieren. Aus diesem Grund sei die Privatisierung solchen Maßnahmen vorzuziehen, welche lediglich die Verzerrungen beheben (z.b. Abschaffung der Gewährträgerhaftung, äquivalente Bezahlung für in der Vergangenheit zugeführtes Kapital) und die öffentlich-rechtlichen Strukturen im übrigen unberührt lassen würden.[193]

Diese Argumentation muß jedoch vorsichtig bewertet werden, weil sie die tatsächliche Existenz dieser Verzerrungen voraussetzt. Die in *Tabelle 21* (S. 141) zusammenfassend wiedergegebenen Untersuchungsergebnisse zeigen aber, daß die Vorwürfe, Sparkassen und Landesbanken verzerrten den Wettbewerb, nicht bzw. nicht mehr berechtigt sind. So beschränkten die Sparkasseninstitute zu keinem Zeitpunkt den Marktzutritt für neue bzw. ausländische Anbieter. Die Unmöglichkeit der Übernahme der Sparkassen und Landesbanken kann nicht als eine Behinderung anderer Anbieter qualifiziert werden. Dagegen stellten die Anstaltslast und Gewährträgerhaftung als zwingender Verlustausgleich durch den Staat durchaus eine Verletzung der Chancengleichheit im Wettbewerb dar. Außerdem wurde mit diesen Rechtsfiguren gegen das kommunalrechtliche Gebot der Angemessenheit verstoßen, weil die den Sparkassen und Landesbanken zurechenbaren Risiken die Grenzen der finanziellen Leistungsfähigkeit der unteren und mittleren Gebietskörperschaften bei weitem übersteigen. Eine längere wettbewerbspolitische Auseinandersetzung mit der EU-Kommission hat aber inzwischen zur Abschaffung der Gewährträgerhaftung bzw. zur gemeinschafts-

---

[192] Vgl. *Börsen-Zeitung:* Privatbanken lehnen Übergangsfrist strikt ab, in: Nr. 136 vom 18.7.2001, S. 17; *Handelsblatt:* Europäischer Bankenverband gegen Kompromiß, in: Nr. 137 vom 19.7.2001, S. 30.

[193] Vgl. *Monopolkommission:* Wettbewerbspolitik in Netzstrukturen, Hauptgutachten 1998/99, Baden-Baden 2000, S. 79f.

rechtlich konformen Modifikation der Anstaltslast geführt. Mit der Ausräumung dieser Verzerrung wurde aber keine Entscheidung über die formale oder materielle Privatisierung getroffen, weil diese im Ermessen der deutschen Landesgesetzgeber steht.[194]

Tabelle 21: Wettbewerbsverzerrung durch die Sparkasseninstitute in Deutschland

Behauptete Verzerrung des Wettbewerbs durch	Untersuchungsergebnisse	Erkenntnisse für die weitere Vorgehensweise bzw. Handlungsbedarf
1. die Beschränkung des Marktzutritts für neue bzw. ausländische Anbieter	– Der Zutritt zum deutschen Bankenmarkt ist für neue Anbieter gewährleistet. – Der deutsche Bankenmarkt weist eine vergleichsweise geringe Durchdringung mit ausländischen Anbietern auf. Dies ist aber keine Folge fehlender Übernahmemöglichkeiten der Sparkasseninstitute. Vielmehr müssen andere Standortfaktoren (hohe Steuerlast, geringe Renditen) berücksichtigt werden.	– Sparkassen und Landesbanken begründen keine Markteintrittsbarriere für neue oder ausländische Anbieter. – Eine Privatisierung der Sparkasseninstitute aus diesem Grund ist nicht angezeigt.
2. die Anstaltslast und Gewährträgerhaftung	– Anstaltslast und Gewährträgerhaftung verletzen den Grundsatz der Angemessenheit, weil die Haftungsrisiken im Mißverhältnis zur finanziellen Leistungsfähigkeit der Gemeinden und der Länder stehen. – Die Haftungsgrundlagen tragen zu den hervorragenden Bonitätseinstufungen der Landesbanken bei, verschaffen ihnen Refinanzierungsvorteile und sind deshalb als Wettbewerbsverzerrung zu bewerten. – Die als Folge der Haftungsgrundlagen vermuteten Ratingvorteile und Fehlallokationen werden aber überschätzt.	– Nach beschlossener Abschaffung der Gewährträgerhaftung bzw. Modifizierung der Anstaltslast besteht hier kein weiterer Handlungsbedarf.
3. die staatlichen Kapitalzufuhren	– Staatliche Kapitalzufuhren spielen bei Sparkassen keine Rolle. Dagegen ist die Einbringung öffentlichen Vermögens bei einigen Landesbanken vorgekommen. – Die vereinbarten Verzinsungen müssen marktgerecht sein, wenn das Kapital zu erwerbswirtschaftlichen Zwecken eingebracht wird.	– Un- bzw. geringverzinsliche Kapitalzufuhren an die Landesbanken und Sparkassen durch die Gebietskörperschaften sind nur für öffentliche Aufgabenwahrnehmung zulässig. – Die öffentlich-rechtliche Rechtsform der Landesbanken und Sparkassen bleibt dadurch unberührt.

---

[194] Vgl. *Jürgen B. Donges u.a.:* a.a.O. (FN 104), S. 61.

Hinsichtlich der Auseinandersetzungen um die (nur bei den Landesbanken vorgekommenen) staatlichen Kapitalzufuhren ist zunächst festzustellen, daß die Sparkassen hiervon nie betroffen waren. Die Verpflichtung der Landesbanken durch die EU-Kommission, staatlicherseits eingebrachte Mittel in Zukunft marktgerecht zu vergüten, hat bei den Landesbanken für die Beseitigung eines ungerechtfertigten Wettbewerbsvorteils gesorgt. Die öffentlich-rechtliche Rechtsform der Landesbanken ist durch diese Entscheidung aber nicht berührt worden.

Im Ergebnis ist festzuhalten, daß die Privatisierung über die vermeintlich bestehenden oder tatsächlich aufgetretenen Wettbewerbsverzerrungen nicht sinnvoll begründet werden kann. Die zentrale Frage, die über die Berechtigung der Sparkassen und Landesbanken als öffentlich-rechtliche Kreditinstitute entscheidet, lautet vielmehr, ob der per Gesetz festgelegte Unternehmenszweck dieser Kreditinstitute einem Marktversagen bzw. Marktmängeln in geeigneter und angemessener Weise vorbeugt bzw. abhilft. Dies setzt natürlich voraus, daß solche Versagen bzw. Mängel als wahrscheinlich anzunehmen sind, wenn die Sparkasseninstitute nicht in ihrer jetzigen Rechtsform am Marktgeschehen teilnähmen. Die Untersuchung hat jedoch zum gegenteiligen Ergebnis geführt:

– Der Wettbewerb sorgt – wie auch in anderen Wirtschaftsbereichen – für eine angemessene Versorgung der Bevölkerung mit Finanzdienstleistungen. Der technologische Fortschritt und die wachsende Mobilität der Individuen bewirken zudem eine abnehmende Bedeutung von räumlichen Entfernungen, so daß sich die Frage nach der „flächendeckenden Präsenz" heute nicht mehr mit der gleichen Dringlichkeit stellt wie in der Vergangenheit.

– Die Finanzierung von Unternehmen und Selbständigen zählt zu den typischen Geschäftsfeldern aller Kreditinstitute. Allerdings ist ein Rückzug der privaten Kreditinstitute aus den nach ihren Maßstäben „kleinen Losgrößen" zu beobachten, so daß Engpässe bei der Finanzierung von kleinen und mittleren Unternehmen die Folge sein könnten. Sparkassen und Landesbanken übernehmen hier jedoch keineswegs die Rolle eines „Lückenfüllers". Auch sie betätigen sich nur solange, wie es kreditwesenrechtlich zulässig und betriebswirtschaftlich sinnvoll ist. Ihre Spezialisierung auf das genannte Segment entspricht ihrer geschäftspolitischen Positionierung, welche wiederum ein Ergebnis ihrer dezentralen Entstehungsgeschichte ist und durch privaten Einfluß nicht verloren gehen muß, wie Vertreter der freien Sparkassen erklären.[195] In diesem Zusammenhang soll schließlich noch daran erinnert werden, daß die Finanzierung der mittelständischen Wirtschaft auch bei den Kreditgenossenschaften einen ähnlichen Entwicklungsgrad erreicht hat.

---

[195] Vgl. *Handelsblatt:* Frick: Sparkassen-Identität geht durch privaten Einfluß nicht verloren, in: Nr. 45 vom 4./5.3.1994, S. 15; *Bernd Claussen:* a.a.O. (FN 33), S. 231 f.

- Die Förderung des Sparsinns ist keine öffentliche Aufgabe, weil die Spartätigkeit grundsätzlich eine eigenverantwortliche Privatangelegenheit darstellt. Ohnedies sind die Fähigkeit und die Bereitschaft der Bevölkerung, durch Ersparnisse Vermögen zu bilden, gut ausgeprägt. Wegen der wachsenden Notwendigkeit zur privaten Altersvorsorge wird die private Vermögensbildung weiter zunehmen.
- Die Hausbankfunktion ist kein relevanter Grund für das Festhalten an der öffentlich-rechtlichen Rechtsform. Es konnte gezeigt werden, daß sich Bund, Länder und Gemeinden auch in einem privat strukturierten Bankenmarkt finanzieren können.
- Die Rolle der Landesbanken als Girozentralen der Sparkassen kann die öffentliche Stellung der Landesbanken ebenfalls nicht rechtfertigen. Girozentralen können ihre Dienstleistungen auch als Unternehmen in privatrechtlicher Gesellschaftsform anbieten, wie etwa das Beispiel der DZ-Bank AG im genossenschaftlichen Sektor zeigt.

Hinzu kommt, daß Sparkassen und Landesbanken keineswegs nur die Erfüllung der gesetzlich vorgegebenen Auftragsziele auf Kostendeckungsbasis anstreben.[196] Nach eigenem Bekunden müssen ihre Gewinne groß genug sein, um damit ein angemessenes Eigenkapital zu bilden, welches ihnen die Erhaltung und den Ausbau der örtlichen Marktanteile im Aktiv- und Passivgeschäft erlaubt.[197] Die Realisierung der öffentlichen Ziele ist von den betriebswirtschaftlichen Nebenzielen und deren Verwirklichung abhängig.[198] Aufgrund des sich verschärfenden Wettbewerbs führt dies *in praxi* dazu, daß die Sparkasseninstitute der Erzielung von Gewinnen immer stärkeres Gewicht beimessen müssen. Als Folge mutieren die öffentlichen Ziele eher zu einem „Nebenprodukt" der Gewinnerzielung. Sie sind unter diesen Umständen weniger als Rechtfertigung, sondern eher als „Rechtfertigungsvehikel" der öffentlich-rechtlichen Unternehmensverfassung anzusehen.[199]

Vor dem Hintergrund dieser Rechtfertigungsproblematik wird von den Verfechtern des Status quo die „Wettbewerbskorrekturfunktion" verstärkt in den Vordergrund geschoben. Behauptet wird, daß die öffentlich-rechtliche Konstruktion die Herausbildung wirtschaftlicher Machtstellungen verhüten, private Banken vor ihrer Verstaatlichung schützen und die Teilnahme am wirtschaftli-

---

[196] Vgl. *Paul Kirchhof:* Hoheitsgebiet und Sparkassengebiet, in: Deutsches Verwaltungsblatt, Heft 18/1983, S. 921-926.

[197] Vgl. *Udo Güde:* a.a.O. (FN 59), S. 39 f.

[198] Vgl. *Peter Weides:* Zur Eigenständigkeit des Sparkassenrechts gegenüber dem Kommunalrecht, in: Die Öffentliche Verwaltung, Heft 2/1984, S. 41-51, hier: S. 43.

[199] Vgl. *Hans Peters:* Öffentliche und staatliche Aufgaben, in: Festschrift für Hans Carl Nipperdey zum 70. Geburtstag, Band 2, hrsg. von Rolf Dietz und Heinz Hübner, München u.a. 1965, S. 877- 895, hier: 879; *Peter Badura:* a.a.O. (FN 21), S. 17-20.

chen Verkehr für jedermann ermöglichen würde. Deshalb sei die öffentlich-rechtliche Rechtsform unabdingbar und die Privatisierung abzulehnen. Die Untersuchung führte aber zu der Erkenntnis, daß auch diese behauptete Sicherungsfunktion keinen Hinderungsgrund für eine Privatisierung darstellen kann (*Tabelle 22*, 2. und 3. Spalte).

Tabelle 22: Wettbewerbssicherung durch die Sparkasseninstitute in Deutschland

Behauptete Sicherung des Wettbewerbs durch:	Untersuchungsergebnisse	Erkenntnisse für die weitere Vorgehensweise bzw. Handlungsbedarf
1. die Verhinderung marktbeherrschender Stellungen	– Das „Drei-Gruppen-Konzept" ist wettbewerbstheoretisch unzulänglich. – Während das wettbewerbsrechtliche Instrumentarium alleine zur Begrenzung der Marktmacht nicht ausreicht, ist es der freie Marktzugang, der marktbeherrschende Stellungen verhütet. – Der Sparkassensektor ist *de facto* ein Machtbegrenzungsfaktor für andere Kreditinstitute.	– Sparkassen und Landesbanken sollten auch in privatisierter Form als Verbundeinheit erhalten bleiben. – Keine Rechtfertigung für die öffentliche Rechtsform der Sparkasseninstitute. – Kein Hinderungsgrund für die Privatisierung.
2. den Schutz privater Banken vor Verstaatlichung	– Die Sparkasseninstitute werden von Verstaatlichungsbefürwortern nicht als Hemmnis, sondern als Schrittmacher gesehen. – Die Verstaatlichung der privaten Banken ist ohnehin verfassungswidrig. – Die behauptete Schutzfunktion der Sparkasseninstitute ist gegenstandslos.	– Keine Rechtfertigung für die öffentliche Rechtsform der Sparkasseninstitute. – Kein Hinderungsgrund für die Privatisierung.
3. die Sicherung des Zugangs zu (einfachen) Bankdienstleistungen für jedermann	– Die Teilnahme der Individuen am wirtschaftlichen Verkehr ist ohne Bankverbindung nicht sinnvoll möglich. – Der Zugang zu einer Bankverbindung für jedermann ist durch eine allgemeinverbindliche Vorschrift realisierbar.	– Keine Rechtfertigung für die öffentliche Rechtsform der Sparkasseninstitute. – Kein Hinderungsgrund für die Privatisierung.

Die Erkenntnis, daß die Sparkassen und Landesbanken als öffentlich-rechtliche Kreditinstitute für den Wettbewerb zwischen den Banken weder eine notwendige Voraussetzung noch eine Behinderung sind, ist für das weitere Vorgehen von entscheidender Bedeutung, weil damit keiner der angeführten Gründe (Gewährleistungs-, Struktursicherungs-, Förder-, Hausbank- und Wettbewerbskorrekturfunktion) das Festhalten an der öffentlich-rechtlichen Rechtsform rechtfertigen kann. Daraus leitet sich die Privatisierung der Sparkassen und Landesbanken als ordnungspolitisches Gebot ab, weil damit der öffentliche Zweck als gesetzlich geforderte Grundvoraussetzung für den Betrieb der Institute als öffentliche Einrichtungen weggefallen ist.[200] Auch aus der Auslegung des Subsidiaritäts- und des Verhältnismäßigkeitsgrundsatzes folgt, daß die Fortführung der Sparkassen und Landesbanken als öffentlich-rechtliche Kreditinstitute nicht mehr zu begründen ist. Aus diesem Blickwinkel ergibt sich für die Gebietskörperschaften somit die Konsequenz, sich von ihren Sparkassen und Landesbanken zu trennen.[201]

Die Privatisierung der Sparkasseninstitute ist also ein ordnungspolitisch anzustrebender Zustand und stellt eine Handlungsaufforderung für die politischen Entscheidungsträger dar. Unter Berücksichtigung der konzentrationshemmenden Rolle der Sparkasseninstitute soll deshalb die Zielfunktion für die politischen Entscheidungsträger lauten: „Verkauf der Sparkassen und Landesbanken an private Wirtschaftssubjekte in größtmöglichem Umfang bei Erhalt der Verbundeinheit." In dieser Formulierung sind die Überführung der Institute in privates Eigentum und der Verbundzusammenhalt als zwei gleichrangige Teilziele angelegt. Bevor diese Zielfunktion in eine konkrete, rechtlich abgesicherte Vollzugsplanung übersetzt werden kann, sind die prinzipiell in Frage kommenden Handlungsalternativen (z.B. Voll- oder Teilprivatisierung) auf ihren Zielerreichungsgrad zu überprüfen. Diese Alternativen werden zu Beginn des nachfolgenden Kapitels im einzelnen vorgestellt. Jene Alternative, welche die Zielfunktion insgesamt am besten erfüllt, ist die „First Best-Lösung". Es muß aber bedacht werden, daß die gegebenen ökonomischen und interessenpolitischen Umweltbedingungen für unterschiedlich große Realisierungswahrscheinlichkeiten der einzelnen Handlungsalternativen sorgen. Weil nicht in ein mathematisches Optimierungsmodell übertragbar, ist durch verbale Abwägungen zu ermitteln, welche Alternative die größte Realisierungswahrscheinlichkeit hat. Dies kann, muß aber nicht die „First Best-Lösung" sein. Es ist auch möglich, daß es eine „Second Best-Lösung" gibt, welche die Zielfunktion zwar weniger gut erfüllt, aber eine höhere Realisierungswahrscheinlichkeit hat. Nach der Darstellung der unter den Gesichtspunkten der Zielerfüllung und Realisierung bestmöglichen Alternative wird geprüft, wie hierdurch auch bestimmte haushalts- und verteilungspolitische Ziele erreichbar sind. Es ist nicht sinnvoll, diese Ziele als weitere Nebenbedingungen in das „Restriktionensystem" aufzunehmen, weil dadurch der zulässige Lösungsraum zu sehr eingeschränkt würde. Eine „Ideallösung", die allen im Zusammenhang mit der Privatisierung denkbaren Zielen in gleicher Weise gerecht wird, wäre ohnehin illusorisch.

---

[200] Vgl. *Wernhard Möschel:* Privatisierung als ordnungspolitische Aufgabe, in: Sparkassen im Wandel, 3. Bad Iburger Gespräche, Symposium des Instituts für Kommunalrecht der Universität Osnabrück am 21.10.1992, Band 39 der Osnabrücker Rechtswissenschaftlichen Abhandlungen, hrsg. von Jörn Ipsen, Köln u.a. 1993, S. 117-132.

[201] Vgl. Abschnitt C.1.4.

Kapitel D: Möglichkeiten und Grenzen der Privatisierung der Sparkassen und Landesbanken

D.1 Privatisierungsalternativen

Die Privatisierungsdiskussion ist, obwohl sie stellenweise diesen Anschein erweckt, nicht auf die Beibehaltung des Status quo oder die Vollprivatisierung reduzierbar. Vielmehr gibt es zwischen diesen beiden Extrema auch Zwischenformen, also größenmäßige Abstufungen beim Veräußerungsumfang. Während bei einer „Vollprivatisierung" die Länder und Gemeinden die Sparkasseninstitute an private Wirtschaftssubjekte vollständig verkaufen und über das weitere Geschick der Privatisierungsobjekte den Markt entscheiden lassen („englische Variante"), kontrollieren bei einer „Teilprivatisierung" die bisherigen (staatlichen) und die neuen (privaten) Eigentümer die Sparkasseninstitute gemeinsam (wobei auch hier die Marktkräfte wirken). Die Gebietskörperschaften ziehen sich also bei einer Teilprivatisierung nicht vollständig aus den Instituten zurück, sondern behalten die Mehrheit oder eine Minderheit des Kapitals. Eine solche „Mischlösung" kann im Wege einer Kapitalerhöhung (Private kommen gewissermaßen „hinzu") oder des Verkaufs der staatlichen Kapitalanteile an private Investoren zustande kommen. Neben dem Veräußerungsumfang ist auch hinsichtlich des Kreises der Kaufberechtigten zu differenzieren. Neben einem „schrankenlosen" Angebot der Anteile an alle privaten Wirtschaftssubjekte – darunter private Haushalte, Nicht-Banken, andere Kreditinstitute oder ausländische Investoren – wäre es denkbar, den Kreis der Kaufberechtigten dauerhaft auf die privaten Haushalte zu beschränken („französische Variante"), um so die Übernahme der Sparkasseninstitute durch Konkurrenzbanken zu verhindern.

In *Tabelle 23* wird die Kombinatorik, welche sich aus den vorstehenden Überlegungen bezüglich des Privatisierungsumfangs und des Kreises der Kaufberechtigten ableiten läßt, dargestellt.

Tabelle 23: Privatisierungsalternativen

Kaufberechtigte	Vollprivatisierung (1)	Teilprivatisierung	
		Teilverkauf (2)	Kapitalerhöhung (3)
Alle privaten Wirtschaftssubjekte (a)	*„Variante 1a"*	*„Variante 2a"*	*„Variante 3a"*
Alle privaten Haushalte[1] im Inland (b)	*„Variante 1b"*	*„Variante 2b"*	*„Variante 3b"*

---

[1] Die Bezeichnung „Haushalte" schließt hier und im folgenden die privaten Organisationen ohne Erwerbszweck ein.

Es ergeben sich insgesamt sechs verschiedene Privatisierungsalternativen, die in eine alphanumerische Reihenfolge gebracht werden. Die Zahlen stehen für den Privatisierungsumfang (1: Vollprivatisierung, 2: Teilprivatisierung durch Verkauf, 3: Teilprivatisierung durch Kapitalerhöhung); die Buchstaben für den Kreis der Kaufberechtigten (a: alle privaten Wirtschaftssubjekte, b: nur die inländischen Privathaushalte). Alle Varianten sind, wie ebenso das Festhalten am Status quo, mit dem EU-Recht vereinbar. Dies liegt daran, daß die EU-Staaten die Kompetenz besitzen, ihre Eigentumsordnung souverän zu ordnen, solange diese Ordnung den Wettbewerb zwischen den Mitgliedstaaten nicht behindert.

– Variante 1a kann dem ersten Teilziel der Zielfunktion (größtmögliche Trennung der Gebietskörperschaften von ihren Sparkasseninstituten) voll gerecht werden, weil eine Privatisierung zu 100 v.H. vorgesehen ist. Alle privaten Wirtschaftssubjekte, d.h. sowohl Nichtbanken als auch Banken, haben hier das Recht, Anteile an den Sparkassen und Landesbanken zu erwerben. Es spielt auch keine Rolle, ob die Käufer ihren Sitz im In- oder Ausland haben. Weil die Sparkasseninstitute sich somit in private Geschäftsbanken verwandeln und in solchen aufgehen können,[2] wird der Sparkassensektor zumindest langfristig nicht als Einheit weiterbestehen können. Das zweite Teilziel der Zielfunktion (Erhalt des Sparkassenverbundes) wird also mit hoher Wahrscheinlichkeit verfehlt.[3]

– Variante 1b zielt ebenfalls auf einen vollständigen Verkauf der Sparkassen und Landesbanken und wird ebenfalls dem ersten Teilziel der Zielfunktion gerecht. Jedoch sind hier – ähnlich der Privatisierung in Frankreich – nur die privaten Haushalte zum Erwerb berechtigt. Der Ausschluß des Unternehmenssektors (und damit auch der Konkurrenzbanken) aus dem Kreis der Erwerbsberechtigten, der z.B. durch die Ausgabe vinkulierter Namensaktien kontrolliert werden kann, trägt dem zweiten Teilziel der Zielfunktion Rechnung. Variante 1b erfüllt also die Zielfunktion besser als die Variante 1a.[4]

---

[2] Vgl. *Ulrike Denning:* Plädoyer für die Umwandlung von Sparkassen in Privatbanken, in: Wirtschaftsdienst, Heft 10/1990, S. 529-536.

[3] Die als Folge von Variante 1a anzunehmende Auflösung des Verbundes wirkt sich im übrigen negativ auf die Privatisierungserlöse aus, weil sich diese nach dem Zukunftserfolg der Institute richten. Mit der Auflösung des Verbundes verringern sich tendenziell die Gewinnaussichten für die einzelnen Sparkassen, da sie von ihren Gemeinschaftseinrichtungen „abgeschnitten" werden und auch die Kooperationen der Sparkassen untereinander erschwert werden. Das Verbundprinzip, der künftige Erfolg der Sparkasseninstitute und die Höhe der Privatisierungserlöse stehen also zueinander in einem positiven Zusammenhang. Zur Ableitung des Unternehmenswertes vgl. ausführlicher unter Abschnitt D.3.2.

[4] Um die lokale Bindung bei den Sparkassen zu erhalten, könnte man zusätzlich festlegen, daß die Erwerber ihren Sitz bzw. Wohnsitz nicht nur im Inland, sondern auch im Geschäftsbezirk der Sparkasse haben müssen.

Die nachfolgend dargestellten Teilprivatisierungs-Varianten 2a, 2b, 3a und 3b zielen auf keinen vollständigen, sondern lediglich auf einen teilweisen Verkauf der Sparkasseninstitute. Der Staat behält also einen Teil seines derzeitigen Einflusses auf die Institute im Rahmen von Mehrheits- oder Minderheitsbeteiligungen. Diese Teilprivatisierungs-Varianten werden dem ersten Teilziel der Zielfunktion weniger gut gerecht als die Vollprivatisierungs-Varianten. Dagegen können sie unter bestimmten Voraussetzungen eine vergleichsweise sicherere Gewähr für den Erhalt des Sparkassenverbundes bieten.

– Wenn der Staat unter Anwendung von Variante 2a mehr als 50 v.H. der Anteile behält, die Sparkasseninstitute also staatlich beherrschte Kreditinstitute bleiben, können die politischen Entscheidungsträger auch nach der Teilprivatisierung ihre Ziele durch die Sparkasseninstitute verfolgen. In diesem Fall bestehen für den Erhalt der Verbundeinheit gute Aussichten, da nur eine Beteiligung, nicht aber eine Übernahme durch andere Banken möglich ist. Eine Privatisierung zu mehr als 50 v.H. eröffnet dagegen für Konkurrenten die Chance, die Institute mehrheitlich zu übernehmen. Der Erhalt des Sparkassenverbundes wäre damit langfristig in Gefahr.

– Bei Variante 2b dürfen im Unterschied zur Variante 2a nur private Haushalte Anteile erwerben. Der Ausschluß der anderen Käufer ist – analog zu Variante 1b – mit wettbewerbspolitischen Zielen begründbar. Ein späterer Weiterverkauf der privaten Anteile an private Banken kann hier verhindert werden bzw. hat keine Auswirkungen auf die Bankenkonzentration. Variante 2b eignet sich damit für eine Teilprivatisierung, bei welcher der Staat die Mehrheit der Anteile abgibt.

– Variante 3a beinhaltet keinen Verkauf der Sparkasseninstitute. Vorgesehen ist hier nur die *zusätzliche* Beteiligung privater Anteilseigner. Es handelt sich also um eine Teilprivatisierung in Form einer privat finanzierten Kapitalerhöhung.[5] Die Länder und Gemeinden behalten ihren Kapitalanteil in vollem Umfang. Die Sparkasseninstitute bleiben *de facto* staatliche Kreditinstitute, solange das zugeführte private Kapital das vorhandene Kapital nicht übersteigt. Im Hinblick auf die beteiligungsabhängigen Konsequenzen für den Sparkassenverbund gilt das zu Variante 2a Gesagte.

– Variante 3b schränkt Variante 3a noch einmal dahingehend ein, daß sich nur private Haushalte an den Instituten beteiligen dürfen. In eine ähnliche Richtung geht das Modell der „Bürgersparkasse", bei dem sich nur ortsansässige

---

[5] Zu einer Kapitalerhöhung kann es auch im Rahmen der Varianten 1a-2b kommen, wenn die Anteilsemission mit einem Agio auf den Nennwert erfolgt, was üblicherweise der Fall ist. Die auf das Agio entfallenden Mittel sind der Kapitalrücklage (Bestandteil des Eigenkapitals) zuzuführen.

Bürger an „ihrer" Sparkasse beteiligen können.[6] Die Gefährdungspotentiale für die Sparkasseneinheit sind in diesem Fall als gering anzusehen, weil eine Übernahme der Institute durch Konkurrenten ausgeschlossen ist. Insgesamt ist festzustellen, daß bei Anwendung von Variante 1b beide Teilziele der Zielfunktion bestmöglich zu erfüllen wären. Es handelt sich also bei dieser Variante um die „First Best-Lösung", welche grundsätzlich anzustreben wäre. Die Variante 1a ist dagegen wegen der Verfehlung des zweiten Teilziels der Zielfunktion als suboptimal anzusehen. Die Teilprivatisierungs-Varianten 2b und 3b verwässern gegenüber Variante 1b zwar die Erfüllung des ersten Teilziels der Zielfunktion, bieten aber – im Falle einer Privatisierung von mehr als 50 v.H. – gute Voraussetzungen für den Erhalt des Sparkassenverbundes. Sie können deshalb im Verhältnis zu Variante 1b als „Second Best-Lösungen" gelten. Die Varianten 2a und 3a wären nur denkbar, wenn eine Privatisierung zu weniger als 50 v.H. erfolgen würde. Weil damit das ordnungspolitische Grundanliegen einer größtmöglichen Privatisierung noch schlechter zu erfüllen wäre, sind den Varianten 2a und 3a die Varianten 2b und 3b vorzuziehen.

D.2 Ökonomische Restriktionen

Der Verkauf der Sparkasseninstitute ist an eine Reihe von ökonomischen Voraussetzungen gebunden. In diesem Abschnitt wird die organisatorische Durchführbarkeit der Privatisierung überprüft (D.2.1) und die durch die Privatisierung entfaltete Kapitalnachfrage (D.2.2) dem inländischen Aufbringungspotential gegenübergestellt (D.2.3). Daraus können Aussagen über die Möglichkeiten und die Grenzen der Privatisierungs-Varianten abgeleitet werden.

D.2.1 Technisch-organisatorische Durchführbarkeit

Im Laufe der letzten Jahre haben sich die deutschen Finanzmärkte mit bemerkenswerter Geschwindigkeit fortentwickelt. Mit der Erleichterung des Börsenzuganges und der Erweiterung der Geschäftsmöglichkeiten für Investmentfondsgesellschaften wurden zeitgemäße Rahmenbedingungen für Beteiligungsfinanzierungen geschaffen.[7] Die Funktionsfähigkeit der Märkte hat sich durch

---

[6]   Die Aufnahme privaten Kapitals im Sinne dieser Variante ist bei den hessischen Sparkassen bereits möglich, wenn die privaten Erwerber bei Erstausgabe der Anteile ihren Wohnsitz oder Sitz im Geschäftsgebiet der Sparkasse haben (§ 21 (1) HSpkG). Die Einbringung stiller Einlagen durch Mitarbeiter und Kunden in die Sparkassen wurde kürzlich auch vom saarländischen Wirtschaftsminister angeregt, der zugleich Fusionen zwischen Sparkassen und Genossenschaftsbanken ermöglichen will. Vgl. *Handelsblatt:* Saarland rüttelt an Sparkassen-Tabu, in: Nr. 110 vom 12.6.2002, S. 23.

[7]   Vgl. *Thomas Weisgerber/Georg Baur:* Das Dritte Finanzmarktförderungsgesetz und das Richtlinienumsetzungsgesetz, Köln 1998, S. 11-15.

den technischen Fortschritt, der z.B. an der computergestützten Durchführung des Handels erkennbar wird, deutlich verbessert. Die Marktteilnehmer können Finanzkontrakte heute innerhalb und außerhalb der – erheblich ausgedehnten – Handelszeiten auch elektronisch austauschen. Zudem hat die Beseitigung mehrerer fiskalischer Hemmnisse den Finanzplatz Deutschland international attraktiver gemacht. So wurde im Jahr 1990 durch das „1. Finanzmarktförderungsgesetz" das Kapitalverkehrssteuergesetz von 1972 aufgehoben, was u.a. zum Wegfall der Börsenumsatzsteuer führte. Zwei weitere Finanzmarktförderungsgesetze (aus den Jahren 1994 und 1998) zielen auf die Erhöhung der Transparenz und der Integrität des Finanzmarktes. Hervorzuheben ist die Einrichtung des inzwischen in der Bundesanstalt für die Finanzdienstleistungsaufsicht (BAFin) aufgegangenen Bundesaufsichtsamtes für den Wertpapierhandel (BAWe), zu dessen Aufgaben u.a. die Überwachung der Verhaltensregeln für Wertpapierdienstleistungsunternehmen und die Bekämpfung der mißbräuchlichen Ausnutzung von Wissensvorsprüngen („Insidergeschäfte") zählt. Auch die Bestimmungen über die Verpflichtung zur umgehenden Veröffentlichung kursbeeinflussender Informationen („Ad-hoc-Publizität") sollen beim Anlegerpublikum vertrauensbildend wirken. Mit dem 4. Finanzmarktförderungsgesetz weitete der Gesetzgeber den gesetzlichen Anlegerschutz aus (z.B. durch die Verschärfung des Verbots der Kurs- und Marktpreismanipulation).[8] Außerdem wurden noch Lücken im Abwehrsystem gegen die Geldwäsche geschlossen.

Mit der Einführung des Euro ist eine weitere Integration der europäischen Finanzmärkte zu erwarten (z.B. durch Fusionen von Börsen, Zentralisierung der Börsenaufsichten, Gemeinschaftsgründungen bei Spezialmärkten und durch den Ausbau elektronischer Handelssysteme).[9] Von diesen Verbesserungen haben bislang allerdings im wesentlichen nur die institutionellen Anleger profitiert, während die Transaktionen im Detailhandel mit Privatanlegern immer noch vergleichsweise teuer sind.[10] Trotzdem konnte beim breiten Anlegerpublikum eine Reihe großvolumiger Emissionen, darunter auch solche im Rahmen von Privatisierungsaktionen (z.B. Deutsche Telekom), erfolgreich untergebracht werden.[11] Für die Leistungsfähigkeit des Kapitalmarktes sorgt nicht zuletzt die flächendeckende Plazierungskraft der Universalbanken. Schließlich hat sich mit dem sogenannten „Bookbuilding" auch für kleine und mittelgroße Börsengänge ein

---

[8]   Vgl. *Süddeutsche Zeitung:* Eichel will Anleger besser schützen, in: Nr. 204 vom 5.9.2001, S. 30.

[9]   Vgl. *Ulrike Denning:* Europas Börsen im Umbruch, in: Wirtschaftsdienst, Heft 8/2000, S. 480-487.

[10] Vgl. *Frankfurter Allgemeine Zeitung:* Börsenfusionen nützen Privatanlegern wenig, in: Nr. 28 vom 2.2.2002, S. 25.

[11] Vgl. *Hans E. Büschgen:* Privatisierung der Telekom: Herausforderung für den Finanzplatz Deutschland, in: Privatisierung der Telekom, hrsg. von Brigitte Bauer und Karl-Heinz Neumann, Bonn 1994, S. 57-78.

neues Preisfindungssystem etabliert. Anders als das frühere Festpreisverfahren bringt es Kapitalnachfrage und Kapitalangebot besser zum Ausgleich, weil es die Zahlungsbereitschaft der Investoren im Vorfeld des Börsenganges durch ein elektronisches Zeichnungsbuch ermittelt und so für die Herausbildung eines marktgerechten Emissionspreises sorgt.[12]

Insgesamt ist also festzustellen, daß der Kapitalmarkt die notwendigen technischen Voraussetzungen für die Anteilsplazierung bei einer Privatisierung der Sparkasseninstitute erfüllt. Jedoch ist damit freilich noch keine Gewähr geboten, daß die privaten Haushalten auch genügend Kapital für die Privatisierung aufbringen wollen oder können. Die letzte Frage zu beantworten, ist Ziel der nachfolgenden beiden Abschnitte.

D.2.2 Schätzung der Kapitalnachfrage

D.2.2.1 Das Prognoseproblem

Zuvor sollen einige Strukturdaten des deutschen Aktienmarktes kurz betrachtet werden. Ende des Jahres 2000 existierten in Deutschland 10.582 Aktiengesellschaften und Kommanditgesellschaften auf Aktien, von denen 905 börsennotiert waren.[13] Die gesamte Börsenkapitalisierung betrug Ende 2001 1,2 Bio. Euro, was 60,8 v.H. des nominalen BIP dieses Jahres entsprach (*Tabelle 24*, S. 153). Die beiden letztgenannten Werte dürften aufgrund der zum Teil erheblichen Kursverluste während des Jahres 2002 deutlich abgenommen haben.

Im Zeitraum von 1996 bis 1999 war eine andauernde Zunahme der am BIP gemessenen Börsenkapitalisierung zu beobachten. Hierzu hat sicherlich die – auch am Emissionsvolumen ablesbare – wachsende Bereitschaft der Anleger beigetragen, Aktien bzw. Aktienfondsanteile zu erwerben. Seit dem Jahr 2000 ist jedoch eine deutliche Abschwächung der Emissionstätigkeit festzustellen.

Für die Beurteilung der Durchführbarkeit der Privatisierung der Sparkassen und Landesbanken ist die Schätzung der dadurch entfalteten Kapitalnachfrage erforderlich. Eine solche Schätzung erfolgt unter Unsicherheit. Neben den unternehmensbezogenen Daten (Umsatz- und Gewinnerwartung) sind für die Beanspruchung des Kapitalmarktes zum Emissionszeitpunkt auch die – langfristig keineswegs zuverlässig prognostizierbare – allgemeine Börsensituation und die Zinsentwicklung relevant. Die Emissionspreise richten sich weniger nach dem buchmäßigen Eigenkapital der Unternehmen,[14] sondern vielmehr nach ihrem

---

[12] Vgl. *Wolfgang Grundmann*: Bookbuilding – ein neues Emissionsverfahren setzt sich durch, in: Zeitschrift für das gesamte Kreditwesen, Heft 18/1995, S. 916 f.

[13] Vgl. *Deutsches Aktieninstitut* (Hrsg.), DAI-Factbook 2001, Frankfurt am Main 2001, Blätter 01-1 bis 02-2-1a.

[14] Das Eigenkapital der Sparkassen und Landesbanken (einschließlich offener Rücklagen, Genußrechtskapital, Fonds für allgemeine Bankrisiken) beträgt insgesamt 96,6 Mrd. Euro

„Wert als Einkommensquelle" (Ertragswert). Läßt man die Höhe des Veräußerungserlöses außer Betracht,[15] hängt das Volumen eines Börsenganges vom Verhältnis des erwarteten Periodendurchschnittsgewinns G zum durchschnittlich erwarteten Zins für Kapitalmarktanlagen i_K ab:

$$(1)\, P = \int_{t=1}^{\infty} G \cdot e^{-i_K t}\, dt = \frac{G}{i_K}$$

Tabelle 24: Emissionen und Marktkapitalisierung in Deutschland
Stand zum Jahresende

Jahr	a) Aktienemissionen inländischer Emittenten (Mio. Euro)	b) Marktkapitalisierung inländ. Emittenten (Mio. Euro)	c) [= a : b] Aktienemissionen (v.H. der Marktkapitalisierung)	d) Marktkapitalisierung (v.H. des nominalen BIP)
1996	17.492	528.713	2,79	28,8
1997	11.371	758.681	1,27	40,5
1998	24.949	931.626	2,42	48,2
1999	36.009	1.428.873	2,19	72,1
2000	22.733	1.371.269	1,37	67,5
2001	17.575	1.203.681	1,46	60,8

Quelle: *Deutsches Aktieninstitut (Hrsg.), DAI-Factbook 2001, Frankfurt am Main 2001, Blatt 03-2; Mitteilung vom 14.11.2002; Deutsche Bundesbank: Monatsbericht März 2001, S. 60*; dies.: Monatsbericht September 2002, S. 60*; eigene Berechnungen.*

P wird also durch die Höhe der erwarteten Gewinne und des Opportunitätskostensatzes bestimmt, also jener (entgangenen) Erträge, welche die für den Unternehmenskauf eingesetzten Mittel in einer alternativen Anlage hätten erwirtschaften können. Da Vorhersagen über den Zukunftserfolg und den Kalkulationszinsfuß immer unter Unsicherheit getroffen werden, unterliegt die Schätzung des Verkaufspreises des Sparkassensektors einer beträchtlichen Streuung, was an den teilweise recht unterschiedlichen Erlösprognosen deutlich wird. Der Kronberger Kreis schätzte im Jahr 1993 die Privatisierungserlöse auf 51 Mrd.

(Stand: Dezember 2001); vgl. *Deutsche Bundesbank*: Bankenstatistik Februar 2002, Statistisches Beiheft zum Monatsbericht 1, S. 13.

[15] Vom Veräußerungserlös des Unternehmens wird aus zweierlei Gründen abgesehen: Die Veräußerung liegt so weit in der Zukunft, daß die Erlöse „wegdiskontiert" werden. Zum zweiten müßte das Thesaurierungsverhalten des Unternehmens bekannt sein.

Euro, die Finanzzeitschrift Capital im gleichen Jahr sogar auf 256 Mrd. Euro und die Unternehmensberatungsgesellschaft „Booz, Allen & Hamilton" im Jahr 2000 auf 77 bis 102 Mrd. Euro, wobei in keiner dieser Quellen das Verfahren zur Ermittlung dieser Zahlen dargestellt wird.[16] Das Karl-Bräuer-Institut des Bundes der Steuerzahler berechnete (im Jahr 1994) mögliche Erlöse von 59 Mrd. Euro. Das Forschungsinstitut unterstellte dabei, daß die Landesbanken und die kommunalen Sparkassen den im Jahr 1992 insgesamt festgestellten vorsteuerlichen Jahresüberschuß (von damals ca. 5,4 Mrd. Euro) auch künftig in jeder Periode erwirtschaften würden. Zur Berechnung des Ertragswertes führt das Institut folgendes aus:

> „Den Jahresüberschuß der privatisierten Institute nach Steuern (zum Beispiel Gewerbesteuer, Vermögensteuer u.a., wobei aber – wie gleich unten dargelegt wird – die Körperschaft- und Kapitalertragsteuer außen vor gelassen werden) hat das Institut auf eine Größenordnung von ca. 8 ½ Mrd. DM geschätzt. Anhand dieses Betrages ist der Ertragswert der Sparkassen ermittelt worden. Die Berechnung basiert auf dem Jahresüberschuß vor Körperschaft- und Kapitalertragsteuer. Dahinter steht die Überlegung, daß die Anteilseigner bei Ausschüttungen von Gewinnen aufgrund des Anrechnungsverfahrens bei den genannten Steuern ‚Steuerguthaben' in Höhe der bereits von den Unternehmen gezahlten Beträge erhalten. Diese Guthaben sind zusätzlich zu der Dividende der Anteilseigner zu berücksichtigen, wenn man zum Zwecke der Unternehmensbewertung die Erträge aus zu erwerbenden Unternehmensanteilen mit alternativen Anlagemöglichkeiten vergleicht. Als Kapitalisierungszins ist ein Satz von 7 ½ Prozent unterstellt worden. Dieser Satz orientiert sich an dem langfristig im Durchschnitt zu erwartenden Kapitalmarktzins; berücksichtigt sind ein Inflationsabschlag und ein Risikozuschlag. Die Prognose der künftigen Zinsentwicklung am Kapitalmarkt stützt sich u.a. auf die bisherige längerfristige Entwicklung: Die Umlaufsrendite öffentlicher Anleihen betrug beispielsweise seit 1980 im Durchschnitt 7,75 Prozent".[17]

Eine solche Schätzung, die sich auf die Fortschreibung der bisherigen Zins- und Ertragsentwicklung stützt, muß aber vorsichtig beurteilt werden. Sie steht unter dem Vorbehalt, daß sich an den Gewinnen der Sparkasseninstitute und an den Zinsen nur wenig ändert. Es ist zwar unbestreitbar, daß die Retrospektive wichtige Anhaltspunkte für die bisherigen Erfolgsfaktoren des Unternehmens liefert.[18] Rational handelnde Investoren bzw. Verkäufer werden aber ihre Gebote bzw. ihre Preisforderungen weniger an den Erfolgen der Vergangenheit aus-

---

[16] Vgl. *Jürgen B. Donges u.a.:* a.a.O. (Kap. A, FN 6), S. 35; *Capital:* Der Weg aus der Schuldenfalle, in: Heft 9/1993, S. 90-94; *Hermann Bierer/Michael Fabricius:* Die Sparkassenorganisation steht am Scheideweg, in: Frankfurter Allgemeine Zeitung, Nr. 163 vom 17.7.2000, S. 30.

[17] *Karl-Bräuer-Institut des Bundes der Steuerzahler:* a.a.O. (Kap. A, FN 8), S. 111.

[18] Vgl. *Adolf Moxter:* Grundsätze ordnungsgemäßer Unternehmensbewertung, 2. Auflage, Frankfurt am Main 1983, S. 95-101.

richten, sondern vor allem an den Erträgen, die für die Zukunft zu erwarten sind. Sicherlich fließt in die Erwartungen auch die Höhe der bisherigen Gewinne ein. Dieses Kriterium spielt eine um so größere Rolle, je stetiger die bisherige Erfolgsentwicklung verlaufen ist. Die Jahresüberschüsse der Sparkassen und Landesbanken entwickelten sich aber in den vergangenen Jahren uneinheitlich bzw. rückläufig *(Tabelle 26,* S. 164). Zusätzlich ist zu berücksichtigen, daß die in den Jahresabschlüssen zum Ausdruck gebrachte Ertragslage durch den Einfluß der Bilanzpolitik verzerrt wird. Wie alle Kreditinstitute, dürfen auch die Sparkasseninstitute zur steuerlichen Optimierung bestimmte Wahlrechte bei der Bewertung ihrer Vermögensgegenstände bzw. bei den Abschreibungsmethoden nutzen. Außerdem sind sie gemäß § 340f (1) und (3) HGB berechtigt, Vorsorgereserven für allgemeine Bankrisiken zu bilden, ohne Angaben über die Bildung und Auflösung dieser Reserven im Jahresabschluß oder im Lagebericht machen zu müssen. Die Aussagekraft der Jahresabschluß-Kennzahlen wird schließlich auch dadurch erheblich eingeschränkt, daß sie finanzielle und operative Risiken nicht berücksichtigen.[19] Trotz alledem sollen – in Ermangelung besserer Alternativen – die Jahresabschlußzahlen die quantitative Prognosegrundlage für die Schätzung der Kapitalnachfrage bilden.

Zu den genannten Unwägbarkeiten kommt hinzu, daß sich die Rahmenbedingungen des Marktes für Bankdienstleistungen derzeit in einem grundlegenden Wandel befinden und die Wirtschaftssubjekte frei entscheiden können, wie sie darauf reagieren. Das Ziel der weiteren Untersuchung besteht darin, die in diesen Entwicklungen für die Sparkassen und Landesbanken liegenden Chancen und Risiken zu erfassen und ihren Einfluß auf die Ertragslage abzuschätzen. Bei der Analyse der einzelnen Parameter ist zwischen privatisierungsunabhängigen (D.2.2.2) und privatisierungsabhängigen Faktoren (D.2.2.3) zu unterscheiden, für welche gleichermaßen versucht wird, ihre Wirkungsrichtung auf die Gewinnaussichten zu beurteilen. Insgesamt handelt es sich bei der Ermittlung der Kapitalnachfrage um eine grobe Schätzung, die als Bandbreite zwischen einer Ober- und einer Untergrenze beziffert wird (D 2.2.4).

D.2.2.2 Privatisierungsunabhängige Faktoren

Die privatisierungsunabhängigen Faktoren beeinflussen die Ertragslage der Sparkasseninstitute, und zwar losgelöst davon, ob sie privatisiert werden oder nicht. Diese Faktoren werden also in jedem Fall wirksam. Zunächst werden die exogenen, d.h. von außen auf den Bankenmarkt wirkenden Einflußgrößen betrachtet:

– Die Finanzmärkte befinden sich in einem tiefgreifenden und national nicht mehr abgrenzbaren Veränderungsprozeß, der durch ein hohes Maß grenzüber-

---

[19] Vgl. *Rolf Bühner:* Das Management-Wert-Konzept, Stuttgart 1990, S. 13-22.

schreitender Handels- und Kapitalströme sowie einen rapiden technologischen Wandel gekennzeichnet ist. Als Folge der Globalisierung verlieren räumliche Entfernungen, nationale Grenzen und Herkunftsunterschiede an Bedeutung. Vorangetrieben durch den Fortschritt in der Informations-, Kommunikations- und Verkehrstechnologie und die gestiegene Markttransparenz, beschleunigt sich die weltweite Arbeitsteilung, die Faktormobilität und der Wissenstransfer. Diese Entwicklung intensiviert in den meisten Wirtschaftsbereichen den Wettbewerb sowohl auf der Absatz- als auch auf der Beschaffungsseite. In Verbindung mit dem informationstechnologischen Fortschritt haben im Finanzdienstleistungsgewerbe der Abbau von Kapitalverkehrsbeschränkungen und die staatenübergreifende Vereinheitlichung der Bankengesetzgebung bereits für eine weitreichende Angleichung der Rahmenbedingungen und für eine verstärkte Mobilisierung des Faktors Kapital gesorgt.[20] Der Euro wird die Finanzmarktintegration innerhalb des gemeinsamen Währungsgebiets zusätzlich steigern, weil seit seiner Einführung (1.1.1999) keine national begrenzten Geld- und Kapitalmärkte mehr existieren und für bestimmte Geschäfte nun jeweils einheitliche Zinssätze gelten. Innergemeinschaftliche Wechselkursschwankungen sind beseitigt, so daß dafür keine Risikoprämien mehr bezahlt werden müssen.[21] Dies erfordert zwar keine grundsätzliche strategische Neuorientierung der Sparkassen und Landesbanken, weil es auch weiterhin unterschiedliche und regional abgrenzbare Segmente im Bankgewerbe geben wird, in denen die bestehenden nachfragewirksamen Parameter ihren Einfluß behalten (z.B. Kundenpräferenzen aufgrund Sprache, örtliche Nähe des Anbieters oder Vertrautheit mit bekannten Instrumenten und Gepflogenheiten).[22] Außerdem werden noch lange Zeit zahlreiche steuer- und wirtschaftsrechtliche Unterschiede zwischen den Euro-Ländern fortbestehen. Gleichwohl wird sich die Entwicklung belastend auf die Ertragslage der Kreditinstitute auswirken. Um dem zu begegnen, werden bei den Sparkasseninstituten weitere Rationalisierungen, aber auch Kooperationen oder Fusionen notwendig sein.

– Durch die anstehende Neuregelung der Basler Eigenkapitalübereinkunft („Basel II") ändern sich die Rahmenbedingungen für das Kreditgeschäft.[23] Die neuen Regeln verpflichten alle Kreditinstitute, die Eigenkapitalunterlegung

---

[20] Vgl. *Paul Krugman/Maurice Obstfeld:* International Economics, Theory and Policy, 5th edition, Reading u.a. 2000, S. 641-647.

[21] Vgl. *Friedrich Geigant:* Das Europäische System der Zentralbanken – Indikator und Katalysator eines Paradigmenwechsels in der Geldpolitik?, in: Die Europäische Währungsunion, hrsg. von Wolfgang J. Mückl, Paderborn u.a. 2000, S. 9-48, hier: S. 28 f. und 37 f.

[22] Vgl. *Hans E. Büschgen:* Strategische Positionierung und Profilierung der Sparkassen als regionale Finanzdienstleister im Euro-Land, in: Zeitschrift für das gesamte Kreditwesen, Heft 11/2000, S. 580-595.

[23] Vgl. Abschnitt B.3.6.

für vergebene Kredite stärker nach der Risikohaltigkeit dieser Kredite zu differenzieren. Auf diese Weise sollen die Kreditmittel nur zukunftsfähigen Unternehmen zukommen und bei den Kreditinstituten Wertberichtigungen und Abschreibungen eingedämmt werden. Im Ergebnis müßte sich dies positiv auf die Ertragslage der Kreditinstitute, also auch der Sparkassen und der Landesbanken, auswirken. Bei den Sparkassen ist aber zu bedenken, daß sie ihre Kredite schwerpunktmäßig an kleine und mittlere Unternehmen vergeben, bei denen zunehmend Bonitätsprobleme auftreten. Im Rahmen einer Mittelstandsanalyse haben 450 Sparkassen im Jahr 2001 50.000 Jahresabschlüsse ihrer mittelständischen Kunden ausgewertet. Im Ergebnis zeigte sich, daß die Ertragslage in diesem Wirtschaftszweig besorgniserregend und die Eigenkapitalausstattung dieser Firmen unzureichend ist. Als den im Zusammenhang mit „Basel II" vordringlichsten Handlungsbedarf bezeichnen die Sparkassen die Erhöhung der Eigenkapitalquote und die Verbesserung der Managementkompetenz in den mittelständischen Unternehmen.[24] Weil hier mit schnellen Erfolgen nicht gerechnet werden kann, wird „Basel II" für die Sparkassen eine höhere Eigenkapitalvorhaltung bzw. Risikovorsorge sowie eine erhebliche Ausweitung der Kontrolltätigkeit im Kreditgeschäft, z.B. bei der Prüfung der Kreditunterlagen und der Überwachung der wirtschaftlichen Verhältnisse der Schuldner, zur Folge haben – allesamt das Wachstum und die Rentabilität der Sparkassen belastende Faktoren. Auf der anderen Seite kann der Rückzug, den die Großbanken aus der Mittelstandsfinanzierung angetreten haben, auch die Chance auf die Akquise neuer Kunden und damit auf zusätzliche Erträge bieten – eine konservative Risikoselektion der Sparkassen vorausgesetzt.

– Die Auswirkungen des Wegfalls der Gewährträgerhaftung und die Modifikation der Anstaltslast wurden bereits weiter oben beschrieben, so daß sie hier nicht nochmals dargestellt zu werden brauchen.[25] Sie werden hier nur aus Gründen der Vollständigkeit erwähnt. Es ist zu erwarten, daß die beschlossene Einschränkung der staatlichen Einstandspflichten die Refinanzierung der Sparkasseninstitute verteuern und sich damit belastend auf die Ertragslage auswirken wird.

Neben diesen exogenen Entwicklungen vollzieht sich auf weiteren Feldern ein marktendogener, zum Teil durch die exogenen Einflüsse ausgelöster Strukturwandel, der nachfolgend – mit seinen möglichen Auswirkungen auf die Sparkasseninstitute – dargestellt wird:

– Das kontinentaleuropäische „bankbasierte" Finanzsystem wird heute durch Universalbanken dominiert. Dagegen ist in den angelsächsischen Ländern der „kapitalmarktbasierte" Typus vorherrschend, bei dem die Vermittlung zwi-

---

[24] Vgl. *Deutscher Sparkassen- und Giroverband:* Situation des Mittelstandes ist besorgniserregend – Kernaussagen der Mittelstandsanalyse, Pressemitteilung vom 28.1.2002.

[25] Vgl. Abschnitt C.3.2.2.2.

schen den Kapitalanbietern und Kapitalnachfragern vom Wertpapier- und Investmentgeschäft institutionell getrennt wird. Entgegen früherer Einschätzungen[26] bewegen sich diese beiden Grundtypen in der Europäischen Union offenbar nicht auf der Grundlage der kapitalmarkt-, sondern der bankbasierten Ordnung aufeinander zu.[27] Auch in den USA wurde im Jahr 2000 das frühere Trennbankensystem abgeschafft.[28] Die gelegentlich zu vernehmende Prophezeiung, die Universalbanken würden in naher Zukunft aussterben,[29] ist deshalb wenig plausibel.

– Sowohl die privaten als auch die gewerblichen Kunden der Kreditinstitute und der Versicherungen fragen in immer stärkerem Umfang Dienstleistungen „aus einer Hand" nach. Die Anbieter passen sich diesem Bedürfnis an und entwickeln sogenannte „Allfinanzstrategien" bzw. „Allfinanzprodukte". Damit verlieren die ehemals klaren Grenzen zwischen dem Kredit- und dem Finanzdienstleistungsgewerbe bzw. dem Versicherungsgeschäft zunehmend an Trennschärfe: So dringen Versicherungsunternehmen in klassische Segmente des Bankgewerbes vor, indem sie umfassende Finanz- und Versicherungskonzepte – z.B. im Rahmen von Vorsorgedienstleistungen – anbieten. Umgekehrt bewegen sich Kreditinstitute inzwischen auch in Bereichen, die ehemals exklusiv den Versicherungsunternehmen vorbehalten waren. Die Folge dieser Konvergenz besteht in der Verschärfung des Wettbewerbs und einer verstärkt zu beobachtenden „sektorübergreifenden" Konzernbildung von Banken, Finanzdienstleistungsinstituten und Versicherungsunternehmen. Beispiele sind die vor kurzem vollzogene Übernahme der Dresdner Bank AG durch die Allianz AG oder die enger werdende Zusammenarbeit zwischen der Hypo-Vereinsbank AG und der Münchner Rück AG. Es ist zu erwarten, daß sich der Trend zur Bildung von Allfinanzkonzernen, auf den mittlerweile der Gesetzgeber mit der Schaffung einer Allfinanzaufsicht in Gestalt der BAFin reagiert hat, weiter verstärkt. In der Sparkassenorganisation findet sich der Allfinanzgedanke bereits seit langer Zeit durch das Zusammenwirken von Kreditinstituten, Bausparkassen, Versicherungsunternehmen, Investmentdienstleistern und eine Reihe weiterer Gemeinschaftseinrichtungen (z.B. Leasing-, Factoring- oder Immobiliengesellschaften) wieder. In organisatorischer Hinsicht erfolgt die ganzheitliche Abdeckung der einschlägigen Bedürfnisse jedoch nicht unter dem Dach eines Konzerns, sondern im Rahmen eines Ver-

---

[26] Vgl. *Morris Goldstein u.a.*: International Financial Markets – Developments, Prospects and Policy Issues, hrsg. vom International Monetary Fund, Washington 1992, S. 3.

[27] Vgl. *Dietmar K.R. Klein*: Die europäischen Bankensystem am Vorabend des Euro, in: Zeitschrift für das gesamte Kreditwesen, Heft 9/1998, S. 470-475, hier: S. 473.

[28] Vgl. *Huberth Barth/Norbert Porlein*: Das Gesetz zur Aufhebung des Trennbankensystems in den USA, in: Zeitschrift für das gesamte Kreditwesen, Heft 4/2000, S. 190-192.

[29] Vgl. *Handelsblatt*: Die Universalbank wird aussterben, in: Nr. 2 vom 4.1.2000, S. 16.

bunds, der nicht nur durch eine vertraglich vereinbarte Zusammenarbeit bzw. Arbeitsteilung der einzelnen Unternehmen untereinander, sondern auch durch wechselseitige Beteiligungsverhältnisse zustande kommt. Der Trend zur Allfinanz führt für die Sparkasseninstitute angesichts ihrer einschlägigen Erfahrungswerte sicherlich zu keinem Wettbewerbsnachteil; er kann aber den Wegfall eines Wettbewerbsvorteils gegenüber jenen Anbietern bedeuten, die sich diese Strategie schnell und kostengünstig zu eigen machen.

– Die Vernetzung der Wirtschaftseinheiten untereinander und die gesunkenen Informationskosten verändern das Finanzierungsverhalten der Kreditnehmer, was auch die Intermediationsfunktion der Banken berührt. Finanzielle Direktbeziehungen zwischen den beiden Kapitalmarktseiten sind einfacher und kostengünstiger geworden. So treten insbesondere bei großen Unternehmen eigene Anleihen, sogenannte „Corporate Bonds", neben den klassischen Bankkredit als Hauptinstrument der Fremdfinanzierung. Die Banken leisten allenfalls noch technische Hilfestellung bei der Emission dieser Papiere bzw. erwerben diese selbst („Kreditersatzgeschäft"). Die Umgehung der Banken bei der Unternehmensfinanzierung, die man gelegentlich auch als „Disintermediation" bezeichnet, wird aber zu keinem vollständigen Verlust ihrer Finanzierungsrolle führen. Insbesondere kleine und mittlere Unternehmen benötigen auch künftig eine Bank mit guter Orts- und Branchenkenntnis. Umgekehrt dürfen Unternehmen, die bonitätsbedingt keine oder nur teure Bankkredite erhalten, auch auf dem Kapitalmarkt keine verbesserten Finanzierungsbedingungen erwarten, weil dort die gleichen Zusammenhänge zwischen Bonität und Kapitalkosten gelten. Trotz gegenteiliger Medienberichte[30] deutet auch empirisch nichts darauf hin, daß Banken als Financiers des Unternehmenssektors künftig überflüssig würden.[31] Die Sparkasseninstitute werden insbesondere im mittelständischen Segment auch weiterhin mit einer erheblichen Kreditnachfrage rechnen können.

– Als Folge der durch die oben dargestellten Faktoren bewirkten Wettbewerbsintensivierung verringern sich die Betriebsergebnisse der Kreditinstitute.[32] Die im Kundengeschäft erlittenen Einbußen können aber möglicherweise durch den Eigenhandel der Kreditinstitute ausgeglichen werden. In diesem Bereich haben sich zahlreiche Finanzinnovationen ausgebreitet, deren Anwendung die Beherrschung geeigneter Controlling- und Steuerungsinstru-

---

[30] Vgl. *Handelsblatt:* Firmen-Kredite gelten als Auslaufmodell, in: Nr. 59 vom 23./24.3.2001, S. 48.

[31] Vgl. *Andreas Hackethal:* Banken, Unternehmensfinanzierung und Finanzsysteme, Frankfurt am Main 2000 (Diss.), S. 89.

[32] Vgl. *Hanno Beck/Aloys Prinz:* Sind Banken die Verlierer des digitalen Zeitalters? – Zur Zukunft der Finanzintermediäre, in: Zeitschrift für das gesamte Kreditwesen, Heft 20/2000, S. 1182-1191.

mente erfordert.[33] Für kleine Kreditinstitute bedeutet dies oft kostenträchtige Sach- und Humankapitalinvestitionen,[34] die sie aber wegen ihrer geringen Größe und ihrer beschränkten finanziellen Möglichkeiten nicht im erforderlichen Umfang durchführen können.

– Die schwindende Bedeutung des Bargeldes und die Automatisierung des Zahlungsverkehrs gehen mit dem Ausbau der elektronischen Vertriebswege (Internet) und der Neugestaltung tradierter Geschäftsvorgänge einher. Dies führt nicht nur zur Entstehung neuer Dienstleistungen, sondern auch zur Neugestaltung bestehender Dienstleistungen, was die Wahlmöglichkeiten der Nachfrager erweitert und eine Rationalisierung bzw. Differenzierung der Absatzwege erfordert. Der Einsatz moderner Software hat sich zu einem entscheidenden Wettbewerbsfaktor jedes Kreditinstituts entwickelt. Neuartige Anbieter (z.B. Direktbanken) machen sich die Technologisierung zunutze und versuchen, mit offensiven Vertriebsmethoden in die ertragreichen Segmente der etablierten Geschäftsbanken einzudringen. Auch wenn die neuen Anbieter ihre Rentabilität noch nicht dauerhaft unter Beweis stellen konnten, sind sie als Konkurrenten durchaus ernstzunehmen.

Diese marktendogenen Trends setzen die Margen der Kreditinstitute insgesamt unter Druck und setzen einer kostenorientierten Preispolitik deutliche Grenzen.[35] Um ihre Wettbewerbsfähigkeit zu sichern, müssen die Sparkasseninstitute alle Kostensenkungspotentiale konsequent ausschöpfen. Hierbei wird sich insbesondere die Frage nach weiteren Rationalisierungen stellen.

D.2.2.3 Privatisierungsabhängige Faktoren

Der Marktwert der Sparkassen und Landesbanken und die damit korrespondierende Höhe der Privatisierungserlöse hängen nicht nur von den im vorherigen Abschnitt dargestellten veränderten Rahmenbedingungen, sondern auch von der Privatisierung als solcher ab:

– Zunächst bedeutet der Verkauf der Sparkassen und Landesbanken an rational handelnde Anleger, daß letztere für ihr eingesetztes Kapital eine zumindest marktübliche Verzinsung erwarten. Während die Institute heute ihre Gewinne fast vollständig ihren Rücklagen zuführen können, werden sie nach ihrer Privatisierung einen Teil ihrer Gewinne an die Eigentümer ausschütten müssen. Das bedeutet, daß sie nach der Privatisierung gezwungen sind, höhere Gewinne zu erwirtschaften, wenn sie weiterhin ihre Rücklagen in bisherigem

---

[33] Vgl. *Wolfgang Klein/Ralf Goebel:* Gesamtbanksteuerung – Bündelung von Kompetenz in der Sparkassenorganisation, in: Sparkasse, Heft 6/1999, S. 255-271.

[34] Vgl. *Hartmut Bieg/Gregor Krämer:* Derivate und Risikomanagement sind die neuen Herausforderungen, in: Frankfurter Allgemeine Zeitung, Nr. 228 vom 1.10.2001, S. 31.

[35] Vgl. *Frankfurter Allgemeine Zeitung:* Kunden verhandeln härter um Konditionen, in: Nr. 28 vom 3.2.1999, S. 18.

Umfang stärken wollen. Der Zugang zum Kapitalmarkt ist also keineswegs „kostenlos". Als Folge muß die Gemeinnützigkeit der Gewinnerzielung als Hauptzweck des Geschäftsbetriebs weichen, wobei dies *de facto* bereits vielfach geschehen ist. Wenn der Gesetzgeber – ähnlich wie bei Telekom und Post – die Sparkassen und Landesbanken auch nach der Privatisierung zur Vorhaltung renditearmer oder sogar defizitärer Dienstleistungen verpflichtet (z.B. Aufrechterhaltung einer bestimmten Filialdichte), würde dies den Preis der Institute nach unten drücken. Wenn die Privatisierung dagegen im Geschäfts- und Organisationsrecht eine völlige rechtliche Gleichstellung der Sparkasseninstitute mit den anderen Banken vorsehen bzw. zulassen würde (z.B. durch den Wegfall der spezifischen Geschäftsbeschränkungen, die Ausnutzung des internationalen Steuergefälles, eine flexiblere Vertrags- und Lohngestaltung mit den Angestellten), dann dürfte sich dies positiv auf die zuletzt stark rückläufige Ertragslage der Institute auswirken. Außerdem würde die Privatisierung die Dauerdiskussion über die Rechtmäßigkeit des öffentlichen Status der Sparkasseninstitute beenden, so daß diese ihren Geschäften nachgehen könnten, ohne ständig Vorwürfen über ungerechtfertigte Wettbewerbsvorteile ausgesetzt zu sein.

– Eine herausragende Rolle für den Zukunftserfolg der Sparkasseninstitute spielt der Zusammenhalt des Verbundes. Wenn die Privatisierung zu einer „Durchlöcherung" des Verbundes führt, dann würde dies den Wert der einzelnen Sparkassen bzw. Landesbanken verringern. Weil innerhalb des Verbundes arbeitsteilige Produktionsprozesse bestehen, müßten diese bei dessen Auflösung neu und ggf. teurer organisiert werden. Die Sparkasseninstitute wären dann nur zu einem geringeren Preis veräußerbar. Bei der Vollprivatisierung im Sinne von Variante 1a ist das Gefährdungspotential für die Verbundeinheit am höchsten. Bei den übrigen Varianten bestehen bessere Aussichten auf den Erhalt dieser Einheit.

– Stellenweise fordern Befürworter der Privatisierung die Verwendung der Privatisierungserlöse zur Reduzierung der Staatsschulden.[36] Unter Umständen kann diese Erlösverwendung einen verringerten Schuldendienst bzw. einen verringerten Kreditbedarf der öffentlichen Hand bei den Sparkasseninstituten nach sich ziehen, was wiederum sinkende Zinserträge und damit einen verminderten Marktwert zur Folge hätte. Dieser Zusammenhang darf aber auch nicht überbewertet werden, weil es sich bei der Finanzierung der öffentlichen Hand um ein margenschwaches Geschäft handelt und die Sparkasseninstitute mit den freiwerdenden Kreditmitteln in andere, u.U. gewinnbringendere Formen des Kredit oder Wertpapiergeschäfts ausweichen können. Im übrigen ist das Kreditgeschäft mit Ländern und Gemeinden langfristig von der dauerhaf-

---

[36] Vgl. *Karl-Bräuer-Institut des Bundes der Steuerzahler:* Durch Einsparungen die Lasten mindern, Heft 89, Wiesbaden 1998, S. 386.

ten Haushaltskonsolidierung abhängig. Dafür gibt es jedoch derzeit keine An-
zeichen.

D.2.2.4 Versuch einer Schätzung

Tabelle 25 faßt die Ergebnisse der vorstehenden Überlegungen zusammen und
zeigt die vermutliche Wirkungsrichtung dieser Faktoren auf den Zukunftserfolg
der Sparkassen und Landesbanken auf („+" steht für eine positive, „o" für eine
neutrale, „-" für eine negative und „?" für eine nicht eindeutig bestimmbare Beeinflussung der künftigen Ertragslage).

*Tabelle 25: Einflußfaktoren auf den Zukunftserfolg der Sparkasseninstitute in
Deutschland*

	Zukunftser- folg Sparkas- sen	Zukunftser- folg Landes- banken
Privatisierungsunabhängige Einflußfaktoren		
Zunahme der Wettbewerbsintensität im Zuge der Globalisierung	-	-
Euro-Währung als neue Rahmenbedingung des Bankgeschäfts	o	o
Neuregelung der Eigenkapitalvorschriften („Basel II")	?	?
Wegfall der Gewährträgerhaftung / Modifizierung der Anstaltslast	-	-
Angleichung finanzwirtschaftlicher Wirkungsbedingungen	o	+
Trend zur Allfinanz	+	+
Zunahme der bankunabhängigen Unternehmensfinanzierungen	o	-
Verstärktes Aufkommen von Finanzinnovationen (Derivate)	?	?
Verstärktes Aufkommen neuer Medien im Vertrieb	?	?
Privatisierungsabhängige Einflußfaktoren		
Gewinnmaximierung als geschäftspolitisches Oberziel	+	+
Wegfall von Geschäftsbeschränkungen	+	+
Ausnutzung des internationalen Steuergefälles	+	o
Ende der Dauerdiskussion um ungerechtfertigte Vorteile	+	+
Auflösung des Sparkassenverbundes	-	-
Erhalt des Sparkassenverbundes	+	+
Staatsschuldentilgung aus Privatisierungserlösen bei den Spk./LB	o	o

Die Analyse der exogenen und endogenen Rahmenbedingungen zeigt, daß es die
Sparkasseninstitute in Zukunft sicher nicht leichter haben werden, im Wettbewerb zu bestehen. Dennoch erscheint es nicht unrealistisch, daß es ihnen gerade
als privatisierte Unternehmen gelingen kann, ihre derzeitigen Erträge auch in

Zukunft zu erzielen. Für diese Annahme spricht die Vermutung, daß sie als private Kreditinstitute flexibler und von politischen Zwängen weniger beeinflußt auf die Entwicklungen im Markt reagieren können. Die Notwendigkeit im Wettbewerb zu bestehen, ist für die Sparkasseninstitute nichts Neues. Sie verfügen über Führungs- und Führungsnachwuchskräfte, die das dafür erforderliche Managementwissen besitzen. Auch in technischer Hinsicht können sie auf eine leistungsfähige und einsatzbereite Infrastruktur zurückgreifen, die es auch künftig möglich machen sollte, den steigenden Anforderungen des Marktes gerecht zu werden.

Speziell im Hinblick auf die privatisierungsabhängigen Faktoren müssen ausreichende Vorkehrungen für den Erhalt des Sparkassenverbundes getroffen werden (z.B. durch die Einschränkung des Erwerberkreises). Wenn der Verbund auseinanderfiele, wäre eine Schätzung der Kapitalnachfrage, die sich auf die Bewertung der Sparkasseninstitute als Ganzes stützt, auch gar nicht mehr möglich. In diesem Fall müßte nämlich der nach den Übernahmen von Landesbanken und Großsparkassen verbleibende, in seinen Ausmaßen heute nicht bekannte „Restverbund" bewertet werden. Dies ist aber auf sinnvolle Weise nicht möglich.

Die Schätzung der künftigen Gewinne baut auf der Entwicklung der vergangenen fünf Geschäftsjahre auf. Die Grundlage bildet ein gewogener Durchschnitt, in welchen die Gewinne des Geschäftsjahres 2001 zu 45 v.H., 2000 zu 25 v.H., 1999 zu 15 v.H., 1998 zu 10 v.H. und 1997 zu 5 v.H. einfließen. Die Einbeziehung mehrerer Jahrgänge stellt sicher, daß die Schätzung nicht durch eventuelle Sondereinflüsse während eines Jahres verzerrt wird. Gleichzeitig sorgt die höhere Gewichtung der zeitlich näher zurückliegenden Perioden für eine verstärkte Abbildung der gewandelten – und sich in der Ertragslage niederschlagenden – Rahmenbedingungen in der Projektion.

Um die für die Zahlungsbereitschaft der Anleger maßgeblichen „Nettoerträge" der Sparkasseninstitute zu ermitteln, sind von den „Bruttoerträgen" die Körperschaft- und die Gewerbesteuern abzuziehen. Seit der letzten Steuerreform werden die Kapitalgesellschaften mit einer Körperschaftsteuer in Höhe von 25 v.H. belastet. Die Steuer wird im Ausschüttungsfall weder verändert noch dem Anteilseigner angerechnet (an die Stelle des bisherigen „Anrechnungsverfahrens" ist das sogenannte „Halbeinkünfteverfahren" getreten). Die Gewerbesteuer ermittelt sich aus der auf den maßgeblichen Gewerbeertrag bezogenen Steuermeßzahl (bei Kapitalgesellschaften z.Zt. 5 v.H.), multipliziert mit den von den Gemeinden festgelegten Hebesätzen. Der Durchschnittshebesatz liegt derzeit bei 428 v.H. Unter Berücksichtigung ihrer „Selbstabzugsfähigkeit" ergibt sich eine durchschnittliche Gewerbesteuerbelastung in Höhe von 17 v.H.[37] Die körperschaft- und gewerbesteuerliche Gesamtbelastung beträgt damit 42 v.H.

---

[37] Vgl. *Lothar Haberstock/Volker Breithecker:* Einführung in die betriebswirtschaftliche Steuerlehre, 11. Auflage, Bielefeld 2000, S. 72 und 80 f.

Als Diskontierungszinssatz wird der Durchschnittswert der Umlaufsrendite aller festverzinslichen Wertpapiere von 1991 bis 2001 verwendet (*Abbildung 7*). Aufgrund der Liberalisierung des Kapitalverkehrs ist nicht zu erwarten, daß die Zinsen diesen Wert (6,3 v.H.) länger andauernd und deutlich überschreiten.

Abbildung 7: Umlaufsrendite festverzinslicher Wertpapiere

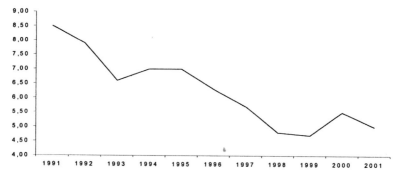

Quelle: *Deutsche Bundesbank, Kapitalmarktstatistik Februar 2002, Statistisches Beiheft zum Monatsbericht 2, S. 37.*

Tabelle 26: Marktwert der deutschen Sparkassen und Landesbanken auf der Basis der Jahresüberschüsse im Zeitraum von 1997 bis 2001

		Jahresüberschuß (vor Steuern)			
		Sparkassen in Mio. Euro		Landesbanken in Mio. Euro	
Jahr	Gewichtung	absolut	gewichtet	absolut	gewichtet
2001	0,45	3.673	1.652,9	1.837	826,7
2000	0,25	5.069	1.267,3	2.843	711,5
1999	0,15	5.486	822,9	3.244	486,6
1998	0,10	6.144	614,4	2.905	290,5
1997	0,05	6.239	312,0	2.426	121,3
Σ	1,00	-	4.669,5	-	2436,6
Steuerabzug (42 v.H.)		-	1.961,1	-	1.023,4
Ø Periodengewinn		-	G_{SK} = 2.708,2	-	G_{LB} = 1.413,2

Quelle: *Deutsche Bundesbank: Die Lage der Kreditinstitute im Jahr 2000, in: Monatsbericht September 2001, S. 15-50, hier: S. 43-45; dies.: Die Lage der Kreditinstitute im Jahr 2001, in: Monatsbericht September 2002, S. 17-47, hier: S. 42-45: eigene Berechnungen.*

Die Schätzwerte für den durchschnittlich erwarteten Periodengewinn G werden in die Gleichung (1) eingesetzt, so daß man zu folgenden Ergebnissen gelangt:

$$(2) \quad P_{SK} = \frac{G_{SK}}{i_K} = \frac{2.708,2 \, Mio. Euro}{0,063} = 42.987,6 \, Mio. Euro \approx 43,0 \, Mrd. Euro$$

$$(3) \quad P_{LB} = \frac{G_{LB}}{i_K} = \frac{1.413,2 \, Mio. Euro}{0,063} = 22.431,7 \, Mio. Euro \approx 22,4 \, Mrd. Euro$$

Aus (2) müssen allerdings noch die freien Sparkassen herausgerechnet werden. Unter Ansatz ihres Eigenkapitalanteils (7,2 v.H.)[38] vermindert sich der Wert von (2) auf 39,9 Mrd. Euro, so daß der Erlös für alle Sparkasseninstitute zusammengenommen ca. 62,4 Mrd. Euro beträgt.[39] Dieser Wert täuscht allerdings eine Genauigkeit vor, die es bei einer solchen Schätzung nicht geben kann. Um diesem Umstand Rechnung zu tragen, wird um den ermittelten Veräußerungserlös eine Schwankungsbreite von ± 20 v.H. unterstellt, so daß im folgenden von einer Beanspruchung des Kapitalmarktes zwischen 50 Mrd. Euro und 75 Mrd. Euro ausgegangen wird.

D.2.3 Schätzung des Kapitalangebots

Zur Befriedigung der zuvor geschätzten Kapitalnachfrage dürfte ein ausreichend großes Kapitalangebot zur Verfügung stehen, wenn nach Variante 1a verfahren würde, also alle Unternehmen, privaten Haushalte sowie privaten Organisationen ohne Erwerbszweck, jeweils aus dem In- und Ausland, zum Kauf der Sparkassen und Landesbanken berechtigt wären. Dies hätte aber, wie oben dargestellt, mit hoher Wahrscheinlichkeit die Auflösung des Sparkassenverbundes zur Folge, weil in diesem Fall – ähnlich der Entwicklung in Großbritannien – insbesondere die Großbanken die Landesbanken und die großen Sparkassen aufkaufen würden. Bei der Schätzung der Kapitalnachfrage wurde aber der Erhalt des Verbundes unterstellt, was – ähnlich der Vorgehensweise bei der französischen Sparkassenprivatisierung[40] – wiederum die Beschränkung des Käuferkreises notwendig macht (Varianten 1b, 2b, 3b). Deshalb wird bei der Schätzung des Kapitalangebots zunächst nur das jährliche Aufbringungspotential der inländischen privaten Haushalte ermittelt.

---

[38] Das Eigenkapital der freien Sparkassen belief sich Ende 2001 auf 3,1 Mrd. Euro, das aller Sparkassen auf 42,6 Mrd. Euro. Vgl. Abschnitt B.4.2 (*Tabelle 7*, S. 47); *Verband der Deutschen Freien Öffentlichen Sparkassen:* Mitteilung vom 29.4.2002.

[39] Zum Vergleich: Die Börsenkapitalisierung der Deutschen Bank belief sich Ende April 2002 auf 44,8 Mrd. Euro. Vgl. *Frankfurter Allgemeine Zeitung:* Kurszettel vom 27.4.2002, Nr. 98 vom 27.4.2002, S. 22.

[40] Vgl. Abschnitt B.6.2.

Als Grundlage für die Analyse dienen die gesamtwirtschaftliche Vermögensrechnung und die gesamtwirtschaftliche Finanzierungsrechnung. Die Vermögensrechnung stellt zeitpunktbezogen die Höhe und die Zusammensetzung der
finanziellen Forderungen und Verbindlichkeiten dar. Die Finanzierungsrechnung verdeutlicht die Veränderung dieser Finanzbeziehungen während eines
definierten Untersuchungszeitraums.[41]

*Tabelle 27: Geldvermögen und Verbindlichkeiten der privaten Haushalte in der
Bundesrepublik Deutschland*
Stand jeweils zum Jahresende

	1980	1990	2001
Geldvermögen (Mrd. Euro)	758,5	1.635,4	3.653,0
Verbindlichkeiten (Mrd. Euro)	314,5	560,4	1.522,0
Nettogeldvermögen (Mrd. Euro)	444,0	1.075,0	2.131,0
Sparquote (v.H. des verf. Eink.)	14,2	14,7	10,2
Nettogeldvermögen (v.H. des BIP)	58,8	78,8	103,3

Quelle: Deutsche Bundesbank: Monatsbericht Juli 1992, S. 73; dies.: Monatsbericht Juni
1999, S. 25 und S. 66*; dies.: Die gesamtwirtschaftlichen Finanzierungsströme im
Jahr 2001, in: Monatsbericht Juni 2002, S. 15-41, hier: S. 25 und 29; dies.: Monatsbericht Juni 2002, S. 60 *; eigene Berechnungen*

Das Bruttogeldvermögen der privaten Haushalte zeigt für den Zeitraum der
letzten 20 Jahre einen starken absoluten Anstieg. Auch das Nettogeldvermögen
dieses Sektors, das sich aus der Saldierung der Forderungen mit den Verbindlichkeiten ergibt, ist ebenfalls deutlich gewachsen. Deutlich wird der Zuwachs
des Nettogeldvermögens, wenn man dieses in Beziehung zum jeweiligen nominalen Bruttoinlandsprodukt setzt *(Tabelle 27)*. Die Hauptquelle des Vermö-
gensaufbaus der privaten Haushalte ist die private Ersparnis. Im Langfristver-
gleich mit anderen Industrieländern ist in Deutschland der Anteil der Ersparnis
am verfügbaren Einkommen vergleichsweise hoch. Bis zum Ende der achtziger
Jahre schwankte die Sparquote um einen Wert von rund 14 v.H.; seitdem nahm
sie allerdings kontinuierlich bis auf etwa 10 v.H. ab. Der Rückgang der Sparneigung hat gesellschaftliche und ökonomische Gründe:
– Mit der zunehmenden Alterung der Gesellschaft tritt ein wachsender Anteil
  der Bevölkerung in eine Lebensphase, in der kein bzw. nur mehr ein geringer
  Vermögensaufbau betrieben oder sogar entspart wird („Lebenszyklus-
  Hypothese"). Auch die anstehenden Erbgänge verleiten dazu, die finanzielle

---

[41] Vgl. *Alfred Stobbe:* Volkswirtschaftliches Rechnungswesen, 8. Auflage, Berlin u.a. 1994,
S. 211 f.

Absicherung als ausreichend zu betrachten und nicht mehr in gleicher Weise weiterzusparen. Ferner trägt die fortschreitende Individualisierung der Gesellschaft, die an der Zunahme der „Single-Haushalte" deutlich wird, zur Erhöhung der Fixkosten beim Lebensunterhalt und damit zum Rückgang der gesamtwirtschaftlichen Sparquote bei. Dagegen erlaubt die in den (seltener vorkommenden) größeren Familienverbänden mögliche Kollektivnutzung von Gütern, welche mit gewissen Unteilbarkeiten behaftet sind (z.b. Wohnraum, Einrichtungsgegenstände, Kraftfahrzeuge), die Ausnutzung von „Economies of Scale" und auf diese Weise eine höhere Sparquote.

– Die ökonomischen Hauptursachen für den Rückgang der Sparquote sind der verringerte Anstieg der verfügbaren Einkommen (hohe Abgabenbelastung) und die geringeren Einkommen in den neuen Bundesländern. Außerdem werden Ersparnisse – in Erwartung eines höheren Vermögensendwertes – heute insgesamt risikofreudiger angelegt, so daß – eine höhere Rendite dieser Anlageformen vorausgesetzt – eine geringere Sparleistung ausreicht, um ein langfristig angestrebtes Vermögensziel zu erreichen. Allerdings steht die Akzeptanz solcher Anlagen (z.B. Aktien, Aktienfonds) angesichts der deutlichen Kursverluste in den drei letzten Jahren auf dem Prüfstand. In der nächsten Zeit wird sich entscheiden, ob die gewachsene Risikobereitschaft eine dauerhafte Basis für die Aktienkultur darstellt oder ob sich die Anleger wieder sichereren Anlageformen zuwenden. Mit dem „Finanzmarktförderplan 2006" will die Bundesregierung verloren gegangenes Anlegervertrauen wiederherstellen (z.B. durch verstärkte Unternehmensaufsicht, Ausweitung der Haftung der Manager und Ausbau des Anlegerschutzes).[42]

Tabelle 28 (S. 168) zeigt, daß sich die privaten Haushalte – vor dem Hintergrund gestiegener Vermögensbestände – bei der Anlage von Vermögenszuwächsen während der vergangenen Jahrzehnte stärker an Renditegesichtspunkten orientieren. So hat die Geldanlage bei Banken an Bedeutung verloren, die in Wertpapieren sowie bei Versicherungen dagegen erheblich an Gewicht gewonnen. Diese Strukturverschiebungen gehen insbesondere zu Lasten der Spareinlagen, die früher das Schwergewicht der Geldvermögensbildung bildeten.

Die Rendite der fungiblen und verbrieften Wertpapiere war in der Vergangenheit höher als bei den Spar- und Termineinlagen. Die Wahrscheinlichkeit, mit einem breit gestreuten Aktiendepot eine höhere Rendite zu erzielen als mit einer sicheren Anlage (z.B. Spareinlage), nimmt – auch empirisch betrachtet – mit der Anlagedauer zu.[43] Die großen Privatisierungsaktionen des Bundes während der

---

[42] Vgl. *Hans Eichel:* Das Vertrauen der Anleger in den deutschen Finanzmarkt muß wiederhergestellt werden, in: Frankfurter Allgemeine Zeitung, Nr. 56 vom 7.3.2003, S. 20.

[43] Nach Berechnungen des Deutschen Aktieninstituts beträgt die Wahrscheinlichkeit, mit Aktien gegenüber einer sicheren Anlage einen Renditevorsprung zu erreichen, bei einer Anlagedauer von 5 Jahren 72,9 v.H., bei 10 Jahren 77,1 v.H. und bei 20 Jahren 83,3 v.H.

neunziger Jahre haben außerdem eine „Wiederentdeckung" der Aktie als Anlagealternative bewirkt,[44] wenngleich die Begeisterung für diese Anlageform mit der im Jahr 2000 eingesetzten Baisse deutlich nachgelassen hat. Unabhängig davon wurde die in der Vergangenheit auf sichere Anlageformen beschränkte Förderung der Vermögensbildung (z.b. mit „vermögenswirksamen Leistungen") nach § 2 (1) des 5. Vermögensbildungsgesetzes (VermBG) schrittweise auf risikotragende Anlagen ausgedehnt.

Tabelle 28: Geldvermögensbildung privater Haushalte in Deutschland (1960-2000)
Angaben in v.H.

Geldanlage	1960/69	1970/79	1980/89	1991/2000
bei Kreditinstituten[45]	65,1	61,3	39,9	26,4
darunter Bargeld / Sichteinlagen	9,6	8,0	6,6	12,4
darunter Termingelder[46]	1,0	4,9	8,5	-0,3
darunter Spareinlagen und -briefe	54,6	48,4	24,8	14,2
bei Versicherungen	15,9	16,9	27,6	35,9
in Wertpapieren	13,7	14,6	23,2	31,6
darunter Rentenwerte	9,5	13,8	22,3	5,1
darunter Aktien	4,1	0,8	0,9	3,6
darunter Investmentzertifikate[47]	.	.	.	22,9
in sonstigen Forderungen[48]	5,3	7,2	9,3	6,1
Insgesamt	100,0	100,0	100,0	100,0

Quelle: Deutsche Bundesbank: Die gesamtwirtschaftlichen Finanzierungsströme im Jahr 2000, in: Monatsbericht Juni 2001, S. 15-40, hier: S. 28.

Eine weiterer wichtiger Grund für das veränderte Anlageverhalten besteht in der Notwendigkeit privater Altersvorsorge. Die Funktionsfähigkeit des gegenwärtigen Umlagesystems der Gesetzlichen Rentenversicherung wird bekanntermaßen dadurch beeinträchtigt, daß bei abnehmender Zahl der Beitragszahler und Ver-

---

Vgl. *Deutsches Aktieninstitut (Hrsg.):* DAI-Factbook 2001, Frankfurt am Main 2001, Blatt 09.3-1-b.

[44] Vgl. *Handelsblatt:* Fünf Millionen Bundesbürger besitzen Aktien, in: Nr. 131 vom 12.7.1999, S. 29.

[45] Im In- und Ausland.

[46] Bauspareinlagen wurden bis 1998 den Spareinlagen, danach (in Übereinstimmung mit der Bankenstatistik der Deutschen Bundesbank) den Termineinlagen zugerechnet.

[47] Einschließlich sonstiger Beteiligungen.

[48] Einschließlich Ansprüche aus Pensionsrückstellungen.

kürzung der Lebensarbeitszeit die Zahl der Rentenempfänger und die Dauer des Rentenbezugs ansteigen. Die Individuen müssen deshalb zügig ihre Sparleistung erhöhen, wenn sie die unausweichliche Herabsetzung des Vorsorgeniveaus der Gesetzlichen Rentenversicherung kompensieren wollen.[49] Das 2001 in Kraft getretene Altersvermögensgesetz (AVmG), das den Aufbau eines privaten Kapitalstocks zur Alterssicherung fördern soll, wird zur Schließung der Deckungslücke aber nicht ausreichen.[50] Unbeschadet dessen hat sich die Sensibilität für die Risiken des veränderten Altersaufbaus der Bevölkerung und die Einsicht in die Notwendigkeit privater Vorsorge erhöht. Daß davon i.e.L. die Versicherungen (und nicht die Kreditinstitute) profitieren, dürfte an der steuerlichen Privilegierung der Lebensversicherungen liegen. Während die Kapitaleinkünfte aus zinstragenden Bankanlagen der Einkommensteuerpflicht unterliegen, sind die Auszahlungen der Lebensversicherungen steuerfrei. Zu beobachten ist aber nicht nur zur eine steigende Nachfrage nach Lebensversicherungen, sondern auch eine verstärkte Geldanlage in Wertpapieren. Die Kapitalerträge aus Wertpapieren sind zwar steuerpflichtig; Kursgewinne aber nach einer bestimmten Haltedauer steuerfrei. Außerdem sind Wertpapiere im Vergleich zu Guthaben bei Versicherungsgesellschaften leichter liquidierbar.

Über die Frage, ob durch die privaten Haushalte ausreichend Kapital für die Privatisierung der Sparkassen und Landesbanken aufgebracht werden kann, entscheidet deren Bereitschaft und Fähigkeit zum Aktienerwerb.[51] Diese Bereitschaft in Zahlen auszudrücken ist allerdings schwierig, weil sie von der allgemeinen Börsenstimmung abhängig ist. *Tabelle 29* (S. 170) zeigt diese Abhängigkeit am Beispiel der letzten fünf Jahre. Während der Jahre 1997 und 1998 lag der Anteil der auf Aktien entfallenden Anlagen ("Aktienquote") bei 2,1 v.H. bzw. 1,9 v.H. Während der "Börseneuphorie" der Jahre 1999 und 2000 stieg der Anteil auf 6,3 v.H. bzw. sogar auf 9,8 v.H., um dann im Zuge der Kursverluste im Jahr 2001 auf -15,9 v.H. zu sinken (in diesem Jahr wurden mehr Aktien verkauft als erworben). Es darf dabei nicht übersehen werden, daß die auf Aktienfonds entfallende und in der Position "Investmentfonds" enthaltene Aktienanlage im Berichtswesen der Bundesbank nicht gesondert ausgewiesen wird und somit die tatsächliche Aktienneigung der Anleger höher anzusetzen ist als in *Tabelle 29* dargestellt.

---

[49] Vgl. *HypoVereinsbank Research:* Ein Pflichtbeitrag zum Aufbau eines Kapitalstocks für die Altersvorsorge: Pro und Contra, in: Policy Brief Volkswirtschaft 1/2000 vom 15.3.2000, S. 5.

[50] Vgl. *Deutsches Institut für Altersvorsorge* (Hrsg.): Vermögensbildung unter neuen Rahmenbedingungen, Köln 2000, S. 5 f.

[51] Als Anstalten bzw. Körperschaften des öffentlichen Rechts können die Sparkasseninstitute bei einer Privatisierung nur in Kapitalgesellschaften (z.B. AG, GmbH) umgewandelt werden. Für eine breite Plazierung erscheint die aktienrechtliche Gesellschaftsform ohnehin am besten geeignet. Vgl. ausführlicher Abschnitt E.3.1

Tabelle 29: Spar- und Anlageverhalten der privaten Haushalte in Deutschland
Stand jeweils zum Jahresende. Sofern nicht anders bezeichnet: Angaben in Mrd. Euro

	1997	1998	1999	2000	2001
Mittelaufkommen					
Verfügbares Einkommen	1.204,9	1.238,7	1.275,3	1.310,7	1.356,3
Private Konsumausgaben	1.079,8	1.111,0	1.149,6	1.182,8	1.218,1
Ersparnis der privaten Haushalte	125,1	127,7	125,7	127,9	138,2
Empfangene Vermögensübertragungen (netto)	9,9	13,9	18,0	19,0	19,8
Eigene Anlagemittel	135,0	141,6	143,7	146,9	158,0
Kreditaufnahme	64,2	75,2	75,9	41,8	22,0
Gesamtes Mittelaufkommen	199,2	216,8	219,6	188,7	180,0
Mittelverwendung					
Nettoinvestitionen (Sachanlagen)	71,1	72,3	73,0	70,5	58,1
Zugang an nichtproduzierten Vermögensgütern	1,0	1,2	1,4	1,0	1,0
Geldvermögensbildung	127,0	143,2	145,3	117,2	120,9
bei Banken	28,6	45,8	10,7	-31,1	26,7
bei Versicherungen	60,4	62,9	68,2	57,9	62,5
in Wertpapieren	33,8	29,2	61,0	85,0	26,3
davon in Aktien angelegt	**4,1**	**4,1**	**13,8**	**18,4**	**-28,7**
in v.H. des Mittelaufkommens (Aktienquote)	**2,1**	**1,9**	**6,3**	**9,8**	**-15,9**
davon in Investmentfonds angelegt	20,3	32,1	44,0	54,4	51,2
entspricht in v.H. des Mittelaufkommens	10,2	14,8	20,0	28,8	28,4
Ansprüche aus betrieblichen Pensionsrückst.	4,2	5,3	5,4	5,4	5,3
Gesamte Mittelverwendung	199,2	216,8	219,6	188,7	180,0

Quelle: Deutsche Bundesbank: Die gesamtwirtschaftlichen Finanzierungsströme im Jahr 2002, in: Monatsbericht Juni 2002, S.15-40, hier: S. 25.

Unterstellt man ein jährliches Mittelaufkommen von 200 Mrd. Euro und bezieht darauf eine Aktienquote·von 2,5 v.H., stehen von seiten der privaten Haushalte pro Jahr 5 Mrd. Euro für den Aktienerwerb zur Verfügung. Dieser Wert, der weder das Wachstum des verfügbaren Einkommens noch die wechselnde Aktienneigung widerspiegelt und deshalb nur als grobe, eher optimistische Orientierungsmarke dienen soll, reicht jedoch für die Erkenntnis aus, daß an eine Privatisierung „in einem Zug" gemäß Variante 1b nicht zu denken ist. Weil das gesamte Aufbringungspotential – von dem im übrigen nur ein Teil für den Erwerb von Sparkassen- und Landesbankaktien verfügbar wäre, weil auch andere Emittenten neue Aktien am Markt unterbringen – einer Kapitalnachfrage von mindestens 50 Mrd. Euro gegenübersteht, muß die Privatisierung über einen längeren Zeitraum gestreckt werden.

Dies ist zunächst mit dem Nachteil verbunden, daß sich der Rückzug des Staates aus den Sparkassen und Landesbanken verzögert und die Schaffung klarer Eigentumsverhältnisse entsprechend länger auf sich warten läßt. Die Streckung hat aber – neben der Möglichkeit zur „Emissionskurspflege" – auch Vorteile. Sie berücksichtigt die derzeit noch geringere Finanzkraft der Bevölkerungsschichten in den neuen Bundesländern und trägt der Tatsache Rechnung, daß sich die Möglichkeiten zum Aktienerwerb dort erst noch entwickeln müssen. Außerdem wird den Amtsträgern in den Ländern und Gemeinden, die vorerst ihren maßgeblichen Einfluß auf die Sparkasseninstitute behalten, die Zustimmung zur Privatisierung eher erleichtert, wenn sie selbst noch in den Aufsichtsgremien vertreten sind und die Räumung dieser Positionen erst ihre Nachfolger träfe. Im Zuge des schrittweisen Privatisierungsprozesses dürfte dann auch deutlich werden, daß die Betätigung des Staates als kreditwirtschaftlicher Unternehmer verzichtbar ist und die Befürchtungen der Privatisierungsgegner ungerechtfertigt sind. Diese Umstände ändern allerdings nichts daran, daß die Privatisierung der Sparkassen und Landesbanken heute durch ein verfestigtes Interessengefüge gehemmt wird, das im folgenden Abschnitt näher betrachtet wird.

D.3 Interessenbegründete Restriktionen

D.3.1 Allgemeine Zusammenhänge

Die Durchsetzungschancen einer Privatisierung der Sparkassen und Landesbanken hängen auch in erheblichem Ausmaß von den Interessen der davon betroffenen Gruppen ab. Die theoretische Grundlage für die diesbezüglichen Überlegungen bildet die zentrale Hypothese des methodologischen Individualismus, wonach jedes Individuum sein Handeln nach seinen eigenen Interessen und nicht etwa nach gesellschaftlichen Wohlfahrtsvorstellungen ausrichtet. Entsprechendes gilt für die Interessengruppen, zu denen sich Individuen mit vergleichbaren Zielen zusammenschließen. Weil sich jedes Individuum bzw. jede Gruppe beim Eintreten für ein bestimmtes Ziel von den eigenen Nutzenüberlegungen leiten läßt, folgt daraus, daß die politischen Entscheidungen weniger das Ergebnis eines höheren Gemeinwohlinteresses, sondern das der durchgesetzten Gruppeninteressen sind. Dies gilt auch für Entscheidungen über die weitere Entwicklung der Sparkasseninstitute. Deshalb ist immer eine gewisse Skepsis angebracht, wenn eine Gruppe die Privatisierung oder die Beibehaltung des Status quo mit dem Gemeinwohl begründet.

Nach OLSON hängt der Einfluß einer Gruppe von ihrer Größe ab. Er zeigt, daß kleinere Gruppen bei der Durchsetzung ihrer Ziele erfolgreicher sind. Während bei Großgruppen ein Anreiz zum „Freifahrerverhalten" besteht, lohnt es sich für den einzelnen in kleineren Gruppen eher, sich für das Gruppenziel einzusetzen.[52] Weil die Homogenität von Kleingruppen größer ist und sich der Nutzen durchgesetzter Maßnahmen auf weniger Gruppenmitglieder verteilt, der einzelne also mit einem höheren Anteil am Gruppenerfolg partizipiert, erreichen Kleingruppen einen höheren Wirkungsgrad. In einer weiteren Arbeit zeigt OLSON, daß die Macht der Interessengruppen in einer stabilen institutionellen Umwelt tendenziell ansteigt. So erlaubt z.B. eine langandauernde Friedensperiode die Verfestigung von Strukturen, innerhalb deren der politische und ökonomische Prozeß immer stärker durch Interessengruppen beeinflußt wird.[53]

Auch die Sparkassen und Landesbanken sind in ein Interessengeflecht verwoben, in dem eine Reihe von Gruppen unterschiedliche und teilweise konkurrierende Ziele verfolgt (*Tabelle 30, S. 173*). Die Realisierungschancen der Privatisierung der Sparkassen und Landesbanken hängen davon ab, inwieweit sich diese Gruppen durch eine Privatisierung besser- oder schlechterstellen und über welche faktischen Möglichkeiten diese Gruppen verfügen, die Privatisierung zu fördern oder zu verhindern. Je mehr eine Gruppe durch strukturelle Reformen zu verlieren hätte und je größer ihre Möglichkeiten sind, diese zu blockieren, desto wahrscheinlicher ist der Fortbestand des Status quo.[54]

In Vorwegnahme der folgenden Untersuchungsergebnisse wurden in *Tabelle 30* die Interessen der Gruppen bezüglich der Sparkassen und Landesbanken sowie ihre Positionen bezüglich der Privatisierung zusammengefaßt. Da insbesondere die Politiker die Privatisierung der Sparkasseninstitute mehrheitlich ablehnen und über die Mittel verfügen, diese durch ihre „power to coerce"[55] zu verhindern, kommt ihrer Rolle bei der folgenden Untersuchung besondere Bedeutung

---

[52] Vgl. *Mancur Olson:* Die Logik des kollektiven Handelns, Kollektivgüter und die Theorie der Gruppen, 4. Auflage, Tübingen 1998, S. 21-35.

[53] Vgl. *Mancur Olson:* Aufstieg und Niedergang von Nationen. Ökonomisches Wachstum, Stagflation und soziale Starrheit, 2. Auflage, Tübingen 1991, S. 48-52.

[54] Vgl. *Charles B. Blankart:* Towards an Economic Theory of Advice and its Application to the Deregulation Issue, in: Kyklos, Vol. 34 (1981), Fasc. I, S. 95-105, hier: S. 96 f.

[55] *George J. Stigler:* The Theory of Economic Regulation, in: Bell Journal of Economics and Management Science, Nr. 1, Vol. 2 (1971), S. 3-21, hier: S. 5.

zu. FREY bejaht die Veränderbarkeit bestehender Verhältnisse unter der Bedingung, daß Reformvorschläge nicht losgelöst oder gar im Widerspruch zu den Interessen der Politiker stehen.[56] Die Effektivität der Reformvorschläge erhöht sich regelmäßig dann, wenn die Anreize für die Entscheidungsträger so gesetzt werden, daß das Reformziel auch ihren eigenen Intentionen zugute kommt.

Tabelle 30: Gruppeninteressen im Umfeld der deutschen Sparkasseninstitute

Gruppe	Interessen bezüglich der Sparkassen und Landesbanken	Positionierung bezüglich der Privatisierung
Politiker	– Indienstnahme der Sparkassen und Landesbanken als öffentliche Einnahmequellen – Einfluß auf die Geschäftspolitik der Sparkassen und Landesbanken – Nutzung politischer und persönlicher Vorteile (z.B. Spenden, Nebeneinkünfte, Mandate)	Überwiegend dagegen
Vorstände der Sparkassen und Landesbanken	– Bezug eines überdurchschnittlich hohen Einkommens – Steigerung der Marktanteile und Gewinne der Sparkassen und Landesbanken	Überwiegend dagegen
Angestellte	– Hohe Vergütung und Sozialleistungen – Sicherheit des Arbeitsplatzes – Qualifikationsmöglichkeiten, berufliche Aufstiegschancen	Dagegen
Gewerkschaften	– Arbeitsplatzsicherheit der Angestellten – Hohe und stabile Mitgliederzahlen sowie hohes Beitragsaufkommen – Einfluß auf Arbeitnehmervertreter in den Aufsichtsgremien der Sparkasseninstitute	Dagegen
Sparkassenverbände	– Fortbestand der bisherigen Rolle	Dagegen
Eigentümer [Wähler]	– Keine konkreten Interessen in Bezug auf die Sparkassen	Nicht eindeutig bestimmbar
Kunden	– Umfassendes Beratungsangebot – Günstige Konditionen – Dichtes Filialnetz	Nicht eindeutig bestimmbar
Kreditbanken i.e.S. (insb. Großbanken)	– Ausbau der Marktposition durch die Übernahme von Sparkassen und Landesbanken	Dafür
Genossenschaftsbanken	– Verteidigung der Marktposition im Rahmen der derzeitigen Bankenstruktur; keine „Übernahmephantasien"	Dagegen

---

[56] Vgl. *Bruno S. Frey:* Eine Theorie demokratischer Wirtschaftspolitik, in: Kyklos, Vol. 31 (1978), Fasc. II, S. 208-234, hier: S. 211 f.

D.3.2 Die Interessenlagen im politischen Prozeß

D.3.2.1 Politiker als „Stimmenmaximierer"

Die Politische Ökonomie überträgt die ökonomischen Handlungsmuster in den Bereich der Politik und erklärt auf diese Weise politisches Handeln.[57] Anders als die normative Wohlfahrtstheorie, die Regeln für einen „vollinformierten und wohlwollenden Diktator" formuliert, geht die Politische Ökonomie von dem nach Eigennutz strebenden Politiker aus. Damit begibt sie sich in eine Sphäre, die EUCKEN noch in den Datenkranz des ökonomischen Prozesses verwiesen hat.[58]

DOWNS bezeichnet den Politiker als „politischen Unternehmer": Wie der ökonomische Unternehmer Gewinnmaximierung betreibt, so geht sein politisches Pendant der Stimmenmaximierung nach.[59] Seine tatsächliche, nicht offen deklarierte Zielsetzung besteht in der Nutzung der mit dem politischen Amt verbundenen Vorteile (z.B. Gehälter, Einfluß, Prestige). Dazu zählt auch die Erzielung eines „politischen Einkommens", worunter nicht das Direkteinkommen, sondern jener geldwerte Vorteil zu verstehen ist, der mittelbar von politischen Funktionen abhängt (z.B. zugesicherte Positionen während und nach Beendigung der politischen Tätigkeit). Um dauerhaft in den Genuß eines Amtes zu gelangen, muß der Politiker eine ausreichend große Stimmzahl auf sich vereinen. Im wettbewerblichen Tauschsystem zwischen Wählerstimmen und politischen Programmen orientiert sich der Politiker an den Präferenzen der Wähler nicht etwa deshalb, weil er den „Volkswillen" aus übergeordneten Gründen für richtig hält, sondern weil er dadurch seine Wahlwahrscheinlichkeit erhöht. Die Politiker wissen, daß hohe Staatsausgaben, niedrige Steuern und ein breites Spektrum öffentlicher Leistungen die Stimmung der Bevölkerung verbessern und ihrer Popularität zugute kommen.[60] Sobald die Steuereinnahmen für die Finanzierung dieser Ausgabeprogramme aber nicht mehr ausreichen und einer anhaltenden Kreditaufnahme rechtliche oder ökonomische Grenzen gesetzt sind, werden die Politiker die Gewinne öffentlicher Unternehmen stärker als zusätzliche Einnahmequellen nutzen.

---

[57] Vgl. *Gebhard Kirchgässner/Werner W. Pommerehne:* Das ökonomische Modell individuellen Verhaltens: Implikationen für die Beurteilung staatlichen Handeln, in: Kritische Vierteljahresschrift für Gesetzgebung und Rechtswissenschaft, Band 3 (1988), S. 230-250, hier: S. 240-243.

[58] Vgl. *Walter Eucken:* Die Grundlagen der Nationalökonomie, Berlin 1959, S. 162.

[59] Vgl. *Anthony Downs:* Ökonomische Theorie der Demokratie, Tübingen 1968, S. 19 f. und S. 161.

[60] Vgl. *Robert J. Barro:* The Control of Politicians: An Economic Model, in: Public Choice, Vol. 14 (Spring 1973), S. 19-42, hier: S. 22-26.

D.3.2.2 Sparkassen und Landesbanken als öffentliche Einnahmequellen

D.3.2.2.1 Zur Effizienz öffentlicher Unternehmen im allgemeinen und der Sparkassen und Landesbanken im besonderen

Im vorindustriellen Zeitalter dienten öffentliche Betriebe hauptsächlich der Erwirtschaftung von Staatseinnahmen, weil die Steuerquellen nur mäßig erschlossen und für den Finanzbedarf nicht ausreichend waren, so daß die Einnahmen anderweitig – nämlich durch Staatsbetriebe – beschafft werden mußten.[61] Auch in den sozialistischen Planwirtschaften waren, wie am Beispiel der ehemaligen DDR deutlich erkennbar ist, nicht die Steuerzahlungen der Haushalte bzw. der Unternehmen die Haupteinnahmequelle des Staates, sondern die Abführungen der „volkseigenen" Betriebe, Kombinate und Banken.[62] Sicherlich haben auch heute die Ministerpräsidenten, Finanzminister, Oberbürgermeister oder Landräte nichts gegen Gewinnabführungen öffentlicher Unternehmen einzuwenden. Als Zielsetzung der öffentlichen Unternehmen spielt aber die Gewinnerzielung heute eher eine Nebenrolle; im Vordergrund steht die Erbringung von versorgungs-, struktur- und arbeitsmarktpolitischen Leistungen. Nötigenfalls werden Betriebsverluste durch öffentliche Mittel gedeckt.[63]

In empirischen Studien wurden bei mehreren staatlichen Industrieunternehmen z.T. äußerst gravierende Effizienzdefizite festgestellt.[64] Ökonomen führen diese auf die ungünstige Verteilung der „property rights" zurück.[65] Im einzelnen handelt es sich um

– das Recht zur Nutzung eines Gutes,
– das Recht auf die Vereinnahmung der Erträge eines Gutes,
– das Recht zur Veränderung eines Gutes und

---

[61] Vgl. *Hermann van der Wee:* The Financing of the Mercantilist State, in: The Cambridge Economic History, Vol. V, The economic Organization of early modern Europe, hrsg. von E.E. Rich/C.H. Wilson, Cambridge 1977, S. 358-392, hier: S. 358 f.

[62] So *entfielen* im Jahr 1988 etwa 80 v.H. der offiziell ausgewiesenen Staatseinnahmen der ehemaligen DDR auf Abführungen der volkseigenen Kombinate, Betriebe und Banken. Vgl. *Statistisches Amt der DDR:* Statistisches Jahrbuch der Deutschen Demokratischen Republik '90, Berlin 1990, S. 299 f.

[63] Vgl. *Charles B. Blankart:* Öffentliche Finanzen in der Demokratie, 4. Auflage, München 2001, S. 449.

[64] Vgl. *Arnold Picot/Thomas Kaulmann:* Industrielle Großunternehmen in Staatseigentum aus verfügungsrechtlicher Sicht, in: Zeitschrift für betriebswirtschaftliche Forschung, Heft 11, N.F. 1985, S. 956-980, hier: S. 967-976.

[65] Vgl. *Charles B. Blankart/Werner W. Pommerehne/Friedrich Schneider:* Warum nicht reprivatisieren?, in: Ansprüche, Eigentums- und Verfügungsrechte, Arbeitstagung des Vereins für Socialpolitik, Gesellschaft für Wirtschafts- und Sozialwissenschaften in Basel 1983, Schriften des Vereins für Socialpolitik, N.F., Band 140, Berlin 1984, S. 221-246, hier: S. 229-236.

- das Recht auf die Übertragung des Eigentums an diesem Gut.[66]
Sind diese Rechte auf unterschiedliche Personenkreise verteilt, dann entstehen Kosten für die Aufstellung, Durchsetzung und Kontrolle von Regeln zwischen den Personengruppen (Transaktionskosten).[67] In öffentlichen Betrieben sind ferner Anreizdefekte bei den Bediensteten (Unkündbarkeit, leistungsunabhängige Entlohnung), institutionelle Steuerungsmängel (Kostendeckungsprinzip) und der fehlende Wettbewerb als Gründe für die Ineffizienz zu nennen.

Die Relevanz solcher Überlegungen für die Sparkassen und Landesbanken ist aber gering. Die Sparkasseninstitute stehen im Wettbewerb mit anderen Banken, und der Vorwurf der Ineffizienz läßt sich bei ihnen nicht nachweisen. Das frühere Bundesaufsichtsamt für das Kreditwesen (BAKred) bezeichnet zwar die vergleichsweise geringe Betriebsgröße der Sparkassen als ungünstige Voraussetzung für eine gute Ertrags- und Risikolage. Allerdings werden die Anstrengungen, die die Sparkassen zur Stabilisierung bzw. Verbesserung ihrer wirtschaftlichen Verhältnisse unternommen haben und unternehmen, als angemessen und durchaus erfolgreich beurteilt.[68] In längerfristiger Betrachtung wirtschaften die Sparkassen im Vergleich zum übrigen Geschäftsbankensektor sogar rentabler (*Tabelle 8*, S. 66). Ihr an der Bilanzsumme gemessener Betriebsergebnis lag im Durchschnitt der Jahre 1995 bis 2001 mit 0,67 v.H. deutlich über dem Vergleichswert der Branche (0,40 v.H.). Die Landesbanken weisen dagegen mit 0,23 v.H. einen Rentabilitätsrückstand auf. Wenngleich die Entwicklung der Landesbankgewinne mit ihrem Bilanzwachstum nicht Schritt halten konnte, so bescheinigt das frühere BAKred auch den Landesbanken langfristige Wettbewerbsfähigkeit.

D.3.2.2.2 Die Teilhabe der Länder und Kommunen an den Gewinnen der Sparkassen und Landesbanken

Für die Politiker ist bereits die Erzielung von Gewinnen „ihrer" Landesbanken und Sparkassen bedeutsam, weil sie allein dadurch ihre wirtschaftliche Sachkunde herausstellen können.[69] Eine wichtigere Rolle spielt aber natürlich die Verteilung dieser Gewinne. Die Gewinne können einbehalten oder ausgeschüttet werden. Vor der Thesaurierung der Gewinne sind die Steuern (Gewerbe- und

---

[66] Vgl. *Harold Demsetz:* Towards a Theory of Property Rights, in: American Economic Review, Vol. 57 (1967), S. 347-359; *Rudolf Richter/Eirik G. Furubotn:* Neue Institutionenökonomik, 2. Auflage, Tübingen 1999, S. 82.

[67] Vgl. *Bernd Stauss:* Private und öffentliche Unternehmen im Effizienzvergleich. Unternehmensverfassungen ‚im Lichte' der Property Rights-Theorie, in: Zeitschrift für öffentliche und gemeinwirtschaftliche Unternehmen, Heft 3/1983, S. 278-298, hier: S. 281.

[68] Vgl. *Bundesaufsichtsamt für das Kreditwesen:* Jahresbericht 2000, S. 64.

[69] Vgl. *Frankfurter Allgemeine Zeitung:* Die Landesbank und die Politiker, in: Nr. 147 vom 30.6.1981, S. 11.

Körperschaftsteuer)[70] abzuführen, was im Fall der Sparkassen und Landesbanken materiell einer Gewinnabführung an die Eigentümer entspricht.

Tabelle 31: Steueraufkommen nach Bankengruppen in Deutschland

	1970-1979		1980-1989		1990-2001	
	Mrd. Euro	v.H.	Mrd. Euro	v.H.	Mrd. Euro	v.H.
Alle Bankengruppen	19,5	100,0	52,4	100,0	104,7	100,0
darunter:						
Kreditbanken i.e.S.	4,8	24,6	14,0	26,7	25,9	24,7
Sparkasseninstitute	**8,4**	**43,0**	**22,8**	**43,5**	**48,7**	**46,5**
darunter Sparkassen	6,5	33,3	19,4	37,0	38,4	36,7
darunter Landesbanken	1,9	9,7	3,4	6,5	10,3	9,8
Genossenschaftsbanken[71]	3,6	18,5	6,9	13,2	19,6	18,7

Quelle: Deutsche Bundesbank: Die Ertragslage der Banken im Jahre 1977, in: Monatsbericht Oktober 1978, S. 20-30, hier: S. 26-29; dies.: Die Ertragslage der deutschen Kreditinstitute im Jahre 1982, in: Monatsbericht August 1983, S. 14-29, hier: S. 24-27; dies.: Die Ertragslage der deutschen Kreditinstitute im Jahre 1990, in: Monatsbericht August 1991, S. 15-31, hier: S. 26-29; dies.: Die Ertragslage der deutschen Kreditinstitute im Jahr 1994, in: Monatsbericht Oktober 1995, S. 19-46, hier: S. 40-43; dies.: Die Ertragslage der deutschen Kreditinstitute im Jahr 2001, in: Monatsbericht September 2002, S. 17-47, hier: S. 43-45; eigene Berechnungen.

Die Steuerzahlungen der Sparkassen, die aufgrund des Regionalprinzips das internationale Steuergefälle nicht ausnutzen können, stellen nicht unerhebliche Beträge dar fallen im Vergleich zu ihrem Geschäftsvolumen überproportional hoch aus. Bei einem Marktanteil am Bilanzvolumen von zuletzt 15,7 v.H. (*Tabelle 11*, S. 81) entfielen auf sie zwischen 1990 und 2001 36,7 v.H. des kreditwirtschaftlichen Steueraufkommens (*Tabelle 31*).

Die Vollprivatisierung brächte den Sparkasseninstituten größere Steuergestaltungsmöglichkeiten (z.B. durch die steuerliche Erklärung von Gewinnen in Ländern mit niedrigeren Steuersätzen), was in Deutschland zu einem Rückgang der gewinnabhängigen Steuereinnahmen führen könnte. Schon unter diesem Gesichtspunkt dürfte die Bereitschaft der Politiker, im Rahmen einer Privatisierung der vollständigen rechtlichen Gleichstellung der Sparkassen mit anderen Banken zuzustimmen, eher gering sein. Abgesehen davon spielt für die Politiker nicht nur das Steueraufkommen, sondern auch die Beteiligung an den Gewinnen der

---

[70] Die rein förderwirtschaftlichen öffentlichen Kreditinstitute (z.B. KfW) sind von der Körperschaftssteuerpflicht nach § 5 (1) Nr. 2 KStG befreit.

[71] Einschließlich genossenschaftlicher Zentralbanken.

Sparkasseninstitute eine wichtige Rolle. Die sparkassengesetzlichen Bestimmungen legen eine Rangfolge bei der Gewinnverwendung fest.[72] Nach der gesetzlich verpflichtenden Rücklagenbildung können die Sparkassen den disponiblen Teil der Jahresüberschüsse entweder unmittelbar oder über die Gewährträger „gemeinnützigen Zwecken" zuführen. Gemeinnützig im Sinne von § 52 (2) der Abgabenordnung (AO) sind solche Zwecke, durch welche die Allgemeinheit materiell, geistig oder sittlich gefördert wird. Der Gesetzgeber hat das Spektrum von Aktivitäten, die den steuerlichen Begriff der Gemeinnützigkeit erfüllen, recht breit gefaßt.[73] Mit diesen Leistungen werden die Länder und Gemeinden faktisch bei der Erfüllung öffentlicher Aufgaben unterstützt,[74] auch wenn es sich bei den Verwendungszwecken um keine Pflichtaufgaben der Gewährträger handeln darf. Die Ausschüttungen der Sparkassen sind in keinem Fall in das freie Belieben der Gewährträger gestellt, sondern zweckgebunden. Inhaltlich entsprechend ist bei Spenden der Sparkasseninstitute aus den sog. „Dispositionsfonds" zu verfahren. Hierbei handelt es sich um vorweg eingeplante Mittel, für deren Verwendung die Gewährträger ein Vorschlagsrecht besitzen. Sie stellen allerdings keine Gewinnverwendung, sondern eine gewinnmindernde (und steuerlich abzugsfähige) Betriebsausgabe dar. Direktspenden an die Gewährträger werden als „verdeckte Gewinnausschüttungen" behandelt und sind steuerlich nicht abzugsfähig, soweit sie den durchschnittlichen Betrag übersteigen, den die Sparkasse an Dritte leistet.[75]

Weil es den Sparkasseninstituten rechtlich verwehrt ist, in der öffentlichen Darstellung auf sich als Erbringer dieser Mittel aufmerksam zu machen,[76] können die Politiker die bewirkten Wohltaten für sich in Anspruch nehmen. Dabei steht aber eher der Gesichtspunkt der Image- und Kontaktpflege im Vordergrund; die volumenmäßige Bedeutung dieser Leistungen in Relation zu den übrigen Staats-

---

[72] Vgl. z.B. § 30 BWSpkG, § 29 BaySpkO, § 27 BbgSpkG, § 11 BrSpkG, § 16 HSpkG, § 27 MVSpkG, § 27 NSpkG, § 27 NWSpkG, § 20 RPSpkG, § 25 SaarSpkG, § 27 SächsSpkG, § 27 SASpkG, § 30 SHSpkG, § 21 ThürSpkG.

[73] Gemeinnützig im Sinne des Steuerrechts sind z.B.: Förderung von Wissenschaft und Forschung, Bildung und Erziehung, Kunst und Kultur, Religion, Völkerverständigung, Entwicklungshilfe, Umwelt-, Landschafts- und Denkmalschutz, Pflege des Heimatgedankens, Jugendhilfe, Altenhilfe, öffentliches Gesundheitswesen, Wohlfahrtswesen, Sport, Pflege des Demokratiegedankens, Tier- und Pflanzenzucht, Kleingärtnerei, Pflege traditionellen Brauchtums (Karneval, Fasching und Fastnacht), Förderung der Soldaten- und Reservistenbetreuung, des Amateurfunks, des Modellflugs und des Hundesports.

[74] Vgl. *Horst Köhler:* Der Staat hätte ohne öffentlich-rechtliche Sparkassen mehr Verantwortung und Aufgaben, in: Zeitschrift für das gesamte Kreditwesen, Heft 22/1994, S. 1092-1101, hier: S. 1096.

[75] Vgl. *BFH:* Urteil vom 9.8.1989, in: BStBl. II 1990, S. 237-242.

[76] Vgl. *Klaus-Wilhelm Knauth:* Werbung in der Kreditwirtschaft, in: Rechtsfragen in Wettbewerb und Werbung (Loseblattsammlung), hrsg. von Joachim Amann und Roland Jaspers, Rdnr. 359.

ausgaben ist eher gering: Nur etwa 4,0 v.H. der Jahresüberschüsse der Sparkassen werden gemeinnützigen Zwecken zugeführt.[77] Gemessen am nachsteuerlichen Jahresüberschuß des Jahres 2001 (2,022 Mrd. Euro)[78] entspricht dies einem Betrag von ca. 80 Mio. Euro pro Jahr. Mit Blick auf den öffentlichen Finanzbedarf ist es daher nicht verwunderlich, daß es der erklärte Wille der Politiker ist, verstärkt an den Sparkassengewinnen zu partizipieren.[79] In diese Richtung weisen die jüngsten Gesetze in drei Bundesländern.[80]

– Das Gesetz zur Neuordnung der öffentlich-rechtlichen Kreditinstitute im Freistaat Sachsen einschließlich der Sächsischen Aufbaubank, das u.a. aus dem Gesetz über den Sachsen-Finanzverband (SächsFinVerbG) und dem Sparkassengesetz (SächsSpkG) besteht, sieht die Einbringung der sächsischen Sparkassen, der Landesbank Sachsen sowie der Sächsischen Aufbaubank GmbH in eine Holding, den „Sachsen-Finanzverband" (im folgenden: Verband), Sitz Leipzig, vor. In der Begründung des Gesetzentwurfs und in den öffentlichen Erklärungen des (früheren) Finanzministers wird die Stärkung der öffentlichen Kreditinstitute und des Finanzplatzes Sachsen sowie die höhere Beteiligung der Kommunen an den Erträgen genannt.[81] Der Verband übernimmt einen Teil der geschäftspolitischen Aufgaben der Sparkassen (§ 2 (1) SächsFinVerbG); die Gewährträger der Sparkassen haften entsprechend ihrer Beteiligung am Stammkapital für den Verband (§§ 3 (1) und 4 (1) SächsFinVerbG). In die Verwaltungsräte der angeschlossenen Institute wird ein stimmberechtigter Verbandsvertreter entsandt (§ 10 (4) Nrn. 2 und 3 SächsFinVerbG i.V.m. §§ 9 (2) Nr. 3 und 11 (1) SächsSpkG). Im Gegenzug erhalten die Gewährträger typische stille Einlagen am Verbandskapital, deren Höhe sich aus der Differenz zwischen dem Buchwert und dem Ertragswert der eingebrachten Institute ermittelt (§ 18 (1) und (3) SächsFinVerbG). Aus dem verzinslichen Stammkapital könnten, unterstellte man den Beitritt aller Sparkassen, die Kommunen jährlich bis zu 150 Mio. Euro und das Land bis zu 35

---

[77] Vgl. *Karl-Bräuer-Institut des Bundes der Steuerzahler:* a.a.O. (Kap. A, FN 8), S. 113; *Deutscher Sparkassen- und Giroverband:* Mitteilung vom 14.4.1999.

[78] Vgl. *Deutsche Bundesbank:* Die Ertragslage der Kreditinstitute im Jahr 2001, in: Monatsbericht September 2002, S. 17-47, hier: S. 45.

[79] Vgl. *Handelsblatt:* Die Gewinne der Sparkassen locken die Kommunen, in: Nr. 85 vom 5.5.1998, S. 22.

[80] Vgl. *Hans-Günter Henneke:* Gewährträgerorientierte Weiterentwicklung des Sparkassenrechts, in: Der Landkreis, Heft 5/1999, S. 319-320, hier: S. 320.

[81] Vgl. *Sächsischer Landtag:* Gesetzentwurf der Staatsregierung für ein Gesetz zur Neuordnung der öffentlich-rechtlichen Kreditinstitute im Freistaat Sachsen einschließlich der Sächsischen Aufbaubank GmbH, in: Drucksache 2/10015 vom 5.11.1998, Vorblatt; *Georg Milbradt:* Sächsische Verbundlösung – Konzept für eine sichere Zukunft in Sachsen, in: Wertpapier-Mitteilungen, Heft 23/1999, S. 1164 f.

Mio. Euro erhalten.[82] Die Ausschüttungen bleiben bei der Ermittlung der Finanzausgleichsmasse und der Steuerkraftmeßzahl ohne Berücksichtigung (§ 15 (4) SächsFinVerbG). Zur Realisierung der angestrebten Ausschüttungen sollen Produktivitätssteigerungen und Kosteneinsparungen beitragen.[83] Nach Ansicht der Landesregierung rechtfertigt bereits die Bildung des Verbandes höhere Ausschüttungen, weil die Risikotragfähigkeit des Verbandes insgesamt größer ist als die der für sich stehenden Verbandsmitglieder. Deshalb wird eine geringere Thesaurierungsquote des Verbandes für vertretbar gehalten.[84] Die Gegner des Gesetzes (u.a. Sparkassenverbände, Oppositionsfraktionen) befürchten dagegen eine Substanzauszehrung und die Gefährdung der Wesensmerkmale der Sparkassen.[85] Die Gewerkschaften bezweifeln die Sicherheit der Arbeitsplätze im Verband.[86] Die SPD-Opposition erhob Verfassungsklage, blieb aber erfolglos.[87] Um die Akzeptanz des Gesetzes zu erhöhen, wurde es bezüglich der kommunalen Mitwirkungsrechte nachgebessert.[88] Diese Konzessionen konnten aber nicht verhindern, daß die Bürgerinitiative „Pro kommunale Sparkasse" einen Volksentscheid herbeiführte, in welchem sich die Bevölkerung für die Wiederherstellung der bisherigen Struktur ausgesprochen hat.[89] Auch wenn die Regierung anfänglich an dem Verband fest-

---

[82] Vgl. *Bernd Thode:* „Wir wollen mit einem verbesserten Verbund die Wettbewerbsfähigkeit und die Arbeitsplätze in Sachsen sichern", in: Zeitschrift für das gesamte Kreditwesen, Heft 7/1999, S. 324-329, hier: S. 326.

[83] Vgl. *Die Welt:* Sachsen macht die Sparkassen fit für den Wettbewerb, in: Nr. 121 vom 25.5.2000, S. U2; *Frankfurter Allgemeine Zeitung:* Vom Leihhaus zum Finanzverbund, in: Nr. 159 vom 12.7.2000, S. 17.

[84] Vgl. *Thomas Padberg/Thomas Werner:* Das Modell Sachsen-Bank – eine Erwiderung, in: Zeitschrift für das gesamte Kreditwesen, Heft 14/1999, S. 738-740.

[85] Vgl. *Heinrich Schmidhuber:* Überlegungen zu künftigen Sparkassenstrukturen, in: Sparkasse, Heft 12/1998, S. 586 f.; *Anton Maurer:* Ausschüttung bei Sparkassen?, Zur Diskussion um die Ausschüttung von Sparkassengewinnen, in: Zeitschrift für das gesamte Kreditwesen, Heft 17/1998, S. 947-950, hier: S. 948; *ders.:* Shareholder-Value: Ein Bumerang für die Zukunft der Sparkassen, in: Zeitschrift für das gesamte Kreditwesen, Heft 9/1999, S. 438-441, hier: S. 438; *Handelsblatt:* Sachsen-Bank wird kritisch gesehen, in: Nr. 42 vom 2.3.1999, S. 23; *Süddeutsche Zeitung:* Gegen harten Widerstand geht Sachsen in die Sparkassenfusion, in: Nr. 61 vom 15.3.1999, S. 32; *Deutscher Sparkassen- und Giroverband:* Jahresbericht 1998, S. 30.

[86] Vgl. *Sächsische Zeitung:* „Riesa wichtiger als Wall Street", in: Nr. 26 vom 1.2.1999, S. 8.

[87] Vgl. *Handelsblatt:* SPD klagt gegen Sparkassengesetz, in: Nr. 157 vom 17.8.1999, S. 27; *Paul Bischof/Dirk Fedders:* Sachsenbank – kein Zukunftsmodell!, in: Zeitschrift für das gesamte Kreditwesen, Heft 13/2000, S. 698-700.

[88] Vgl. *Handelsblatt:* Sparkassen-Reform statt Revolution, in: Nr. 136 vom 18.7.2000, S. 22.

[89] Vgl. *Süddeutsche Zeitung:* Sachsen lehnen Finanzverband ab, in: Nr. 244 vom 23.10.2001, S. 26.

halten wollte,[90] beschloß sie dessen Auflösung und dessen Weiterführung als eine Art Diskussionsforum unter dem Namen „Sächsische Finanzgruppe".[91]

– Anders als in Sachsen beläßt das Sechste Sparkassenänderungsgesetz des Landes Rheinland-Pfalz (6. SpkÄndG) den Aufbau des Sparkassenwesens zwar unverändert; die Zielsetzungen sind jedoch dem sächsischen Gesetz nicht unähnlich. Das Wirtschaftsministerium des Landes[92] spricht davon, damit die Wettbewerbsfähigkeit der Sparkassen des Landes steigern zu können.[93] In der amtlichen Begründung des Gesetzes wird auch auf die Möglichkeit höherer Ausschüttungen an die Träger verwiesen.[94] Letztere sind nun gemäß § 3 (3) des rheinland-pfälzischen Sparkassengesetzes (RPSpkG) berechtigt, die Sparkassensatzungen so abzuändern, daß aus dem Kapital der Sparkassen ein Stammkapital gebildet wird, auf das eine entsprechende Verzinsung an die Gewährträger geleistet werden kann (§ 20 (1) RPSpkG). Außerdem ermöglicht das Gesetz die Übertragung dieses Stammkapitals auf andere Sparkassen oder Gewährträger mit Sitz im Lande (§ 3 (4) RPSpkG). Schließlich beseitigt es einige Geschäftsbeschränkungen und lockert die Vergütungsordnungen für Vorstände (Art. 2 (2) Nrn. 2 und 3 6. SpkÄndG). Die Aussicht auf zusätzliche Einnahmequellen ist vom Vorsitzenden des rheinland-pfälzischen Landkreistages ausdrücklich begrüßt worden.[95] Der Sparkassen- und Giroverband Rheinland-Pfalz unterstützt das Gesetz ebenfalls.[96] Der Landesobmann der rheinland-pfälzischen Sparkassen wertet das Gesetz dagegen eher zurückhaltend. Er gibt zu bedenken, daß sich Begehrlichkeiten der Gewährträger in Bezug auf Ausschüttungen sowie die Aufweichung des Re-

---

[90] Vgl. *Thomas de Maizière:* „Die Annahme des Gesetzentwurfes bewirkt nicht automatisch die Auflösung des Finanzverbandes", in: Zeitschrift für das gesamte Kreditwesen, Heft 22/2001, S. 1272-1273.

[91] Vgl. *Frankfurter Allgemeine Zeitung:* Finanzverband Sachsen aufgelöst, in: Nr. 79 vom 5.4.2002, S. 15.

[92] Interessanterweise spricht sich der frühere rheinland-pfälzische Wirtschaftsminister BRÜDERLE, dessen Nachfolger BAUCKHAGE (beide FDP) das Gesetz eingebracht hat, für eine sofortige Teilprivatisierung der öffentlich-rechtlichen Kreditwirtschaft aus, da ihre Tätigkeit nicht mehr ordnungspolitisch begründet werden kann. Vgl. *Rainer Brüderle:* Flurbereinigung, in: Zeitschrift für das gesamte Kreditwesen, Heft 19/1988, S. 894 f.

[93] Vgl. *Hans-Richard Palmen:* Zwischen öffentlichem Auftrag und Wettbewerb, in: Zeitschrift für das gesamte Kreditwesen, Heft 15/1999, S. 778-781, hier: S. 779.

[94] Vgl. *Landtag Rheinland-Pfalz:* Gesetzentwurf der Landesregierung zur Änderung des Sparkassengesetzes, in: Drucksache 13/4077 vom 9.3.1999, S. 11 f.

[95] Vgl. *Winfried Hirschberger:* Stammkapital für Sparkassen – eine Vorbereitung der Trennung von Kommune und Sparkasse?, in: Zeitschrift für das gesamte Kreditwesen, Heft 15/1999, S. 776 f., hier: S. 776.

[96] Vgl. *Sparkassen- und Giroverband Rheinland-Pfalz:* Information für die Presse vom 21.7.1998, S. 1.

gionalprinzips nachteilig auf die Sparkassen auswirken könnten.[97] Beim Deutschen Sparkassen- und Giroverband stößt das Gesetz auf Ablehnung, da die vorgesehenen Gewinnausschüttungen die Sparkassen zur Gewinnmaximierung zwingen würden.[98] Die Gewerkschaften und die Personalvertretungsorgane der rheinland-pfälzischen Sparkassen halten das 6. SpkÄndG für arbeitsplatzgefährdend.[99]

– Schließlich wurde auch in Mecklenburg-Vorpommern mit dem 1. Sparkassenänderungsgesetz (1. SpkÄndG) das Landessparkassengesetz (MVSpkG) zu Gunsten der Gewährträger novelliert. An der Sparkassenstruktur wird zwar dadurch nichts geändert; allerdings steigen die Ausschüttungsmöglichkeiten mit der Höhe des Eigenkapitals in Beziehung zu den gewichteten Risikoaktiva, so daß bis zu 50 v.H. des Jahresüberschusses an den Gewährträger abgeführt werden können (§ 27 (3) Nr. 7 MVSpkG). Die Entscheidung über die Gewinnverwendung trifft der Gewährträger, der dabei die Empfehlungen der Abschlußprüfer zu berücksichtigen hat. Durch die Neuregelung erhofft man sich eine Stärkung der kommunalen Bindung und eine Erhöhung der Wettbewerbsfähigkeit der Sparkassen.[100] Deren Ertragskraft soll nach Vorstellung der Finanzministerin durch verstärkte Kooperationen und die Ausnutzung von Kostensenkungspotentialen gestärkt werden.[101]

Die dargestellten Neuerungen sollen die Kommunen in die Lage versetzen, stärker als bisher an den Gewinnen ihrer Sparkassen zu partizipieren.[102] Auf diese Weise beugen die Länder der in Zeiten knapper Kassen wachsenden Gefahr von haushaltpolitisch motivierten Privatisierungsforderungen von Seiten der Kommunen vor. Mit der Erschließung der Sparkassen als dauerhafte Einnahmequellen relativiert sich für sie nämlich der finanzielle Vorteil der Privatisierung in Gestalt von Privatisierungserlösen. Privatisierte Sparkassen würden nicht an die Kommunen, sondern an private Eigentümer ausschütten. Die Gesetze können

---

[97] Vgl. *Günter Haas:* Die Stammkapitalbildung öffnet neue Horizonte – was daraus wird, muß man sehen, in: Zeitschrift für das gesamte Kreditwesen, Heft 15/1999, S. 770-775.

[98] Vgl. *Börsen-Zeitung:* DSGV lehnt Vorrang für Renditeorientierung ab, in: Nr. 98 vom 26.5.1998, S. 5; *Süddeutsche Zeitung:* Sparkassen wappnen sich gegen unliebsame Länderinitiativen, in: Nr. 116 vom 22.-24.5.1999, S. 26.

[99] Vgl. *Die Rheinpfalz:* Schelte für neues Sparkassengesetz, in: Nr. 235 vom 10.10.1998, S. 15.

[100] Vgl. *Finanzministerium Mecklenburg-Vorpommern:* Mitteilung vom 26.5.1999.

[101] Vgl. *Sigrid Keler:* Sparkassen müssen über den regionalen Tellerrand blicken, in: Handelsblatt, Nr. 88 vom 7.5.1999, S. 32.

[102] Auch das Land Sachsen-Anhalt beabsichtigt, die Gewinnteilhabe für die Sparkassengewährträger zu verbessern. Von den Plänen, gegenseitige Beteiligungsmöglichkeiten zu schaffen (vgl. *Handelsblatt:* Sparkassen in Sachsen-Anhalt arbeiten zusammen, in: Nr. 249 vom 23.12.1999, S. 24), wurde Abstand genommen. Vgl. *Finanzministerium Sachsen-Anhalt:* Mitteilung vom 27.2.2001.

deshalb durchaus als eine Maßnahme zur Festigung der kommunalen Anbindung der Sparkassen gesehen werden.

D.3.2.2.3 Die (überschätzte?) Haushaltswirkung der Privatisierung

Wie bereits angesprochen, dürfte ein Motiv für die im vorhergehenden Abschnitt dargestellten Änderungsgesetze auch die schwierige Lage der öffentlichen Haushalte gewesen sein. Weil die Haushaltskonsolidierung durch Ausgabenkürzungen und Steuererhöhungen politisch schwer vermittelbar ist, sind die Landes- und Kommunalpolitiker gezwungen, alle denkbaren Einnahmequellen zu erschließen. Um die Belastungen durch Zins- und Tilgungszahlungen zu verringern, wird durch den Sachverständigenrat zur Begutachtung der gesamtwirtschaftlichen Entwicklung (SVR) der Verkauf von solchen öffentlichen Vermögensgegenständen empfohlen, die für die Erfüllung öffentlicher Kernaufgaben nicht benötigt werden.[103]

Höchst unsicher ist aber, ob diese Empfehlung überall gleichermaßen Gehör findet. Weil die Schuldenlast und damit der finanzielle „Leidensdruck" von Land zu Land unterschiedlich ist – die Pro-Kopf-Verschuldung reicht von 2.598 Euro in Bayern bis zu 12.910 Euro in Bremen[104] –, spricht einiges für die Vermutung, daß in den hochverschuldeten Ländern eher privatisierungspolitische Überlegungen aufgenommen werden als in den weniger verschuldeten. Aber auch in den hochverschuldeten Ländern halten sich die Bestrebungen, die Privatisierung der Sparkassen und Landesbanken in die Lösung der Finanzprobleme einzubeziehen, in Grenzen. Einer der Gründe dafür könnte die Tatsache sein, daß die Zinsersparnisse, welche sich als Folge einer Schuldentilgung ergeben, möglicherweise nicht so hoch ausfallen, daß der Verkauf der Sparkassen und Landesbanken als opportun erscheint.

Tabelle 32 (S. 184) zeigt auf Grundlage der in Abschnitt D.2.2.4 vorgenommenen Erlösschätzung (62,4 Mrd. Euro), wie sich die bei einer Vollprivatisierung mögliche Schuldentilgung auf die Senkung der jährlichen Zinslast bei Ländern und Gemeinden auswirken könnte. Der Einspareffekt bei den Ländern, die 46,9 v.H. der Landesbankanteile halten (36,4 v.H. direkt, 10,5 v.H. indirekt durch Beteiligungen der Landesbanken untereinander)[105], ist naturgemäß geringer als bei den Kommunen.

---

[103] Vgl. *SVR:* Zeit zum Handeln – Antriebskräfte stärken, Jahresgutachten 1993/94, Stuttgart 1993, S. 257.

[104] Vgl. *SVR:* Für Stetigkeit – Gegen Aktionismus, Jahresgutachten 2001/02, Stuttgart 2001, S. 127.

[105] Vgl. zu den Zahlenangaben *Tabelle 5* (S. 41).

Tabelle 32:   *Geschätzte jährliche Zinsersparnis aufgrund einer durch Privatisierungserlöse möglichen Tilgung von Kommunal- und Länderschulden in Deutschland*

Kommunen	Mrd. Euro
Schuldenstand der Kommunen einschl. kommunale Zweckverbände (2001)	99,20
Zinszahlungen der Gemeinden (2001)	5,52
Geschätzte Erlöse aus der Privatisierung der Sparkassen (vgl. S. 155)	43,00
Unter Zugrundelegung ihres Eigentumsanteils an den Sparkassen (92,8 v.H., d.h. ohne die freien Sparkassen) stünden den Kommunen davon zu:	39,90
Würden 39,90 Mrd. Euro zur Tilgung der kommunalen Schuld verwendet, betrüge die verminderte Zinsbelastung bei einem Zinssatz von 5,56 v.H.:[106]	2,22
Geschätzte Erlöse aus der Privatisierung der Landesbanken (vgl. S. 155)	22,40
Unter Zugrundelegung ihres Eigentumsanteils an den Landesbanken (10,4 v.H., siehe Tabelle 3, S. 32) stünden den Kommunen davon zu:	2,33
Würden 2,33 Mrd. Euro zur Tilgung der kommunalen Schuld verwendet, betrüge die verminderte Zinsbelastung bei einem Zinssatz von 5,56 v.H.:	0,13
Länder	Mrd. Euro
Schuldenstand der Länder (2001)	364,60
Zinszahlungen der Länder (2001)	19,74
Geschätzte Erlöse aus der Privatisierung der Landesbanken (vgl. S. 155)	22,40
Unter Zugrundelegung ihres Eigentumsanteils an den Landesbanken (46,9 v.H., siehe Tabelle 3, S. 32) stünden den Ländern damit zu:	10,51
Würden 10,51 Mrd. Euro zur Tilgung der Länderschulden verwendet, betrüge die verminderte Zinsbelastung bei einem Zinssatz von 5,41 v.H.:[107]	0,57
Gesamte mögliche Zinsersparnis bei Kommunen und Ländern; bei einer Schwankungsbreite von ± 20 v.H. (vgl. S. 155): 2,3 bis 3,5 Mrd. Euro	2,91

Quelle: *(soweit nicht anders vermerkt): SVR: Zwanzig Punkte für Beschäftigung und Wachstum, Jahresgutachten 2002/03, Stuttgart 2002, Tabelle 35; Deutsche Bundesbank: Monatsbericht September 2002, S. 55*; eigene Berechnungen.*

Außerdem hemmt die Finanzverfassung die Anreize für finanzschwache Länder und Gemeinden, Sparkassen und Landesbanken zu Konsolidierungszwecken zu

---

[106] Der von den Kommunen auf ihre Schulden derzeit zu leistende Zinssatz beträgt 5,56 v.H. (= 5,52 Mrd. Euro Zinsaufwand bezogen auf ihren Schuldenstand in Höhe von 99,2 Mrd. Euro).

[107] Der von den Ländern auf ihre Schulden derzeit zu leistende Zinssatz beträgt 5,41 v.H. (= 19,74 Mrd. Euro Zinsaufwand bezogen auf ihren Schuldenstand in Höhe von 364,6 Mrd. Euro).

verkaufen. Bei der Finanzkraftermittlung einer Gebietskörperschaft werden nämlich weder Vermögensbesitz noch Privatisierungserlöse angerechnet.[108] Würde dagegen ein Land Vermögensteile zur Schuldentilgung veräußern und sich auf diese Weise aus einer Haushaltsnotlage befreien, verschlechterte es seine Position bei der Verhandlung um Finanzzuweisungen des Bundes oder anderer Länder (z.B. bei Bundesergänzungszuweisungen nach § 11 (6) Finanzausgleichsgesetz), weil sich seine Finanzkraft verbessert hat.

D.3.2.3 Informelle Instrumentalisierung

Im Rahmen der interessenpolitischen Wechselbeziehungen zwischen Politik und Wirtschaft versucht jede Seite, ihren Nutzen zu maximieren. Die Leistungen von Unternehmen, die den Politikern durch geldwerte Vorteile oder andere Unterstützungsformen Nutzen verschaffen, werden durch das Entgegenkommen der Politik in der Gesetzgebung bzw. im Verwaltungshandeln (z.B. bei der Vergabe öffentlicher Aufträge oder von Subventionen) belohnt.[109] Solche Tauschgeschäfte waren und sind auch im Verhältnis zu den öffentlichen Kreditinstitute beobachtbar. Die folgenden Beispiele zeigen, auf welche Weise sich Politiker die öffentlichen Kreditinstitute – auch die Sparkassen und Landesbanken – für ihre Eigeninteressen dienstbar gemacht haben:
- Parteispenden oder andere geldwerte Zuwendungen,[110]
- Zusicherung von Positionen oder Beraterverträgen während der aktiven Politik oder für die Zeit danach,[111]

---

[108] Das deutsche Finanzausgleichwesen ist überaus komplex und hier nicht im einzelnen darstellbar. Vereinfacht ausgedrückt, wird der Finanzbedarf (FB) auf Grundlage der Einwohnerzahl ermittelt und der Finanzkraft (FK) gegenübergestellt. Finanzstarke Länder (FK > FB) sind ausgleichspflichtig; finanzschwache Länder (FK < FB) ausgleichsberechtigt. Zu den horizontalen Ausgleichszahlungen zwischen den Ländern treten noch vertikale Transfers vom Bund an die Länder hinzu („Bundesergänzungszuweisungen"). Die Gemeinden und Gemeindeverbände erhalten einen Teil des Ländersteueraufkommens, und zwar als zweckgebundene Finanzzuweisungen und als zweckungebundene „Schlüsselzuweisungen". Sowohl auf Länder- als auch auf Gemeindeebene bewirkt der Finanzausgleich eine weitgehende Einebnung der Finanzkraft. Vgl. weiterführend *Bundesministerium der Finanzen:* Finanzbericht 2001, Berlin 2000, S. 149-184; *SVR:* Chancen auf einen höheren Wachstumspfad, Jahresgutachten 2000/01, Stuttgart 2000, S. 210.

[109] Vgl. *Charles B. Blankart:* a.a.O. (FN 63), S. 169.

[110] Vgl. *Süddeutsche Zeitung:* Aus der Sparkasse in die Parteikasse, in: Nr. 46 vom 25.2.2000, S. L1; *Frankfurter Allgemeine Zeitung:* Der Berliner CDU-Fraktionsvorsitzende legt seinen Posten als Vorstandsvorsitzender der Immobilienbank Berlin Hyp nieder, in: Nr. 37 vom 13.2.2001, S. 4.

[111] Vgl. *Die Zeit:* Die Partei gibt, die Partei nimmt – Hamburgs SPD versorgt abgehalfterte Politiker mit lukrativen Posten, in: Nr. 52 vom 21.12.1984, S. 25.

- technische oder organisatorische Unterstützungsleistungen (z.B. Bereitstellung von Transportmitteln),[112]
- Durchführung oder Bezuschussung von Veranstaltungen, in denen sich Politiker in ein günstiges Licht setzen können.[113]

In der öffentlichen Kommentierung werden diese Zweckentfremdungen als ein ärgerliches Geflecht von Abhängigkeiten und politischen Insichgeschäften beanstandet.[114] Unabhängig von der Berechtigung solcher Vorwürfe bleibt festzuhalten, daß auch die informelle Instrumentalisierung der öffentlichen Kreditinstitute für die Politiker deren beharrliches Festhalten am Status quo erklären kann.[115]

D.3.2.4 Einfluß der Politiker auf die Geschäftspolitik

Um ihre Klientel zufriedenzustellen, greifen die Politiker auch auf die administrierte Leistungserbringung und Preisgestaltung der öffentlichen Unternehmen zurück.[116] Sie können auch private Unternehmen zur Vorhaltung eines bestimmten Angebots zu festgelegten Preisen verpflichten (z.B. im Post- und Telekommunikationsbereich).[117] Wenn die festgelegten Preise dieser Pflichtleistungen unterhalb ihrer Herstellungskosten liegen und der Staat die dadurch verursachten Verluste nicht übernimmt, müssen die negativen Deckungsbeiträge durch das öffentliche Unternehmen selbst ausgeglichen werden, und zwar durch die Verteuerung anderer Leistungen.[118] Weil die Nachfrager jener Leistungen durch „überhöhte" Preise schlechtergestellt werden, ist die Politik an der Offenlegung dieser Quersubventionierungen nicht interessiert. Solche internen Verlustausgleichszahlungen können prinzipiell auch bei den Sparkasseninstituten vorkommen, denen es, wie oben dargestellt, im Rahmen ihres öffentlichen Auftrages aufgegeben ist, die Bevölkerung flächendeckend mit Finanzdienstleistungen zu versorgen und in geeigneter Weise an der Stärkung der regionalen Wirtschaft mitzuwirken (z.B. Engagement der Sparkassen an Gründer- und Innovationszentren, Gesellschaften zur Wirtschafts- und Strukturförderung, Bereitstel-

---

[112] Vgl. *Handelsblatt:* Die Macht am Rhein hat Falten bekommen, in: Nr. 9 vom 13.1.2000, S. 12; *Frankfurter Allgemeine Zeitung:* Zwischen Beihilfestreit und Flugaffaire, in: Nr. 63 vom 15.3.2000, S. 17.

[113] Vgl. *Börsen-Zeitung:* Wahlkampf mit Landesbanken, in: Nr. 178 vom 15.9.1976, S. 1 und 3; *Frankfurter Allgemeine Zeitung:* Zulässig oder nur praktisch?, in: Nr. 50 vom 29.2.2000, S. 16.

[114] Vgl. *Rheinischer Merkur:* Die Amigo-Kasse, in: Nr. 10 vom 10.3.2000, S. 4.

[115] Vgl. *Hans-Werner Sinn:* Erhebliche Kosten, in: Wirtschaftswoche, Nr. 25 vom 12.5.1997, S. 11.

[116] Vgl. *Charles B. Blankart:* a.a.O. (FN 63), S. 460 f.

[117] Vgl. Abschnitt C.3.1.3.

[118] Vgl. *Günter Knieps:* Zur Problematik der internen Subventionierung in öffentlichen Unternehmen, in: Finanzarchiv, N.F. Band 45 (1987), S. 268-283, hier: S. 268 f.

lung von Risikokapital). Als Financier lokaler Wirtschaftsprojekte können die Sparkasseninstitute in ein – bisweilen heikles – Spannungsfeld zwischen politischen Wunschvorstellungen und kaufmännischer Sorgfalt geraten. In nachweisbaren Fällen drängen die Politiker unter dem Etikett der Wirtschaftsförderung die Institute zu Kreditbewilligungen, die aufgrund schlechter Rentabilität und mangelhafter Sicherheiten zu Wertberichtigungen führen.[119] Ein weiteres Beispiel für die Kollision politischer Ziele mit betriebswirtschaftlichen Sachzwängen ist die Schließung unrentabler Filialen, bei denen die Vorstände oft auf politische Widerstände stoßen.[120]

Die Sparkasseninstitute sind aber verpflichtet, bei der Kreditgewährung und der Versorgung der Bevölkerung mit Finanzdienstleistungen die aufsichtsrechtlichen Vorgaben und die Marktgegebenheiten zu beachten. Deshalb können sie keine von den anderen Anbietern isolierte Strategie betreiben, sondern müssen vielmehr ihr Handeln an den gesetzlichen Rahmenbedingungen und den gegebenen Marktdaten (z.B. Zinsniveau) ausrichten. Angesichts der bestehenden Wettbewerbsintensität und der Markttransparenz sind größere Abweichungen eines einzelnen Anbieters von den Durchschnittskonditionen langfristig nicht durchzuhalten.[121] Sparkassenvertreter betonen deshalb folgerichtig, daß sie bei der Kreditgewährung und der Entgeltfestsetzung genauso verfahren müssen wie die übrigen Banken. Gefälligkeitskredite, chronische Defizitgeschäfte und sozialpolitisch motivierte Preisstaffelungen sind nicht realisierbar.[122] Die Politiker könnten zwar versuchen, dagegen in den Aufsichtsgremien zu opponieren. Weil aber auch sie an Erträgen, Ausschüttungen, hohen Steuerzahlungen und einem reibungslosen Kreditgeschäft interessiert sind, werden sie das betriebswirtschaftlich Gebotene langfristig nicht blockieren. Die Möglichkeit der Politiker, über die Geschäftspolitik der Sparkassen ihre Klientel zu begünstigen, wird also durch die Ertragslage der Institute begrenzt.

---

[119] Vgl. etwa *Die Zeit:* Filz an der Förde, in: Nr. 30 vom 22.7.1999, S. 17 f.; *Mittelbayerische Zeitung:* „Eine andere Bank wäre wohl pleite", in: Nr. 26 vom 2.2.2000, S. 3.

[120] Vgl. *Martin Faust/Jörg Richard:* Shareholder-value-Ansatz: neue Aspekte zur Privatisierung von Öffentlich-rechtlichen?, in: Zeitschrift für das gesamte Kreditwesen, Heft 7/1998, S. 321-326, hier: S. 321 f.

[121] Vgl. *Alfred E. Ott:* Grundzüge der Preistheorie, 3. Auflage, Göttingen 1979, S. 32-37; *ders.:* Marktform und Verhaltensweise, Stuttgart 1959, S. 117.

[122] Vgl. *Klaus Winkelmann:* Gemeinnützig und gewinnorientiert?, in: Sparkasse, Heft 3/1980, S. 70 f., hier: S. 70; *Walther Zügel:* Sparkassen zwischen Marktorientierung und öffentlichem Auftrag aus der Sicht der Praxis, in: Sparkasse, Heft 1/1985, S. 19-22, hier: S. 21.

D.3.3 Interessen innerhalb der Sparkassenorganisation

D.3.3.1 Vorstände

Die Vorstände der Sparkassen und Landesbanken üben den größten Einfluß auf die innerbetriebliche Willensbildung aus.[123] Sie führen die Geschäfte der Institute in eigener Verantwortung und sind verpflichtet, alle Obliegenheiten ordnungsgemäß, d.h. nach kreditwesenrechtlichen und sparkassen- bzw. landesbankgesetzlichen Vorschriften, zu erfüllen.[124] Letztere verpflichten sie zur Umsetzung des öffentlichen Auftrags, für dessen Erfüllung die wirtschaftliche Basis geschaffen werden muß. Deshalb und aus den folgenden Gründen wird das Handlungsmuster der Vorstände i.e.L. durch die Gewinnerzielung bestimmt:

– In der öffentlichen Diskussion wird die Arbeit der Sparkassen- und Landesbankvorstände nach betriebswirtschaftlichen Maßstäben beurteilt. Eine rentierliche Geschäftsentwicklung steigert nicht nur die vermutete Kompetenz, sondern auch den „Marktwert" eines Vorstandmitglieds in der Branche. Eine wichtige Rolle innerhalb der Sparkassenorganisation kann in diesem Zusammenhang das Controlling-Instrument des (nicht veröffentlichten) „Betriebsvergleichs" spielen, mit dem die Rangposition der einzelnen Sparkasse innerhalb eines Verbandsgebiets auf verschiedenen Geschäftsfeldern periodisch offengelegt wird.

– Das unternehmerische Selbstverständnis der Sparkassenvorstände hat sich insbesondere mit der Änderung ihrer Dienstrechtsstellung deutlich gewandelt.[125] Während sie früher Beamte waren,[126] arbeiten sie heute auf der Basis privatrechtlicher Arbeitsverträge.[127] Der Gesetzgeber hielt die Führung der Sparkassen nach den Prinzipien des Berufsbeamtentums für nicht mehr zeitgerecht.[128] Anders als Amtsvorsteher streben die Vorstände keine Leistungs-

---

[123] Vgl. *Dietrich Budäus:* Einzelwirtschaftliche Konzepte zur Analyse und Steuerung öffentlicher Unternehmen – Probleme und Perspektiven, in: Beiträge zur Theorie öffentlicher Unternehmen, in memoriam Theo Thiemeyer, hrsg. von Peter Friedrich, Zeitschrift für öffentliche und gemeinwirtschaftliche Unternehmen, Beiheft 14, Baden-Baden 1992, S. 134-156, hier: S. 154.

[124] Vgl. Abschnitt B.3.7.4.

[125] Vgl. *Reinhold Kurth:* Sind Sparkassenvorstände Unternehmer?, in: Zeitschrift für das gesamte Kreditwesen, Heft 8/1976, S. 367-372, hier: S. 371.

[126] Vgl. *Wolfgang Kuhr:* Zur Rechtsstellung der Vorstandsmitglieder von Sparkassen, in: Sparkasse, Heft 4/1968, S. 62 f., hier S. 63.

[127] In Bayern und in Rheinland-Pfalz liegt die Anstellungshoheit grundsätzlich beim Gewährträger. Sie kann jedoch – wie in den anderen Bundesländern von vornherein vorgesehen – der Sparkasse übertragen werden. Vgl. *Helmut Schlierbach:* a.a.O. (Kap B, FN 42), S. 202 f.

[128] In fast allen Bundesländern wurde die Möglichkeit der Verbeamtung eines Vorstandsmitgliedes inzwischen abgeschafft. Vgl. *Helmut Schlierbach:* a.a.O. (Kap. B, FN 42), S. 202.

erbringung auf Kostendeckungsbasis, sondern die Erzielung von Überschüssen an.

- Die Landesbanken verstehen sich inzwischen als eigenständige Wettbewerber und nicht mehr als die „Mägde der Sparkassen".[129] Faktisch emanzipiert von den Sparkassen, befinden sich die Landesbanken heute auf globalem Expansionskurs.[130]
- Für die Vorstände ergeben sich aus dem bestehenden Vergütungssystem indirekte Anreize zur Gewinnerzielung. Die Vorstandsgehälter sind zwar nicht direkt an den Unternehmenserfolg gekoppelt,[131] sondern an eine aus bestimmten Volumengrößen (u.a. Bestand der Forderungen und der Verbindlichkeiten) gebildete Bemessungsgrundlage.[132] Das Kreditwachstum setzt aber ein ausreichendes Eigenkapitalwachstum und damit entsprechende Gewinne voraus.[133] Die Sparkassen können ihr Eigenkapital nur durch den Einbehalt von Gewinnen stärken. Den Landesbanken wird es künftig nicht anders ergehen, nachdem sie keine öffentlichen Kapitalspritzen, jedenfalls nicht mehr unter den bisherigen – kostengünstigen – Bedingungen, in Anspruch nehmen können. Außerdem wird im Zuge von „Basel II" der Eigenkapital- und damit der Gewinnbedarf bei den Sparkassen und Landesbanken zusätzlich ansteigen.

Durch eine Privatisierung könnte den Sparkasseninstituten neues Kapital zugeführt und damit ihre Wettbewerbsfähigkeit gestärkt werden. Die Neuordnung der BayLB[134] weist in diese Richtung. Auch einzelne Sparkassenvorstände haben darauf hingewiesen und dafür plädiert, die Privatisierung der Sparkassen zügig einzuleiten.[135] Es handelt sich dabei aber wohl um eine Mindermeinung, weil die Privatisierung auch Auswirkungen hat, die zentralen Interessen der Vorstände entgegenstehen:

---

[129] *Hans Dietmar Sauer:* Keine erstklassige L-Bank in einem zweitrangigen Konzept, in: Zeitschrift für das gesamte Kreditwesen, Heft 7/1995, S. 305.

[130] Vgl. *Zeitschrift für das gesamte Kreditwesen:* Der Staat ist wieder „in", in: Heft 12/1995, S. 590.

[131] So sind etwa in Hessen Gewinnbeteiligungen der Vorstände ausdrücklich verboten, vgl. § 33 (5) Mustersatzung für die hessischen Sparkassen.

[132] Vgl. *Christoph E. Hauschka:* Die Dienstrechtsstellung der Vorstandsmitglieder in öffentlich-rechtlichen Sparkassen, Berlin 1981 (Diss.), S. 120.

[133] Vgl. *Reinhold Kurth:* a.a.O. (FN 125), S. 367.

[134] Vgl. Abschnitt C.3.2.4.

[135] Vgl. *Ernst Wagener* (ehem. Vorstandsvorsitzender Sparkasse Pforzheim): Hessen vorn?, in: Zeitschrift für das gesamte Kreditwesen, Heft 5/1976, S. 997 f.; *Walter Zügel* (ehem. Vorstandsvorsitzender Landesgirokasse Stuttgart): Die Umwandlung in Aktiengesellschaften könnte die Wettbewerbsfähigkeit steigern, in: Handelsblatt, Nr. 86 vom 5.5.1992, S. B4; *Joachim Kohlhof* (ehem. Vorstandsvorsitzender Sparkasse Daun)/*Doreen Wilke:* Perspektiven zur Privatisierung öffentlich-rechtlicher Sparkassen, Idstein 1997, S. 61; *Karl-Joachim Dreyer* (Vorstandsvorsitzender Hamburger Sparkasse): AG steht in Sparkassenorganisation eine große Zukunft bevor, in: Handelsblatt, Nr. 93 vom 15.5.2001, S. B6.

- Das eingebrachte Kapital der privaten Investoren steht den Sparkassen und Landesbanken keineswegs kostenlos zur Verfügung, sondern muß zu einer mindestens marktüblichen Rendite verzinst werden. Realistischerweise werden die Gebietskörperschaften, wenn sie eine Beteiligung nach den Teilprivatisierungs-Varianten behalten, auf einer gleich hohen Verzinsung ihrer Kapitalanteile bestehen. Die EU-Kommission ließe wohl auch keine unterschiedliche Behandlung öffentlicher und privater Anteilseigner zu. Weil die Länder und Gemeinden aber in ihrer Finanznot kaum fähig sind, im Gegenzug für höhere Ausschüttungen die Mittel für künftige Kapitalerhöhungen aufzubringen, würden die Ausschüttungen an die öffentlichen Eigner zu Lasten der Unternehmenssubstanz gehen. Unter diesen Umständen dürften es die Vorstände vorziehen, ihre Institute im vollständigen Eigentum der öffentlichen Hand zu belassen, an diese aber so gut wie nichts auszuschütten.

- Privatisierungen werden in den Sparkassen den Fusionsdruck erhöhen, sobald private Anteilseigner im Sinne von Kosten- und Renditeüberlegungen auf die Schaffung größerer Betriebseinheiten drängen. Dies hätte aber den Wegfall vieler Vorstandspositionen zur Folge. Für die Vorstände der „Juniorpartner" dürfte aber die bisherige Gesamtverantwortung in ihren jetzigen Positionen attraktiver sein als die Aussicht, in einem größeren Kreditinstitut Abteilungs- oder Gebietsdirektor zu werden – selbst wenn die hierarchische Herabstufung mit Einkommenszuwächsen kompensiert würde.

Insgesamt kann also keine pauschale Aussage darüber getroffen werden, ob die Vorstände an der Privatisierung ihrer Sparkasse oder ihrer Landesbank interessiert sind. Jedoch deuten insbesondere die Schlußfolgerungen aus den Fusionszwängen darauf hin, daß vor allem die Vorstände der kleinen Sparkassen die Nachteile einer Privatisierung höher ansetzen als die Vorteile.

D.3.3.2 Angestellte, Gewerkschaften und Personalvertretungsorgane

Die Beschäftigten der Sparkassen und Landesbanken verfolgen arbeitnehmertypische Zielsetzungen (sicherer Arbeitsplatz, hohes Einkommen, großzügige Sozialleistungen, kurze Arbeitszeiten, Aufstiegschancen etc.), die durch eine Privatisierung erheblich berührt werden können.

Die Haltung der Angestellten zur Privatisierung ist davon abhängig, ob sie von der Privatisierung Vor- oder Nachteile zu erwarten haben. Werden Sparkassen und Landesbanken aus der öffentlich-rechtlichen Rechtsform entlassen, wird ein anderes Vergütungssystem den bislang zur Anwendung kommenden Bundesangestelltentarifvertrag (BAT) ersetzen. Dieser orientiert sich an den Prinzipien der Beamtenbesoldung und eröffnet keine allzu großen Spielräume für eine erfolgsabhängige Lohngestaltung, so daß er insbesondere von den sicherheitsorientierten Mitarbeitern geschätzt werden. Seine Abschaffung dürfte bei ihnen keine Zustimmung finden. Umgekehrt werden die risikofreudigeren bzw. leistungsorientierteren Angestellten eine stärkere Koppelung ihrer Vergütung an den Betriebserfolg und die Möglichkeit zur Beteiligung am Unternehmenskapital befürworten. Es ist aber nicht auszumachen, ob letztere in den Sparkassen und Landesbanken zahlen- und einflußmäßig dominieren.

Hinzu kommt, daß der privatisierungsbedingte Druck zur Erwirtschaftung höherer Gewinne den Zwang zur konsequenten Ausnutzung aller Kostensenkungspotentiale erhöht, was auch den Abbau von Arbeitsplätzen nach sich ziehen dürfte. Insbesondere nach den Varianten 1a, 2a oder 3a werden privatisierte Sparkassen und Landesbanken ihre hohen Personalkapazitäten noch kritischer auf den Prüfstand stellen, als dies bereits jetzt der Fall ist, und die bereits eingeleiteten bzw. bevorstehenden Abbauprogramme forcieren.[136] Aber auch unter den Bedingungen der übrigen Varianten dürfte der Druck zur höheren Rentabilität zunehmen. Angestellte, Gewerkschaften und betriebliche Personalvertretungsorgane, deren Einfluß von der Mitglieder- bzw. Beschäftigtenzahl abhängt, sind deshalb überwiegend an keiner Privatisierung interessiert.[137]

D.3.3.3 Sparkassenverbände

Die regionalen Sparkassenverbände und der Deutsche Sparkassen- und Giroverband übernehmen – neben dem Verband Öffentlicher Banken – zahlreiche Funktionen. Dazu zählen, wie oben dargestellt, vor allem die Vertretung der Sparkasseninteressen, die Prüfung sowie die rechtliche und betriebswirtschaftliche Beratung der angeschlossenen Kreditinstitute.[138] Diese Dienstleistungen werden auch von privatisierten Sparkassen und Landesbanken nachgefragt. Jedoch ist Bedeutung und die wirtschaftliche Grundlage der Sparkassenverbände nach einer Privatisierung ihrer Mitgliedsinstitute vom Fortbestand der Verbundeinheit aus Sparkassen und Landesbanken abhängig. Die finanzielle Ausstattung dieser, sich durch Pflichtumlagen finanzierenden Verbände schwindet, sobald Sparkassen oder Landesbanken durch Übernahmen in anderen Kreditinstituten aufgehen und keine Umlagen mehr leisten. Unter diesem Gesichtspunkt werden sich die Verbände gegen eine Privatisierung nach den Varianten 1a, 2a und 3a aussprechen. Aber selbst unter den Umständen der anderen Variante wird der

---

[136] Vgl. *Frankfurter Allgemeine Zeitung:* Stellenabbau bei der WestLB, in: Nr. 203 vom 1.9.2001, S. 17; *dies.:* Sparkassen schließen betriebsbedingte Kündigungen nicht aus, in: Nr. 66 vom 19.3.2002, S. 15.

[137] Vgl. *Ulrich Vonderheid:* Grenzen der Privatisierung von Sparkassen, in: Zeitschrift für öffentliche und gemeinwirtschaftliche Unternehmen, Heft 3/1991, S. 269-281, hier: S. 276 f.; *Deutsche Angestellten-Gewerkschaft:* Öffentlich-rechtliche Kreditinstitute, Argumente für den Erhalt öffentlich-rechtlicher Kreditinstitute, hrsg. vom DAG-Landesverband Schleswig-Holstein/Mecklenburg-Vorpommern und der Staatskanzlei des Landes Schleswig-Holstein, Kiel 1999.

[138] Vgl. ausführlicher Abschnitt B.5.

Widerstand gegen die Privatisierung nicht gering sein. Es ist nämlich nicht anzunehmen, daß eine privatisierte Sparkassenorganisation 13 Regionalverbände und einen bundesweiten Verband tragen will bzw. kann. Vielmehr würde es zu Zusammenlegungen, Rationalisierungen und dem Wegfall von Positionen kommen. Die Sparkassenverbände werden also jede Form der Privatisierung mit hoher Wahrscheinlichkeit ablehnen.

D.3.4 Interessen außerhalb der Sparkassenorganisation

D.3.4.1 Eigentümer (Wähler)

Im Unterschied zu den anderer Banken treten die (eigentlichen) Eigentümer der Sparkassen nicht aktiv in Erscheinung, weil es sich dabei nicht um eine organisierte Gruppe, sondern um die Gesamtheit der Bürger des Geschäftsgebietes handelt. Auch hinter den Landesbanken, die den Ländern bzw. den Sparkassen gehören, verbirgt sich letztlich die Allgemeinheit als Eigentümer. Deren Meinung bezüglich der Privatisierung ist aber nicht allzu bedeutsam, weil die Träger von den Wählern weitgehend unbeeinflußt handeln.[139] Die Machtlosigkeit der Eigner in den Sparkassen und Landesbanken läßt sich durch die Agency-Theorie erklären. Die Allgemeinheit als „originärer Prinzipal" bekundet ihren Willen in Wahlen, welche über die Zusammensetzung der Kommunal- und Landesparlamente (1. Agent) entscheiden. Die Kommunalparlamente und die von den Landtagen gewählten Landesregierungen beschicken die Kontrollorgane (2. Agent) der Sparkassen und Landesbanken, welche wiederum die Vorstände (3. Agent) mit der Geschäftsführung beauftragen. Die jeweiligen Agenten handeln weniger als Sachwalter des originären Prinzipals oder der ihnen vorgelagerten Agenten („derivative Prinzipale"), sondern vor allem im eigenen Interesse. Sicherlich kommt es auch in privaten Kapitalgesellschaften zu solchen Verselbständigungen[140] Allerdings können dort die Eigentümer ihre Interessen und Rechte gegenüber den Geschäftsführern besser durchsetzen, weil die Eigentümer als Gruppe organisiert sind und homogenere Ziele verfolgen (z.B. Interesse an Dividenden und Kursgewinnen). Bei öffentlichen Unternehmen ist aber die fehlende Organisation solcher Interessen, das unzureichende Wissen der Eigentümer über die Rechts- und Eigentumsverhältnisse und die fehlende Weisungsbefugnis gegenüber den Mandatsträgern die Ursache dafür, daß der faktische Einfluß der originären Prinzipale auf den Kurs der Sparkasseninstitute gleich Null ist. Aus diesem Grund kommt es auf die Meinung der Wähler, sofern sich diese überhaupt ermitteln läßt, bei der Privatisierung der Sparkassen und Landesbanken kaum an.

---

[139] Vgl. Abschnitte B.3.2.
[140] Vgl. *William Niskanen:* Bureaucracy and Public Economics, Aldershot 1994, S. 270 f.

Die (wenigen) Daten zum Meinungsbild in der Bevölkerung reichen zur Beurteilung der hier interessierenden Frage nicht aus. Im Jahr 1992 gab der „Bund Junger Unternehmer" eine Meinungsumfrage in Auftrag, wonach angeblich 83 v.H. der Bevölkerung die Privatisierung der Sparkassen befürworten.[141] Die Aussagefähigkeit dieses Umfrageergebnisses muß aber vorsichtig bewertet werden. Es kann nämlich nicht ausgeschlossen werden, daß die – über die Konsequenzen der Privatisierung möglicherweise nicht vollständig aufgeklärten – Befragten weniger aus einer ordnungspolitischen Grundüberzeugung, sondern aus persönlichen Motiven (z.B. allgemeine Bankenkritik) geantwortet haben. In die entgegengesetzte Richtung als die zitierte deutet das Ergebnis des 2001 durchgeführten Volksentscheides über den Sachsen-Finanzverband. Die Mehrheit der Bevölkerung sprach sich gegen den Finanzverband und die Wiederherstellung der Kommunalstruktur der Sparkassen aus.[142] Allerdings betrug die Wahlbeteiligung beim Volksentscheid lediglich 25,9 v.H.,[143] was daran liegen kann, daß sich die direkt Betroffenen bzw. Unzufriedenen besser mobilisieren lassen als die indifferenten oder befürwortenden Teile der Gesellschaft. Die Mehrheitsfähigkeit der Privatisierung der Sparkassen und Landesbanken in der Wählerschaft ist also nicht eindeutig bestimmbar.

D.3.4.2 Kunden

Auch wenn die Kundenstruktur der Sparkassen und Landesbanken recht unterschiedlich ist – die Masse der Privatkunden und mittelständischen Gewerbetreibenden wird von den Sparkassen, die großen Unternehmen dagegen eher von den Landesbanken betreut –, so existieren doch Gemeinsamkeiten der Kunden im Hinblick auf ihre grundsätzlichen Erwartungen an die Sparkassen und Landesbanken:
- günstige Konditionen (d.h. möglichst niedrige Kreditzinsen, hohe Einlagenzinsen und niedrige Preise für alle sonstigen Dienstleistungen)
- preisgünstiges und qualitativ erstklassiges Beratungsangebot in allen Anlage- und Finanzierungsfragen („relationship banking")
- preisgünstige und schnelle Abwicklung des Zahlungsverkehrs, hohe Netzdichte bei Filialen und Selbstbedienungsgeräten („transaction banking").
Der betriebswirtschaftliche Zielkonflikt zwischen einem ausgedehnten Filialnetz, kompetenter Beratung sowie marktgerechten Preisen und Konditionen stellt insbesondere die Sparkassen bereits heute vor eine schwierige Aufgabe.

---

[141] Vgl. *Blick durch die Wirtschaft – Frankfurter Zeitung:* Viele Bürger wollen offenbar lieber private Sparkassen, in: Nr. 160 vom 20.8.1992, S. 1.

[142] Vgl. Abschnitt D.3.2.2.2.

[143] Vgl. *Leipziger Volkszeitung:* Bürgerinitiative besteht auf Aus für Finanzverband, in: Nr. 247 vom 23.10.2001, S. 5.

Zur Lösung dieses Konflikts werden Beratungsleistungen, die wegen ihrer hohen Humankapitalintensität besonders teuer sind, zunehmend nicht an allen, sondern nur an zentralen Standorten angeboten. Für die Kunden stellt es offenbar kein Problem dar, hier weitere Wege auf sich zu nehmen. Inzwischen suchen auch Bankberater ihre Kunden zu Hause auf. Eine Privatisierung könnte eine weitere Zentralisierung des Expertenwissens bewirken, so daß v.a. weniger mobile Kunden die Privatisierung ablehnen dürften.

Ein wesentlicher Grund für die Marktführerschaft der Sparkassen im Privatkundengeschäft besteht v.a. in ihrer flächendeckenden Präsenz mit Filialen und Selbstbedienungsgeräten. Ob diese konsumentenfreundliche Konstruktion nach einer Privatisierung aufrechterhalten werden kann, hängt von der Rentabilität der dezentralen Standorte ab. Nach LÖWER ist eine Ausdünnung des Filialnetzes im Zuge einer Privatisierung unausweichlich, weil sich eine private Sparkasse unrentable Filialen weniger leisten kann als eine öffentlich-rechtliche.[144] Gegen diese Annahme spricht die Tatsache, daß die Präsenzdichte der Sparkassen eines ihrer zentralen Erfolgspotentiale ist, das aufzugeben wenig Sinn hätte.[145] Die Filialen dienen dem Aufbau und der Intensivierung der Kundenbindung; diese wiederum bildet die Grundlage für langfristige Geschäftsbeziehungen. Es ist deshalb vielmehr davon auszugehen, daß – sofern betriebswirtschaftlich vertretbar – auch kleine Filialen weitergeführt und betriebswirtschaftlich notwendige Personalreduzierungen (z.B. durch zeitlich befristete Beratungsangebote und die Schaffung eines angemessenen Selbstbedienungsangebots) kompensiert werden. In Grenzen kann auch das Internet als neuer Kommunikations- und Vertriebsweg dienen. Eine vollständige Substitution des stationären Betriebsstellennetzes durch das Internet ist aber so schnell nicht zu erwarten, weil viele Kunden auf dieses Medium aus Kosten-, Sicherheits- oder Mentalitätsgründen nicht zurückgreifen können oder wollen.

Wie sich die Privatisierung auf die Kundenzufriedenheit auswirken würde, ist insgesamt schwer abzuschätzen. Es spricht aber einiges dafür, daß Filialschließungen, die sicher viele Kunden zunächst als nachteilig empfinden, aufgrund des steigenden Wettbewerbs auf längere Sicht ohnehin umgesetzt werden müssen. Deshalb ist die – auch von hochrangigen Landespolitikern geäußerte – Vermutung, die Privatisierung brächte den Kunden nur Nachteile, nicht nachvollziehbar.[146]

---

[144] Vgl. *Wolfgang Löwer:* a.a.O. (Kap. A, FN 8): S. 110.

[145] Vgl. *Renate Braun/Mikko Klein:* Kein Abschied von der Geschäftsstelle, in: Strategien für das Privatkundengeschäft, hrsg. von Peter Hermany, Stuttgart 2001, S. 9-24.

[146] So aber der frühere niedersächsische Ministerpräsident *Gerhard Schröder:* Privatisierungsdiskussion nicht im Sinne der Kunden, in: Sparkasse, Heft 6/1995, S. 249-252, hier: S. 250.

D.3.4.3 Konkurrenten

Die erklärte Zielsetzung der privaten Banken im Privatkundengeschäft besteht in der Steigerung ihrer Gewinne bzw. Marktanteile. In diesem Zusammenhang haben deren Spitzenvertreter die ihrer Meinung nach ungerechtfertigten Wettbewerbsvorteile der Sparkassen und Landesbanken in zahlreichen Stellungnahmen beklagt.[147] Ihr Gang nach Brüssel hat zwar den Wegfall der Gewährträgerhaftung, aber nicht die materielle Privatisierung bewirkt. Da insbesondere die Großbanken an der Übernahme privatisierter Sparkassen und Landesbanken zur Steigerung der eigenen Marktanteile interessiert sind,[148] erstaunt es nicht, daß sie – insbesondere die früheren Vorstandsvorsitzenden der Deutschen Bank und der HypoVereinsbank – nach wie vor eine Privatisierung im Sinne der Variante 1a fordern. Sie besitzen allerdings keine unmittelbare Möglichkeit, eine Privatisierung durchzusetzen, so daß sich ihre Anstrengungen auf die Beeinflussung der öffentlichen Meinung und die der politischen Entscheidungsträger beschränken.

Im Gegensatz zu den Privatbanken üben die Genossenschaftsbanken und ihr Interessenverband (Bundesverband der Volks- und Raiffeisenbanken) in der öffentlichen Privatisierungsdiskussion Zurückhaltung. Nur vereinzelt lassen Äußerungen führender Verbandsvertreter Sympathie für die derzeitige Bankenstruktur erkennen.[149] Es spricht vieles dafür, daß die Genossenschaftsbanken am

---

[147] Vgl. *Manfred Weber/Wolfgang Arnold:* a.a.O. (Kap. C, FN 98), S. 300-303; *Deutsche Bank Research:* Privatisierung von Sparkassen und Landesbanken – überzeugende Gegenargumente fehlen, in: Bulletin vom 17.3.1995, S. 20-24; *Bundesverband deutscher Banken:* Die Amsterdamer Erklärung zu den öffentlich-rechtlichen Kreditinstituten, Köln 1997; *Wolfgang Arnold:* „Zur Wettbewerbssituation in der deutschen Kreditwirtschaft", Vortrag anläßlich der Veranstaltung von Bündnis 90/Die Grünen (Landesverband Nordrhein-Westfalen) zur Zukunft öffentlich-rechtlicher Sparkassen in Düsseldorf am 29.5.1999; *Manfred Weber:* Die Regeln des Wettbewerbs müssen für alle Wettbewerber gelten, in: Zeitschrift für das gesamte Kreditwesen, Heft 19/1999, S. 1055 f.; *Martin Kohlhaussen:* Privatisierung von Sparkassen nicht tabuisieren, in: Die Welt, Nr. 242 vom 16.10.1999, S. 16; *Bundesverband deutscher Banken:* Private Banken fordern faire Wettbewerbsbedingungen, Pressemitteilung vom 14.9.2000.

[148] Vgl. *Albrecht Schmidt:* a.a.O. (Kap. C, FN 105), S. 19; *ders.* in der *Süddeutschen Zeitung:* „Freiheit ist das Ergebnis von Leistung", in: Nr. 248 vom 26./27.10.2002, S. 23; sowie die Äußerungen des früheren Vorstandssprechers der Deutschen Bank AG, *Rolf Breuer*, in der *Börsen-Zeitung:* a.a.O. (Kap. C, FN 125), S. 6; *ders.* in der *Süddeutschen Zeitung* „Die Sparkassen müssen sich öffnen", in: Nr. 249 vom 28.10.2002, S. 21.

[149] Vgl. *Deutsche Sparkassenzeitung:* BVR-Präsident strikt gegen Privatisierung von Sparkassen, in: Nr. 46 vom 18.6.1993, S. 1; *Willibald Folz:* „Nicht mit den Sparkassen zusammengehen", in: Süddeutsche Zeitung, Nr. 301 vom 29.12.1999, S. 30; *Börsen-Zeitung:* Die Kreditgenossenschaften wollen sich keine großen Schieflagen mehr leisten, BZ-Gespräch mit Christopher Pleister, in: Nr. 253 vom 31.12.1999, S. 8.

Fortbestand der Sparkassen und Landesbanken als öffentlich-rechtliche Universalbanken interessiert sind. Ursache dürfte weniger die Einsicht in die Notwendigkeit eines öffentlichen Auftrags der Sparkassen und Landesbanken sein, sondern eher die Sorge um die eigene – eher defensive – Stellung im Markt. Würden die Sparkassen und Landesbanken für Übernahmen freigegeben, kämen vermutlich die finanzstarken Großbanken und nicht die vergleichsweise kleinen Kreditgenossenschaften zum Zuge. Als Folge würden die Genossenschaften in eine (noch stärkere) Defensivposition gegenüber den größer gewordenen Mitbewerbern geraten.

Die gegensätzliche Bewertung der Privatisierung der Sparkassen und Landesbanken durch die privaten Banken auf der einen und die Genossenschaftsbanken auf der anderen Seite ist also vor dem Hintergrund ihrer gegensätzlichen Interessenlage bzw. Strategien zu sehen.

D.4 Zwischenergebnis und weitere Vorgehensweise

Die Privatisierung der Sparkassen und Landesbanken kann in mehreren Formen erfolgen. Um die Realisierungswahrscheinlichkeiten der verschiedenen Alternativen zutreffend einschätzen zu können, wurden in diesem Kapitel die ökonomischen und interessenbegründeten Restriktionen der Privatisierung näher betrachtet. Die Ergebnisse dieser Untersuchungen werden nachfolgend mit Blick auf die Wahrscheinlichkeit der Realisierung der verschiedenen Privatisierungsvarianten zusammengefaßt.

– Bei Variante 1a bestehen keine Zutrittsschranken zum Erwerberkreis, so daß ein ausreichend hohes Kapitalangebot, insbesondere von seiten der Großbanken, zur Verfügung stehen dürfte. Variante 1a wird zwar der ordnungspolitischen Forderung nach einer größtmöglichen Entstaatlichung des Sparkassensektors gerecht; jedoch wird die Zielfunktion wegen der zu erwartenden Auflösung des Sparkassenverbundes nicht erfüllt. Die Realisierungswahrscheinlichkeit der Variante 1a ist aber nicht nur deshalb minimal, sondern auch wegen des vollständigen Verlusts des Einflusses der Politiker, den Variante 1a mit sich brächte.[150] Die Politiker ziehen etwaigen Privatisierungserlösen eine regelmäßige Teilhabe an den Erträgen der Sparkasseninstitute unter Beibehaltung der bestehenden Strukturen vor. Dies zeigen die oben dargestellten sparkassenrechtlichen Entwicklungen in drei Bundesländern. Diese Gesetzesänderungen sind bei den Gewerkschaften und Personalvertretungsorganen auf entschiedene Ablehnung gestoßen, weil sie einen wachsenden Zwang zur Erzielung von Gewinnen sowie Arbeitsplatzverluste befürchten. Privatisierungsüberlegungen im Sinne von Variante 1a lehnen sie deshalb erst recht ab.

---

[150] Vgl. *Götz Blankenburg:* Die Politökonomie der Sparkassenprivatisierung, in: Wirtschaftsdienst, Heft 1/2000, S. 45-50.

Aber auch die Sparkassen- und Landesbankvorstände, die öffentlichen Bankverbände und die Kreditgenossenschaften bringen der Variante 1a nur wenig Sympathie entgegen. Lediglich die privaten Banken fordern Variante 1a. Alles in allem ist deshalb die Realisierungswahrscheinlichkeit von Variante 1a ist gering.

– Variante 1b, die als „First Best-Lösung" qualifiziert wurde, kann der Forderung nach dem größtmöglichen Rückzug des Staates aus den Sparkassen und Landesbanken bei gleichzeitiger Erhaltung der Verbundeinheit gerecht werden, weil Übernahmen der Sparkasseninstitute durch andere Banken ausgeschlossen sind. Die Gefährdungspotentiale für den Sparkassenverbund sind bei Variante 1b niedriger anzusetzen als bei Variante 1a; der Käuferkreis darf nicht nachträglich erweitert werden. Weil mittelfristig vom Bestand des Sparkassenverbundes auszugehen ist, ist die Kapitalnachfrage (in Grenzen) schätzbar. Aus der Gegenüberstellung mit dem verfügbaren Kapitalangebot ergibt sich allerdings, daß die Privatisierung nach Variante 1b nicht „in einem Zug" durchführbar ist. Statt dessen müßte sie über einen längeren Zeitraum gestreckt werden. Variante 1b wird damit zwar aus ökonomischer Sicht nicht unmöglich, die Politiker werden sich ihr aber aus den gleichen Gründen verschließen wie bei Variante 1a. Damit ist die Realisierungswahrscheinlichkeit von Variante 1b ebenso gering.

Für die nachfolgenden Teilprivatisierungs-Varianten gilt grundsätzlich: Die Varianten 2b und 3b können dem Ziel, einen möglichst großen Anteil der Sparkassen und Landesbanken zu privatisieren, besser gerecht werden als die Varianten 2a und 3a, weil bei ihnen der Käuferkreis auf private Haushalte beschränkt wird, die nur zur Weiterveräußerung an andere Haushalte berechtigt sein sollen. Bei den Varianten 2a und 3a kann dagegen das Anteilseigentum des Staates nur bis zu 50 v.H. an Private verkauft werden, damit das Gefährdungspotential für den Fortbestand des Sparkassenverbundes beherrschbar bleibt.

– Variante 2a kann, wie angesprochen, dem ordnungspolitischen Grundanliegen nur eingeschränkt gerecht werden. Die Plazierung der zum Verkauf bestimmten Anteile (weniger als 50 v.H.) dürfte keine größeren Probleme bereiten, weil keine sektoralen Zutrittsschranken zum Käuferkreis bestehen. Auch die Politiker dürften Variante 2a aufgeschlossener gegenüberstehen als den beiden zuvor betrachteten, weil sie ihren Einfluß auf die Sparkassen und Landesbanken nicht vollständig verlieren und außerdem Privatisierungserlöse vereinnahmen könnten. Ferner ist für die öffentlichen Eigentümer die Aussicht auf marktgerechte Ausschüttungen, welche die Sparkasseninstitute den Privaten für ihren Kapitaleinsatz bieten müssen, verlockend, weil ihnen eine gleich hohe Verzinsung ihres Kapitalanteils vermutlich nicht dauerhaft vorenthalten werden kann. Die Vorstände der Sparkasseninstitute, die von den Gebietskörperschaften keine Gegenleistungen in Form von Kapitalerhöhungen erwarten können, werden der Variante 2a freilich reservierter gegenüberstehen. Insgesamt sind die Realisierungsaussichten von Variante 2a als weniger wahrscheinlich zu bewerten.

– Bei Variante 2b kommen als Käufer nur die inländischen privaten Haushalte in Betracht. Die Länge des Zeitraums, über den die Emission der einzelnen Tranchen verteilt werden müßte, hängt vom Ausmaß der Teilprivatisierung ab. Die Emittenten können – wie bei Variante 1b – unter Ausnutzung der jeweils vorherrschenden Börsenstimmung eine „Emissionskurspflege" betreiben. Hinzu kommt, daß sich die privaten Haushalte im Unterschied zu institutionellen Anlegern möglicherweise mit einer etwas geringeren Verzinsung ihres eingesetzten Kapitals begnügen, weil sie auch einem flächendeckenden Filialnetz und dem gemeinnützigem Engagement der Sparkassen (z.B. bei der Förderung von Kultur, Kunst, Wissenschaft und Sport) eine bestimmte Wertschätzung entgegenbringen.[151] Für die Vorstände der Sparkassen und Landesbanken wäre unter diesen Umständen Variante 2b eher zustimmungsfähig als die zuvor dargestellten Varianten. Weil sich auch für die Politiker durch Privatisierungserlöse und dauerhafte Ausschüttungen, die sie bei Variante 2b ebenfalls erwarten dürfen, eine Besserstellung ergibt, steht auch von politischer Seite weniger im Wege als bei den Varianten 1a und 1b. Deshalb dürfen die Realisierungsaussichten der Variante 2b als verhältnismäßig gut bewertet werden.

– Variante 3a erlaubt keinen Verkauf der Sparkassen und Landesbanken an Private, sondern lediglich die Aufnahme privater Kapitalgeber. Um Übernahmen der Sparkassen und Landesbanken durch private Banken zu verhindern, darf die Höhe des privat eingebrachten Kapitals die Höhe des vorhandenen Kapitals nicht übersteigen. Die Vorstände können auf diese Weise die Eigenmittel und die Risikotragfähigkeit der Institute erhöhen. Auch die Politiker dürften sich Variante 3a nicht verschließen, weil der Staat sein Anteilseigentum an den Sparkasseninstituten behält und – aus den bei Variante 2a genannten Gründen – auf eine bessere Verzinsung desselben hoffen darf. Auch die in die Richtung von Variante 3a weisende Neuordnung der Bayerischen Landesbank deutet darauf hin, daß durchaus Realisierungschancen von Variante 3a vorhanden sind.[152]

– Variante 3b schränkt den Kreis der neuen Kapitalgeber auf die privaten Haushalte ein. Die Risiken für den Verbund sind in diesem Fall als gering einzuschätzen, und zwar auch dann, wenn die Höhe des neu eingebrachten Kapitals die Höhe des bereits vorhandenen übersteigt. Die Sparkasseninstitute dürften an solchen „bürgerschaftlichen Beteiligungen" prinzipielles Interesse haben,

---

[151] In diesem Sinne äußert sich WÄCHTER, Vorstandsvorsitzende der (freien) Frankfurter Sparkasse, in einem Interview mit der Wochenzeitung *Die Zeit:* Kassen-Kampf, in: Nr. 8 vom 15.2.2001, S. 19 f.

[152] Vgl. Abschnitt C.3.2.4.

da sie dadurch nicht nur ihre Eigenmittel, sondern auch die Bindung zu ihren Kunden stärken können. Auch die möglichen Einwände der Politiker gegen Variante 3b erscheinen überwindbar, weil der Staat seinen Kapitalanteil behält und sich dessen Verzinsung erhöhen dürfte. Mit den Regelungen von Variante 3b ist § 22 (1) des Hessischen Sparkassengesetzes vergleichbar, wonach in Hessen stille Einlagen im Sinne der §§ 230 bis 237 HGB (Ausnahme: § 231 (2) HGB) von natürlichen und juristischen Personen privaten Rechts – Konkurrenten ausgenommen – an den Sparkassen satzungsmäßig möglich sind.[153] Die Realisierungschancen für diese Form der Teilprivatisierung sind deshalb ebenfalls als gut zu bewerten.

Zusammenfassend läßt sich feststellen, daß die „First Best-Lösung" (Variante 1b) nur eine geringe Aussicht auf Erfolg hat. Dagegen erscheint eine mögliche Umsetzung der „Second Best-Lösungen" (Varianten 2b, 3a und 3b) zumindest nicht unrealistisch. Sollte es zu einem Rückzug des Staates aus den Sparkasseninstituten kommen, wird dieser wohl kein vollständiger sein – je nach ordnungspolitischem Standpunkt ein ernüchterndes oder beruhigendes Ergebnis. Als Folge dieser Erkenntnis muß ein umsetzbarer Vorschlag zur Privatisierung der Sparkasseninstitute auf der Basis der durchsetzbarer erscheinenden Varianten (2b, 3a und 3b) entwickelt werden. Im Sinne der Zielfunktion werden diesbezügliche Überlegungen darauf gerichtet sein, einen möglichst großen Teil der Sparkasseninstitute einer Privatisierung zuzuführen, ohne daß hierdurch die Einheit des Sparkassenverbundes gefährdet wird.

---

[153] Von dieser Möglichkeit ist allerdings noch kein Gebrauch gemacht worden. Vgl. *Sparkassen- und Giroverband Hessen-Thüringen: Mitteilung vom 14.12.1999.*

Kapitel E: Ein Modell zur Teilprivatisierung der Sparkassen und Landesbanken

E.1 Darstellung und Beurteilung

E.1.1 Das Modell

Hinsichtlich Größe, Eigentumsverhältnissen und Geschäftsausrichtung unterscheiden sich Sparkassen und Landesbanken z.T. beträchtlich. Während die Landesbanken, von denen einige inzwischen in großbankenähnliche Dimensionen vorgedrungen sind, sich überregional und global betätigen, beschränken die vergleichsweise kleinen Sparkassen ihre Geschäftstätigkeit auf die Gebiete ihrer Gewährträger. Diese strukturellen Unterschiede werden bei den folgenden Vorschlägen zur Fortentwicklung der Sparkassen und Landesbanken zu berücksichtigen sein.

Die folgenden Überlegungen gehen über die punktuell eingeleiteten und weiter oben dargestellten Strukturreformen, z.B. Sachsen-Finanzverband, Neuordnung der Westdeutschen Landesbank (WestLB) und der Bayerischen Landesbank (BayLB), hinaus. Während mit den letztgenannten Maßnahmen (auch) die Bindung der Institute an die staatlichen Ebenen sichergestellt werden soll, zielt das folgende Teilprivatisierungsmodell auf den maximal durchsetzbaren Rückzug des Staates aus den Sparkassen und Landesbanken. Getragen von dem Gedanken, daß die Institute keine öffentlichen Regiebetriebe, sondern rechtlich selbständige Wirtschaftsunternehmen sind, sollten ihnen, losgelöst von der Änderung der Rechtsform und von konkreten Privatisierungsschritten, bereits heute so viele privatrechtliche Optionen wie möglich zugestanden werden. So wären z.B. folgende Maßnahmen denkbar:

– Die Kompetenzabgrenzung zwischen Vorstand und Verwaltungsrat sollte nach aktienrechtlichem Vorbild gestaltet werden. Dies bedeutet insbesondere, daß die Aufgaben des Verwaltungsrats auf seine Kontrollfunktionen zu beschränken sind. In den Sparkassen- und Landesbankgesetzen müßte deshalb klarer als bisher herausgestellt werden, daß nur die Geschäftsführung im allgemeinen und nicht der Vollzug von Einzelmaßnahmen Gegenstand der Überwachungsaufgabe sein kann. Des weiteren wäre es überlegenswert, Verwaltungsratsmitglieder bei nachgewiesenen Dienstpflichtverletzungen, z.B. bei unzureichender Überwachung des Kreditgeschäfts, persönlich haftbar zu machen.

– Das Enumerationsprinzip, das den Sparkassen nur ausdrücklich erlaubte Geschäfte gestattet, sollte in ein Ausschlußprinzip umgekehrt werden. Mit Blick auf die rasche Fortentwicklung der Finanzmärkte und die immer schnellere Abfolge von Produktlebenszyklen wäre es zweckmäßig, durch ausdrückliche Geschäftsverbote den Kreis der unzulässigen Geschäfte abschließend festzulegen und im übrigen den Sparkassen die volle Geschäftsfreiheit zuzugestehen (wie bei den Landesbanken bereits der Fall).

– Das Regionalprinzip, das die Betätigung der Sparkassen auf das Gebiet ihrer Gewährträger beschränkt, sollte gelockert werden. Die verwaltungsrechtlich bedingte Abgrenzung der Geschäftsbezirke stimmt nicht immer mit dem wirtschaftlichen Einzugsgebiet der Sparkassen überein. Insbesondere betrifft dies Sparkassen, die sich in einer geographischen Grenzlage befinden. Die grundsätzliche Zulassung von Sparkassengeschäften im gesamten Inland und auch in angrenzenden EU-Ländern wäre deshalb im Sinne der Wettbewerbsfähigkeit der Sparkassen durchaus angemessen.

– Das bedeutendste und charakteristischste Risiko der Geschäftätigkeit der Kreditinstitute ist das Kreditrisiko. Das Ziel der Kreditinstitute besteht darin, Verlustgefahren bzw. den Eintritt von Verlusten möglichst gering zu halten. Aus der Erkenntnis, daß mehrere kleinere Risiken die Existenz eines Kreditinstituts weniger stark bedrohen als ein einziges großes, ist es geboten, die Risiken zu streuen. Speziell bei den Sparkassen ergeben sich jedoch in diesem Punkt nicht selten Schwierigkeiten. Bedingt durch ihre vergleichsweise geringe Größe kann durch die Vergabe von Großkrediten leicht ein Konzentrationsgrad entstehen, der unangemessen hoch ist und gegen den Grundsatz der gleichmäßigen Risikoverteilung verstößt („Klumpenrisiko"). Hinzu kommt, daß in den Ausleihbeständen der Sparkassen einzelne Branchen häufig überproportional vertreten sind, weil eine ungleichmäßige regionale Verteilung von Wirtschaftszweigen nichts Ungewöhnliches ist und das Regionalprinzip den Sparkassen eine Diversifikation erschwert. Aus diesen Gründen sollten die Sparkassen das Recht erhalten, untereinander entgeltlich Risiken abgeben und übernehmen zu dürfen und zwar ohne besondere Beschränkungen. Neue Gestaltungsspielräume werden sich hier auch infolge von „Basel II" eröffnen, da mit den neuen Eigenkapitalrichtlinien alle Sparkassen über ein einheitliches Ratingsystem verfügen werden. Damit wird eine wesentliche Voraussetzung für gemeinsame Kreditkörbe und die deutliche Verminderung der Klumpenrisiken geschaffen.

– Bei den Sparkassen werden Prüfungshandlungen so gut wie ausschließlich durch die Prüfungsstellen der Sparkassen- und Giroverbände vorgenommen. Auch hier erscheint es geboten, wettbewerbsorientierte Lockerungen zuzulassen. Den Sparkassen sollte – den Landesbanken oder den Kreditbanken i.e.S. vergleichbar – das Recht zur selbständigen Bestellung einer Wirtschaftsprüfungsgesellschaft im Sinne von § 319 HGB und § 36 des Wertpapierhandelgesetzes (WpHG) gegeben werden. Vorstellbar sind einschränkende Regelungen bezüglich der Anzahl der durchgeführten Prüfungen und zu Zustimmungserfordernissen durch die Aufsichtsbehörden.

– Mit Blick auf die zunehmende Mobilität der Marktteilnehmer und die abnehmende Bedeutung räumlicher Entfernungen im Bankgeschäft erscheint

der Grundsatz, Fusionen nur zwischen benachbarten Sparkassen zuzulassen, revisionsbedürftig. Fusionen sollten auch zwischen nicht benachbarten Sparkassen zulässig sein, weil für deren Durchführung vor allem wirtschaftliche Überlegungen (z.b. Größenverhältnisse, Unternehmenskulturen) ausschlaggebend sind und weniger geographische Gegebenheiten. Mit diesen Maßnahmen wäre im Organisations- und Geschäftsrecht der Sparkasseninstitute in erheblichem Umfang eine Ausrichtung nach privatwirtschaftlichen Grundsätzen und eine rechtliche Gleichstellung mit den übrigen Kreditinstituten erreicht, bevor mit der Teilprivatisierung begonnen wird. Bei letzterer sollten folgende Vorgaben und Grenzen beachtet werden:
– Die Landesbanken sind, wie bereits weiter oben angedeutet, zunächst gemäß § 301 (1) des Umwandlungsgesetzes (UmwG) in die aktienrechtliche Gesellschaftsform umzuwandeln (formale Privatisierung), damit sie anschließend in privates Eigentum überführt werden können (materielle Privatisierung). Der Anteil der Länder an den Landesbanken, der sich aus den Direktbeteiligungen und den kapitalmäßigen Verflechtungen der Landesbanken untereinander ergibt, ist bei jeder Landesbank auf höchstens 25 v.H. abzuschmelzen. Dagegen halten die Sparkassen (bzw. Einrichtungen, die sich ganz oder überwiegend in ihrem Besitz befinden)[1] an jeder Landesbank einen Kapitalanteil von mindestens 25 v.H. Sie besitzen damit die zur Verhinderung von Verschmelzungen erforderliche Sperrminorität nach § 65 (1) UmwG. Um Übernahmen durch Konkurrenzinstitute zu verhindern, muß der Anteil der Länder und der Sparkassen zusammengenommen mehr als 50 v.H. betragen. In diesem Sinne ist den Sparkassen ein Vorkaufsrecht für die von den Ländern abzugebenden Anteile einzuräumen. Es erscheint vorstellbar, bei den Landesbanken auch Beteiligungen von anderen privaten Wirtschaftssubjekten im Sinne von Variante 3a – also auch von Banken – zuzulassen, sofern diese Beteiligungen nicht mehr als die Hälfte des Kapitals ausmachen. Gegen die Beherrschung der Landesbanken durch die privaten Anteilseigner sind gesetzliche und satzungsmäßige Vorkehrungen zu treffen. Durch solche Beteiligungsoptionen würde den Landesbanken die Möglichkeit zu strategischen Partnerschaften mit anderen Banken (aus dem In- und Ausland) eröffnet. Die Landesbanken könnten aus solchen Beteiligungen Nutzen ziehen (Stärkung ihres Eigenkapitals, Festigung ihrer internationalen Wettbewerbsposition) und mit den Partnern in Abhängigkeit von der Ähnlichkeit der jeweiligen Entwicklungsstrategie auf einzelnen Geschäftsfeldern kooperieren (z.B. gemeinsamer Be-

---

[1] So könnten die von den Ländern abzugebenden Anteile beispielsweise auch an die regionalen Sparkassen- und Giroverbände übergehen, aus denen sie sich ebenfalls zurückzuziehen hätten. Vgl. *Dirk Schmidt:* Zukunft ohne Anstaltslast und Gewährträgerhaftung – Eine Fortsetzung, in: Zeitschrift für das gesamte Kreditwesen, Heft 19/2000, S. 1142-1147, hier: S. 1147.

trieb von Auslandstöchtern und von Rechenzentren, Zusammenarbeit in den Bereichen Vermögensanlage, Wertpapierabwicklung, Wagniskapital und strukturierte Finanzierungen).

– Die Sparkassen sind nach dem Muster der Landesbanken formal zu privatisieren, d.h. in Aktiengesellschaften umzuwandeln. Die materielle Privatisierung erfolgt gemäß den Varianten 2b und 3b. Sie ist mit der Aufstockung des Kapitals durch private Mittel einzuleiten, was bereits zu einer relativen Verringerung des Staatsanteils führt (Variante 3b). Später ist mit der schrittweisen Übertragung der kommunalen Beteiligungen an Private fortzufahren (Variante 2b). Im Rahmen dieses stufenweisen Vorgehens, das in ähnlicher Form bei der Telekom-Privatisierung praktiziert wird, behalten die Gemeinden in der Anfangsphase der Privatisierung die Mehrheit an den Sparkassen. Wie bei den Landesbanken, muß auch bei den Sparkassen das Ziel festgelegt werden, den kommunalen Beteiligungsbesitz schrittweise auf unter 25 v.H. zurückzuführen. Die von den Kommunen abzugebenden Anteile sind, dem lokalen Selbstverständnis der Sparkassen gemäß, bei der Emission den privaten Haushalten und den privaten Gewerbetreibenden vor Ort anzubieten. Eine Weiterveräußerung an private Haushalte und private Gewerbetreibende außerhalb des Geschäftsgebiets soll möglich sein; nicht jedoch an Unternehmen, die im Wettbewerb zu den Sparkassen stehen. Durch Gesetz und Satzung ist das Verfügungsrecht der privaten Sparkasseneigentümer entsprechend einzuschränken.

Gelegentlich wird – unter Bezugnahme auf die Privatisierung der französischen Sparkassen – empfohlen, das Kapital der Sparkassen in noch zu schaffende Beteiligungsgenossenschaften einzubringen und das Bankgeschäft der Sparkassen in aktienrechtliche Tochtergesellschaften auszulagern.[2] An den genossenschaftlichen Müttern könnten sich dann Private beteiligen. Sicherlich ist dies unter Finanzierungsgesichtspunkten eine interessante Konstruktion. Die genossenschaftliche Rechtsform birgt aber auch Risiken. Genossenschaften sind Gesellschaften mit „offener", d.h. variierender Zahl von Mitgliedern. Das Genossenschaftskapital setzt sich aus den Geschäftsguthaben der Mitglieder zusammen, die gemäß § 65 (1) des Genossenschaftsgesetzes (GenG) das Recht zur Aufkündigung ihrer Mitgliedschaft besitzen. Ausgeschiedenen Mitgliedern ist im Wege der bilanziellen Vermögensauseinandersetzung das Geschäftsguthaben auszuzahlen (§ 73 (2) GenG). Auch wenn das Genossenschaftsrecht einer „Flucht" der Mitglieder bei wirtschaftlichen Schwierigkeiten der Genossenschaft vorbeugt (z.B. durch mehrmonatige Kündigungsfrist gemäß § 65 (2) GenG, Weiterwirkung der Nachschußpflicht gemäß § 115b GenG), kann das Genossenschaftskapital mit der Mitglieder-

---

[2] Vgl. *Oliver Schmidt:* Ende einer Ära: Was wird aus Sparkassen und Landesbanken?, in: Wirtschaftsdienst, Heft 6/2001, S. 346-351, hier: S. 351.

zahl schwanken. Eine weitere Schwäche der genossenschaftlichen Rechtsform besteht in der Stimmrechtsgleichheit aller Mitglieder (§ 43 (3) GenG). Grundsätzlich hat jedes Mitglied unabhängig von seiner Kapitaleinlage nur eine Stimme; nur in Ausnahmefällen kann ein Mitglied bis zu drei Stimmen besitzen. Diese Regelung kann die Bereitschaft, größere Beteiligungen an den Sparkassen einzugehen, hemmen. Es erscheint deshalb vorteilhaft, keine genossenschaftliche Zwischenebene einzuziehen und die Sparkassen direkt in Aktiengesellschaften umzuwandeln. Um die Beteiligungsverhältnisse zu kontrollieren bzw. unerwünschte Beteiligungsverschiebungen zu unterbinden, bietet sich die Ausgabe vinkulierter Namensaktien an. Dadurch wird zwar die Handelbarkeit der Anteile erschwert; dieser Nachteil wäre bei der Organisation auf einer genossenschaftlichen Plattform aber erst recht hinzunehmen.

- Im Sinne des zweiten Teilziels der Zielfunktion (Erhaltung des Verbundes) sollten – vorbereitend oder parallel zu den Privatisierungsschritten – die Sparkassen und Landesbanken noch stärker im Verbund „verkettet" werden. In diesem Zusammenhang wäre es z.B. denkbar, die derzeit bei den Landesbanken angesiedelten Landesbausparkassen zusammenzulegen und – nach dem Vorbild der Deka-Bank – zu einem zentralen Dienstleister der Sparkassen umgestalten. Auf diese Weise ließen sich Verwaltungskosten im Bausparгеschäft einsparen. Gleichzeitig sollten möglichst viele jener Geschäftsprozesse, von denen die Kunden der Sparkassen und Landesbanken nicht unmittelbar betroffen sind, vereinheitlicht und zentralisiert werden.[3] Vorstellbar wäre dies etwa in den Bereichen Datenverarbeitung (einschließlich Internetauftritt), Zahlungsverkehr, Kreditsachbearbeitung, Risikomanagement, Eigenhandel, Ausbildung, Marketing, Liegenschaftsverwaltung und Bargeldbewirtschaftung. Diese Aufgaben übernehmen die einzelnen Sparkassen und Landesbanken meist selbst. In Abhängigkeit von der bereits vorhandenen Aufgabenverteilung könnte man diese Prozesse unter dem Dach der Landesbanken, der Verbände oder größerer Sparkassen konzentrieren. Sofern rechtlich und technisch möglich, wäre es auch vorstellbar, in einzelnen Bereichen den Kreditbanken i.e.S. und den Genossenschaftsbanken eine Zusammenarbeit anzubieten.[4] Mit der Zentralisierung dieser Prozesse würden Kostensenkungspotentiale genutzt und – in begrenztem Ausmaß – Fusionen zwischen Sparkassen vermieden. Fusionen von Sparkassen stellen immer eine besondere Problematik dar, weil sie neben den üblichen „Komplexitätskosten" (z.B. organisatorische Reibungsverluste, interne Verdrängungskämpfe) auch das örtliche Gepräge der Sparkassen verwässern. Die lokale Verschie-

---

[3] Vgl. *Peter Buchholz/Walter Heuschele:* Neue Fusionsformen bei Sparkassen, in: Sparkasse, Heft 9/1999, S. 405 f.

[4] Vgl. *Dietrich H. Hoppenstedt:* Neue Gemeinsamkeiten mit den privaten Banken, in: Süddeutsche Zeitung, Nr. 73 vom 27.3.2002, S. 24.

bung von Kompetenzen und Zuständigkeiten kann die Identifikation und die Zufriedenheit der Kunden mit „ihrer" Sparkasse beeinträchtigen.[5] Demgegenüber erlaubt die Intensivierung von Kooperationsbeziehungen den Sparkassen die Beibehaltung ihrer rechtlichen Selbständigkeit bzw. ihrer Firma und eröffnet ihnen gleichzeitig die verbesserte Konzentration auf den Vertrieb. Man sollte sich aber darüber im klaren sein, daß bei betrieblichen Kooperationsprogrammen auch mit Rückschlägen zu rechnen ist. Jüngstes Beispiel sind die vergeblichen Bemühungen bei der Errichtung einer gemeinsamen Wertpapierabwicklung.[6] Weil alle verhandelnden Sparkassen und Landesbanken ihre – voneinander z.T. verschiedenen und nicht kompatiblen – Abwicklungssysteme mit beträchtlichem Aufwand konzipiert und erprobt haben, bestand jeder der Beteiligten auf der Umsetzung seines Systems. Das – betriebswirtschaftlich sinnvolle – Vorhaben scheiterte, weil niemand zum Einlenken bereit war und auf ein neues System umsteigen wollte. Ähnliche Widerstände dürften auch bei der Schaffung neuer rechtlicher Strukturen zu erwarten sein. Vor allem bei den kleinen Sparkassen dürften die Vorbehalte gegenüber Veränderungen ihrer (gesellschafts-)rechtlichen Rahmenbedingungen besonders ausgeprägt sein. Darauf deutet beispielsweise die Zusammensetzung des (inzwischen ebenfalls gescheiterten) Sachsen-Finanzverbands hin: Von den 22 sächsischen Sparkassen sind sieben dem Verband beigetreten, davon fünf mit einer Bilanzsumme von 1,5 Mrd. Euro oder darüber. Von den 13 Sparkassen mit einer Bilanzsumme bis unter 1,5 Mrd. Euro haben sich nur zwei dem Verband angeschlossen.[7] Möglicherweise haben der Wettbewerb und die Kostensituation noch keinen ausreichend hohen Handlungsdruck bei den Beteiligten erzeugt. Langfristig werden sich diese Faktoren aber verschärfen und die Bereitschaft zu tiefgreifenderen strukturellen Reformen erhöhen.[8] Dies ist zwar nicht der einfachste Weg zu einem Umdenken, aber vielleicht der einzig realistische.

– Hin und wieder werden auch Zusammenschlüsse von Sparkassen und Genossenschaftsbanken diskutiert.[9] Solche Vorschläge sind weniger als Pri-

---

[5] Eine starke Verärgerung über die geplante Firmenänderung bzw. Kompetenzverlagerung wurde auch bei den Kunden der Dresdner Bank nach der angekündigten Fusion mit der Deutschen Bank registriert. Vgl. *Der Tagesspiegel:* Die Kunden der Dresdner Bank sind tief verletzt, in: Nr. 17.008 vom 29.3.2000, S. 24.

[6] Vgl. *Handelsblatt:* Ende des Wertpapierhauses besiegelt, in: Nr. 42 vom 28.2.2001, S. 45.

[7] Vgl. *Leipziger Volkszeitung:* a.a.O. (Kap. D, FN 143), S. 5.

[8] Vgl. *Handelsblatt:* Sparkassen ringen um richtige Strategie, in: Nr. 49 vom 11.3.2002, S. 30.

[9] Vgl. *Heiko H. Blume:* Sparkassen im Spannungsfeld zwischen öffentlichem Auftrag und kreditwirtschaftlichem Wettbewerb, Kommunalrecht – Kommunalverwaltung, Band 34, Baden-Baden 2000 (Diss.), S. 165-167; *Frankfurter Allgemeine Zeitung:* Die Zukunft der Volksbankengruppe, in: Nr. 42 vom 19.2.2001, S. 15.

vatisierungsvorschläge gedacht, sondern zielen v.a. auf die Sicherung der Überlebensfähigkeit der Sparkassen und der Genossenschaftsbanken als „regionale Banken". Weil sich aus solchen Verschmelzungen zwangsläufig eine Vermischung von privatem und öffentlichem Kapitaleinsatz ergibt, stellen sie aber zugleich eine Form der Teilprivatisierung der Sparkassen (und zugleich eine Teilverstaatlichung der Genossenschaftsbanken) dar. Angesichts nicht zu bestreitender Gemeinsamkeiten zwischen den Sparkassen und den Kreditgenossenschaften (z.B. Konzentration auf Privatkunden und Kleingewerbetreibende) werden Fusionen zwischen ihnen als geeignete Möglichkeit angesehen, betriebswirtschaftlich sinnvolle Mindestgrößen zu erreichen, ohne den Lokalbezug zu verlieren.[10] In der jüngeren Vergangenheit sind in Bayern zwei Versuche bekannt geworden, kommunale Sparkassen mit Raiffeisen- bzw. Volksbanken zu vereinigen.[11] Diese Pläne scheiterten aber an der derzeitigen Rechtslage.[12] Aber selbst wenn diese Gesetzeshürden durch Ausweichkonstruktionen noch zu überwinden wären,[13] ist die Teilprivatisierung der Sparkassen durch Fusionen mit Genossenschaftsbanken aus wirtschaftlicher Sicht skeptisch zu sehen. Die Fusionen, können – insbesondere in ländlichen Gebieten – zu lokalen Monopolen führen und dort den Wettbewerb einschränken. Gegen solche Fusionen sprechen ferner die nachteiligen Auswirkungen auf das bislang einheitliche Erscheinungsbild der Sparkassen und Genossenschaftsbanken im Markt. Speziell aus Sicht der Sparkassen ist zu bedenken, daß das frühere Bundesaufsichtsamt für das Kreditwesen auf den überdurchschnittlichen Wertberichtigungsbedarf in der genossenschaftlichen Bankengruppe hinweist und gleichzeitig erklärt, daß die übrigen Bankengruppen für die Zukunft besser gerüstet seien.[14] Aus diesem Grund ist den Sparkassen von einem Zusammengehen mit den Genossenschaftsbanken eher abzuraten. Da-

---

[10] Vgl. *Wolfgang Gerke:* Fusion von Sparkasse und Volksbank ist (noch) ein Tabu, in: Handelsblatt, Nr. 236 vom 7.12.1998, S. 23.

[11] Solche Versuche gab es bei der Sparkasse Marktredwitz, die inzwischen in der Sparkasse Fichtelgebirge aufgegangen ist, und bei der Kreissparkasse Altötting. Vgl. *Süddeutsche Zeitung:* Kein Präzedenzfall in Marktredwitz, in: Nr. 160 vom 15.7.1999, S. 26; *Passauer Neue Presse:* Altötting: Die Raiffeisen-Volksbank will mit der Kreissparkasse fusionieren, in: Nr. 94 vom 22.4.2000, S. 11.

[12] Vgl. *Bayerisches Staatsministerium des Innern:* Fusion von Sparkassen und Genossenschaftsbanken unzulässig, Pressemitteilung Nr. 116 vom 12.3.1999, S. 1.

[13] Vgl. *Rödl & Partner:* „Rechtliche Konzeptionen – Vor- und Nachteile", Tagungsmanuskript der Euroforum-Konferenz „Sparkassen und Genossenschaftsbanken, Aktuelle Strategien und Positionierung für die Zukunft" vom 31.5./1.6.2000 in Köln; *Carsten Michael/Arne Stuhr:* „Nichts ist gescheitert", in: Bank Magazin, Heft 11/1999, S. 12-16.

[14] Vgl. *BAKred:* Jahresbericht 1999, S. 47 f.; *dass.:* Jahresbericht 2000, S. 67; *Klaus Beckmann:* Die Dezentralität im genossenschaftlichen Bankensektor, in: Zeitschrift für das gesamte Kreditwesen, Heft 3/2000, S. 119-121.

gegen können, sofern technisch und organisatorisch möglich, Kooperationen auf kundenfernen Wirkungsfeldern (z.B. Zahlungsverkehrsabwicklung) mit den Genossenschaftsbanken – wie auch mit den Kreditbanken i.e.S. – eine sinnvolle Ergänzung zu den Produktivitätssteigerungen innerhalb des Sparkassenverbundes sein.

In *Abbildung 8* sind die vorstehenden Vorschläge zur Neuordnung der Eigentumsverhältnisse an den Sparkasseninstituten und zur Stärkung der betriebswirtschaftlichen Kooperationsbeziehungen in einer Übersicht zusammengefaßt.

Abbildung 8: Eine mögliche Neuordnung des deutschen Sparkassensektors

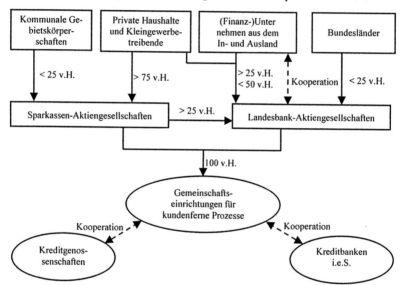

E.1.2 Vorteile des Modells

Die Teilprivatisierung der Sparkassen und Landesbanken in der in *Abbildung 8* dargestellten Weise bringt der Gesellschaft, den Politikern und schließlich den Instituten selbst eine Reihe von Vorteilen:

– Zunächst signalisiert die Teilprivatisierung der Sparkassen und Landesbanken die – in den letzten Jahren verstärkt angezweifelte – strukturelle Reformfähigkeit Deutschlands und leistet damit einen Beitrag zur internationalen Wettbewerbsfähigkeit des Landes. Das Modell, das mit vertretbarem verwaltungsmäßigem Aufwand einen nicht unerheblichen Rückzug des Staates aus dem Geschäftsbankensektor bewirken würde, unterscheidet sich von dem im

Jahr 2001 bekannt gewordenen „bayerischen Modell"[15] (das sich ja nur auf die Neuordnung der dortigen Landesbank beschränkt) hinsichtlich des Sachverhalts, daß das Kapital der Sparkassen und Landesbanken in seiner Mehrheit in private Hände übergeht und nur ein kleinerer Teil (maximal ein Viertel) beim Staat verbleibt. Die vorstehenden Vorschläge werden also dem ordnungspolitischen Grundanliegen, einen größtmöglichen Rückzug des Staates aus dem Bankensektor zu realisieren, besser gerecht.

– Im Sinne des zweiten Teilziels der aufgestellten Zielfunktion sind die hier gemachten Vorschläge zur Teilprivatisierung der Sparkassen und Landesbanken gleichzeitig von dem Gedanken getragen, den durch sie gebildeten Verbund zu erhalten und zukunftsfähig auszurichten. Auf den ersten Blick erinnert das vorgeschlagene Vorkaufsrecht der Sparkassen bei den Landesbankprivatisierungen an das in Österreich bestehende „Aufgriffsrecht" der „Erste-Bank".[16] Tatsächlich verhält es sich aber in seiner Zielrichtung diametral. Während sich die österreichischen Sparkassen zu Töchtern des Erste-Konzerns verwandeln, bildet sich hier ein „basisorientierter Konzern" – mit den Sparkassen als Konzernmüttern – heraus. Diese Konstruktion verhindert, daß die Sparkassen zu Objekten einer Konzernstrategie werden, und festigt den Zusammenhalt innerhalb des Verbundes.

– Die Sparkassenorganisation hat die Entscheidung der EU-Kommission zur Einbringung des staatlichen Wohnungsbauvermögens in die WestLB, der für den Wegfall der Gewährträgerhaftung den Boden bereitet hat, als Chance für die Beschleunigung ihrer Entscheidungen gewertet.[17] Für die oben vorgeschlagene Teilprivatisierung dürfte dies erst recht gelten, weil durch sie die Sparkassen und Landesbanken ihre Strategien zielgenauer, von politischen Zwängen weniger beeinflußt und an den Erfordernissen des Marktes stärker ausgerichtet umsetzen können. Außerdem wäre die Dauerdiskussion um ungerechtfertigte Wettbewerbsvorteile beendet.

– Den Sparkassen und Landesbanken wird durch die Teilprivatisierung der Zugang zum Kapitalmarkt, den ihre privaten Konkurrenten schon längst besitzen, geebnet. Die Sparkasseninstitute können auf diese Weise ihr Eigenkapital von außen stärken und ihre Wettbewerbsfähigkeit im Kreditgeschäft steigern. Die Teilprivatisierung bewirkt also die Beseitigung eines strukturellen Wettbewerbsnachteils und kann deshalb als konsequente Fortsetzung der durch die Entscheidung der EU-Kommission vom Juli 1999[18] eingeleiteten Gleichstel-

---

[15] Vgl. Abschnitt C.3.2.4.

[16] Vgl. Abschnitt B.6.4.

[17] Vgl. *Dietrich H. Hoppenstedt:* Der Brüsseler Entscheid wird die strategischen Entscheidungen der Sparkassenorganisation beschleunigen, in: Zeitschrift für das gesamte Kreditwesen, Heft 19/1999, S. 1040-1044.

[18] Vgl. Abschnitt C.3.2.3 und C.3.2.4.

lung im Wettbewerb angesehen werden. In gewisser Hinsicht stellt sie einen – ordnungspolitisch absolut verträglichen – „Ausgleich" für den Wegfall der mit der Staatshaftung verbundenen Wettbewerbsvorteile dar. Hinzu kommt, daß sich die bereits seit längerem (auch von Sparkassenvertretern) diagnostizierten Schwierigkeiten bei der Eigenkapitalbeschaffung[19] mit der Neuregelung der Mindestkapitalausstattung (Basel II)[20] verschärfen werden. Die Aufnahme privaten Kapitals als Lösung dieser Engpässe wollte man aber bislang nicht in Betracht ziehen; statt dessen setzte man bei einigen Landesbanken auf eine Verbesserung der Kapitalausstattung durch die Einbringung staatlicher Vermögenswerte, für welche ein marktunübliches geringes Entgelt zu leisten war. Weil aber die EU-Kommission Vermögenszufuhren durch den Staat an die Voraussetzung einer marktgerechten Verzinsung gebunden hat, wird auf diese Weise eine Stärkung des Eigenkapitals nicht mehr zu erreichen sein.

– Die Politiker behalten über die schrittweise abzubauenden Beteiligungen einen Teil ihrer Aufsichtsmandate und somit auch einen Teil ihres Einflusses, so daß ihnen die Zustimmung zu einer (zeitlich gestreckten) Privatisierung erleichtert wird. Sie können im Rahmen des Privatisierungsvolumens mit Privatisierungserlösen und mit Gewinnabführungen von ausschüttungsfähigen Sparkassen und Landesbanken rechnen.[21] Ausgehend von den Zinsersparnissen, die weiter oben für den Fall einer Vollveräußerung mit anschließender Verwendung der Erlöse für die Schuldentilgung ermittelt wurden (Bandbreite von 2,3 bis 3,5 Mrd. Euro)[22], könnten bei einer Privatisierung zu je 75 v.H. die Kommunen Zinsersparnisse in Höhe von 1,9 bis 2,8 Mrd. Euro und die Länder in Höhe von 0,4 bis 0,7 Mrd. Euro realisieren. Außerdem fallen mit einem Rückzug aus den Instituten die potentiellen Haftungsverpflichtungen für Schieflagen geringer aus als bisher. Das Modell bringt die bankwirtschaftliche Tätigkeit der Länder und Gemeinden also besser mit ihrer eigenen Risikotragfähigkeit in Einklang und entspricht somit eher dem Grundsatz der Angemessenheit.

– Das Modell birgt Chancen auf eine zusätzliche Beteiligung der Bevölkerung am Produktivvermögen. Mit den großen Privatisierungsaktionen des Bundes (z.B. bei Volkswagen, Lufthansa und den Postnachfolgeunternehmen) konnten breite Schichten der Bevölkerung erreicht und ein Beitrag zur eigenverantwortlichen Zukunftsvorsorge geleistet werden. Insbesondere der Verkauf der Sparkassenaktien in kleineren Anteilsstückelungen könnte die Vermö-

---

[19] Vgl. *Johannes Ringel* (Vorstandsmitglied bei der WestLB): Für den Erhalt der Wettbewerbsfähigkeit ist eine adäquate Kapitalausstattung nötig, in: Handelsblatt, Nr. 86 vom 5.5.1992, Seite B2.

[20] Vgl. Abschnitt B.3.6.

[21] Vgl. Abschnitt E.3.1.

[22] Vgl. Abschnitt D.2.2.4.

gensbildung bei weniger finanzkräftigen Bevölkerungsschichten fördern, was im übrigen der sozialpolitischen Tradition der Sparkassen durchaus entsprechen würde. Die beiden zuletzt angesprochenen Gesichtspunkte werden im übernächsten Abschnitt noch ausführlicher beleuchtet.

E.1.3 Nachteile des Modells

Die vorgeschlagene Vorgehensweise bewirkt zwar einen Rückzug des Staates aus dem Bankensektor. Gleichwohl darf nicht übersehen werden, daß sie die dauerhafte Beibehaltung eines Staatsanteils an den Sparkassen und Landesbanken vorsieht. Die Teilprivatisierung stellt deshalb eine ordnungspolitisch „verdünnte" Lösung dar, weil ein staatlicher Einfluß auf den Sparkassensektor weiterhin erhalten bleibt. Dieses Zugeständnis kann gewissermaßen als der Tribut gesehen werden, der für die politische Durchsetzbarkeit zu leisten ist.

Für die Sparkassen und Landesbanken bedeutet das vorgeschlagene Modell zwar keine grundsätzliche strategische Neuausrichtung im Wettbewerb, an dessen Gegebenheiten sie schon heute ihr Handeln ausrichten. Die geschäftspolitische Identität der Sparkassen und Landesbanken muß, wie oben bereits angesprochen, durch privaten Einfluß nicht verlorengehen.[23] Es darf aber nicht übersehen werden, daß der Druck auf die Institute, das eingesetzte Kapital marktüblich zu verzinsen, mit der Beteiligung privater Investoren zunehmen wird. Erschwerend kommt hinzu, daß mit hoher Wahrscheinlichkeit auch die Länder und Gemeinden auf einer gleich hohen Verzinsung ihres Kapitalanteils bestehen werden. Sobald aber die Sparkasseninstitute Gewinne an die Länder und Gemeinden ausschütten, müßten letztere, wie die privaten Anteilseigner auch, Kapitalerhöhungen finanzieren. Wenn ihre derzeitige Finanzknappheit bestehen bleibt, wird dies jedoch nicht möglich sein. Als Folge erfordern die Ausschüttungen der Sparkassen und Landesbanken an die Länder und Kommunen noch stärkere Anstrengungen zur Steigerung ihrer Rentabilität, wenn eine Auszehrung der Unternehmenssubstanz verhindert werden soll.

Ferner beinhaltet die Privatisierung im hier vorgestellten Sinne – trotz aller angedachten „Sicherheitsvorkehrungen", wie die Einschränkung des Käuferkreises und die Beteiligungshöchstgrenzen – ein gewisses Gefährdungspotential für den Sparkassenverbund. Es geht hier schließlich nicht um den Verkauf eines einzelnen Unternehmens (wie z.B. bei der Telekom-Privatisierung), sondern um den Verkauf einer gesamten Unternehmensgruppe, innerhalb deren arbeitsteilige Produktionsprozesse bestehen. Der Zusammenhalt und die Funktionsfähigkeit des Verbundes werden derzeit durch die relativ einheitliche Willensbildung in-

---

[23] Vgl. *Handelsblatt:* a.a.O. (Kap. C, FN 195) S. 15; *Die Zeit:* a.a.O. (Kap. D, FN 151), S. 19 f.; *Bernd Claussen:* a.a.O. (Kap. C, FN 33), S. 231 f.

nerhalb des Verbundes gewährleistet. Wenn aber mit der Privatisierung neue, z.T. konkurrierende Interessen in den Verbund einziehen, dann werden an dessen Fortbestand sicherlich höhere Anforderungen gestellt.[24] Zwar wurden mit den oben dargestellten Maßnahmen Vorkehrungen gegen eine Auflösung des Verbundes getroffen; diese sind aber mit dem Nachteil verbunden, daß der Handel der Anteile und die grenzüberschreitende Kapitalaufnahme erschwert wird.

E.2 Finanz- und vermögenspolitische Gesichtspunkte der Privatisierung

E.2.1 Mögliche Auswirkungen der Privatisierung auf das Staatsvermögen

E.2.1.1 Grundsätzliche Zusammenhänge

An die Verteilung öffentlicher Einnahmen knüpft sich üblicherweise eine Vielzahl von Interessen, so daß in der öffentlichen Diskussion nach einer Privatisierung der Verwendung der Erlöse stets große Aufmerksamkeit zukommt. Privatisierungserlöse können vom Staat nämlich prinzipiell für jeden Zweck ausgegeben werden. In Frage kommen z.B. die Stillegung der Erlöse, Ausgaben für Sachgüter und Dienste (öffentliche Investitionen, Staatskonsum), gegenwertlose Zahlungen (Transfers, Subventionen) oder die Schuldentilgung. Der konkrete Verwendungszweck stößt bei den Bürgern auf eine um so größere Zustimmung, je stärker sie eine durch die Verwendung ausgelöste (positive) Einkommens- und Wohlstandswirkung spüren. Die Verwendung der Erlöse übt also einen Einfluß auf die Popularität und damit auf die Wahlaussichten der politischen Entscheidungsträger aus. Gleichzeitig hat die Privatisierung auch Auswirkungen auf das Staatsvermögen. In Abhängigkeit von der Verwendung der Erlöse ergibt sich eine erhöhende, vermindernde oder keine Veränderung des öffentlichen Vermögens. Wenn die Politiker mit der Verwendung der Privatisierungserlöse den Wert des öffentlichen Vermögens mehren und gleichzeitig ihre Popularität steigern wollen, kommt nur ein Teil der denkbaren Verwendungen in Betracht. Das Ziel dieses Abschnitts besteht darin, mögliche Verwendungszwecke auf ihre Vermögens- und Popularitätswirkung zu untersuchen und jene Verwendung zu empfehlen, die eine Steigerung des Staatsvermögens und der Popularität der Politiker bestmöglich gewährleistet.

Tabelle 33 (S. 213) zeigt eine (vereinfachte) Vermögensbilanz des Staates (ohne immaterielle Vermögenswerte).[25] Das Bruttovermögen des Staates setzt sich aus

---

[24] Vgl. *Jürgen Steiner:* Defekte einer polarisiert geführten Diskussion, in: Handelsblatt, Nr. 136 vom 18.7.1994, S. 22.

[25] Vgl. hierzu ausführlicher *Klaus-Dieter Schmidt:* Was ist Vermögen?, in: Allgemeines Statistisches Archiv, Band 56 (1972), S. 35-49; *Wolfram Engels/Herbert Sablotny/Dieter Zickler:* Das Volksvermögen, seine verteilungs- und wohlstandspolitische Bedeutung, Frankfurt am Main 1974, S. 29-33.

dem Realvermögen und dem finanziellen oder Forderungsvermögen zusammen. Beide Komponenten können in verzinster (Z, K) und unverzinster (R, L) Form gehalten werden.[26] Der Einfachheit halber wird innerhalb einer Kategorie eine jeweils einheitliche Verzinsung der Vermögensobjekte angenommen. Das Reinvermögen des Staates (V) ist das um den Schuldenstand D verminderte Bruttovermögen. Somit gilt in t = 0 (dem Zeitpunkt vor der Privatisierung):

$$(1)\, V_0 = \underbrace{R_0 + L_0}_{\substack{\text{unverzinstes} \\ \text{Vermögen}}} + \underbrace{Z_0 + K_0}_{\substack{\text{verzinstes} \\ \text{Vermögen}}} - \underbrace{D_0}_{\substack{\text{verzinstes} \\ \text{(negatives)} \\ \text{Vermögen}}}$$

Tabelle 33: Vermögensbilanz des Staates

Aktiva	Passiva
Realvermögen, darunter	**Schulden (D)**
a) verzinstes ~ (Z)	z.B. Verbindlichkeiten an Nichtbanken,
z.B. Unternehmensbesitz, verpachtete bzw. vermietete Liegenschaften	Bankverbindlichkeiten, sonstige Kreditmarktschulden, Auslandsverbindlichkeiten
b) unverzinstes ~ (R) z.B. Wirtschaftsbetriebe ohne Erwerbszweck, Sachkapital (z.B. Verkehrsinfrastruktur)	
Forderungsvermögen, darunter	
a) verzinstes ~ (K) z.B. Wertpapiere, Darlehen, Unternehmensbeteiligungen	
b) unverzinstes ~ (L) z.B. Kassenhaltung	
	Reinvermögen

Die vorgeschlagene Teilprivatisierung der Sparkasseninstitute entspricht einer entgeltlichen Veräußerung eines Teils des (verzinsten) staatlichen Realvermögens (Z) an private Wirtschaftssubjekte. Es wird angenommen, daß sich der Verkauf im Rahmen eines wettbewerblichen Bietungsverfahrens vollzieht und sich die Erwerber bei ihren Geboten ausschließlich an den künftigen Periodengewinnen G orientieren. Um die Vorteilhaftigkeit ihrer Investition zu beurteilen,

---

[26] Zur Bewertung der Vermögensobjekte vgl. *Franz Haslinger*: Volkswirtschaftliche Gesamtrechnung, 6. Auflage, München, Wien 1992, S. 102; ausführlich *Peter Leimrich*: Die Vermögensrechnung der öffentlichen Hand, Köln u.a. 1968, S. 135-174.

diskontieren die Erwerber die erwarteten Gewinne mit dem – ebenfalls als einheitlich angenommenen – Vergleichszins für Kapitalmarktanlagen i_K ab. Unterstellt man eine unendliche Fortführungsdauer der Unternehmen, dann entspricht der Privatisierungserlös P dem Barwert von G:[27]

$$(2)\ P = \int_{t=1}^{\infty} G \cdot e^{-i_K t}\, dt = \frac{G}{i_K}$$

Zum Veräußerungszeitpunkt t = 1 wird P von den Erwerbern sofort und vollständig bezahlt, so daß den Gebietskörperschaften Liquidität L in Höhe von P zufließt.[28] Z nimmt im Umfang von P ab:

$$(3.1)\ \Delta L = P\ wegen\ L_1 = L_0 + P\ bzw.\ P = L_1 - L_0$$

$$(3.2)\ P = Z_0 - Z_1$$

$$(3.3)\ \Delta L = Z_0 - Z_1$$

Um die Vorteilhaftigkeit der Teilprivatisierung aus der Sicht des Staates beurteilen zu können, wird der Endwert des öffentlichen Gesamtvermögens (V_n^p) zum Zeitpunkt t = n nach durchgeführter Privatisierung mit jenem Vermögen V_n verglichen, über das der Staat bei unterlassener Privatisierung verfügen würde. Es wird davon ausgegangen, daß wegen der Zinsspanne auf dem Kreditmarkt der Staat für seine Schulden einen im Vergleich zur Verzinsung seiner Forderungen (i_K) höheren „Schuldzins" (i_D) entrichten muß ($i_D > i_Z$). Aus Gründen der Vereinfachung werden beide Zinssätze über die gesamte Laufzeit als konstant angenommen.

$$(4)\ V_n = L_0 + R_0 + Z_0(1 + i_Z)^n + K_0(1 + i_K)^n - D_0(1 + i_D)^n$$

Über die Höhe von V_n^p entscheidet c.p. die Verwendung der Privatisierungserlöse. So kann der Erlös, wie oben angesprochen, zinslos gehalten, für den Kauf von Sachgütern und Diensten oder für die Tilgung der Schulden verwendet werden. Je nachdem, ob V_n^p von V_n positiv, negativ oder nicht abweicht, führt die Privatisierung zu einer Vermögensmehrung, einer Vermögensverringerung („Vermögensverzehr") oder einem Vermögenserhalt.

---

[27] Vgl. Abschnitt D.2.2.1.

[28] Grundsätzlich ist auch eine zeitlich gestreckte Bezahlung denkbar, die auch mit anderen Vermögenstiteln als Geld erfolgen kann. Vgl. *Neue Zürcher Zeitung:* Umfangreiche Privatisierung in Brasilien, Nr. 119 vom 24.5.1996, S. 23. Von solchen Varianten wird hier jedoch abgesehen.

$(5.1) V_n^P - V_n > 0$ Vermögensmehrung

$(5.2) V_n^P - V_n = 0$ Vermögenserhalt

$(5.3) V_n^P - V_n < 0$ Vermögensverzehr

In den folgenden Abschnitten werden die nachstehenden (und prinzipiell denkbaren) Verwendungsalternativen nicht betrachtet:
– Verwendung der Erlöse für verzinste Realvermögensobjekte (Z): Wegen der unterstellten einheitlichen Verzinsung innerhalb der Vermögenskategorien ergibt sich durch den Verkauf der Sparkasseninstitute (Abnahme von Z) mit anschließender Investition in Z kein Vermögenseffekt.
– Verwendung der Erlöse für Finanzanlagen: Aufgrund ihrer angespannten Haushaltslage sind die Gebietskörperschaften derzeit nicht in der Lage, Wertpapiere zu erwerben. Aus dem gleichen Grund kann auch eine „Stillegung" der Privatisierungserlöse, also die Aufbewahrung in liquider Form (z.B. in nahezu zinslosen Sichteinlagen), nicht in Betracht kommen.

E.2.1.2 Finanzierung von öffentlichen Investitionen durch Privatisierungserlöse

Die Verwendung der Privatisierungserlöse für die Finanzierung öffentlicher Investitionen (in *Tabelle 33*, S. 213, mit „R" bezeichnet) hat eine ähnliche Vermögenswirkung wie die Stillegung, weil der Staat mit seinen Investitionen keine Gewinne erzielen will (bzw. wegen der bei öffentlichen Gütern fehlenden Marktpreise) erzielen kann. Es wird deshalb unterstellt, daß die Investitionen des Staates (z.B. in Gebäude, Verkehrswege oder andere öffentliche Einrichtungen) keine bzw. keine nennenswerten Rückflüsse erbringen.[29]

$$(6) V_n^P = L_0 + \underbrace{R_0 + P}_{\substack{\text{Zunahme von} \\ R\ um\ P}} + \underbrace{(Z_0 - P)(1 + i_Z)^n}_{\text{Abnahme von Z um P}} + K_0 (1 + i_K)^n - D_0 (1 + i_D)^n$$

$$(7) V_n^P = \underbrace{L_0 + R_0 + Z_0 (1 + i_z)^n + K_0 (1 + i_K)^n - D_0 (1 + i_D)^n}_{= Vn} - P[(1 + i_z)^n - 1]$$

$$(8) V_n^P - V_n = - P[(1 + i_z)^n - 1] < 0 \qquad \text{vgl. Gleichung (5.3)}$$

---

[29] Vgl. *Alfred Stobbe:* a.a.O. (Kap. D, FN 41), S. 123.

Auch wenn die öffentlichen Investitionen das Vermögen im Sinne der Gleichung (5.3) vermindern, so ergeben sich gleichwohl Wachstumseffekte aufgrund der dadurch möglichen Steigerung des gesamtwirtschaftlichen Produktionspotentials, welches einen Bestimmungsgrund für die Höhe des Realeinkommens und der Beschäftigung darstellt. Aus diesen Gründen werden die Politiker die Finanzierung von Investitionen durch Privatisierungserlöse in Betracht ziehen.

E.2.1.3 Finanzierung des Eigenverbrauchs durch Privatisierungserlöse

Ein erheblicher Teil der Staatsausgaben entfällt auf den öffentlichen Eigenverbrauch. Dieser Größe, die auch als „Staatskonsum" bezeichnet wird, liegt die Fiktion zugrunde, daß der Staat der letzte Konsument der von ihm unentgeltlich bereitgestellten und nicht über Märkte abgesetzten Sachgüter und Dienstleistungen ist.[30] In diesem Zusammenhang sind auch jene öffentlichen Leistungen zu nennen, die zwar entgeltlich, jedoch nicht kostendeckend angeboten werden. Als Folge wird der Eigenverbrauch im volkswirtschaftlichen Rechnungswesen nicht zu Marktpreisen, sondern zu Faktorkosten bewertet.[31] Er setzt sich im wesentlichen aus der Entlohnung der Staatsbediensteten und den Vorleistungskäufen zusammen.

Werden die Privatisierungserlöse diesem Verwendungszweck zugeführt, können – wie auch bei den öffentlichen Investitionen – kurzfristig bei gleichbleibender Steuerlast höhere Leistungen oder gleiche Leistungen bei sinkender Steuerlast finanziert werden. Im Ergebnis ergibt sich ein Vermögensverzehr:

$$(9)\ V_n^P = L_0 + R_0 + \underbrace{(Z_0 - P)(1+i_z)^n}_{\substack{\text{"Gegenwertlose"}\\ \text{Abnahme von } Z \text{ um } P}} + K_0(1+i_K)^n - D_0(1+i_D)^n$$

$$(10)\ V_n^P = \underbrace{L_0 + R_0 + Z_0(1+i_z)^n + K_0(1+i_K)^n - D_0(1+i_D)^n}_{=Vn} - P(1+i_z)^n$$

$$(11)\ V_n^P - V_n = -P(1+i_z)^n < 0 \qquad\qquad \text{vgl. Gleichung (5.3)}$$

Die Vermögenseinbuße ist bei dieser Verwendungsform größer als bei der im vorherigen Abschnitt betrachteten Finanzierung öffentlicher Investitionen, weil letzteres nur einem Verzicht auf die weitere Verzinsung des durch die Sparkas-

---

[30] Vgl. *Alfred Stobbe:* a.a.O. (Kap. D, FN 41), S. 121 f.
[31] Vgl. *Michael Frenkel/Klaus-Dieter John:* Volkswirtschaftliche Gesamtrechnung, 4. Auflage, München 1999, S. 45 f.

sen und Landesbanken gebundenen Vermögens entspricht. Dagegen wird bei der Finanzierung des öffentlichen Eigenverbrauchs durch die Privatisierungserlöse der staatliche Vermögensbestand vollständig um den Gegenwert der zu privatisierenden Vermögensobjekte vermindert, so daß hier ein größerer Vermögensverzehr vorliegt.

$$(12) \qquad \underbrace{\left| -P(1+i_Z)^n \right|}_{} \qquad > \qquad \underbrace{\left| -P[(1+i_Z)-1]^n \right|}_{}$$

Vermögenswirkung bei Verwendung   *Vermögenswirkung bei Verwendung*
der Erlöse für den Eigenverbrauch   *der Erlöse zur Finanzierung öffentlicher Investitionen*

Die Ausdehnung des öffentlichen Eigenverbrauchs bewirkt eine Steigerung der gesamtwirtschaftlichen Nachfrage und möglicherweise auch einen kurzfristigen Zuwachs der Beschäftigung, was für die Wahlaussichten der Politiker von entscheidender Bedeutung sein kann. Aus diesem Grunde erscheint es wahrscheinlich, daß die nach ihrer Wiederwahl strebenden Politiker die Finanzierung des öffentlichen Eigenverbrauchs in Betracht zu ziehen.

E.2.1.4 Verwendung der Privatisierungserlöse zur Schuldentilgung

Als dritte Möglichkeit der Verwendung der Privatisierungserlöse wird nun die Tilgung der öffentlichen Schulden, speziell bei den Ländern und Kommunen, betrachtet. Die Überlegungen, durch den Verkauf öffentlichen Vermögens einen Teil der Staatsschulden aktiv zu tilgen[32] und auf diese Weise das Staatsvermögen zu erhöhen, reichen bis in die klassische Nationalökonomie zurück. Diesen Effekt hat SMITH im Blick, wenn er schreibt:

> „In jeder großen Monarchie in Europa würde der Verkauf von Kronland zu ganz beachtlichen Geldeinnahmen führen, die, zur Tilgung der Staatsschulden verwendet, ein weit höheres Einkommen von der Beleihung befreien würden, als Grund und Boden jemals der Krone eingebracht haben. [...] Die Krone käme dann sofort in den Genuß eines Einkommens, das sie in dieser Höhe von Pfandrechten freimachen könnte, und im Laufe der Jahre würden noch weitere Einnahmen hinzukommen. [...]
> In einer großen Monarchie [...] sollte, wie es scheint, die Krone eigentlich nur solche Ländereien besitzen, die dem Vergnügen und der Prachtentfaltung dienen [...], Besitzungen also, die überall nur als Quelle für Kosten, nicht aber für Einnahmen betrachtet werden."[33]

---

[32] Zur Abgrenzung zwischen „aktiver" und „passiver Tilgung" vgl. *Wolfgang J. Mückl:* Tilgung der Staatsschuld, in: Wirtschaftswissenschaftliches Studium, Heft 6/1984, S. 279-284, hier: S. 279.

[33] *Adam Smith:* a.a.O. (Kap. C, FN 3), S. 702.

Auch heute kommt der Staatsschuldentilgung aus Privatisierungserlösen Be-achtung zu.[34] Um den Vermögenseffekt isoliert, d.h. unabhängig von einer gleichzeitig stattfindenden Neuverschuldung darzustellen, wird von einem gege-benen Schuldenstand D_0 ausgegangen, der um P reduziert wird:[35]

$$(13)\, V_n^P = L_0 + R_0 + \underbrace{(Z_0 - P)(1 + i_Z)^n}_{\substack{Abnahme\,von \\ Z\,um\,P}} + K_0(1 + i_K)^n - \underbrace{(D_0 - P)\,(1 + i_D)^n}_{\substack{Abnahme\,von \\ D\,um\,P}}$$

$$(14)\, V_n^P = \underbrace{L_0 + R_0 + Z_0(1 + i_Z)^n + K_0(1 + i_K)^n - D_0(1 + i_D)^n}_{=V_n} + \underbrace{P[(1 + i_D)^n - (1 + i_Z)^n]}_{Verm\ddot{o}genseffekt}$$

$$(15)\, V_n^P - V_n = P[(1 + i_D)^n - (1 + i_Z)^n] > 0 \; wegen \; i_D > i_Z$$

Wegen $i_D > i_Z$ bewirkt die Staatsschuldentilgung eine Steigerung des öffentli-chen Gesamtvermögens. Finanzstatistisch ergäbe sich auch für $i_D \le i_Z$ eine Ver-mögensmehrung, weil die in Höhe von i_Z stattfindende Verzinsung des in den Sparkasseninstituten eingesetzten Kapitals ja nicht den öffentlichen Kassen, sondern – jedenfalls bislang – so gut wie ausschließlich den Rücklagen der In-stitute zugeflossen ist.

Die aktive Schuldentilgung bietet für die Politiker darüber hinaus den Vorzug, daß diese angesichts der hohen Staatsschulden in der politischen Willensbildung immer besser vermittelbar wird. In Fachkreisen bereits seit langem mit Sorge betrachtet,[36] werden die Schulden – auch hinsichtlich der auf künftige Genera-tionen zukommenden Belastungen – in den breiten Schichten der Bevölkerung als wachsendes Ärgernis empfunden. Mit der Tilgung von Schulden werden die Haushalte der Länder und Gemeinden in Form von ausbleibenden Verpflichtun-gen für den Schuldendienst entlastet. Anderenfalls müssen die Gebietskörper-schaften, um die Tilgung und Zinsen bezahlen zu können, in späteren Peri-oden andere Ausgaben kürzen, insoweit sie nicht Steuern erhöhen können. Durch die Schuldentilgung können diese u.U. schmerzhaften Einschnitte gemil-dert werden, so daß diese Form der Verwendung für den nach seiner Wieder-wahl strebenden Politiker durchaus in Betracht zu ziehen ist.

---

[34] Vgl. *Rainald Borck*: Erhöhen Privatisierungserlöse das Staatsvermögen?, in: Staatswissen-schaften und Staatspraxis, Band 7 (1996), S. 491-503.

[35] Von Zusatzkosten der Tilgung (z.B. Vorfälligkeitsentgelte) wird hier abgesehen.

[36] Vgl. etwa *James M. Buchanan / Robert E. Wagner*: Democracy in deficit, New York, San Francisco, London 1977, S. 72f.; *Wolfgang J. Mückl*: Wie problematisch ist die Staatsver-schuldung?, in: Der Bürger im Staat, Heft 4/1981 (Band 31), S. 291-298; *Paul Kirchhof*: Die Staatsverschuldung im demokratischen Rechtsstaat, in: Grenzen der öffentlichen Ver-schuldung, hrsg. von Hans-Jürgen Papier, Detmold 1983, S. 1-86; *Helmut Schlesinger / Manfred Weber / Gerhard Ziebrath*: Staatsverschuldung – ohne Ende?, Darmstadt 1993, S. 220-231.

E.2.1.5 Bewertung der Verwendungsalternativen

Es konnte gezeigt werden, daß die hier betrachteten Alternativen der Verwendung von Privatisierungserlösen unterschiedliche Auswirkungen auf das Staatsvermögen und auf die Popularität der politischen Führung haben. Die Ergebnisse der vorstehenden Abschnitte sind in *Tabelle 34* zusammengefaßt.

Tabelle 34: Auswirkung der verschiedenen Verwendungen von Privatisierungserlösen auf das Staatsvermögen und die Popularität der Politiker

Verwendung der Erlöse für:	Einfluß auf das Staatsvermögen	Einfluß auf die Popularität der Politiker
Öffentliche Investitionen	Verzicht auf Verzinsung des Vermögens	Positiv (bei den durch diese Verwendung Begünstigten)
Eigenverbrauch	Verzehr des Vermögensbestandes	Positiv (bei den durch diese Verwendung Begünstigten)
Tilgung der Staatsschulden	Vermögensmehrung	Positiv

Um ihre Wahlchancen zu wahren bzw. zu verbessern, neigen die Politiker bei ihren Entscheidungen in der Regel zum Weg des geringsten Widerstandes und richten ihre Entscheidungen vornehmlich an den Gegenwartsinteressen der Bevölkerung aus. Weil die Wahrnehmung der „politischen Leistungen" bei den Wählern meist dann am größten ist, wenn Leistungen in Form von zusätzlichen Ausgaben sichtbar werden, wäre die Verwendung der Privatisierungserlöse für öffentliche Investitionen und den Staatskonsum durchaus folgerichtig. Gegen diese Vorgehensweise spricht aber, daß die Höhe der Privatisierungserlöse von vielen überschätzt wird und deshalb Ansprüche geweckt werden, die nicht befriedigt werden können. Bei den Interessengruppen, an die nichts oder nach ihrer Meinung zu wenig von den Erlösen verteilt wird, wird sich womöglich Unmut ausbreiten, welcher sich in der Verweigerung der politischen Gefolgschaft fortsetzen kann. Die Schuldentilgung gewährleistet diesbezüglich eine gewisse Gleichbehandlung, weil keine Gruppe Mittel aus den Veräußerungserlösen erhält und sich etwaige Verteilungskämpfe allenfalls auf die Verwendung der eingesparten Schuldzinsen beschränken. Weil die Schuldentilgung als einzige der betrachteten Alternativen das Staatsvermögen erhöhen und die Popularität der Politiker steigern kann, sollten die Privatisierungserlöse für diese Verwendungsform herangezogen werden.

E.2.2 Mögliche Auswirkungen der Privatisierung auf das Vermögen der privaten Haushalte

E.2.2.1 Begründung, Ziele und Instrumente der staatlichen Vermögenspolitik

In der Sozialen Marktwirtschaft haben die Bildung und der Besitz von privatem Vermögen durch breite Schichten der Bevölkerung eine große Bedeutung. Die Forderung nach einer möglichst breiten Vermögensstreuung kann gesellschafts- und wirtschaftspolitisch folgendermaßen begründet werden:[37]

– Die freie Entfaltung der Individuen setzt ein Mindestmaß an persönlichem Vermögen voraus. Der Gesellschaft entgehen Innovationen und Wohlstandsgewinne, wenn viele Individuen über kein Vermögen verfügen.

– Eine zu starke Vermögenskonzentration ist gleichbedeutend mit einer ökonomischen Machtkonzentration, die den Wettbewerb, also das Grundprinzip der Sozialen Marktwirtschaft, gefährden kann.

– Das Armutsrisiko sinkt mit wachsendem Vermögen, weil dieses und das aus ihm fließende Einkommen eine finanzielle Absicherung gewähren, die über das laufende Arbeitseinkommen hinausgeht.

– Weil die bisher gebildeten Vermögen an künftige Generationen vererbt werden, beeinträchtigt die Vermögenslosigkeit breiter Schichten auch die Lebenschancen der zukünftig Lebenden.

Aus diesen Gründen hat die Forderung nach einer gleichmäßigeren Vermögensverteilung schon vor geraumer Zeit – mit unterschiedlicher Akzentuierung – Eingang in die Programme der politisch relevanten Gruppen gefunden.[38] Ihre Zielsetzung besteht gleichermaßen in der nachhaltigen Dekonzentration der Vermögen, was auch zu einer gleichmäßigeren Verteilung der Einkommen führt. Diese sind „naturgemäß" schwächer konzentriert als die Vermögen, und zwar aus folgenden Gründen:[39]

– Die Individuen sind nicht gezwungen, zur Existenzsicherung Vermögen zu bilden. Dieser Umstand läßt sich auch daran nachvollziehen, daß fehlendes Vermögen – anders als fehlendes Einkommen – keinen Anspruch auf soziale Transferleistungen begründet.

– Das Vermögen umfaßt die Gesamtheit aller in der persönlichen Verfügungsmacht stehenden Geld- und Sachressourcen und wird über das gesamte Leben aufgebaut. Bei den Erben kann es das Periodeneinkommen um ein Vielfaches übersteigen.

---

[37] Vgl. *Erich Preiser:* Einkommensverteilung und Vermögensverteilung, in: Wirtschaftspolitik heute, Ausgewählte Vorträge aus den Jahren 1951 bis 1967, 5. Auflage, München 1974, S. 161-216.

[38] Vgl. *Wolfgang J. Mückl:* a.a.O. (Kap. C, FN 76, 2. Quelle).

[39] Vgl. hierzu und im folgenden *SVR:* a.a.O. (Kap. D, FN 103), S. 265 f.

– Einkommensschwache Haushalte konsumieren einen relativ großen Teil ihres Einkommens, so daß ihre Sparleistung niedriger ausfällt. Hinzu kommt, daß sie mangels großer Risikotragfähigkeit ihr Vermögen sicher, d.h. renditearm anlegen und sich deshalb mit geringeren Wertzuwächsen begnügen müssen als einkommensstarke Haushalte. Damit sich die Vermögensverteilung nivelliert, müßten die Vermögen bei den Beziehern niedriger Einkommen stärker wachsen als bei den Beziehern höherer Einkommen. Weil aber die vorhandene Ungleichverteilung eine weitere Vermögenskonzentration verursacht, ist das genaue Gegenteil zu erwarten.[40] Eine staatliche Vermögenspolitik ist also gerechtfertigt. Grundsätzlich wären folgende vermögenspolitische Strategien denkbar:[41]

– Sofern verfassungsmäßig zulässig, könnte man durch den verstärkten Einsatz steuerlicher Instrumente die vermögensstarken Haushalte belasten (z.B. durch die Vermögensteuer oder die Erbschaftsteuer). Allerdings mindert diese Vorgehensweise die aus der Ungleichheit der Besitzverhältnisse resultierenden Leistungsanreize. Die Anhebung dieser Steuern wäre leistungsfeindlich und ist deshalb zur Schaffung von gleichmäßigeren Vermögensverhältnissen ungeeignet.

– Soll bei der Vermögenspolitik die Ordnungskonformität gewahrt bleiben, dann muß – unter Inkaufnahme einer längeren Wirkungsdauer – die breitere Streuung des Vermögens nicht durch die Umverteilung des vorhandenen, sondern durch eine andere Verteilung der neugebildeten Vermögen herbeigeführt werden. Eine solche Politik, die ein anhaltendes Wirtschaftswachstum voraussetzt, kann z.B. die vermögenswirksame Veranlagung von Einkommensbestandteilen (z.B. Investivlöhne) und die Förderung der freiwilligen Ersparnisbildung (z.B. Arbeitnehmersparzulage, Wohnungsbauprämie) umfassen.[42] Auch die breitere Beteiligung der Bevölkerung am Produktivvermögen durch Privatisierungen kann Teil einer solchen Politik sein.

Nachfolgend wird dargestellt, daß die Privatisierung der Sparkasseninstitute auch Teil eines vermögenspolitischen Konzepts sein kann.

---

[40] Einen empirischen Hinweis auf die Selbstverstärkung der Vermögenskonzentration liefert die jüngste Einkommens- und Verbrauchsstichprobe. Danach entfallen 1998 auf das oberste Dezil 50,4 v.H. des Nettogeldvermögens (1993: 46,4 v.H.). Dagegen verfügt die „untere Hälfte" nur über 5,0 v.H. des Nettogeldvermögens (1993: 7,7 v.H.). Vgl. *SVR:* a.a.O. (Kap. D, FN 103), S. 264-267. Haushalte mit einem monatlichen Nettoeinkommen von 35.000 DM (= 17.895,22 Euro) und mehr wurden nicht in die Berechnung einbezogen. Die tatsächliche Konzentration liegt damit über der statistisch ausgewiesenen.

[41] Vgl. *Wolfgang J. Mückl:* a.a.O. (Kap. C, FN 76, 2. Quelle).

[42] Auch wenn die Auszahlung von Mitteln im Rahmen der staatlichen Sparförderungsprogramme letztlich Umverteilungsmaßnahmen sind, werden sie diesem Maßnahmenbündel zugeordnet.

E.2.2.2 Eine „S-Aktie" als neue „Volksaktie"?

Der Begriff „Volksaktie" bezeichnet keine eigene Aktiengattung (wie z.B. Stammaktie oder Vorzugsaktie), sondern rekurriert auf die in den späten fünfziger Jahren in Deutschland begonnene Privatisierung staatseigener Unternehmen. Der mit der Ausgabe der ersten VW- und VEBA-Aktien begonnene Verkauf des wirtschaftlichen Bundesvermögens[43] diente nämlich weniger der Unternehmensfinanzierung, sondern sollte – noch vor der Schaffung spezifischer steuerlicher Anreize – die Vermögensbildung breiter Bevölkerungsschichten fördern. In diesem Zusammenhang kam die Bezeichnung „Volksaktie" auf, die der damals zuständige „Bundesminister für den wirtschaftlichen Besitz des Bundes" („Schatzminister"), LINDRATH, folgendermaßen definiert hat:

> „Welche Voraussetzungen soll eine Volksaktie erfüllen? Erstens. Die Volksaktie soll bei der Erstausgabe klein gestückelt und breitestmöglich gestreut werden. Zweitens. Es sollen gewisse Erleichterungen für diejenigen Kreise geschaffen werden, die bisher aus wirtschaftlichen und psychologischen Erwägungen nicht in der Lage waren, Aktien zu erwerben. Hierzu gehört insbesondere die Einräumung eines Sozialbonus oder eines sozialen Ausgabekurses. Drittens. Es soll Vorsorge getroffen werden, daß die Volksaktionäre ihr Eigentum an Volksaktien nicht durch Börsenmanipulationen oder andere Maßnahmen später wieder verlieren. Hierzu gehören alle Maßnahmen, die eine breite Streuung der Aktien für lange Zeit sicherstellen. Ich denke hierbei z.B. an eine Verpflichtung des jeweiligen Emissionskonsortiums, sich für viele Jahre jeder Mitwirkung an irgendwelchen Aktienaufkäufen zu enthalten. Gedacht ist ferner an eine Beschränkung des Stimmrechts für die Volksaktien und an ein befristetes Veräußerungsverbot."[44]

Etwa 4 ½ Millionen Deutsche wurden durch den Verkauf des Bundesvermögens bis zum Ende der sechziger Jahre zu „Volksaktionären". Obwohl das Privatisierungspotential der öffentlichen Hand keineswegs ausgeschöpft war, kam die Volksaktienidee in den siebziger und achtziger Jahren nicht recht voran. Erst mit der 1996 angelaufenen Privatisierung der ehemals staatlichen Postnachfolgeun-

---

[43] Anders als in europäischen Nachbarländern gründete sich das wirtschaftliche Vermögen des Bundes nicht auf eine „Verstaatlichungswelle" – dies wäre mit den ordnungspolitischen Grundsätzen auch nicht zu vereinen gewesen –, sondern auf Beteiligungen, die ihm als Nachfolger des Deutschen Reiches und des Landes Preußen zugefallen waren. Unter der Zuständigkeit des früheren Bundesministeriums für den wirtschaftlichen Besitz des Bundes („Schatzministerium") war es im wesentlichen in sechs Konzernen zusammengefaßt (Viag AG, Veba AG, Volkswagen AG, Salzgitter AG, Saarbergwerke AG und Industrieverwaltungsgesellschaft AG). Vgl. ausführlicher *Hans Eichel:* Der Bund und seine Unternehmen: Perspektiven und Aufgaben im alten und neuen Jahrhundert, in: Zeitschrift für das gesamte Kreditwesen, Heft 6/2000, S. 274-277.

[44] *Hermann Lindrath:* Beantwortung der Großen Anfrage der FDP-Fraktion in der 63. Sitzung des Deutschen Bundestages vom 20.2.1959, in: Verhandlungen des Deutschen Bundestages, Band 43 der 3. Wahlperiode, S. 3386 f.

ternehmen wurde sie neu belebt.[45] So befanden sich Ende 2001 40,3 v.H. des Grundkapitals der Deutschen Telekom AG (3,13 Mrd. Euro) und 31,2 v.H. des Grundkapitals der Deutschen Post AG (0,35 Mrd. Euro) im Besitz privater Anteilseigner.[46] Ungeachtet der momentanen Kursverluste hat die von einem breiten Medienecho begleitete Privatisierung von Telekom und Post einen nicht unerheblichen Beitrag zur Förderung der Aktienkultur in Deutschland geleistet hat. Ob diese Kultur von Dauer sein wird oder ob sich die Anleger wieder verstärkt sichereren Anlageformen zuwenden, bleibt abzuwarten.

Hier interessiert, ob die Idee der Volksaktie einen Ansatzpunkt bei der Privatisierung der Sparkasseninstitute (z.B. an weniger finanzkräftige Bevölkerungskreise) bieten kann. Weil einkommensschwächere Haushalte ihre Bankverbindungen überwiegend bei den Sparkassen unterhalten,[47] sollte bei der Plazierung der Sparkassenanteile versucht werden, insbesondere die eigenen Kunden zu erreichen. Schließlich konnten die Kreditgenossenschaften jeden zweiten ihrer rund 30 Mio. Kunden als Anteilseigner gewinnen.[48] Trotz der Unterschiede zur genossenschaftlichen Rechtsform und der im Durchschnitt geringeren Kaufkraft der Sparkassenkunden ist davon auszugehen, daß auch in den Reihen der rund 60 Mio. Sparkassenkunden ein beachtliches Potential zum Erwerb von Aktien auch von kleineren und mittelgroßen Emittenten vorhanden ist.[49] Für die Sparkassen bietet die Beteiligung ihrer Kunden zudem die Chance, die bestehenden Kundenbindungen zu festigen und damit ein in Zeiten sinkender Bankenloyalität wichtiges Erfolgspotential noch besser zu erschließen.[50]

Der von LINDRATH seinerzeit angeregte „Sozialbonus" für Einkommensschwache, der sich z.B. in der Stundung des marktüblichen Kaufpreises oder in der verbilligten Überlassung von Aktien ausdrücken kann, sollte – wenn überhaupt – mit einer Mindesthaltedauer verknüpft werden. Ohne eine solche Sperrfrist bzw. einen Abschlag auf die Erlöse vorzeitig verkaufter Aktien wäre die Privatisierung vermögenspolitisch nicht nachhaltig, weil anderenfalls nur zum schnellen Verkauf der Beteiligung und zu Gewinnmitnahmen animiert würde. Eine Begünstigung einkommensschwächerer Haushalte kann anstelle eines „Sozialbonus" möglicherweise besser durch die Zuteilung von „Treueaktien" erfol-

---

[45] Vgl. *Handelsblatt:* a.a.O. (Kap. D, FN 44), S. 29.

[46] Vgl. *Bundesministerium der Finanzen:* a.a.O. (Kap. A, FN 17), S. 12 und 44.

[47] Vgl. *Lukas Menkoff:* a.a.O. (Kap. C, FN 148), S. 562.

[48] Vgl. *Bundesverband der Deutschen Volks- und Raiffeisenbanken:* Mitteilung vom 16.5.2001.

[49] Vgl. *Dieter Falke:* Die Wettbewerbsposition der Sparkassenorganisation bei der Börseneinführung mittelständischer Unternehmen, in: Zeitschrift für das gesamte Kreditwesen, Heft 8/1998, S. 402-404.

[50] Vgl. *Willibald Folz:* a.a.O. (Kap. D, FN 149), S. 30.

gen.[51] Damit wird von vorneherein ein ökonomischer Anreiz für das längerfristige Halten der Anteile gesetzt. Diese Vorgehensweise bietet zudem den Vorteil, daß bei der Emission das Agio auf den Nennwert einheitlich gestaltet und möglichem Mißbrauch durch Nichtberechtigte vorgebeugt werden kann.

Daneben sollte auch dem Gedanken nachgegangen werden, wie die rund 375.000 Bediensteten der Sparkassen-Finanzgruppe bei der Anteilszeichnung berücksichtigt werden können. Es bietet sich an, gemäß § 192 (2) Nr. 3 des Aktiengesetzes (AktG) im Wege einer bedingten Kapitalerhöhung Bezugsrechte an Arbeitnehmer gegen Einlage von Geldforderungen, die den Arbeitnehmern aus einer Erfolgs- oder Gewinnbeteiligung zustehen, zu gewähren. Das Grundkapital erhöht sich dann genau um den Betrag, der benötigt wird, um die Arbeitnehmeransprüche zu befriedigen. Der Vorteil dieser Konstruktion besteht in der Stärkung der Arbeitnehmerinteressen an den Unternehmenszielen und in der erhöhten Identifikation der Bediensteten mit ihrer Sparkasse bzw. Landesbank. Bei einer verbilligten Überlassung von Aktien („Belegschaftsaktien") ergeben sich für die Arbeitnehmer auch steuerliche Anreize.[52]

E.3 Rechtliche Flankierung

Zum Abschluß dieses Kapitels soll gezeigt werden, welche rechtlichen Weichen für die oben entworfene Privatisierungsstrategie gestellt werden müssen. Mit den folgenden Punkten wird der Katalog der in diesem Zusammenhang zu klärenden Fragen skizziert und zugleich die Gliederung für deren Beantwortung vorgegeben.

– Welche Gesichtspunkte sind bei der Durchführung der formalen Privatisierung zu beachten?
– Welche rechtlichen Voraussetzungen müssen für die Kapitalerhöhungen bzw. für die Kapitalveräußerungen geschaffen werden?
– Welche Staatsebene besitzt die Kompetenz zur Schaffung der geforderten Rechtsgrundlagen?

---

[51] So geschehen im Oktober 1999 bei der Deutschen Telekom AG. Erstaktionären, die die „T-Aktie" drei Jahre im Bestand hielten, wurde eine Gratisaktie pro zehn Aktien zugeteilt. Nach Unternehmensangaben wurden so 12,5 Mio. Treueaktien auf rund 850.000 Depots verteilt. Vgl. *Deutsche Telekom:* Geschäftsbericht 1999, S. 39 f.

[52] Die Einräumung eines Vorzugskurses für Arbeitnehmer bei der Ausgabe von Belegschaftsaktien ist ein geldwerter Vorteil, der gemäß § 19a EStG nicht zu versteuern ist, soweit der Nachlaß 50 v.H. des Marktwerts der Anteile nicht übersteigt und der Vorteil nicht mehr als 300 DM (= 153,39 Euro) pro Jahr ausmacht. Voraussetzung ist die Einhaltung einer Sperrfrist von mindestens sechs Jahren. Zur genauen Verfahrensweise vgl. BStBl. I, 1998, S. 36.

– Läßt die Rechtslage die vorgeschlagene Verwendung der Privatisierungserlöse zur Schuldentilgung zu, oder bedarf es hierzu einer Ergänzung der Gesetze?
Die zeitgemäße Weiterentwicklung der Landesbank- und Sparkassengesetze
(z.B. Wegfall der Geschäftsbeschränkungen, Annäherung des Geschäftsrechts
an die aktienrechtlichen Vorschriften) bleibt hier außer Betracht, weil diese Reformen unabhängig von der formalen bzw. materiellen Privatisierung umgesetzt
werden können.

E.3.1 Formale Privatisierung

Nach § 301 (1) UmwG werden die Sparkassen und Landesbanken als Anstalten
bzw. Körperschaften des öffentlichen Rechts in Kapitalgesellschaften umgewandelt. Der Wechsel in die aktienrechtliche Gesellschaftsform ist aber gemäß §
301 (2) UmwG an die Voraussetzung gebunden, daß dieser durch das maßgebliche Bundes- oder Landesrecht vorgesehen oder zugelassen wird. Dies ist bislang
jedoch nicht der Fall. Als Folge müssen die Sparkassen- und Landesbankgesetze
um die Möglichkeit eines Rechtsformwechsels ergänzt werden. Erst dann können unter Beachtung der Gründungsvorschriften (z.B. Errichtungsbeschlüsse,
Fusionsverträge) die Rechtsverhältnisse in den formal privatisierten Gesellschaften (z.B. Beteiligungsschlüssel, Satzung) geregelt werden.
Sobald die Institute in Aktiengesellschaften umgewandelt sind, müssen sie gemäß § 4 AktG die Bezeichnung „Aktiengesellschaft" oder eine allgemeinver-
ständliche Abkürzung dieser Bezeichnung in ihrer Firma führen (z.B. Stadtpar-
kasse München AG). Da sich die formal privatisierten Sparkassen *de lege lata*
nicht „Sparkasse" nennen dürfen,[53] sollte im Sinne des einheitlichen Erschei-
nungsbildes der Institute § 40 (1) des Kreditwesengesetzes (KWG) dahingehend
ergänzt werden, daß auch privatisierte Sparkassen zur Führung des Firmenzusatzes „Sparkasse" berechtigt sind.

E.3.2 Materielle Privatisierung

Die Beteiligungshöchstgrenzen der Länder und der Gemeinden sind in den
Wortlaut der Sparkassen- und Landesbankgesetze aufzunehmen. Wie angesprochen, sollte der Privatisierungsprozeß mit privaten Kapitalerhöhungen begonnen
werden (Variante 3b bei den Sparkassen und 3a bei den Landesbanken). Bei den
Sparkassen empfiehlt es sich, die rechtliche Grundlage nach dem Muster von
§ 22 (1) Hessischen Sparkassengesetzes zu gestalten. Danach sind stille Beteiligungen von ortsansässigen privaten Wirtschaftssubjekten an den Sparkassen

---

[53] Vgl. *Reinfrid Fischer:* § 40 KWG, Rdnr. 10, in: Kreditwesengesetz, Kommentar zu KWG
und Ausführungsvorschriften, hrsg. von Karl-Heinz Boos, Reinfrid Fischer, Hermann
Schulte-Mattler, München 2000.

zulässig, solange sie nicht im Wettbewerb mit den Sparkassen Einlagen annehmen oder gewerbsmäßig Kredite ausreichen bzw. vermitteln. Bei den Landesbanken sind die – noch nicht in Gesetzesform gebrachten – Überlegungen zur Neuordnung der Bayerischen Landesbank ein brauchbares Vorbild. Für die „eigentliche" Teilprivatisierung, also die Veräußerung von Sparkassen- und Landesbankanteilen (gemäß den Varianten 2b bzw. 2a), bedarf es weitergehender Gesetzesänderungen. Weder die Landesbanken- noch die Sparkassengesetze erlauben derzeit den Ländern bzw. Gemeinden die Teilveräußerung der Institute. Diese Privatisierungssperre kann aber durch die Änderung der Sparkassen- und Landesbankgesetze überwunden werden.[54] Bereits de lege lata sind mit der Übertragbarkeit des Eigentums an Sparkassen zwischen einzelnen Gewährträgern (§ 3 (4) des rheinland-pfälzischen Sparkassengesetzes) oder der Auflösung von Sparkassen und Landesbanken[55] weitreichende Eingriffe in die Rechtssphäre der Institute zulässig. Gerade mit Blick auf die rechtlich mögliche Auflösung ist die Behauptung nicht nachvollziehbar, daß der weit weniger massive Eingriff einer Teilveräußerung rechtlich unmöglich sein soll.[56]

Zur Kontrolle der Beteiligungsverhältnisse sollte bei der Feststellung der Satzung gemäß § 23 (3) Nr. 5 AktG bestimmt werden, daß die Aktien nicht auf den Inhaber, sondern auf den Namen ausgestellt werden. Die Übertragung von Namensaktien, die gemäß § 68 (1) AktG nur durch Indossament möglich ist, muß der Gesellschaft zum Vermerk im Aktienregister angezeigt werden (§ 67 (1) AktG). Zur Verhinderung unerwünschter Beteiligungsverschiebungen müßte ferner im Sinne von § 68 (2) AktG durch Satzung bestimmt werden, daß der Wechsel des Eigentums an einer Aktie von der Zustimmung der Gesellschaft abhängig ist („vinkulierte" Namensaktien).

---

[54] Die Sparkassen besitzen keine Möglichkeit, sich gegen eine solche Änderung zur Wehr zu setzen, weil ihnen das Bundesverfassungsgericht die „Grundrechtsfähigkeit" abgesprochen hat. Das bedeutet, daß sie sich – im Gegensatz zu natürlichen Personen und zu juristischen Personen des privaten Rechts – bei Eingriffen des Gesetzgebers nicht auf den Grundrechtsschutz im Sinne von Art. 19 (3) GG berufen können, da ihnen der hierfür erforderliche Bezug zum Freiheitsraum natürlicher Personen fehlt. Vgl. BVerfGE: a.a.O. (Kap. B, FN 71).

[55] Vgl. § 5 BWSpkG, Art. 18 BaySpkG, § 4 BrSpkG, § 29 BbgSpkG, § 19 HSpkG, § 29 MVSpkG, § 1 NSpkG, § 35 NWSpkG, § 1 (2) RPSpkG, § 28 SaarSpkG, § 29 SächsSpkG, § 29 SASpkG, § 33 SHSpkG, § 23 ThürSpkG, § 28 SaLBBW, § 30 SaBayLB, § 24 HLG i.V.m. § 32 SaHLB, § 24 SaNordLB, § 23 (2) SaLRP, § 19 (2) SaSaarLB, § 20 SaSachsLB, § 26 SaLBKiel. Keine Verfahrensregel in der Satzung der Landesbank Hessen-Thüringen.

[56] So aber Hans-Dieter Brandt: a.a.O. (Kap. B, FN 38), S. 55.

E.3.3 Verwendung der Privatisierungserlöse

Für die Erlöse aus der Sparkassen- und Landesbankenprivatisierung gibt es mangels rechtlicher Regelung des Verkaufs keine Verwendungsvorschriften. Auch existieren für den Vermögensübergang nach Bankenprivatisierungen gibt es in der Bundesrepublik kaum historische Vorbilder.[57] Deshalb wird geprüft, inwieweit die Tilgung der Staatsschulden als vorgeschlagene Verwendung der Privatisierungserlöse mit den bestehenden Landesgesetzen bezüglich des Vermögensübergangs

– nach der Auflösung der Sparkassen und Landesbanken bzw.
– nach dem Verkauf anderer öffentlicher Vermögensobjekte

kompatibel ist. Hinsichtlich der Verwendung eines (positiven) Restvermögens nach einer Sparkassenauflösung ist die Rechtslage uneinheitlich. In den Sparkassengesetzen der Länder Bayern, Brandenburg, Mecklenburg-Vorpommern, Nordrhein-Westfalen, Sachsen-Anhalt und Thüringen ist die Verwendung des Nettovermögens für „gemeinnützige Zwecke"[58] – in einigen Fällen mit dem Zusatz „im Sinne des Steuerrechts"[59] – vorgeschrieben.[60] Im Saarland und in Sachsen ist es den Trägern zuzuführen.[61] Aus den Sparkassengesetzen der Länder Baden-Württemberg, Bremen, Hessen, Niedersachsen, Rheinland-Pfalz und Schleswig-Holstein ergeben sich keine konkreten Verwendungsvorschriften. Bei den Landesbanken ist nach der Abwicklung eine Aufteilung des Nettovermögens zwischen den Anteilseignern entsprechend ihrem Anteil am Stammkapital vorgesehen. Mit Ausnahme Bayerns werden den Anteilseignern keine Verwendungsauflagen gemacht.[62]

Die Gemeinnützigkeit einer Mittelverwendung im Sinne des Steuerrechts bemißt sich nach objektiven Merkmalen und wird durch § 52 (2) der Abgabenordnung

---

[57] Zu nennen wäre allenfalls die Umwandlung der Bayerischen Staatsbank in eine Aktiengesellschaft mit anschließender Fusion mit der Bayerischen Vereinsbank. Die seinerzeit neu gegründete „Bayerische Landesstiftung" hält seitdem die Staatsbeteiligung am fusionierten Kreditinstitut. Vgl. *Süddeutsche Zeitung*: Grünes Licht für die Fusion Staatsbank – Vereinsbank, in: Nr. 270 vom 11.11.1970, S. 25.

[58] Vgl. Art. 18 (5) BaySpkG, § 29 (4) BbgSpkG, § 29 (4) MVSpkG, §§ 28 (5), 35 (4) NWSpkG, § 29 (4) SASpkG, § 23 ThürSpkG.

[59] Brandenburg, Mecklenburg-Vorpommern, Sachsen-Anhalt.

[60] Diese Bestimmungen sind durch die Notverordnungen von 1931 begründet, mit denen die Träger gehindert werden sollen, zum Ausgleich von Budgetdefiziten ihre Sparkassen aufzugeben oder zu überhöhten Ausschüttungen zu drängen.

[61] Vgl. § 28 (5) SaarSpkG, § 29 (4) SächsSpkG

[62] Nach der Liquidation der Bayerischen Landesbank ist das dem Sparkassenverband Bayern über die Nominalbeteiligung (zuzüglich eventueller Aufgelder) hinaus zustehende Nettovermögen für gemeinnützige Zwecke zu verwenden, wobei die Empfänger von der Aufsichtsbehörde auf Vorschlag des Sparkassenverbandes benannt werden. Vgl. § 30 (2) SaBayLB.

(AO) abschließend geregelt.[63] Auch in den Fällen, in denen der im Sparkassengesetz verwendete Gemeinnützigkeitsbegriff nicht ausdrücklich auf die steuerrechtliche Definition abstellt, wird deutlich, daß es sich größtenteils um konsumtive Verwendungen handelt. Weil die Auflösungsvorschriften also zur vorgeschlagenen Verwendung der Privatisierungserlöse zur Schuldentilgung im Widerspruch stehen, kann auf ihnen nicht sinnvoll aufgebaut werden.

Dagegen bilden die Regelungen, die den Verkauf anderer öffentlicher Vermögensobjekte betreffen, eine bessere rechtliche Grundlage für die Schuldentilgung. Die Länder dürfen gemäß § 63 (2) der Landeshaushaltsordnung (LHO)[64] Teile ihres Vermögens unter der Bedingung verkaufen, daß es zur Erfüllung der Landesaufgaben in absehbarer Zeit nicht mehr benötigt wird. Die Veräußerung hat grundsätzlich zum „vollen Wert", d.h. zum Verkehrswert, zu erfolgen, damit sich einzelne Erwerber nicht auf Kosten der Allgemeinheit bereichern können (§ 63 (3) LHO).[65] Eine Zweckbindung im Sinne einer Verwendungsvorgabe für die erlösten Mittel erfolgt nicht.

Hinsichtlich der Veräußerung kommunalen Vermögens enthalten die Gemeindeordnungen sachlich entsprechende Regelungen wie die Landeshaushaltsordnungen.[66] Eine Veräußerung unterhalb des Verkehrswertes ist nur unter der Bedingung zulässig, daß sich die Gemeinde in akuter Finanznot befindet und kein Erwerber bereit ist, den vollen Kaufpreis zu zahlen.[67] Bei den Gemeinden, die deutlicher als Bund und Länder zwischen laufenden und vermögenswirksamen Vorgängen unterscheiden,[68] ergibt sich bei einer Vermögensveräußerung aus

---

[63] Zu der steuerrechtlichen Konkretisierung der „Gemeinnützigkeit" vgl. Kap. D, FN 73.

[64] Die Landeshaushaltsordnungen sind inhaltlich und in der Paragraphenfolge untereinander und im Verhältnis zur Bundeshaushaltsordnung weitgehend deckungsgleich.

[65] Bei geringwertigen Wirtschaftsgütern oder dem – nicht näher spezifizierten – Vorliegen eines „dringenden Landesinteresses" (in Nordrhein-Westfalen und Brandenburg: „in besonderen Fällen") darf auch zu einem Preis unterhalb des Verkehrswertes veräußert werden (§ 63 (4) LHO).

[66] Vgl. § 92 BWGO, Art. 75 BayGO, §§ 89, 90 KVBbg, § 109 HGO, §§ 56, 57 KVMV, § 97 NGO, § 77 NWGO, § 79 RPGO, § 67 KSVG, § 90 SächsGO, § 105 SAGO, § 89 SHGO, § 67 ThürKO. In den Stadtstaaten ergeben sich diese Grundsätze aus der jeweiligen Landeshaushaltsordnung.

[67] Vgl. *OVG Münster:* Urteil vom 5.8.1982, in: Neue Juristische Wochenschrift, Band 36 (1983), Heft 44, S. 2517 f., hier S. 2518.

[68] Die Aufstellung und der Vollzug der kommunalen Haushaltspläne wird in den Gemeindehaushaltsverordnungen geregelt. Laufende Einnahmen und Ausgaben werden im Verwaltungshaushalt erfaßt. Die Zuordnung eines Vorganges zum Vermögenshaushalt richtet sich hingegen danach, ob sich durch ihn das Vermögen der Gemeinde ändert. Die zur Zinsleistung erforderlichen Mittel sind im Verwaltungshaushalt bereitzustellen. Eine Kreditaufnahme ist nur im Vermögenshaushalt zulässig und setzt in den meisten Bundesländern eine aufsichtsbehördliche Genehmigung voraus. Defizite im Verwaltungshaushalt können dagegen nur durch sogenannte Kassenverstärkungskredite gedeckt werden, für die spätestens

den Deckungsgrundsätzen des kommunalen Haushaltsrechts zwingend eine Einnahme im Vermögenshaushalt. Damit ist der Kreis der zulässigen Verwendungsmöglichkeiten beschränkt auf die Durchführung von Sachinvestitionen, die Gewährung von Darlehen, die Auszahlung von Zuweisungen für die Investitionen Dritter, den Erwerb von Unternehmensbeteiligungen und die Tilgung von Schulden (*Tabelle 35*). Die Zufuhr von Veräußerungserlösen in den Verwaltungshaushalt würde zu einer (finanzwirtschaftlich unerwünschten) Minderung der Vermögenssubstanz führen.[69]

Tabelle 35: Wichtige Einnahmen und Ausgaben im Kommunalhaushalt

Einnahmen	Ausgaben
Verwaltungshaushalt	
– Steuern – Gebühren – Nichtinvestive Zuweisungen und Zuschüsse anderer Haushaltsebenen – Aufgenommene Kassenverstärkungskredite	– Personalaufwand – Laufender Sachaufwand – Soziale Leistungen – Zinsaufwand – Verrechnungen mit dem Vermögenshaushalt – Fehlbetragsvortrag
Vermögenshaushalt	
– Zuführung vom Verwaltungshaushalt – Anliegerbeiträge und ähnliche Entgelte – Investive Zuweisungen und Zuschüsse anderer Haushaltsebenen – Vermögensveräußerungen – Rücklagenentnahmen – Aufgenommene Kredite	– Zuführung zum Verwaltungshaushalt – Sachinvestitionen – Darlehensausreichung – Tilgung von Krediten – Zuweisungen und Zuschüsse für die Investitionen Dritter – Beteiligungserwerb

Anders als die sparkassengesetzlichen Auflösungsvorschriften sehen die Gemeindeordnungen bei der Veräußerung von Vermögensgegenständen eine vermögenserhaltende Verwendung von Veräußerungserlösen vor. Die Landeshaushaltsordnungen lassen dies ebenfalls zu. Es empfiehlt sich deshalb, den Rechtsgehalt dieser Regelungen auf die Veräußerung von Sparkassen- und Landesban-

---

im übernächsten Verwaltungshaushalt eine entsprechende Ausgabenposition anzusetzen ist. Vgl. *Edzard Schmidt-Jorzig:* Kommunalrecht, Münster 1982, Rdnr. 850.

[69] Vgl. *Heiner Beckhof:* Das kommunale Vermögen, in: Handbuch der kommunalen Wissenschaft und Praxis, Band 6, hrsg. von Günter Püttner, 2. Auflage, Berlin u.a. 1985, S. 557-578, hier S. 571-573.

kenanteilen zu übertragen. Die Schuldentilgung sollte in den Privatisierungsgesetzen als Verwendungsform verpflichtend festgeschrieben werden.

E.3.4 Kompetenzträger

Bis auf die oben angesprochene Änderung von § 40 (1) KWG spielt der Bund in der Frage der Privatisierung der Sparkassen und Landesbanken nur eine Nebenrolle. Er kann kein Gesetz erlassen, mit dem er die Länder zur Ergänzung ihrer Gesetze verpflichtet, weil er im Rahmen der konkurrierenden Gesetzgebung gemäß Art. 74 (1) Nr. 11 GG lediglich die Kompetenz zur materiellen Regulierung des Kreditwesens (Aufsicht, Wirtschaftsführung) besitzt. Dagegen fällt die Regelung der Organisation sowie der Verfassung der Sparkassen und Landesbanken in die Zuständigkeit der Landesgesetzgeber.[70] Der Bund kann allenfalls Denk- und Diskussionsanstöße geben und den Ländern und Gemeinden Perspektiven für eine teilprivatisierte Sparkassenorganisation aufzeigen.

Die Landtage der Bundesländer müssen, damit die Teilprivatisierung in Gang kommen kann, „Privatisierungsgesetze" beschließen, in welchen alle vorstehend genannten Änderungen bzw. Ergänzungen der Sparkassen- und Landesbankgesetze zusammengefaßt werden sowie die Verwendung der Privatisierungserlöse für die Tilgung der Staatsschulden festgeschrieben wird. Diese Privatisierungsgesetze müssen ferner Klarheit darüber schaffen, ob die Träger der Sparkassen und Landesbanken selbst über den Zeitpunkt entscheiden dürfen, zu dem mit der Teilprivatisierung begonnen wird. Solange die Gemeinden selbst über den Veräußerungszeitpunkt entscheiden, handelt es sich um eine – auf der kommunalen Selbstverwaltung fußende – „autonome" Privatisierung. Die andere Variante wäre die per Privatisierungsgesetz angeordnete „heteronome" Privatisierung, deren Zulässigkeit aber umstritten ist. STERN und BURMEISTER vertreten die Auffassung, daß der Landesgesetzgeber kein Recht hat, „bei einer Neuregelung des Sparkassenrechts den öffentlich-rechtlichen Status der Sparkassen sowie ihre rechtliche Verbindung zu den Kommunen zu beseitigen."[71] Die gegenteilige Meinung vertritt v. ARNIM, der auch einen Landeseingriff für zulässig hält.[72] Dieser juristische Meinungsstreit soll hier nicht vertieft werden. Aus ökonomischer Sicht bietet die heteronome Variante den Vorzug, daß sie den Teilprivatisierungen innerhalb des Geltungsbereiches eines Sparkassengesetzes einheitliche Grundsätze vorgibt, was den Sparkassen Planungsklarheit und Orientierungssicherheit verschaffen dürfte.

---

[70] Vgl. *Theodor Maunz:* Art. 74 GG, in: Kommentar zum Grundgesetz, Band 4 (Loseblattsammlung), hrsg. von Theodor Maunz u.a., Rdnr. 146.

[71] *Klaus Stern/Joachim Burmeister:* a.a.O. (Kap. B, FN 51), S. 94.

[72] Vgl. *Hans-Herbert v. Arnim:* Rechtsfragen der Privatisierung, hrsg. vom Karl-Bräuer-Institut des Bundes der Steuerzahler, Heft 82, Wiesbaden 1995, S. 47-53.

Kapitel F: Abschließende Würdigung

In der Wirtschafts- und Sozialpolitik wird das starre Festhalten an vertrauten Strukturen und Regelungen immer problematischer, weil die Rahmenbedingungen für wirtschaftliches Handeln großen Veränderungen unterworfen sind. Die Globalisierung – auch in ihrer europäischen Spielart mit dem gemeinsamen Markt und der gemeinsamen Währung – sorgt dafür, daß sich die heute noch vorhandenen Divergenzen zwischen den europäischen Wirtschaftsordnungen langfristig einebnen werden. Die Vertragsgrundlagen der Europäischen Union tragen dazu bei, daß sich in diesem Veränderungsprozeß weniger die staatswirtschaftlichen, sondern mehr die marktwirtschaftlichen Elemente durchsetzen. Unter diesen Bedingungen kann sich kein Mitgliedsland der Europäischen Union bei der Gestaltung seiner Wirtschaftsordnung eine Sonderstellung leisten, wenn es seine internationale Wettbewerbsfähigkeit langfristig sichern will. Deshalb ist davon auszugehen, daß auch hierzulande der Druck auf den Staat zunimmt, sich wieder auf seine wirtschaftspolitischen Kernaufgaben (z.B. Schaffung wettbewerbsfreundlicher Rahmenbedingungen, zügige Beseitigung vorhandener Wettbewerbsbarrieren) zu beschränken und sich in seiner Rolle als Unternehmer – auch auf dem Bankenmarkt – zurückzunehmen.[1] Verkürzt ausgedrückt, muß Deutschland, das seine Märkte im Zuge der Globalisierung und der europäischen Integration (freiwillig) geöffnet hat, seine Wirtschaftspolitik nun konsequenterweise auch nach „angelsächsischen" Prinzipien ausrichten.[2] Unter diesem Blickwinkel wäre die Teilprivatisierung der Sparkasseninstitute als eine der größten Verkaufsaktionen in der deutschen Geschichte, eingebettet in eine eindeutig angebotsorientierte Neuausrichtung der Politik, ein glaubwürdiges und sicherlich nicht verfrühtes Zeichen, mit dem die – international zunehmend angezweifelte – strukturelle Reformfähigkeit Deutschlands unter Beweis gestellt werden könnte.

Die Teilprivatisierung dürfte aber – und zwar in mehrfacher Hinsicht – nicht nur nach außen, sondern im Innern eine beachtliche Wirkung entfalten. So hat die permanente Ausweitung der Staatstätigkeit nicht nur zu einer kritischen Lage der öffentlichen Finanzen geführt, sondern mit ihrem massiven Zugriff auf die Einnahmen der Bürger auch deren Möglichkeiten zu Eigenverantwortung und Eigeninitiative erheblich geschwächt. Gleichzeitig ist die Einstellung vieler

---

[1] Vgl. *Bernhard Herz:* Europäischer Binnenmarkt und die Perspektiven der Sparkassen-Privatisierung, in: Deregulierung und Privatisierung: Gewolltes – Erreichtes –Versäumtes, hrsg. von Hartmut Berg, Band 287 (N.F.) der Schriften des Vereins für Socialpolitik, Berlin 2002, S. 131-145.

[2] Vgl. *Frits Bolkestein:* „In der Wirtschaftspolitik muß Europa amerikanischer werden", in: Frankfurter Allgemeine Zeitung, Nr. 64 vom 17.3.2003, S. 13. Frits Bolkestein ist derzeit der für Binnenmarktfragen zuständige EU-Kommissar.

Bürger, nicht zuletzt wegen der hohen Steuer- und Abgabenzahlungen durch eine Anspruchsmentalität gekennzeichnet. Aus diesem Grunde ist dem Subsidiaritätsprinzip wieder mehr Rechnung zu tragen, so daß es am Ziel, alle vom Staat erbrachten Leistungen abzubauen, die entbehrlich sind oder auch von Privaten erbracht werden können, keinen Zweifel geben darf. In diesem Sinne bietet die Teilprivatisierung der Sparkassen und Landesbanken auch für die Individuen die Chance, durch verstärkte Teilhabe am Produktivvermögen einen zusätzlichen Beitrag zur eigenverantwortlichen Sicherung ihrer wirtschaftlichen Lebensgrundlagen zu leisten.

Für die Lösung der wirtschaftlichen Probleme der Bundesrepublik Deutschland, insbesondere der Wachstumsschwäche und der Massenarbeitslosigkeit, genießt die Haushaltskonsolidierung auf allen staatlichen Ebenen hohe Priorität. Es ist nicht mehr zu widerlegen, daß sich die hohen und trotz bestehender rechtlicher Begrenzungen[3] anhaltend wachsenden Staatsschulden zu einer schweren Bürde für Wirtschaft und Politik entwickelt haben. Die steigenden Ausgaben für den Schuldendienst schränken die politischen Gestaltungsspielräume immer weiter ein und erschweren – speziell bei Ländern und Kommunen – die Erfüllung der staatlichen Kernaufgaben. Weil ein Gegensteuern über die Einnahmeseite die ohnehin enorme Abgabenlast weiter in die Höhe triebe und weitere gravierende Konsequenzen hätte (z.B. verminderte Leistungsanreize, nachlassende Wirtschaftsdynamik, schwindendes Rechtsbewußtsein, Staatsverdrossenheit), bedarf es eines Bündels ernsthafter und tiefgreifender Reformschritte, das den Hebel an mehreren Stellen gleichzeitig und widerspruchsfrei ansetzt. Es muß mehrere Aspekte einschließen, so etwa eine leistungsgerechtere Ausrichtung der föderalen Finanzverfassung, die Durchforstung aller Haushaltsebenen nach vorhandenen Einsparmöglichkeiten (v.a. Personalkosten, Subventionen, Sozialtransfers), die Begrenzung des Aufwandes für internationale Organisationen (v.a. die Europäische Union), die schärfere Ahndung von verwaltungsmäßigen Verstößen gegen die Gebote der wirtschaftlichen Haushaltsführung und der Sparsamkeit und selbstverständlich auch die Privatisierung von öffentlichen Dienstleistungen und des öffentlichen Wirtschaftsvermögens. Diese Maßnahmen müssen mit der Entschuldung des Staates einhergehen, ansonsten sind die Entlastungswirkungen nur von vorübergehender Dauer. Vor allem auf der Ebene der Länder und Kommunen bestehen noch unerschlossene Privatisierungsmöglichkeiten. Sie reichen von Energieversorgungswerken, Wohnungsbaugesellschaften, Transportunternehmen bis zu kulturellen Einrichtungen. Selbstverständlich dürfen bei diesen Überlegungen Sparkassen und Landesbanken keine Insel bilden. Eine

---

[3] Zu nennen sind die – sich auch im Haushaltsrecht der Länder und Kommunen wiederfindende – verfassungsrechtliche Begrenzung der staatlichen Kreditaufnahme auf die Höhe der Investitionen (Art. 115 (1) GG) sowie die im sogenannten „Stabilitätspakt" zur europäischen Währungsunion festgelegten Defizitgrenzen.

Entschuldung der Länder und Kommunen durch Privatisierungserlöse in diesen Bereichen kann die finanzielle Selbständigkeit dieser Gebietskörperschaften und die Abhängigkeit von Finanzzuweisungen übergeordneter Ebenen verringern. Die Privatisierung kann also einen Beitrag zur Stärkung der förderalen Ordnung leisten.

Diese Erkenntnis darf aber nicht den Blick dafür verstellen, daß mit der Verwendung von Privatisierungserlösen zur Schuldentilgung allein die Ursache des Schuldenproblems nicht zu beseitigen ist. Es ist finanzpolitisch nichts gewonnen, Teile des öffentlichen Vermögens zu veräußern und das Ausgabeverhalten der Gebietskörperschaften unverändert zu belassen. Die permanente Überschreitung der Einnahmen durch die Ausgaben führt zum Anwachsen der Staatsschulden, die in der Zukunft immer höhere Steuern erforderlich machen. Wenn es nicht gelingt, die öffentlichen Defizite auf Null zurückzuführen und in Budgetüberschüsse umzukehren, wird die Schuldenlast auch nach den Privatisierungen langfristig weiter ansteigen. Man wird also in keinem Fall umhinkommen, Ausgaben zu kürzen, wenn die Schulden- und Abgabenlast nachhaltig gemindert werden soll. Auf kurze Sicht können Privatisierungserlöse jedoch als eine flankierende „Einstiegshilfe" in eine langfristig angelegte Konsolidierung der öffentliche Haushalte gesehen werden.

Neben diesen gesamtwirtschaftlichen Vorteilen bietet die vorgeschlagene Teilprivatisierung auch Chancen für die Sparkassen und die Landesbanken. Die Reform des Sparkassenwesens in Österreich, das dem gleichen EU-Recht wie Deutschland unterliegt, hat gezeigt, daß eine privatwirtschaftliche Umgestaltung des Sparkassensektors möglich ist, ohne daß dadurch die flächendeckende Präsenz oder das Verbundprinzip leiden müßten. Vielmehr haben es die österreichischen Sparkassen geschafft, nach der Privatisierung ihre Rentabilität zu steigern und Marktanteile zurückzugewinnen.

Unter den Bedingungen des vorgestellten Teilprivatisierungsmodells würden auch die deutschen Sparkassen und Landesbanken gegenüber dem Staat mehr Bewegungsfreiheit erlangen. Wegen der durch den technologischen Fortschritt begründeten und der im Bankensektor besonders deutlich ablesbaren Beschleunigung der Marktprozesse werden die Sparkassen und Landesbanken ohnehin größere unternehmerische Spielräume benötigen, als dies bislang der Fall ist. Als teilprivatisierte Geschäftsbanken hätten sie eher die Möglichkeit, die notwendigen strategischen und operativen Entscheidungen schneller und weniger beeinflußt von staatlichen Amtsträgern umzusetzen. Die sich dadurch bietenden Chancen dürften die Sparkassen und Landesbanken sicher schnell ergreifen und zu ihrem eigenen Vorteil nutzen. Je zügiger mit der Teilprivatisierung begonnen wird, desto selbstbestimmter wird die weitere Entwicklung dieser größten deutschen Finanzdienstleistungsgruppe verlaufen.

Literaturverzeichnis

Arnim, Hans-Herbert von	Rechtsfragen der Privatisierung, Grenzen staatlicher Wirtschaftstätigkeit und Privatisierungsgebote, hrsg. vom Karl-Bräuer-Institut des Bundes der Steuerzahler, Wiesbaden 1995.
Arnold, Wolfgang	„Zur Wettbewerbssituation in der deutschen Kreditwirtschaft", Vortrag anläßlich der Veranstaltung von Bündnis 90/Die Grünen (Landesverband Nordrhein-Westfalen) zur Zukunft öffentlich-rechtlicher Sparkassen in Düsseldorf am 29.5.1999.
Artopoeus, Wolfgang	Am „Supervisory Review Process" führt kein Weg vorbei, in: Börsen-Zeitung, Nr. 232 vom 1.12.1999, S. 6.
Ashauer, Günter	Entwicklung der Sparkassenorganisation ab 1924, in: Deutsche Bankengeschichte, Band 3, hrsg. vom Wissenschaftlichen Beirat des Instituts für bankhistorische Forschung, Frankfurt am Main 1983, S. 279-350.
Ashauer, Günter	Von der Ersparungscasse zur Sparkassen-Finanzgruppe: Die deutsche Sparkassenorganisation in Geschichte und Gegenwart, Stuttgart 1991.
Ashauer, Günter	Deutsch-deutsche Begegnung – Besuch bei Sparkassen und Banken in der DDR, in: Sparkasse, Heft 8/1986, S. 344-346.
Badura, Peter	Die Rechtsprechung des Bundesverfassungsgerichts zu den verfassungsrechtlichen Grenzen wirtschaftspolitischer Gesetzgebung im sozialen Bundesstaat, in: Archiv des öffentlichen Rechts, Band 92 (1967), S. 398-407.
Badura, Peter	Auftrag und Grenzen der Verwaltung im sozialen Rechtsstaat, in: Die Öffentliche Verwaltung, Heft 13-14/1968, S. 446-455.
Badura, Peter	Die Erfüllung öffentlicher Aufgaben und die Unternehmenszwecke bei der wirtschaftlichen Betätigung der öffentlichen Hand, in: Festschrift für Hans-Jürgen Schlochauer zum 75. Geburtstag, hrsg. von Ingo von Münch, Berlin und New York 1981, S. 3-24.
Bank Deutscher Länder	Monatsbericht Januar 1950.
Bank Deutscher Länder	Monatsbericht Januar/Februar 1951.
Bank of England	Finance for small firms, A seventh report, January 2000.
Bankgesellschaft Berlin	Geschäftsbericht 2001.
Barro, Robert J.	The Control of Politicians: An Economic Model, in: Public Choice, Band 14 (1973), S. 19-42.
Barth, Hubert / Porlein, Norbert	Das Gesetz zur Aufhebung des Trennbankensystems in den USA, in: Zeitschrift für das gesamte Kreditwesen, Heft 4/2000, S. 190-192.
Baumol, William J.	An Uprising in the Theory on Industry Structure, in: American Economic Review, Band 72 (1982), S. 1-15.

Bayerisches Staatsministerium des Innern — Fusion von Sparkassen und Genossenschaftsbanken unzulässig, Pressemitteilung Nr. 116 vom 12.3.1999, S. 1.

Bayerisches Staatsministerium der Finanzen — Bayerische Landesbank: Weichenstellung zur zukünftigen Struktur und Führung, Pressemitteilung vom 27.3.2001.

Bayerisches Staatsministerium für Unterricht und Kultus — Bekanntmachung vom 4.7.1978, in: KMBl. I, S. 431, zuletzt geändert durch Bekanntmachung vom 23.9.1988, in: KWMBl. I, S. 449.

Beck, Hanno / Prinz, Aloys — Sind Banken die Verlierer des digitalen Zeitalters? – Zur Zukunft der Finanzintermediäre, in: Zeitschrift für das gesamte Kreditwesen, Heft 20/2000, S. 1182-1191.

Beckhof, Heiner — Das kommunale Vermögen, in: Handbuch der kommunalen Wissenschaft und Praxis, Band 6, hrsg. von Günter Püttner, 2. Auflage, Berlin u.a. 1985, S. 557-578.

Beckmann, Klaus — Die Dezentralität im genossenschaftlichen Bankensektor, in: Zeitschrift für das gesamte Kreditwesen, Heft 3/2000, S. 119-121.

Beckstein, Günther — Die Sparkassen als bedeutende Einrichtung der Daseinsvorsorge, in: Wirtschaftskurier, Sonderbeilage zum Bayerischen Sparkassentag 2002 vom 2.7.2002, S. 1.

Benushilo, Maurice — Die Entwicklung der französischen Sparkassen zwischen 1983 und 1992, in: Sparkasse, Heft 6/1991, S. 263-268.

Bettermann, Karl-August — Juristische Personen des öffentlichen Rechts als Grundrechtsträger, in: Neue Juristische Wochenschrift, Heft 31/1969, S. 1321-1328.

Betsch, Oskar — Eine Neuausrichtung des Privatkundengeschäfts ist unabdingbar, in: Frankfurter Allgemeine Zeitung, Nr. 8 vom 11.1.1999, S. 25.

Bieg, Hartmut / Krämer, Gregor — Derivate und Risikomanagement sind die neuen Herausforderungen, in: Frankfurter Allgemeine Zeitung, Nr. 228 vom 1.10.2001, S. 31.

Bierer, Hermann / Fabricius, Michael — Die Sparkassenorganisation steht am Scheideweg, in: Frankfurter Allgemeine Zeitung, Nr. 163 vom 17.7.2000, S. 30.

Bischof, Paul / Fedders, Dirk — Sachsenbank – kein Zukunftsmodell!, in: Zeitschrift für das gesamte Kreditwesen, Heft 13/2000, S. 698-700.

Blankart, Charles B. — Ökonomie der öffentlichen Unternehmen, 2. Auflage, München 1980.

Blankart, Charles B. — Towards an Economic Theory of Advice and its Application to the Deregulation Issue, in: Kyklos, Band 34 (1981), Fasc. I, S. 95-105

Blankart, Charles B. — Öffentliche Finanzen in der Demokratie, 4. Auflage, München 2001.

Blankart, Charles B. / Pommerehne, Werner W. / Schneider, Friedrich — Warum nicht reprivatisieren?, in: Ansprüche, Eigentums- und Verfügungsrechte, Arbeitstagung des Vereins für Socialpolitik, Gesellschaft für Wirtschafts- und Sozialwissenschaften in Basel 1983, N.F. Band 140 der Schriften des Vereins für Socialpolitik, Berlin 1984, S. 221-246.

Blankenburg, Götz — Die Politökonomie der Sparkassenprivatisierung, in: Wirtschaftsdienst, Heft 1/2000, S. 45-50.

Blick durch die Wirtschaft – Frankfurter Zeitung — Viele Bürger wollen offenbar lieber private Sparkassen, in: Nr. 160 vom 20.8.1992, S. 1.

Blume, Heiko H. — Sparkassen im Spannungsfeld zwischen öffentlichem Auftrag und kreditwirtschaftlichem Wettbewerb, Band 34 der Reihe „Kommunalrecht – Kommunalverwaltung", Baden-Baden 2000 (Diss.).

Böhm, Franz — Die Aufgaben der freien Marktwirtschaft, Heft 14 der Schriftenreihe für politische Wissenschaften, München 1951.

Bolkestein, Frits — In der Wirtschaftspolitik muß Europa amerikanischer werden", in: Frankfurter Allgemeine Zeitung, Nr. 64 vom 17.3.2003, S. 13.

Borck, Rainald — Erhöhen Privatisierungserlöse das Staatsvermögen?, in: Staatswissenschaften und Staatspraxis, 7. Jahrgang (1996), S. 491-503.

Börsen-Zeitung — Wahlkampf mit Landesbanken, in: Nr. 178 vom 15.9.1976, S. 1 und 3.

Börsen-Zeitung — DSGV lehnt Vorrang für Renditeorientierung ab, in: Nr. 98 vom 26.5.1998, S. 5.

Börsen-Zeitung — Brüsseler WestLB-Entscheidung „von geradezu säkularer Entscheidung", Berichte von der Halbjahres-Pressekonferenz der Deutschen Bank, in: Nr. 143 vom 29.7.1999, S. 6.

Börsen-Zeitung — Die Kreditgenossenschaften wollen sich keine großen Schieflagen mehr leisten, BZ-Gespräch mit Christopher Pleister, in: Nr. 253 vom 31.12.1999, S. 8.

Börsen-Zeitung — Privatbanken lehnen Übergangsfrist strikt ab, in: Nr. 136 vom 18.7.2001, S. 17.

Brandt, Hans-Dieter — Wem gehören die Sparkassen?, in: Sparkasse, Heft 2/1993, S. 54-55.

Braun, Renate — Der elektronische Vertrieb ist keine Direktbank-Kopie, in: Bank und Markt, Heft 10/1999, S. 29-31.

Braun, Renate / Klein, Mikko — Kein Abschied von der Geschäftsstelle!, in: Sparkassen im Umbruch, hrsg. von Peter Hermany, Stuttgart 2001, S. 9-24.

Brüderle, Rainer — Flurbereinigung, in: Zeitschrift für das gesamte Kreditwesen, Nr. 19/1988, S. 894-895.

Buchanan, James M. /
Wagner, Robert E.
Buchholz, Peter /
Heuschele, Walter
Budäus, Dietrich

Democracy in deficit, New York, San Francisco, London 1977.
Neue Fusionsformen bei Sparkassen, in: Sparkasse, Heft 9/1999, S. 405-406.
Einzelwirtschaftliche Konzepte zur Analyse und Steuerung öffentlicher Unternehmen – Probleme und Perspektiven, in: Beiträge zur Theorie öffentlicher Unternehmen, Gedenkschrift für Theo Thiemeyer, hrsg. von Peter Friedrich, Beiheft 14 der Zeitschrift für öffentliche und gemeinwirtschaftliche Unternehmen, Baden-Baden 1992, S. 134-156.

Bühner, Rolf
Bundesaufsichtsamt für das Kreditwesen
Bundesaufsichtsamt für das Kreditwesen
Bundeskartellamt

Das Management-Wert-Konzept, Stuttgart 1990.
Jahresbericht 1999.

Jahresbericht 2000.

Bundeskartellamt gibt Mineralfusionen Shell/DEA und BP/Veba Oel nur mit strikten Auflagen frei, Pressemeldung vom 21.12.2001.

Bundesministerium der Finanzen

Vermerk vom 28.11.1990, in: Gesamtkonzept 1990 für die Privatisierungs- und Beteiligungspolitik des Bundes, Material für die Presse.

Bundesministerium der Finanzen

Rede des Bundesministers der Finanzen anläßlich des Vorstandstreffens der Unternehmen mit Bundesbeteiligung am 19.9.2000 in Berlin.

Bundesministerium der Finanzen
Bundesministerium der Finanzen

Finanzbericht 2001, Berlin 2000.
Lösung im Landesbankenstreit mit EU-Kommission gefunden, Pressemitteilung vom 17.7.2001.

Bundesministerium der Finanzen
Bundesrat

Beteiligungsbericht des Bundes 2001, Bonn 2002.
Entschließung zur Frage der Anstaltslast und Gewährträgerhaftung bei öffentlich-rechtlichen Kreditinstituten, in: Anlage zur Drucksache 100/97 vom 21.2.1997, Anlageband 3/1997.

Bundesrat

Entschließung zur Frage der Anstaltslast und Gewährträgerhaftung bei öffentlich-rechtlichen Kreditinstituten sowie zur Einbringung von Wohnungsbauvermögen in die Landesbanken, in: Drucksache 409/99 vom 9.7.1999, Anlageband 8/1999.

Bundesverband der Deutschen Volks- und Raiffeisenbanken
Bundesverband deutscher Banken

Mitteilung vom 16.5.2001.

Die Amsterdamer Erklärung zu den öffentlich-rechtlichen Kreditinstituten, Köln 1997.

Bundesverband deutscher Banken

Private Banken fordern faire Wettbewerbsbedingungen, Pressemitteilung vom 14.9.2000.

Bundesverband Öffentlicher Banken Deutschlands
Bundesverband Öffentlicher Banken Deutschlands

Verbandsbericht 2000/2001.

Verbandsbericht 2001/2002.

237

Büschgen, Hans E.   Privatisierung der Telekom: Herausforderung für den Finanzplatz Deutschland, in: Privatisierung der Telekom, hrsg. von Brigitte Bauer und Karl-Heinz Neumann, Bonn 1994.

Büschgen, Hans E.   Strategische Positionierung und Profilierung der Sparkassen als regionale Finanzdienstleister im Euro-Land, in: Zeitschrift für das gesamte Kreditwesen, Heft 11/2000, S. 580-595.

Capital   Der Weg aus der Schuldenfalle, in: Heft 9/1993, S. 90-94.

Claussen, Bernd   Teilprivatisierung kommunaler Sparkassen?, Ökonomische und rechtliche Rahmenbedingungen für eine Beteiligung Privater an den kommunalen Kreditinstituten, Band 3 der Reihe „Kommunalrecht – Kommunalverwaltung", hrsg. von Albert von Mutius und Franz-Ludwig Knemeyer, Baden-Baden 1990 (Diss.).

Clement, Wolfang   Neue Wege – Neue Chancen – Neues Handeln – Zukunftsland Nordrhein-Westfalen, Regierungserklärung vom 30.8.2000.

Cruickshank, Don   Competition in UK banking, A report to the Chancellor of the Exchequer, London 2000.

Demsetz, Harold   Towards a Theory of Property Rights, in: American Economic Review, Band 57 (1967), S. 347-359.

Denning, Ulrike   Plädoyer für die Umwandlung von Sparkassen in Privatbanken, in: Wirtschaftsdienst, Heft 10/1990, S. 529-536.

Denning, Ulrike   Europas Börsen im Umbruch, in: Wirtschaftsdienst, Heft 8/2000, S. 480-487.

Dülp, Heinrich   Kann es Anstalten ohne Anstaltslast geben?, in: Zeitschrift für das gesamte Kreditwesen, Heft 5/2002, S. 207 f.

Der Tagesspiegel   Die Kunden der Dresdner Bank sind tief verletzt, in: Nr. 17.008 vom 29.3.2000, S. 24.

Der langfristige Kredit   VöB: Neues Banken-Rating von Moody's verwirrend, in: Heft 18/1995, S. 604.

Deutsche Angestellten-Gewerkschaft   Öffentlich-rechtliche Kreditinstitute, Argumente für den Erhalt öffentlich-rechtlicher Kreditinstitute, hrsg. vom DAG Landesverband Schleswig-Holstein / Mecklenburg-Vorpommern und der Staatskanzlei des Landes Schleswig-Holstein, Kiel 1999.

Deutsche Bank Research   Privatisierung von Sparkassen und Landesbanken – überzeugende Gegenargumente fehlen, in: Bulletin vom 17.3.1995, S. 20-24.

Deutsche Bank Research   Reform und Privatisierung der italienischen Sparkassen, in: Bulletin vom 7.8.2000, S. 17-20.

Deutsche Bundesbank   Monatsbericht März 1961.

Deutsche Bundesbank   Monatsbericht März 1971.

Deutsche Bundesbank   Monatsbericht Dezember 1971.

Deutsche Bundesbank Die Ertragslage der Banken im Jahre 1977, in: Monatsbericht Oktober 1978, S. 20-30.

Deutsche Bundesbank Monatsbericht März 1981.

Deutsche Bundesbank Monatsbericht Dezember 1981.

Deutsche Bundesbank Die Ertragslage der deutschen Kreditinstitute im Jahre 1982, in: Monatsbericht August 1983, S. 14-29.

Deutsche Bundesbank Die Ertragslage der deutschen Kreditinstitute im Jahre 1990, in: Monatsbericht August 1991, S. 15-31.

Deutsche Bundesbank Monatsbericht Dezember 1991.

Deutsche Bundesbank Monatsbericht März 1992.

Deutsche Bundesbank Monatsbericht Juli 1992.

Deutsche Bundesbank Die Einlagensicherung in der Bundesrepublik Deutschland, in: Monatsbericht Juli 1992, S. 30-38.

Deutsche Bundesbank Monatsbericht Dezember 1992.

Deutsche Bundesbank Die Ertragslage der deutschen Kreditinstitute im Jahr 1994, in: Monatsbericht Oktober 1995, S. 19-46.

Deutsche Bundesbank Monatsbericht Juni 1999.

Deutsche Bundesbank Einlagensicherung und Anlegerentschädigung in Deutschland, in: Monatsbericht Juli 2000, S. 29-45.

Deutsche Bundesbank Monatsbericht März 2001

Deutsche Bundesbank Die gesamtwirtschaftlichen Finanzierungsströme im Jahr 2000, in: Monatsbericht Juni 2001.

Deutsche Bundesbank Die Ertragslage der deutschen Kreditinstitute im Jahr 2000, in: Monatsbericht September 2001, S. 15-50.

Deutsche Bundesbank Monatsbericht Februar 2002.

Deutsche Bundesbank Bankenstatistik Februar 2002, Statistisches Beiheft zum Monatsbericht 1.

Deutsche Bundesbank Kapitalmarktstatistik Februar 2002, Statistisches Beiheft zum Monatsbericht 2.

Deutsche Bundesbank Die gesamtwirtschaftlichen Finanzierungsströme im Jahr 2001, in: Monatsbericht Juni 2002, S. 15-41.

Deutsche Bundesbank Monatsbericht Juni 2002.

Deutsche Bundesbank Bankenstatistik Juli 2002, Statistisches Beiheft zum Monatsbericht 1.

Deutsche Bundesbank Monatsbericht September 2002.

Deutsche Bundesbank Die Ertragslage der deutschen Kreditinstitute im Jahr 2001, in: Monatsbericht September 2002, S. 17-47

Deutsche Sparkassenzeitung BVR-Präsident strikt gegen Privatisierung von Sparkassen, in: Nr. 46 vom 18.6.1993, S. 1.

Deutsche Sparkassenzeitung Sparkassen in Europa, Frankreich, Nr. 47 vom 25.6.1999, S. 7.

Deutsche Telekom AG Geschäftsbericht 1999.

Deutscher Bundestag Entschließungsantrag des Wirtschaftsausschusses vom 1.3.1961, in: Drucksache Nr. 3/2563 vom 1.3.1961, Anlageband 73.

Deutscher Bundestag — Bericht der Bundesregierung über die Untersuchung der Wettbewerbsverschiebungen im Kreditgewerbe und über die Einlagenversicherung („Wettbewerbsenquete"), in: Drucksache Nr. 5/3500 vom 18.11.1968, Anlageband 124.

Deutscher Bundestag — Gesetzesantrag der SPD-Fraktion: Privatgirokonto, in Drucksache 12/1110 vom 3.9.1991, Anlageband 433.

Deutscher Bundestag — Entwurf eines Gesetzes zur Regelung des Rechts auf ein Girokonto, in: Drucksache 13/351 vom 30.1.1995, Anlageband 520.

Deutscher Bundestag — Gesetzentwurf der SPD-Fraktion zur Sicherung der Teilnahme am bargeldlosen Zahlungsverkehr, in: Drucksache 13/856 vom 20.3.1995, Anlageband 524.

Deutscher Bundestag — Plenarprotokoll der 178. Sitzung vom 5.7.1997, in: Verhandlungen des Deutschen Bundestages, Band 188, S. 16088-16098.

Deutscher Bundestag — Entwurf eines Gesetzes zur Umwandlung der Deutschen Genossenschaftsbank, in: Drucksache Nr. 13/10366 vom 3.4.1998, Anlageband 605.

Deutscher Bundestag — Antwort der Bundesregierung auf die Große Anfrage der Fraktion der CDU/CSU, in: Drucksache 14/4696 vom 20.11.2000, Anlageband 660.

Deutscher Bundestag — Antrag der Fraktionen SPD, CDU/CSU, Bündnis 90/Die Grünen, FDP und PDS: Fairer Wettbewerb bei Basel II – Neufassung der Basler Eigenkapitalvereinbarung und Überarbeitung der Eigenkapitalvorschriften für Kreditinstitute und Wertpapierfirmen, in: Drucksache 14/6196 vom 31.5.2001, Anlageband 674.

Deutscher Sparkassen- und Giroverband — Jahresbericht 1998.

Deutscher Sparkassen- und Giroverband — Mitteilung vom 14.4.1999.

Deutscher Sparkassen- und Giroverband — Angebot und Qualität von Finanzdienstleistungen für Verbraucher und mittelständische Unternehmen: Eine Analyse des Finanzmarktes in Großbritannien – unter Berücksichtigung des deutschen Finanzmarktes, Berlin 2000.

Deutscher Sparkassen- und Giroverband — Öffentlich-rechtliche Kreditinstitute in Deutschland, Positionspapier vom Januar 2000.

Deutscher Sparkassen- und Giroverband — Märkte 2000, Geschäftsentwicklung, Trends, Analysen (Jahresbericht 2000).

Deutscher Sparkassen- und Giroverband — Positionen 2001 (Wirtschaft, Gesellschaft, Politik).

Deutscher Sparkassen- und Giroverband — Mitteilung vom 28.2.2002.

Deutscher Sparkassen- und Giroverband — Sparkassenfachbuch 2002.

Deutscher Sparkassen- und Giro-verband

Situation des Mittelstandes ist besorgniserregend – Kernaussagen der Mittelstandsanalyse, Pressemitteilung vom 28.1.2002.

Deutsches Aktieninstitut (Hrsg.) DAI-Factbook 2001, Frankfurt am Main 2001.

Deutsches Aktieninstitut Mitteilung vom 14.11.2002.

Deutsches Institut für Altersvor-sorge (Hrsg.) Vermögensbildung unter neuen Rahmenbedingungen, Köln 2000.

Die Rheinpfalz Schelte für neues Sparkassengesetz, in: Nr. 235 vom 10.10.1998, S. 15.

Die Welt Sachsen macht die Sparkassen fit für den Wettbewerb, in: Nr. 121 vom 25.5.2000, S. U2.

Die Zeit Die Partei gibt, die Partei nimmt – Hamburgs SPD versorgt abgehalfterte Politiker mit lukrativen Posten, in: Nr. 52 vom 21.12.1984, S. 25.

Die Zeit Filz an der Förde, in: Nr. 30 vom 22.7.1999, S. 17-18.

Die Zeit Abdruck der Grundsatzvereinbarung über die Verschmelzung zwischen der Deutsche Bank AG und der Dresdner Bank AG vom 8.3.2000, in: Nr. 16 vom 13.4.2000, S. 23.

Die Zeit Kassen-Kampf, in: Nr. 8 vom 15.2.2001, S. 19-20.

DGZ-DekaBank Deutsche Kommunalbank Geschäftsbericht 2000.

Donges, Jürgen B. / Engels, Wolfram / Hamm, Walter / Möschel, Wernhard / Neumann, Manfred J.M. / Sievert, Olaf Privatisierung auch im Westen, Band 26 der Schriftenreihe des Kronberger Kreises, hrsg. vom Frankfurter Institut, Bad Homburg 1993.

Donges, Jürgen B. / Eeckhoff, Johann / Möschel, Wernhard / Neumann, Manfred J.M. / Sievert, Olaf Privatisierung von Landesbanken und Sparkassen, Band 38 der Schriftenreihe des Kronberger Kreises, hrsg. vom Frankfurter Institut, Bad Homburg 2001.

Döring, Thomas Marktwirtschaftliche Ordnung und föderativer Staatsaufbau, in: Subsidiarität, Gestaltungsprinzip für eine freiheitliche Ordnung in Staat, Wirtschaft und Gesellschaft, Rechts- und Staatswissenschaftliche Veröffentlichungen der Görres-Gesellschaft, N.F. Band 85, hrsg. von Wolfgang J. Mückl, Paderborn u.a. 1999, S. 63-91.

Dreyer, Karl-Joachim AG steht in Sparkassenorganisation eine große Zukunft bevor, in: Handelsblatt, Nr. 93 vom 15.5.2001, S. B6.

Downs, Anthony Ökonomische Theorie der Demokratie, Tübingen 1968.

Duwendag, Dieter Kreditwesen in der Bundesrepublik Deutschland, II: Überblick, in: Handwörterbuch der Wirtschaftswissenschaften, Band 4, hrsg. von Willi Albers u.a., Stuttgart u.a. 1978, S. 624-640.

Ehlert, Willi /
Hunstock, Diethelm /
Tannert, Karlheinz

Geld und Kredit in der Deutschen Demokratischen Republik, Berlin (Ost) 1985.

Eichel, Hans

Der Bund und seine Unternehmen: Perspektiven und Aufgaben im alten und neuen Jahrhundert, in: Zeitschrift für das gesamte Kreditwesen, Heft 6/2000, S. 274-277.

Eichel, Hans

Das Vertrauen der Anleger in den deutschen Finanzmarkt muß wiederhergestellt werden, in: Frankfurter Allgemeine Zeitung, Nr. 56 vom 7.3.2003, S. 20.

Eichhorn, Peter

Öffentliche Banken gehören zur Sozialen Marktwirtschaft, in: Handelsblatt, Nr. 30 vom 11./12.2.2000, S. 2.

Engelhardt, Werner W.

Grundsätzliche und aktuelle Aspekte der Sicherung, Subsidiarität und Sozialpolitik, in: Soziale Ausgestaltung der Marktwirtschaft, Festschrift zum 65. Geburtstag für Prof. Dr. Heinz Lampert, hrsg. von Gerhard Kleinhenz, Berlin 1995, S. 3-28.

Engels, Wolfram /
Sablotny, Herbert /
Zickler, Dieter

Das Volksvermögen, Seine verteilungs- und wohlstandspolitische Bedeutung, Frankfurt am Main 1974.

Erhard, Ludwig

Die neuen Tatsachen, in: Grundtexte zur Sozialen Marktwirtschaft, Zeugnisse aus zweihundert Jahren ordnungspolitischer Diskussion, hrsg. von Wolfgang Stützel u.a., Stuttgart, New York 1981, S. 47-48.

Eucken Walter

Die Grundlagen der Nationalökonomie, Berlin 1959.

Eucken, Walter

Grundsätze der Wirtschaftspolitik, hrsg. von Edith Eucken-Erdsiek und Karl P. Hensel, 6. Auflage (Neuausgabe), Tübingen 1990.

Europäische Kommission

Press statement after the meeting of Commissioner Monti and State Secretary Koch-Weser on 17.7.2001.

Europäische Kommission

Common press statement on the understanding on Anstaltslast and Gewährträgerhaftung for special credit institutions, 1.3.2002.

Europäische Zentralbank

Der Bankensektor im Euroraum: strukturelle Merkmale und Entwicklungen, in: Monatsbericht April 1999, S. 47-60.

Europäische Zentralbank

Structural analysis of the EU banking sector, Year 2001, Frankfurt 2002

European Savings Bank Group

Mitteilung vom 8.2.2002.

Falke, Dieter

Die Wettbewerbsposition der Sparkassen bei der Börseneinführung mittelständischer Unternehmen, in: Zeitschrift für das gesamte Kreditwesen, Heft 8/1998, S. 402-404.

Faust, Martin /
Richard, Jörg

Shareholder-value-Ansatz: neue Aspekte zur Privatisierung von Öffentlich-rechtlichen?, in: Zeitschrift für das gesamte Kreditwesen, Heft 7/1998, S. 321-326.

Financial Times Deutschland	Europas Bankenvereinigung wertet Staatsgarantien als neue Beihilfe, in: Nr. 145 vom 28./29.7.2000, S. 18.
Financial Times Deutschland	Landesbank-Fusion im Norden ist perfekt, in: Nr. 176 vom 11.9.2002, S. 20
Finanzministerium Mecklenburg-Vorpommern	Mitteilung vom 26.5.1999.
Finanzministerium Nordrhein-Westfalen	Zunehmende Bedeutung der Sparkassen und der Genossenschaftsbanken bei der Mittelstandsfinanzierung, Information vom 14.3.2000.
Finanzministerium Sachsen-Anhalt	Mitteilung vom 27.2.2001.
Finzel, Frank / Thuy, Peter	Privatisierung der Sparkassen – tagespolitische Modeerscheinung oder ordnungspolitische Notwendigkeit, in: Ordo, Band 47 (1996), S. 241-261.
Fischer, Reinfrid	§ 40 KWG, Rdnr. 10, in: Kreditwesengesetz, Kommentar zu KWG und Ausführungsvorschriften, hrsg. von Karl-Heinz Boos, Reinfrid Fischer, Hermann Schulte-Mattler, München 2000.
Folz, Willibald	„Nicht mit den Sparkassen zusammengehen", in: Süddeutsche Zeitung, Nr. 301 vom 29.12.1999, S. 30.
Forsthoff, Ernst	Lehrbuch des Verwaltungsrechts, Allgemeiner Teil, Band 1, 10. Auflage, München 1973.
Frankfurter Allgemeine Sonntagszeitung	Deutschlands kleinste Sparkasse gibt nicht auf, in: Nr. 4 vom 27.1.2002, S. 35.
Frankfurter Allgemeine Zeitung	Die Landesbank und die Politiker, in: Nr. 147 vom 30.6.1981, S. 11.
Frankfurter Allgemeine Zeitung	Der Bruch mit dem Sozialismus, in: Nr. 188 vom 16.8.1986, S. 11.
Frankfurter Allgemeine Zeitung	Die öffentlichen Banken drohen mit einer Ablehnung des Euro, in: Nr. 96 vom 25.4.1997, S. 19.
Frankfurter Allgemeine Zeitung	Frankreichs Sparkassen verwandeln sich in Genossenschaftsbanken, in: Nr. 149 vom 1.7.1998, S. 25.
Frankfurter Allgemeine Zeitung	Hoher Wertberichtigungsbedarf für das vergangene Jahr, in: Nr. 172 vom 28.7.1998, S. 15.
Frankfurter Allgemeine Zeitung	Kunden verhandeln härter um Konditionen, in: Nr. 28 vom 3.2.1999, S. 18.
Frankfurter Allgemeine Zeitung	WestLB muß 808 Millionen Euro zurückzahlen, in: Nr. 156 vom 9.7.1999, S. 13.
Frankfurter Allgemeine Zeitung	Zu retten, was wohl nicht zu retten ist, in: Nr. 21 vom 21.6.2000, S. 17.
Frankfurter Allgemeine Zeitung	Strafprozeß um Mannheimer Sparkasse, in: Nr. 24 vom 29.1.2000, S. 20.
Frankfurter Allgemeine Zeitung	Zulässig oder nur praktisch?, in: Nr. 50 vom 29.2.2000, S. 16.
Frankfurter Allgemeine Zeitung	Zwischen Beihilfestreit und Flugaffaire, in: Nr. 63 vom 15.3.2000, S. 17.
Frankfurter Allgemeine Zeitung	Vom Leihhaus zum Finanzverbund, in: Nr. 159 vom 12.7.2000, S. 17.

Frankfurter Allgemeine Zeitung	Die Hypo-Vereinsbank übernimmt die Bank Austria, in: Nr. 169 vom 24.7.2000, S. 20.
Frankfurter Allgemeine Zeitung	Sparkassen für Erhalt der Haftungsgarantien, in: Nr. 283 vom 5.12.2000, S. 25.
Frankfurter Allgemeine Zeitung	Der Berliner CDU-Fraktionsvorsitzende legt seinen Posten als Vorstandsvorsitzender der Immobilienbank Berlin Hyp nieder, in: Nr. 37 vom 13.2.2001, S. 4.
Frankfurter Allgemeine Zeitung	Die Zukunft der Volksbankengruppe, in: Nr. 42 vom 19.2.2001, S. 15.
Frankfurter Allgemeine Zeitung	Fusion von DG Bank und GZ-Bank zur DZ Bank ist beschlossen, in: Nr. 190 vom 17.8.2001, S. 16.
Frankfurter Allgemeine Zeitung	Stellenabbau bei der WestLB, in: Nr. 203 vom 1.9.2001, S. 17.
Frankfurter Allgemeine Zeitung	Vier Großbanken und Landesbank übernehmen Schmidt Bank, in: Nr. 269 vom 19.11.2001, S. 17.
Frankfurter Allgemeine Zeitung	Börsenfusionen nützen Privatanlegern wenig, in: Nr. 28 vom 2.2.2002, S. 25.
Frankfurter Allgemeine Zeitung	Sparkassen schließen betriebsbedingte Kündigungen nicht aus, in: Nr. 66 vom 19.3.2002, S. 15.
Frankfurter Allgemeine Zeitung	Finanzverband Sachsen aufgelöst, in: Nr. 79 vom 5.4.2002, S. 15.
Frankfurter Allgemeine Zeitung	Kurszettel vom 27.4.2002, Nr. 98 vom 27.4.2002, S. 22.
Frankfurter Allgemeine Zeitung	Deutsche Bank führt Privatkundengeschäft wieder zusammen, in: Nr. 213 vom 13.9.2002, S. 14.
Frankfurter Allgemeine Zeitung	Europarichter kassieren Zahlungsbefehl an WestLB, in: Nr. 56 vom 7.3.2003, S. 11.
Frenkel, Michael / John, Klaus-Dieter	Volkswirtschaftliche Gesamtrechnung, 4. Auflage, München 1999.
Frey, Bruno S.	Eine Theorie demokratischer Wirtschaftspolitik, in: Kyklos, Band 31 (1978), Fasc. 2, S. 208-234.
Fries, Christa	Von der Sparkasse zur Stiftung, Anmerkungen zur geplanten Sparkassen-Privatstiftung, in: Österreichisches Bankarchiv, Heft 8/1998, S. 621-629.
Fries, Karl	Die Girozentralen, 2. Auflage, Stuttgart 1973.
Fünten, Heinrich aus der	Der Verwaltungsrat der Sparkasse, Band 42 der Untersuchungen über das Spar-, Giro- und Kreditwesen, hrsg. von Fritz Voigt, Berlin 1969 (Diss.).
Galbraith, John K.	American Capitalism – The Concept on Countervailing Power, 7. Auflage, Boston 1956.
Gamble, Andrew	The free economy and the strong state, Thatcherism and the future of british conservatism, London 1988.
Gauland, Alexander	Die Verstaatlichung der Banken nach dem Grundgesetz, in: Die Öffentliche Verwaltung, Heft 18/1974, S. 622-624.

Gayle, Dennis J. / Goodrich Jonathan N.

Exploring the implications of privatization and deregulation, in: Privatization and Deregulation, hrsg. von Dennis J. Gayle, New York und Westport 1990, S. 1-23.

Geigant, Friedrich

Das Europäische System der Zentralbanken – Indikator und Katalysator eines Paradigmenwechsels in der Geldpolitik?, in: Die Europäische Währungsunion, hrsg. von Wolfgang J. Mückl, Paderborn u.a. 2000, S. 9-48.

Geiger, Helmut

Die Besetzung der Verwaltungsräte der Sparkassen, in: Zeitschrift für öffentliche und gemeinwirtschaftliche Unternehmen, Heft 4/1979, S. 401-413.

Geiger, Helmut

Die deutsche Sparkassenorganisation, Bonn 1992.

Geiger, Helmut

Die Folgen für den Wettbewerb werden geflissentlich außer acht gelassen, in: Handelsblatt, Nr. 172 vom 7.9.1992, S. 12.

Gerke, Wolfgang

Fusion von Sparkasse und Volksbank ist (noch) ein Tabu, in: Handelsblatt, Nr. 236. vom 7.12.1998, S. 23.

Gesellschaft für öffentliche Wirtschaft

Öffentliche Kreditinstitute in der Bundesrepublik Deutschland und EG-Binnenmarkt, in: Zeitschrift für öffentliche und gemeinwirtschaftliche Unternehmen, Heft 4/1990, S. 409-425.

Gesellschaft für öffentliche Wirtschaft

Sparkassen und Landesbanken in der Wettbewerbs- und Privatisierungsdiskussion, Stellungnahme des Wissenschaftlichen Beirats der Gesellschaft für öffentliche Wirtschaft, Beiträge zur öffentlichen Wirtschaft, Heft 17, Berlin 1998.

Gimple, Manuel

Das Regionalprinzip der deutschen kommunalen Sparkassen bei der Zweigstellenerrichtung im EG-Ausland, Konstanz 1990 (Diss.).

Gladen, Albin

Öffentlicher Auftrag der Sparkassen und Wettbewerb, in: Sparkassen in der Geschichte, hrsg. von der Gesellschaft zur Förderung der wissenschaftlichen Forschung über das Spar- und Girowesen, Band 1 (Abteilung Dokumentation), Stuttgart 1986, S. 47-63.

Goldstein, Morris / Folkerts-Landau, David / El-Erian, Mohammed / Fries, Steven / Rojas-Suarez, Liliana

International Financial Markets – Developments, Prospects and Policy Issues, hrsg. vom Internationalen Währungsfond, Washington 1992.

Grimm, Martin

Organisationsrecht der Landesbanken im Spannungsfeld zwischen öffentlich-rechtlichem Organisationsrecht und Aktienrecht, Bochum 1988 (Diss.).

Grossekettler, Heinz

Deregulierung und Privatisierung, in: Wirtschaftswissenschaftliches Studium, Heft 10/1989, S. 437-445.

Grundmann, Wolfgang

Bookbuilding – ein neues Emissionsverfahren setzt sich durch, in: Zeitschrift für das gesamte Kreditwesen, Heft 18/1995, S. 916-917.

245

Grüneklee, Stefan — Der Kontrahierungszwang für Girokonten bei Banken und Sparkassen, Baden-Baden 2001 (Diss.).

Güde, Udo — Geschäftspolitik der Sparkassen, 6. Auflage, Stuttgart 1995.

Guthoff, Anja / Pfingsten, Andreas / Schuermann, Til — Die Zukunft des Kreditgeschäftes, in: Zeitschrift für das gesamte Kreditwesen, Heft 21/1999, S. 1182-1186.

Haas, Günter — „Die Stammkapitalbildung öffnet neue Horizonte – was daraus wird, muß man sehen", in: Zeitschrift für das gesamte Kreditwesen, Heft 15/1999, S. 770-775.

Haberstock, Lothar / Breithecker, Volker — Einführung in die betriebswirtschaftliche Steuerlehre, 11. Auflage, Bielefeld 2000.

Hackethal, Andreas — Banken, Unternehmensfinanzierung und Finanzsysteme, Frankfurt am Main 2000 (Diss.).

Hambloch-Gesinn, Sylvie — Die Umwandlung der DG Bank in eine Aktiengesellschaft, in: Zeitschrift für das gesamte Kreditwesen, Heft 14/1998, S. 813-816.

Hamm, Walter — Milliardenstrom in die Ballungsgebiete, in: Nr. 169 vom 25.7.1989, S. 9.

Handelsblatt — Frick: Sparkassen-Identität geht durch privaten Einfluß nicht verloren, in: Nr. 45 vom 4./5.3.1994, S. 15.

Handelsblatt — Filialabbau begünstigt freie Berater, in: Nr. 152 vom 11.8.1997, S. 17.

Handelsblatt — Die Gewinne der Sparkassen locken die Kommunen, in: Nr. 85 vom 5.5.1998, S. 22.

Handelsblatt — Homebanking ergänzt das Angebot der Filiale, in: Nr. 209 vom 28.10.1998, S. 27.

Handelsblatt — BayernLB verliert in Asien 770 Mio. DM, in: Nr. 217 vom 10.11.1998.

Handelsblatt — Lloyds TSB verblüfft mit TOP-Gewinn, in: Nr. 31 vom 15.2.1999, S. 21.

Handelsblatt — Sachsen-Bank wird kritisch gesehen, in: Nr. 42 vom 2.3.1999, S. 23.

Handelsblatt — Frankreichs Sparkassen sind auf den kleinen Privatkunden fixiert, in: Nr. 117 vom 22.6.1999, S. 21.

Handelsblatt — Sparkassen sind im hohen Norden fast unbekannt, in: Nr. 120 vom 25./26.6.1999, S. 30.

Handelsblatt — Musterfall für andere Landesbanken, in: Nr. 130 vom 9./10.7.1999, S. 2.

Handelsblatt — Fünf Millionen Bundesbürger besitzen Aktien, in: Nr. 131 vom 12.7.1999, S. 29.

Handelsblatt — Neue Gemeinsamkeit von Österreichs Sparkassen, in: Nr. 132 vom 13.7.1999, S. 22.

Handelsblatt — Italiens Sparkassen sind im Umbruch, in: Nr. 141 vom 26.7.2999, S. 21.

Handelsblatt — Kampagne der Sparkassen gegen die Banken, in: Nr. 149 vom 5.8.1999, S. 1.

Handelsblatt	Athen plant Privatisierungs-Offensive, in: Nr. 157 vom 17.8.1999, S. 14.
Handelsblatt	SPD klagt gegen Sparkassengesetz, in: Nr. 157 vom 17.8.1999, S. 27.
Handelsblatt	KfW-Chef will Banken stärker in Kreditvergabe einbinden, in: Nr. 204 vom 21.10.1999, S. 23.
Handelsblatt	Sparkassen in Sachsen-Anhalt arbeiten zusammen, in: Nr. 249 vom 23.12.1999, S. 24.
Handelsblatt	Die Universalbank wird aussterben, in: Nr. 2 vom 4.1.2000, S. 16.
Handelsblatt	Die Macht am Rhein hat Falten bekommen, in: Nr. 9 vom 13.1.2000, S. 12.
Handelsblatt	„Wir können auch ohne Gewährträgerhaftung leben", in: Nr. 28 vom 9.2.2000, S. 25.
Handelsblatt	Caisse d'Epargne mit Rückenwind, in: Nr. 83 vom 28./29.4.2000, S. 23.
Handelsblatt	Sparkassen-Reform statt Revolution, in: Nr. 136 vom 18.7.2000, S. 22.
Handelsblatt	Monti will gegen Landesbanken vorgehen, in: Nr. 138 vom 20.7.2000, S. 8.
Handelsblatt	System Sparkasse im Zwielicht, in: Nr. 138 vom 20.7.2000, S. 12
Handelsblatt	Schröder im Bankenstreit als Vermittler gescheitert, in: Nr. 138 vom 20.7.2000, S. 8.
Handelsblatt	Pro und Contra im Beihilfestreit, in: Nr. 144 vom 28./29.7.2000, S. 19.
Handelsblatt	Brüssel kommt den Ländern einen Schritt entgegen, in: Nr. 178 vom 14.9.2000, S. 3.
Handelsblatt	Commerzbank schließt jede fünfte Filiale, in: Nr. 222 vom 16.11.2000, S. 1.
Handelsblatt	Simonis fürchtet Zerschlagung der Sparkassen, in: Nr. 226 vom 22.11.2000, S. 6.
Handelsblatt	Expansionsdrang freier Institute birgt Zündstoff, in: Nr. 234 vom 4.12.2000, S. 25.
Handelsblatt	Das Ende eines Sparkassentabus, in: Nr. 234 vom 4.12.2000, S. 25.
Handelsblatt	Schöne neue Sparkassenwelt, in: Nr. 236 vom 6.12.2000.
Handelsblatt	Konsolidierung bei Genossen geht voran, in: Nr. 1 vom 2.1.2001, S. 21.
Handelsblatt	Das Mutter-Tochter-Modell für die WestLB rückt näher, in: Nr. 9 vom 12./13.1.2001, S. 9.
Handelsblatt	Streit um Landesbanken tritt in eine neue Phase, in: Nr. 29 vom 9./10.2.2001, S. 4.
Handelsblatt	Lloyds TSB droht Abbey National mit einer feindlichen Übernahme, in: Nr. 35 vom 19.2.2001, S. 44.
Handelsblatt	Ost-Sparkassen verzichten auf Staatshaftung, in: Nr. 38 vom 22.2.2001, S. 46.

Handelsblatt   Italiens Sparkassen haben ihr Gesicht verändert, in: Nr. 42 vom 28.2.2001, S. 46.

Handelsblatt   Ende des Wertpapierhauses besiegelt, in: Nr. 42 vom 28.2.2001, S. 45.

Handelsblatt   Gemeindesparkassen spielen eine Nebenrolle, in: Nr. 43 vom 1.3.2001, S. 46.

Handelsblatt   Hypo-Vereinsbank schließt bis zu 165 Filialen, in: Nr. 47 vom 7.3.2001, S. 47.

Handelsblatt   Österreichs Banken straffen Filialnetz, in: Nr. 48 vom 8.3.2001, S. 46.

Handelsblatt   Firmen-Kredite gelten als Auslaufmodell, in: Nr. 59 vom 23./24.3.2001, S. 48.

Handelsblatt   In Großbritannien teilen sich vier Institute den Markt, in: Nr. 64 vom 30./.31.3.2001, S. 47.

Handelsblatt   Sinkende Erträge sind das Zukunftsproblem der Banken, in: Nr. 122 vom 28.6.2001, S. 34.

Handelsblatt   Europäischer Bankenverband gegen Kompromiß, in: Nr. 137 vom 19.7.2001, S. 30.

Handelsblatt   Sparkassen ringen um richtige Strategie, in: Nr. 49 vom 11.3.2002, S. 30.

Handelsblatt   Saarland rüttelt an Sparkassen-Tabu, in: Nr. 110 vom 12.6.2002, S. 23.

Handelsblatt   WestLB erleidet Rückschlag im Beihilfestreit, in: Nr. 241 vom 13./14.12.2002, S. 24.

Handelsblatt   Hamburger Sparkasse liebäugelt mit Kauf der Vereins- und Westbank, in: Nr. 77 vom 22.4.2003, S. 19.

Härtel, Hans-Hagen   Öffentlicher Bankensektor im Konflikt mit der EU, in: Wirtschaftsdienst, Heft 8/2000, S. 450-451.

Haslinger, Franz   Volkswirtschaftliche Gesamtrechnung, 6. Auflage, München und Wien 1992.

Hauschka, Christoph E.   Die Dienstrechtsstellung der Vorstandsmitglieder in öffentlich-rechtlichen Sparkassen, Berlin 1981 (Diss.).

Hayek, Friedrich A. von   Der Wettbewerb als Entdeckungsverfahren, Kieler Vorträge, gehalten im Institut für Weltwirtschaft an der Universität Kiel, hrsg. von Erich Schneider, N.F. Band 56 (1968).

Hedrich, Carl-Christoph   Die Privatisierung der Sparkassen, Band 129 der Reihe „Wirtschaftsrecht und Wirtschaftspolitik", hrsg. von Ernst Joachim Mestmäcker, Stuttgart 1992 (Diss.).

Heinrich, Rainer   Ein Vorschlag zur Verstaatlichung des privaten Bankensektors, in: WSI-Mitteilungen, Zeitschrift des Wirtschafts- und Sozialwissenschaftlichen Instituts des Deutschen Gewerkschaftsbundes, Heft 9/1975, S. 480-496.

Heitmüller, Hans-Michael   S-Vertriebspolitik in der Zukunft, in: Zeitschrift für das gesamte Kreditwesen, Heft 8/1998, S. 424-426.

Henneke, Hans-Günter	Gewährträgerorientierte Weiterentwicklung des Sparkassenrechts, in: Der Landkreis, Heft 5/1999, S. 319-320.
Henneke, Hans-Günter	Entwicklungsperspektiven kommunaler Sparkassen in Deutschland, Band 12 der Schriften zum deutschen und europäischen Kommunalrecht, hrsg. von Eberhard Schmidt-Aßmann und Friedrich Schoch, Stuttgart u.a. 2000
Henning, Friedrich-Wilhelm	Die historischen Wurzeln des öffentlichen Auftrags der Sparkassen, in: Der öffentliche Auftrag der Sparkassen in der historischen Entwicklung, hrsg. von der Gesellschaft zur Förderung der wissenschaftlichen Forschung über das Spar- und Girowesen, Band 1 (Abteilung Dokumentation), Bonn 1985, S. 15-33.
Herdegen, Matthias	Die vom Bundesrat angestrebte Festschreibung der Privilegien öffentlich-rechtlicher Kreditinstitute: Gefahr für die EG-Wettbewerbsordnung, in: Wertpapier-Mitteilungen, Heft 24/1997, S. 1130-1134.
Herdzina, Klaus	Wettbewerbspolitik, 4. Auflage, Stuttgart, Jena 1993.
Herz, Bernhard	Europäischer Binnenmarkt und die Perspektiven der Sparkassen-Privatisierung, in: Deregulierung und Privatisierung: Gewolltes – Erreichtes –Versäumtes, hrsg. von Hartmut Berg, Band 287 (N.F.) der Schriften des Vereins für Socialpolitik, Berlin 2002, S. 131-145.
Hirsch, Werner Z.	Privatizing Government Services: An Economic Analysis of Contracting Out, hrsg. von der University of California, Institute of Industrial Relations, Los Angeles 1991.
Hirschberger, Winfried	Stammkapital für Sparkassen – eine Vorbereitung der Trennung von Kommune und Sparkasse?, in: Zeitschrift für das gesamte Kreditwesen, Heft 15/1999, S. 776-777.
Hölscher, Reinhold	Eigenmittelunterlegung von Marktpreisrisiken im Grundsatz I, in: Zeitschrift für das gesamte Kreditwesen, Heft 13/1998.
Hoppenstedt, Dietrich H.	Offener Brief an Dr. Breuer, in: Deutsche Sparkassenzeitung, Nr. 59 vom 6.8.1999, S. 3 und gleichlautend in: Zeitschrift für das gesamte Kreditwesen, Heft 16/1999, S. 819.
Hoppenstedt, Dietrich H.	Der Brüsseler Entscheid wird die strategischen Entscheidungen der Sparkassenorganisation beschleunigen, in: Zeitschrift für das gesamte Kreditwesen, Heft 19/1999, S. 1040-1044.
Hoppenstedt, Dietrich H.	Sparkassen und Landesbanken EU-fest, in: Deutsche Sparkassenzeitung, Nr. 28 vom 20.7.2001, S. 3.
Hoppenstedt, Dietrich H.	Neue Gemeinsamkeiten mit den privaten Banken, in: Süddeutsche Zeitung, Nr. 73 vom 27.3.2002, S. 24.

Hoppmann, Erich	Das Konzept der optimalen Wettbewerbsintensität, in: Jahrbücher für Nationalökonomie und Statistik, Band 179 (1966), S. 286-323.
Horn, Hans-Detlef	Sparkassen privatisieren?, Anmerkungen zum (bayerischen) Stand der Dinge, in: Sparkasse, Heft 4/1999, S. 187-189.
Huber, Dietmar	Das Gesetz Amato und die angestrebte Neustrukturierung des italienischen Kreditwesensystems, in: Österreichisches Bankarchiv, Heft 10/1993, S. 841-846.
HypoVereinsbank Research	Ein Pflichtbeitrag zum Aufbau eines Kapitalstocks für die Altersvorsorge, in: Policy Brief Volkswirtschaft, Nr. 1/2000 vom 15.3.2000.
Josten, Annette	Aktuelle Entwicklungen im italienischen Bankensystem, in: Sparkasse, Heft 7/1996, S. 317-319.
Kantzenbach, Erhard	Das Konzept der optimalen Wettbewerbsintensität. Eine Erwiderung auf den gleichnamigen Besprechungsaufsatz von Erich Hoppmann, in: Jahrbücher für Nationalökonomie und Statistik, Band 180 (1967/68), S. 193-241.
Karl-Bräuer-Institut des Bundes der Steuerzahler	Privatisierung von Sparkassen und Landesbanken, Heft 78, Wiesbaden 1994.
Karl-Bräuer-Institut des Bundes der Steuerzahler	Durch Einsparungen die Lasten mindern, Heft 89, Wiesbaden 1998.
Keler, Sigrid	Sparkassen müssen über den regionalen Tellerrand blicken, in: Handelsblatt, Nr. 88 vom 7.5.1999, S. 32.
Kirchgässner, Gebhard / Pommerehene, Werner W.	Das ökonomische Modell individuellen Verhaltens: Implikationen für die Beurteilung staatlichen Handelns, in: Kritische Vierteljahresschrift für Gesetzgebung und Rechtswissenschaft, Band 3 (1988), S. 230-250.
Kirchhof, Ferdinand / Henneke, Hans-Günter	Entwicklungsperspektiven kommunaler Sparkassen in Deutschland, Band 12 der Schriften zum deutschen und europäischen Kommunalrecht, hrsg. von Eberhard Schmidt-Aßmann und Friedrich Schoch, Stuttgart u.a. 2000.
Kirchhof, Paul	Hoheitsgebiet und Sparkassengebiet, in: Deutsches Verwaltungsblatt, Heft 18/1983, S. 921-926.
Kirchhof, Paul	Die Staatsverschuldung im demokratischen Rechtsstaat, in: Grenzen der öffentlichen Verschuldung, hrsg. von Hans-Jürgen Papier, Detmold 1983, S. 1-86.
Klein, Dietmar K.R.	Die europäischen Bankensysteme am Vorabend des Euro, in: Zeitschrift für das gesamte Kreditwesen, Heft 9/1998, S. 470-475.
Klein, Wolfgang / Goebel, Ralf	Gesamtbanksteuerung – Bündelung von Kompetenz in der Sparkassenorganisation, in: Sparkasse, Heft 6/1999, S. 255-271.

Kluge, Arnd H.	Geschichte der deutschen Bankgenossenschaften, Band 17 der Schriftenreihe des Instituts für Bankhistorische Forschung, hrsg. vom Wissenschaftlichen Beirat des Instituts für Bankhistorische Forschung, Frankfurt am Main 1991.
Knauth, Klaus-Wilhelm	Werbung in der Kreditwirtschaft, in: Rechtsfragen in Wettbewerb und Werbung (Loseblattsammlung), hrsg. von Joachim Amann und Roland Jaspers.
Knieps, Günter	Zur Problematik der internen Subventionierung in öffentlichen Unternehmen, in: Finanzarchiv, N.F. Band 45 (1987), S. 268-283.
Koenig, Christian	Die Privilegien öffentlich-rechtlicher Einstandspflichten zugunsten der Landesbanken vor den Schranken der EG-Beihilfenaufsicht, in: Europäisches Wirtschafts- und Steuerrecht, in: Heft 5/1998, S. 149-156.
Köhler, Horst	Der Staat hätte ohne öffentlich-rechtliche Sparkassen mehr Verantwortung und Aufgaben, in: Zeitschrift für das gesamte Kreditwesen, Heft 22/1994, S. 1092-1101.
Kohlhaussen, Martin	Privatisierung von Sparkassen nicht tabuisieren, in: Die Welt, Nr. 242 vom 16.10.1999, S. 16.
Kohlhof, Joachim / Wilke, Doreen	Perspektiven zur Privatisierung öffentlich-rechtlicher Sparkassen, Idstein 1997.
Kotz, Hans-Helmut	Ein Reförmchen will Reform sein, in: Die Zeit, Nr. 6 vom 1.2.2001, S. 27.
Kreditanstalt für Wiederaufbau	Mitteilung vom 29.11.1999.
Kreditanstalt für Wiederaufbau	Mitteilung vom 25.9.2001.
Kreditanstalt für Wiederaufbau	Mitteilung vom 19.6.2002.
Krugman, Paul / Obstfeld, Maurice	International Economics, Theory and Policy, 5. Auflage, Reading u.a. 2000.
Kuhr, Wolfgang	Zur Rechtsstellung der Vorstandsmitglieder von Sparkassen, in: Sparkasse, Heft 4/1968, S. 62-63.
Kurth, Reinhold	Sind Sparkassenvorstände Unternehmer?, in: Zeitschrift für das gesamte Kreditwesen, Heft 8/1976, S. 367-372.
Lambsdorff, Otto Graf	Die deutsche Kreditwirtschaft vor den Herausforderungen des Europäischen Binnenmarkt, in: Sparkassen im Wandel, 3. Bad Iburger Gespräche, Symposium des Instituts für Kommunalrecht der Universität Osnabrück am 21.10.1992, Band 39 der Reihe „Osnabrücker Rechtswissenschaftliche Abhandlungen", hrsg. von Jörn Ipsen, Köln u.a. 1993, S. 3-12.
Lampert, Heinz	Lehrbuch der Sozialpolitik, 3. Auflage, Berlin u.a. 1994, S. 118-130.
Landesbank Sachsen	Geschäftsbericht 2001.
Landeszentralbank im Freistaat Bayern	Bankenstatistik und Wirtschaftszahlen, Vierteljahresheft 3/2001.
Landeszentralbank im Freistaat Bayern	Jahresbericht 2001.

Landtag Rheinland-Pfalz — Gesetzentwurf der Landesregierung zur Änderung des Sparkassengesetzes, in: Drucksache 13/4077 vom 9.3.1999.

Lehmann, Burkhard — Nationale und internationale Aufsichtstrends unter dem Einfluß von Basel II, in: Betriebswirtschaftliche Blätter, Heft 12/2001, S. 552-555.

Leimrich, Peter — Die Vermögensrechnung der öffentlichen Hand, Köln u.a. 1968.

Leipziger Volkszeitung — Bürgerinitiative besteht auf Aus für Finanzverband, in: Nr. 247 vom 23.10.2001, S. 5.

Leisner, Walter — Privatinteresse als öffentliches Interesse, in: Die Öffentliche Verwaltung, Heft 7/1970, S. 217-223.

Lerche, Peter — Rundfunkmonopol, Zur Zulassung privater Fernsehveranstaltungen, Beiträge zum Rundfunkrecht, Frankfurt am Main, Berlin 1970.

Lindrath, Hermann — Beantwortung der Großen Anfrage der FDP-Fraktion in der 63. Sitzung des Deutschen Bundestages vom 20.2.1959, in: Verhandlungen des Deutschen Bundestages, Band 43 der 3. Wahlperiode, S. 3386 f.

Lloyds TSB Group — Annual Report & Accounts 1998.

Loesch, Achim von — Privatisierung öffentlicher Unternehmen, Ein Überblick über die Argumente, Heft 23 der Schriftenreihe für öffentliche Wirtschaft und Gemeinwirtschaft, 2. Auflage, Baden-Baden 1987.

Löwer, Wolfgang — Privatisierung von Sparkassen - Kritische Anmerkungen zu den Vorschlägen der Monopolkommission, in: Zeitschrift für Bankrecht und Bankpolitik, Heft 2/1993, S. 108-112.

Lutter, Marcus — Pflichten und Haftung von Sparkassenorganen, Band 75 der Abhandlungen zum deutschen und europäischen Wirtschaftsrecht, hrsg. von Götz Hueck, Marcus Lutter und Wolfgang Zöllner, Bonn 1991.

Lutter, Marcus — Zur Haftung von Sparkassenorganen, in: Sparkassen im Wandel, 3. Bad Iburger Gespräche, Symposium des Instituts für Kommunalrecht der Universität Osnabrück am 21.10.1992, Band 39 der Reihe „Osnabrücker Rechtswissenschaftliche Abhandlungen", hrsg. von Jörn Ipsen, Köln u.a. 1993, S. 101-115.

Lutz, Friedrich A. — Bemerkungen zum Monopolproblem, in: Ordo, Band 8 (1956), S. 19-43.

Mackenroth, Gerhard — Die Reform der Sozialpolitik durch einen deutschen Sozialplan, in: Verhandlungen auf der Sondertagung des Vereins für Socialpolitik, hrsg. von Gerhard Albrecht, Berlin 1952.

Mailly, Isabel — Reform des österreichischen Sparkassengesetzes, in: Sparkasse, Heft 3/1999, S. 138-140.

Maizière, Thomas de — „Die Annahme des Gesetzentwurfes bewirkt nicht automatisch die Auflösung des Finanzverbandes", in: Zeitschrift für das gesamte Kreditwesen, Heft 22/2001, S. 1272-1273.

Malchus, Carl A. Freiherr von — Die Sparcassen in Europa, Darstellung der statutenmässigen Einrichtungen der grossen Mehrzahl von solchen in Europa, mit einer Nachweise des Betrages der in denselben aufgesammelten Ersparnisse, Heidelberg und Leipzig 1838.

Martin, Ron — The political economy of Britain's north-south divide, in: The North-South Divide, Regional Change in Britain in the 1980s, hrsg. von Jim Lewis und Alan Townsend, London 1989, S. 20-60.

Mauerer, Anton — Ausschüttung bei Sparkassen?, Zur Diskussion um die Ausschüttung von Sparkassengewinnen, in: Zeitschrift für das gesamte Kreditwesen, Heft 17/1998, S. 947-950.

Mauerer, Anton — Shareholder-Value: ein Bumerang für die Zukunft der Sparkassen, in: Zeitschrift für das gesamte Kreditwesen, Heft 9/1999, S. 438-441.

Maunz, Theodor — Art. 15 GG, in: Kommentar zum Grundgesetz, Band 2 (Loseblattsammlung), hrsg. von Theodor Maunz u.a.

Maunz, Theodor — Art. 74 GG, in: Kommentar zum Grundgesetz, Band 4 (Loseblattsammlung), hrsg. von Theodor Maunz u.a.

Meister, Edgar — Banken· Große Tradition gefährdete Zukunft?, Vortrag bei der Veranstaltung „Topic of the year" der Group of 20 + 1 am 12.1.2000 in Frankfurt am Main.

Menkoff, Lukas — Öffentliche Banken: Nutzlos und teuer?, in: ifo-Studien, Band 43 (1997), S. 549-575.

Meyer zu Selhausen, Hermann / Riekeberg, Marcus — Migration – ein Problem der Sparkassen?, in: Sparkasse, Heft 3/1996, S. 112-114.

Meyer-Horn, Klaus — Die Reform der britischen Sparkassen, in: Sparkasse, Heft 3/1987, S. 105-111.

Michael, Carsten / Stuhr, Arne — „Nichts ist gescheitert", in: Bank Magazin, Heft 11/1999, S. 12-16.

Milbradt, Georg — Sächsische Verbundlösung – Konzept für eine sichere Zukunft in Sachsen, in: Wertpapier-Mitteilungen, Heft 23/1999, S. 1164-1165.

Mittelbayerische Zeitung — „Eine andere Bank wäre wohl pleite", in: Nr. 26 vom 2.2.2000, S. 3.

Mittler, Gernot — Bewährung und Zukunftsaussichten der Landesbanken und der kommunalen Sparkassen, in: Zeitschrift für das gesamte Kreditwesen, Heft 22/2001, S. 1280-1289.

Moesch, Irene / Simmert, Diethart B. — Banken: Strukturen, Macht, Reformen, Köln 1976.

Möller, Alex	Gesetz zur Förderung der Stabilität und des Wachstums der Wirtschaft und Art. 109 GG; Kommentar unter besonderer Berücksichtigung der Entstehungsgeschichte, hrsg. von Alex Möller, Hannover 1968.
Monopolkommission	Mehr Wettbewerb ist möglich, Hauptgutachten 1973/75, Baden-Baden 1976.
Monopolkommission	Wettbewerbspolitik oder Industriepolitik, Hauptgutachten 1991/92, Baden-Baden 1992.
Monopolkommission	Marktöffnung umfassend verwirklichen, Hauptgutachten 1996/97, Baden-Baden 1998.
Monopolkommission	Wettbewerbspolitik in Netzstrukturen, Hauptgutachten 1998/99, Baden-Baden 2000.
Monopolkommission	Ordnungspolitische Leitlinien für ein funktionsfähiges Finanzsystem, Sondergutachten, Band 26, Baden-Baden 1998.
Morsiani, Gianguido S.	Italien, in: Kreditinstitute im europäischen Binnenmarkt 1993, hrsg. von der Gesellschaft zur Förderung der wissenschaftlichen Forschung über das Spar- und Girowesen, Band 1 (Abteilung Dokumentation), Stuttgart 1990.
Möschel, Wernhard	Das Wirtschaftsrecht der Banken, Die währungs-, bankaufsicht-, kartell- und EWG-rechtliche Sonderstellung der Kreditinstitute, Band 29 der Reihe „Wirtschaftsrecht und Wirtschaftspolitik", hrsg. von Ernst-Joachim Mestmäcker, Frankfurt am Main 1972 (Habil.).
Möschel, Wernhard	Privatisierung als ordnungspolitische Aufgabe, in: Sparkassen im Wandel, 3. Bad Iburger Gespräche, Symposium des Instituts für Kommunalrecht der Universität Osnabrück am 21.10.1992, Band 39 der Osnabrücker Rechtswissenschaftlichen Abhandlungen, hrsg. von Jörn Ipsen, Köln u.a. 1993, S. 117-132.
Möschel, Wernhard	Recht der Wettbewerbsbeschränkungen, Köln u.a. 1983.
Möschel, Wernhard	Privatisierung der Sparkassen: Zu den jüngsten Vorschlägen der Monopolkommission, in: Wertpapier-Mitteilungen, Nr. 3/1993, S. 93-99.
Möschel, Wernhard	Privatisierung öffentlichrechtlicher Kreditinstitute, in: Wertpapier-Mitteilungen, Heft 29/1999, S. 1455.
Möschel, Wernhard	Landesbanken und Sparkassen sollten privatisiert werden, in: Handelsblatt, Nr. 150 vom 6.8.1999, S. 2.
Möschel, Wernhard	Die Finger der öffentlichen Hand im Bankgewerbe, in: Frankfurter Allgemeine Zeitung, Nr. 187 vom 14.8.1999, S. 13.
Möschel, Wernhard	Ein Welt-Wettbewerbsamt ist überflüssig, in: Handelsblatt, Nr. 188 vom 29.9.1999, S. 63.

Möschel, Wernhard — Die Anstaltslast bei öffentlichen Banken ist tot, in: Frankfurter Allgemeine Zeitung, Nr. 223 vom 25.9.2001, S. 19.

Moster, Antoine — Sparkassenreform in Frankreich: Die Genossenschaft als Rechtsform, in: Sparkasse, Heft 12/1999, S. 549-553.

Moxter, Adolf — Grundsätze ordnungsgemäßer Unternehmensbewertung, 2. Auflage, Frankfurt am Main.

Mückl, Wolfgang J. — Vermögenspolitische Konzepte in der Bundesrepublik Deutschland, Band 34 der Kommission für den wirtschaftlichen und sozialen Wandel, Göttingen 1975.

Mückl, Wolfgang J. — Wie problematisch ist die Staatsverschuldung?, in: Der Bürger im Staat, Heft 4/1981 (Band 31), S. 291-298.

Mückl, Wolfgang J. — Tilgung der Staatsschuld, in: Wirtschaftswissenschaftliches Studium, Heft 6/1984, S. 279-284.

Mückl, Wolfgang J. — Vermögenspolitik, in: Wirtschaftswissenschaftliches Studium, Heft 5/1987, S. 229-233.

Mückl, Wolfgang J. — Innovation und Wettbewerb, Zur dynamischen Effizienz des Wettbewerbs, in: Der Bürger im Staat, Heft 3/1988, S. 178-183.

Müller-Armack, Alfred — Die Wirtschaftsordnungen sozial gesehen, in: Ordo, Band 1 (1948), S. 125-154.

Müller-Armack, Alfred — Die Soziale Marktwirtschaft nach einem Jahrzehnt ihrer Erprobung, in: Wirtschaftsordnung und Wirtschaftspolitik, Band 4 der Reihe „Beiträge zur Wirtschaftspolitik", hrsg. von Egon Tuchtfelt, 2. Auflage, Freiburg 1976, S. 251-267.

Mura, Jürgen — Entwicklungslinien der deutschen Sparkassengeschichte, hrsg. von der Gesellschaft zur Förderung der wissenschaftlichen Forschung über das Spar- und Girowesen, Band 2 (Abteilung Forschung), Stuttgart 1987.

Musgrave, Richard A./ Musgrave Peggy B./ Kullmer Lore — Die öffentlichen Finanzen in Theorie und Praxis, Band 1, 6. Auflage, Tübingen 1994.

Naser, Siegfried — Für rasche Fusion der Stadtsparkassen mit der umgebenden Kreissparkasse, in: Bayerische Staatszeitung, Nr. 19 vom 14.5.1999, S. 1 und 11.

Naser, Siegfried — Sparkassen nehmen historische Verantwortung an; in: Wirtschaftskurier, Sonderbeilage zum Bayerischen Sparkassentag 2002 vom 2.7.2002, S. 2.

Neuber, Friedel — Aufgaben der öffentlichen Banken in einem größeren Europa, in: Sparkasse, Heft 4/1992, S. 166-169.

Neuberger, Doris — Mikroökonomik der Bank, München 1998.

Neue Zürcher Zeitung — Umfangreiche Privatisierung in Brasilien, Nr. 119 vom 24.5.1996, S. 23.

Neue Zürcher Zeitung — Probleme mit der Eigenkapitalausstattung – Deutsche Kritik an Basel II, in: Nr. 139 vom 19.6.2001, S. 12.

Neue Zürcher Zeitung — Erfolg bei deutschen Privatkunden, in: Nr. 34 vom 11.2.2003, S. 11.

Niskanen, William — Bureaucracy and Public Economics, Aldershot 1994.

Nordhaus, William D. — The Political Business Cycle, in: Review of Economic Studies, Band 42 (1975), S. 169-190.

Oettle, Karl — Grundfragen öffentlicher Betriebe, Band 14 der Schriften zur öffentlichen Verwaltung und zur öffentlichen Wirtschaft, hrsg. von Peter Eichhorn und Peter Friedrich, Baden-Baden 1976.

Office for National Statistics — Annual Abstract of Statistics, Band 136, London 2000.

Olson, Mancur — Aufstieg und Niedergang von Nationen. Ökonomisches Wachstum, Stagflation und soziale Starrheit, 2. Auflage, Tübingen 1991.

Olson, Mancur — Die Logik des kollektiven Handelns, Kollektivgüter und die Theorie der Gruppen, 4. Auflage, Tübingen 1998.

Ossenbühl, Fritz — Daseinsvorsorge und Verwaltungsprivatrecht, in: Die Öffentliche Verwaltung, Heft 15-16/1971, S. 513-524.

Österreichische Nationalbank — Statistisches Monatsheft Februar 2002.

Österreichische Sparkassenzeitung — Reform der französischen Sparkassenorganisation, Heft 9/1999, S. 465-467.

Ott, Alfred E. — Grundzüge der Preistheorie, 3. Auflage, Göttingen 1979.

Ott, Alfred E. — Marktform und Verhaltensweise, Stuttgart 1959.

Padberg, Thomas / Werner, Thomas — Das Modell Sachsen-Bank – eine Erwiderung, in: Zeitschrift für das gesamte Kreditwesen, Heft 14/1999, S. 738-740.

Palmen, Hans-Richard — Zwischen öffentlichem Auftrag und Wettbewerb, in: Zeitschrift für das gesamte Kreditwesen, Heft 15/1999, S. 778-781.

Passauer Neue Presse — Altötting: Die Raiffeisen-Volksbank will mit der Kreissparkasse fusionieren, in: Nr. 94 vom 22.4.2000, S. 11.

Peters, Hans — Öffentliche und staatliche Aufgaben, in: Festschrift für Hans Carl Nipperdey zum 70. Geburtstag, Band 2, hrsg. von Rolf Dietz und Heinz Hübner, München u.a. 1965, S. 877-895.

Peters, Hans — Sparen, in: Staatslexikon, Band 5, hrsg. von der Görres-Gesellschaft, 7. Auflage, Freiburg, Basel und Wien 1989, Sp. 98-101.

Pfeffer, Rupert — Die Mittelstandsförderung der LfA Förderbank Bayern – eine Zwischenbilanz, in: Zeitschrift für das gesamte Kreditwesen, Heft 1/1999, S. 22-25.

Picot, Arnold / Kaulmann, Thomas — Industrielle Großunternehmen in Staatseigentum aus verfügungsrechtlicher Sicht, in: Zeitschrift für betriebswirtschaftliche Forschung, N.F. Heft 11 (1985), S. 956-980.

Piel, Manfred	Britische Sparkassen vor tiefgreifenden Veränderungen, in: Sparkasse, Heft 1/1985, S. 35-36.
Pohl, Hans	Von der Spar-Casse zum Kreditinstitut (Anfänge bis 1908), in: Die Entwicklung der Sparkassen zu Universalkreditinstituten, hrsg. von der Gesellschaft zur Förderung der wissenschaftlichen Forschung über das Spar- und Girowesen, Band 2 (Abteilung Dokumentation), Bonn 1986, S. 15-33.
Poullain, Ludwig	Die Sparkassen unter neuen Wettbewerbsaspekten, in: Zeitschrift für das gesamte Kreditwesen, Heft 13/1968, S. 614-617.
Poullain, Ludwig	Wettbewerb und Konzentration in der Kreditwirtschaft, Vortrag auf der 22. Kreditpolitischen Tagung der Deutsche Bank AG in Frankfurt am Main, in: Zeitschrift für das gesamte Kreditwesen, Heft 16/1976, S. 1156-1160.
Preiser, Erich	Einkommensverteilung und Vermögensverteilung, in: Wirtschaftspolitik heute, Ausgewählte Vorträge aus den Jahren 1951 bis 1967, 5. Auflage, München 1974, S. 161-216.
Püttner, Günter	Zur Eigenkapitalausstattung der Sparkassen, insbesondere zur Verfassungsmäßigkeit der Nichtanerkennung der Gewährträgerhaftung als Eigenkapital-Surrogat, Band 40 der Untersuchungen über das Spar-, Giro- und Kreditwesen, hrsg. von Walther Hadding und Uwe H. Schneider, Berlin 1983.
Rauch, Friedrich-Wilhelm von	Sparkassen als größte nichtsstaatliche Förderer von Kultur und Kunst in Deutschland, in: Sparkasse 9/1999, S. 395-396.
Rauscher, Anton	Subsidiarität und berufständische Ordnung in „Quadragesimo anno", Band 6 der Schriften des Instituts für christliche Sozialwissenschaften der Westfälischen Wilhelms-Universität Münster, hrsg. von Joseph Höffner, Münster 1958.
Reich, Hans W.	„Forderungen abkaufen", in: Wirtschaftswoche, Nr. 16 vom 13.4.2000, S. 119-122.
Reifner, Udo	Das Recht auf ein Girokonto, in: Zeitschrift für Bankrecht und Bankpolitik, Heft 3/1995, S. 243-260.
Reimann, Winfried	Öffentliche Banken in der Zeit: Ein Verband wird 75, Bonn 1992.
Remsperger, Hermann / Angenendt, Uwe	Strukturwandel im deutschen Universalbanksystem, in: Die Bank, Heft 10/1990, S. 540-547.
Rheinischer Merkur	Die Amigo-Kasse, in: Nr. 10 vom 10.3.2000, S. 4.
Ringel, Johannes	Für den Erhalt der Wettbewerbsfähigkeit ist eine adäquate Kapitalausstattung nötig, in: Handelsblatt, Nr. 86 vom 5.5.1992, S. B2.

Rödl & Partner — „Rechtliche Konzeptionen – Vor- und Nachteile", Tagungsmanuskript der Euroforum-Konferenz „Sparkassen und Genossenschaftsbanken, Aktuelle Strategien und Positionierung für die Zukunft" vom 31.5./1.6.2000 in Köln.

Rost-Haigis, Barbara / Hohmann, Frank-Peter — Auswirkungen der Gebietsreform auf das Sparkassenwesen, Band 6.3 der Schriftenreihe „Kommunale Gebietsreform", hrsg. von Hans Joachim v. Oertzen und Werner Thieme, Baden-Baden 1981.

Rüstow, Alexander — Das Versagen des Wirtschaftsliberalismus, 2. Auflage, Heidelberg 1950.

Sächsische Zeitung — „Riesa wichtiger als Wall Street", in: Nr. 26 vom 1.2.1999, S. 8.

Sächsischer Landtag — Gesetzentwurf der Staatsregierung für ein Gesetz zur Neuordnung der öffentlich-rechtlichen Kreditinstitute im Freistaat Sachsen einschließlich der Sächsischen Aufbaubank GmbH, in: Drucksache 2/10015 vom 5.11.1998.

Sachverständigenrat zur Begutachtung der gesamtwirtschaftlichen Entwicklung — Zeit zum Handeln – Antriebskräfte stärken, Jahresgutachten 1993/94, Stuttgart 1993.

Sachverständigenrat zur Begutachtung der gesamtwirtschaftlichen Entwicklung — Chancen auf einen höheren Wachstumspfad, Jahresgutachten 2000/2001, Stuttgart 2000.

Sachverständigenrat zur Begutachtung der gesamtwirtschaftlichen Entwicklung — Für Stetigkeit – Gegen Aktionismus, Jahresgutachten 2001/02, Stuttgart 2001.

Sachverständigenrat zur Begutachtung der gesamtwirtschaftlichen Entwicklung — Zwanzig Punkte für Wachstum und Beschäftigung, Jahresgutachten 2002/03, Stuttgart 2002.

Sauer, Hans D. — Keine erstklassige L-Bank in einem zweitrangigen Konzept, in: Zeitschrift für das gesamte Kreditwesen, Heft 7/1995, S. 305.

Scheidl, Karl — Die Geschäftsbanken, in: Geld-, Bank- und Börsenwesen, hrsg. von Norbert Kloten, Johann Heinrich von Stein, 38. Auflage, Stuttgart 1988, S. 179-222.

Schierenbeck, Hennar — Genossenschaftliches Zentralbankensystem, Band 4 der Schriftenreihe der Akademie Deutscher Genossenschaften, Wiesbaden 1988, S. 9-23.

Schildbach, Thomas — Der handelsrechtliche Jahresabschluß, 6. Auflage, Herne/Berlin 2000.

Schlesinger, Helmut / Weber, Manfred / Ziebrath, Gerhard — Staatsverschuldung – ohne Ende?, Darmstadt 1993.

Schlierbach, Helmut — Das Sparkassenrecht in der Bundesrepublik Deutschland, 4. Auflage, Stuttgart 1998.

Schmidhuber, Heinrich — Überlegungen zu künftigen Sparkassenstrukturen, in: Sparkasse, Heft 12/1998, S. 568-569.

Schmidt, Albrecht
„Ich lade die Sparkassen ein, sich einzubringen", in: Süddeutsche Zeitung, Nr. 199 vom 31.8.1998, S. 19.

Schmidt, Dirk
Sparkassen-Wissen für Verwaltungsräte, 7. Auflage, Stuttgart 2000.

Schmidt, Dirk
Zukunft ohne Anstaltslast und Gewährträgerhaftung – Eine Fortsetzung, in: Zeitschrift für das gesamte Kreditwesen, Heft 19/2000, S. 1142-1147.

Schmidt, Klaus-Dieter
Was ist Vermögen?, in: Allgemeines Statistisches Archiv, Band 56 (1972), S. 35-49.

Schmidt, Oliver
Ende einer Ära: Was wird aus Sparkassen und Landesbanken, in: Wirtschaftsdienst, Heft 6/2001, S. 346-351, hier: S. 351.

Schmidt, Paul-Günther
Ursachen systematischer Bankenkrisen, Erklärungsversuche, empirische Evidenz und wirtschaftspolitische Konsequenzen, in: Ordo, Band 52 (2001), S. 239-280.

Schmidt-Jorzig, Edzard
Kommunalrecht, Münster 1982.

Schneider, Emil
Sparkassen im Umbruch?, in: Bayerische Staatszeitung, Nr. 13 vom 30.3.2001, S. 15.

Schneider, Uwe H. /
Raskin, Peter
Das Spannungsverhältnis zwischen Regionalprinzip und elektronischen Vertriebswegen, in: Zeitschrift für das gesamte Kreditwesen, Heft 21/2000, S. 1270-1275.

Schoch, Friedrich
Privatisierung von Verwaltungsaufgaben, in: Deutsches Verwaltungsblatt, Heft 17/1994, S. 962-977.

Schogs, Friedrich
Die Privatisierungspolitik in Großbritannien, in: Sparkasse, Heft 9/1987, S. 404-406.

Scholz, Rupert
Art. 12 GG, in: Kommentar zum Grundgesetz, Band 2 (Loseblattsammlung), hrsg. von Theodor Maunz u.a.

Scholz, Rupert
Das Wirtschaftsrecht der öffentlichen Unternehmen, in: Archiv des öffentlichen Rechts, Band 97 (1972), S. 301-311.

Schröder, Claus
Verfassungsrechtliche Grenzen der Sozialisierung, Hamburg 1978 (Diss.).

Schröder, Gerhard
Privatisierungsdiskussion nicht im Sinne der Kunden, in: Sparkasse, Nr. 6/1995, 112. Jahrgang, S. 249-252.

Schröder, Gerhard
Rede anläßlich des Weltkongresses der Sparkassen am 28.6.2000 in Berlin.

Schuppert, Gunnar F.
Zur Kontrollierbarkeit öffentlicher Unternehmen, in: Zeitschrift für öffentliche und gemeinwirtschaftliche Unternehmen, Heft 3/1985, S. 310-332.

Seeberger, Roland
Inhalt und Grenzen der Sozialisierung nach Art. 15 GG, Heidelberg 1978 (Diss.).

Seidenstat, Paul
Theory and Practice of Contracting Out in the United States, in: Contracting Out Government Services, hrsg. von Paul Seidenstat, Westport und London 1999.

Seifert, Ekkehard	Privilegierung und Regulierung im Bankwesen, Ein Beitrag zur ordnungspolitischen Problematik branchenorientierter Strukturpolitik, Band 12 der Studien zum Bank und Börsenrecht, hrsg. von Ulrich Immenga, Baden-Baden 1984.
Senatsverwaltung für Finanzen	Wowereit bekräftigt Engagement des Landes Berlin bei der Sanierung der Bankgesellschaft, Pressemitteilung vom 28.8.2001.
Siebert, Horst	Sparkassen sind kein Tafelsilber, in: Handelsblatt, Nr. 47 vom 9.3.1993, S. 2.
Siglitz, Joseph	Economics of the Public Sector, New York 1986.
Simonis, Heide	Öffentlich-rechtlicher Auftrag der Sparkassen muß erhalten bleiben, Rede auf dem Schleswig-Holsteinischen Sparkassentag vom 4.5.2000.
Sinn, Hans-Werner	Der Staat im Bankwesen, Zur Rolle der Landesbanken in Deutschland, München 1997.
Sinn, Hans-Werner	Erhebliche Kosten, in: Wirtschaftswoche, Nr. 25 vom 12.6.1997, S. 11.
Smith, Adam	An Inquiry into the Nature an the Causes of the Wealth of Nations, aus dem Englischen nach der 5. Auflage ins Deutsche übertragen von Horst C. Recktenwald, München 1974.
Sozialdemokratische Partei Deutschlands	Aufbruch und Erneuerung – Deutschlands Weg ins 21. Jahrhundert, Koalitionsvereinbarung zwischen der Sozialdemokratischen Partei Deutschlands und Bündnis 90/Die Grünen vom 20.10.1998.
Sozialismus	Vergesellschaftung der Banken, in: Heft 1/1982, S. 41-47.
Sparkassen- und Giroverband Hessen-Thüringen	Mitteilung vom 14.12.1999.
Sparkassen- und Giroverband Rheinland-Pfalz	Information für die Presse vom 21.7.1998.
Sparkassenverband Bayern	Sparkassen bleiben öffentlich-rechtlich, Presse-Information vom 19.7.2001.
Spiegel / Manager-Magazin (Hrsg.)	Soll und Haben 5, Hamburg 2000.
Statistisches Amt der DDR	Statistisches Jahrbuch der Deutschen Demokratischen Republik '90, Berlin 1990.
Statistisches Bundesamt	Volkswirtschaftliche Gesamtrechnungen, Fachserie 18, Reihe 1.3, Hauptbericht 2000.
Statistisches Bundesamt	Statistisches Jahrbuch für die Bundesrepublik Deutschland 2000.
Stauss, Bernd	Private und öffentliche Unternehmen im Effizienzvergleich, Unternehmensverfassungen 'im Lichte' der Property Rights-Theorie, in: Zeitschrift für öffentliche und gemeinwirtschaftliche Unternehmen, Heft 3/1983, S. 278-298.

Steinbrück, Peer	Fusionen von Landesbanken sind naheliegend, in: Handelsblatt, Nr. 8 vom 11./12.1.2002, S. 34.
Steiner, Jürgen	Die geschichtliche Entwicklung der Landesbanken/Girozentralen von 1945 bis zur Gegenwart, in: Die Landesbanken/Girozentralen – historische Entwicklung und Zukunftsperspektiven, hrsg. von der Gesellschaft zur Förderung der wissenschaftlichen Forschung über das Spar- und Girowesen, Band 6 (Abteilung Dokumentation), Stuttgart 1991, S. 71-97.
Steiner, Jürgen	Bankenmarkt und Wirtschaftsordnung – Sparkassen und Landesbanken in der Privatisierungsdiskussion, Frankfurt am Main 1994.
Steiner, Jürgen	Defekte einer polarisiert geführten Diskussion, in: Handelsblatt, Nr. 136 vom 18.7.1994, S. 22.
Stern, Klaus / Burmeister, Joachim	Die kommunalen Sparkassen, Verfassungs- und verwaltungsrechtliche Probleme, Band 34 der Schriftenreihe des Vereins für Kommunalwissenschaften e.V. Berlin, Stuttgart 1972.
Stigler, Geroge J.	The Theory of Economic Regulation, in: Bell Journal of Economics and Management Science, Band 2 (1971), S. 3-21.
Stiglitz, Josef	Economics of the public sector, New York 1986.
Stobbe, Alfred	Volkswirtschaftliches Rechnungswesen, 8. Auflage, Berlin u.a. 1994.
Stoiber, Edmund	„Föderalismus: Solidarität und Wettbewerb – Starke Länder in Europa", Regierungserklärung vom 22.3.2000.
Süddeutsche Zeitung	Grünes Licht für die Fusion Staatsbank – Vereinsbank, in: Nr. 270 vom 11.11.1970, S. 25.
Süddeutsche Zeitung	Brandt distanziert sich von Juso-Plänen, in: Nr. 86 vom 11./12.4.1974, S. 2.
Süddeutsche Zeitung	Frankreichs Wirtschaft ist schockiert, in: Nr. 108 vom 12.5.1981, S. 18.
Süddeutsche Zeitung	Wohin steuert die Bayerische Landesbank?, in: Nr. 253 vom 3.11.1998, S. 26.
Süddeutsche Zeitung	Gegen harten Widerstand geht Sachsen in die Sparkassenfusion, in: Nr. 61 vom 15.3.1999, S. 32.
Süddeutsche Zeitung	Sparkassen wappnen sich gegen unliebsame Länderinitiativen, in: Nr. 116 vom 22.-24.5.1999, S. 26.
Süddeutsche Zeitung	Die Filialen sterben – langsam, aber sicher, in: Nr. 150 vom 3./4.7.1999, S. 57.
Süddeutsche Zeitung	Kein Präzedenzfall in Marktredwitz, in: Nr. 160 vom 15.7.1999, S. 26.
Süddeutsche Zeitung	Aus der Sparkasse in die Parteikasse, in: Nr. 46 vom 25.2.2000, S. L1.
Süddeutsche Zeitung	Eichel will Anleger besser schützen, in: Nr. 204 vom 5.9.2001, S. 30.

Süddeutsche Zeitung	Bayerische Landesbank öffnet sich, in: Nr. 244 vom 23.10.2001, S. 25.
Süddeutsche Zeitung	Sachsen lehnen Finanzverband ab, in: Nr. 244 vom 23.10.2001, S. 26.
Süddeutsche Zeitung	„Freiheit ist das Ergebnis von Leistung", in: Nr. 248 vom 26./27.10.2002, S. 23.
Süddeutsche Zeitung	„Die Sparkassen müssen sich öffnen", in: Nr. 249 vom 28.10.2002, S. 21.
Teufel, Erwin	„Starkes Land – starke Zukunft", Rede auf dem Festakt zur Gründung des Sparkassenverbands Baden-Württemberg vom 26.1.2000.
Thiemeyer, Theo	Öffentliche Unternehmen in der sozialen Marktwirtschaft heute, in: Öffentliche Unternehmen in der Sozialen Marktwirtschaft heute, Dokumentation einer Vortrags- und Diskussionsveranstaltung der Konrad-Adenauer-Stiftung und der Gesellschaft für öffentliche Wirtschaft und Gemeinwirtschaft am 27.10.1983 in Bonn, Heft 26 der Schriftenreihe der Gesellschaft für öffentliche Wirtschaft und Gemeinwirtschaft, Baden-Baden 1984, S. 15-32.
Thode, Bernd	Zur Gewährträgerhaftung und Anstaltslast bei Sparkassen und Landesbanken, in: Sparkasse, 3/1994, S. 134-136.
Thode, Bernd	„Wir wollen mit einem verbesserten Verbund die Wettbewerbsfähigkeit und die Arbeitsplätze in Sachsen sichern", in: Zeitschrift für das gesamte Kreditwesen, Nr. 7/1999, S. 324-329.
Thüringer Finanzministerium	Mitteilung vom 2.1.2001.
Tiedeken, Hans	Sparkassen und Kommunen, in: Sparkasse, Heft 8/1984, S. 286-291.
Trende, Adolf	Deutschlands älteste Sparkasse, in: Sparkasse, Heft 6/1955, S. 85-89.
Verband der Deutschen Freien Öffentlichen Sparkassen	Jahresbericht 1999.
Verband der Deutschen Freien Öffentlichen Sparkassen	Jahresbericht 2001.
Verband der Deutschen Freien Öffentlichen Sparkassen	Mitteilung vom 29.4.2002.
Verband deutscher Hypothekenbanken	Jahresbericht 2000.
Voigt, Stefan	Die globale Entdeckung der Fusionen, in: Frankfurter Allgemeine Zeitung, Nr. 175 vom 31.7.1999, S. 15.
Völter, Michael	Aufgaben und Pflichten von Verwaltungsräten, 2. Auflage, Stuttgart 1994 (Diss.).
Vonderheid, Ulrich	Grenzen der Privatisierung von Sparkassen, in: Zeitschrift für öffentliche und gemeinwirtschaftliche Unternehmen, Heft 3/1991, S. 269-281.

Wagener, Ernst	Hessen vorn?, in: Zeitschrift für das gesamte Kreditwesen, Heft 5/1976, S. 997 f.
Weber, Manfred	Die Regeln des Wettbewerbs müssen für alle Marktteilnehmer gelten, in: Zeitschrift für das gesamte Kreditwesen, Heft 19/1999, S. 1055 – 1056.
Weber, Manfred / Arnold, Wolfgang	Wettbewerbsverzerrung in der Kreditwirtschaft, in: Zeitschrift für das gesamte Kreditwesen, Heft 7/1993, S. 300-303.
Wee, Hermann van der	The Financing of the Mercantilist State, in: The Cambridge Economic History, Band 5, The economic Organization of early modern Europe, hrsg. von E.E. Rich und C.H. Wilson, Cambridge 1977, S. 358-392.
Weides, Peter	Kreissparkassen und Gebietsreform, Band 3 der Schriftenreihe des Landkreistages Nordrhein-Westfalen, Köln u.a. 1983.
Weides, Peter	Zur Eigenständigkeit des Sparkassenrechts gegenüber dem Kommunalrecht, in: Die Öffentliche Verwaltung, Heft 2/1984, S. 41-51.
Weisgerber, Thomas / Baur, Georg	Das Dritte Finanzmarktförderungsgesetz und das Richtlinienumsetzungsgesetz, Köln 1998.
Winkelmann, Klaus	Gemeinnützig und gewinnorientiert?, in: Sparkasse, Heft 3/1980, S. 70-71.
Wirtschaftskurier	Die Deutsche Bank steht zum Mittelstand: in: Nr. 12 vom Dezember 1999, S. 6.
Wirtschaftswoche	Zugel für den Pionier, in: Nr. 17 vom 21.4.1989, S. 188-191.
Wirtschaftswoche	Großes Potential, in: Nr. 49 vom 27.11.1992, S. 27-37
Wirtschaftswoche	Kredit zum Sozialtarif, in: Nr. 6 vom 4.2.1999, S. 8.
Wirtschaftswoche	Neubers letzte Schlacht, in: Nr. 8 vom 17.2.2000, S. 50-55.
Wirtschaftswoche	Langer Abschied vom Staat, in: Nr. 8 vom 17.2.2000, S. 53
Wirtschaftswoche	Begehrliche Blicke, in: Nr. 17 vom 20.4.2000, S. 18-22.
Woeste, Christian	Rahmenbedingungen für die Bildung von Eigenkapital bei öffentlich-rechtlichen Sparkassen, Bundesrepublik Deutschland, Großbritannien und Österreich – ein Vergleich vor dem Hintergrund der jüngsten Entwicklungen, Band 17 der Schriften zum deutschen und ausländischen Geld-, Bank- und Börsenrecht, hrsg. von Karl Bundschuh u.a., Frankfurt am Main 1989 (Diss.).
Wysocki, Josef	Gutachten über die Frage der „ältesten Sparkasse", Salzburg 1986.

Yepes, José López: Die geschichtliche Entwicklung der Sparkassen in Spanien, Portugal und Italien, in: Die Sparkassen in der EG - historische Entwicklung und Zukunftsperspektiven, Sparkassenhistorisches Symposium 1989, hrsg. von der Gesellschaft zur Förderung der wissenschaftlichen Forschung über das Spar- und Girowesen, Band 5 (Abteilung Dokumentation), Stuttgart 1990, S. 33-45, hier: S. 43.

Zaß, Manfred Internet kennt kein Regionalprinzip, in: Deutsche Sparkassenzeitung, Nr. 44 vom 16.6.2000, S. 1.

Zeitschrift für das gesamte Kreditwesen Der Staat ist wieder "in", in: Heft 12/1995, S. 590.

Zeitschrift für das gesamte Kreditwesen Marktmacht günstig eingekauft, in: Heft 22/1995, S. 1121.

Zeitschrift für das gesamte Kreditwesen Offener Brief an Dr. Breuer, in: Heft 16/1999, S. 819.

Zeitschrift für das gesamte Kreditwesen Was bleibt, ist eine Geschäftsbank, in: Heft 18/2000, S. 1032-1033.

Zeitschrift für das gesamte Kreditwesen Die Landesbanken im Geschäftsjahr 1999, in: Heft 18/2000, S. 1090-1102.

Zeitschrift für das gesamte Kreditwesen Die Landesbanken im Geschäftsjahr 2000, in: Heft 20/2001, S. 1171-1184.

Zeitschrift für das gesamte Kreditwesen Die Landesbanken im Geschäftsjahr 2001, in: Heft 19/2002, S. 1054-1066

Zentraler Kreditausschuß „Girokonto für jedermann", Verlautbarung vom 20.6.1995.

Zimmermann, Ralf Die Sparkassen und Landesbanken privatisieren, in: Frankfurter Allgemeiner Zeitung, Nr. 292 vom 16.12.1997, S. 19

Zohlnhöfer, Werner Im Griff der öffentlichen Hand, in: Frankfurter Allgemeine Zeitung, Nr. 80 vom 6.4.1991, S. 13.

Zügel, Walther Sparkassen zwischen Marktorientierung und öffentlichem Auftrag aus Sicht der Praxis, in: Sparkasse, Heft 1/1985, S. 19-22.

Zügel, Walther Die Sparkassen zwischen öffentlicher Aufgabe und kreditwirtschaftlichem Wettbewerb, in: Sparkassen im Wandel, 3. Bad Iburger Gespräche, Symposium des Instituts für Kommunalrecht der Universität Osnabrück am 21.10.1992, Band 39 der Osnabrücker Rechtswissenschaftliche Abhandlungen, hrsg. von Jörn Ipsen, Köln u.a. 1993, S. 13-22.

Zügel, Walther Die Umwandlung in Aktiengesellschaften könnte die Wettbewerbsfähigkeit steigern, in: Handelsblatt, Nr. 86 vom 5.5.1992, S. B4.

Zweig, Gerhard Die Deutsche Girozentrale – Deutsche Kommunalbank, Stuttgart 1986.

Rechtsquellen

1. Deutsche Gesetze, Rechtsverordnungen und Satzungen (in alphanumerischer Reihenfolge)

Die Gesetze, Verordnungen und Satzungen sind nach den allgemein üblichen Abkürzungen sortiert. Um Verwechslungen zu vermeiden, wurde bei den Sparkassengesetzen und Gemeindeordnungen der Abkürzung ein Zusatz vorangestellt, der den Geltungsbereich der Norm (Bundesland) kenntlich macht. Die Fundstellen in den Bekanntmachungsorganen beziehen sich grundsätzlich auf das Jahr, aus welchem die Rechtsnorm stammt. Ausdrücklich vermerkt werden nur Bekanntmachungen in anderen Jahrgängen.

Kurzbezeichnung (falls vorhanden)	Offizielle Normbezeichnung (im Klartext)	Datum, Fundstelle, ggf. letzte Änderung (mit Datum und Fundstelle)
1. FinFöG	Gesetz zur Verbesserung der Rahmenbedingungen der Finanzmärkte (Erstes Finanzmarktförderungsgesetz)	vom 22.2.1990 (BGBl. I S. 266)
2. FinFöG	Gesetz über den Wertpapierhandel und zur Änderung börsenrechtlicher und wertpapierrechtlicher Vorschriften (Zweites Finanzmarktförderungsgesetz)	vom 26.7.1994 (BGBl. I S. 1749)
3. FinFöG	Gesetz zur weiteren Fortentwicklung des Finanzplatzes Deutschland (Drittes Finanzmarktförderungsgesetz)	vom 24.3.1998 (BGBl. I S. 529)
4. FinFöG	Gesetz zur weiteren Fortentwicklung des Finanzplatzes Deutschland (Drittes Finanzmarktförderungsgesetz)	vom 21.6.2002 (BGBl. I, S. 2010)
5. VermBG	Fünftes Gesetz zur Förderung der Vermögensbildung der Arbeitnehmer	in der Fassung der Bekanntmachung vom 19.1.1989 (BGBl. I S. 137)
AktG	Aktiengesetz	vom 6.9.1995 (BGBl. S. 1089), zuletzt geändert durch das Gesetz zur Reform des Zivilprozesses vom 27.7.2001 (BGBl. I S. 1887)
AO	Abgabenordnung	vom 16.3.1976 (BGBl. I S. 613, ber. BGBl. I 1977 S. 269), zuletzt geändert durch das Gesetz zur Eindämmung illegaler Beschäftigung im Baugewerbe vom 30.8.2001 (BGBl. I S. 2267)

AVmG	Gesetz zur Reform der gesetzlichen Rentenversicherung und zur Förderung eines kapitalgedeckten Altersvorsorgevermögens (Altersvermögensgesetz)	vom 29.6.2001 (BGBl. I S. 1310)
BayGO	Gemeindeordnung für den Freistaat Bayern	in der Fassung der Bekanntmachung vom 27.8.1998 (GVBl. S. 796), zuletzt geändert durch das bayerische Gesetz über die Reisekostenvergütung der Beamten und Richter vom 24.4.2001 (GVBl. S. 140)
BayLBG	Gesetz über die Bayerische Landesbank	vom 27.6.1972 (GVBl. S. 210), zuletzt geändert durch das bayerische Gesetz über die Reisekostenvergütung der Beamten und Richter vom 24.4.2001 (GVBl. S. 140)
BaySpkG	Gesetz über die öffentlichen Sparkassen (Bayerisches Sparkassengesetz)	vom 21.12.1933 (GVBl. S. 489), zuletzt geändert durch das Gesetz zur Regelung von Fragen kommunaler Entschädigungen und Vergütungen sowie zur Änderung des Sparkassengesetzes vom 10.8.1994 (GVBl. S. 761)
BaySpkO	Verordnung über die Organisation und den Geschäftsbetrieb der Sparkassen (Bayerische Sparkassenordnung)	vom 1.12.1997 (GVBl. S. 816)
BbgSpkG	Brandenburgisches Sparkassengesetz	vom 26.6.1996 (GVBl. S. 210)
BetrVG	Betriebsverfassungsgesetz	in der Fassung der Bekanntmachung vom 23.12.1988 (BGBl. I 1989 S.1, ber. S. 902), zuletzt geändert durch das Gesetz zur Reform des Betriebsverfassungsgesetzes vom 23.7.2001 (BGBl. I S. 1852)
BGB	Bürgerliches Gesetzbuch	vom 18.8.1896 (RGBl. I S. 195), zuletzt geändert durch das Gesetz zur Reform des Wohnbaurechts vom 13.9.2001 (BGBl. I S. 2376)
BHO	Bundeshaushaltsordnung	vom 19.8.1969 (BGBl. I S. 1284)
BrSpkG	Sparkassengesetz für öffentlich-rechtliche Sparkassen im Lande Bremen	vom 27.9.1994 (GVBl. S. 253)
BSpG	Gesetz über Bausparkassen	in der Fassung der Bekanntmachung vom 15.2.1991 (BGBl. I S. 454), zuletzt geändert durch das Gesetz über die Bundesanstalt für Finanzdienstleistungsaufsicht vom 22.4.2002 (BGBl. I S. 1310)

BWGO	Gemeindeordnung (für das Land Baden-Württemberg)	vom 24.7.2000 (GBl. S. 582, ber. S. 698), zuletzt geändert durch das Mittelstandsförderungsgesetz vom 19.12.2000 (GBl. S. 745)
BWSpkG	Sparkassengesetz für Baden-Württemberg	in der Fassung vom 23.1.1992 (GBl. S. 128), zuletzt geändert durch Gesetz zur Änderung des Sparkassengesetzes für Baden-Württemberg vom 18.12.1995 (GBl. S. 874)
DG Bank UmwandlungsG	Gesetz zur Umwandlung der Deutschen Genossenschaftsbank	vom 13.8.1998 (BGBl. I S. 2102)
DGO	Deutsche Gemeindeordnung	vom 30.1.1935 (RGBl. I S. 49)
Dritte Verordnung des Reichspräsidenten zur Sicherung von Wirtschaft und Finanzen und zur Bekämpfung politischer Ausschreitungen		vom 6.10.1931 (RGBl. I. S. 537)
EStG	Einkommensteuergesetz	in der Fassung der Bekanntmachung vom 16.4.1997 (BGBl. I S. 821), zuletzt geändert durch das Gesetz zur Regelung der Bemessungsgrundlage für Zuschlagsteuern vom 21.12.2000 (BGBl. I S. 1978)
FAG	Gesetz über den Finanzausgleich zwischen Bund und Ländern	in der Fassung der Bekanntmachung vom 23.6.1993 (BGBl. I S. 944), zuletzt geändert durch das Zweite Gesetz zur Familienförderung vom 16.8.2001 (BGBl. I S. 2074)
FinDAG	Gesetz über die Bundesanstalt für Finanzdienstleistungsaufsicht	vom 22.4.2002 (BGBl. I S. 1310)
GenG	Gesetz betreffend die Erwerbs- und Wirtschaftsgenossenschaften	in der Fassung der Bekanntmachung vom 19.8.1994 (BGBl. I S. 2202), zuletzt geändert durch das Gesetz zur Änderung des Einführungsgesetzes zur Insolvenzordnung (InsO) und anderer Gesetze (EGInsOÄndG) vom 19.12.1998 (BGBl. I S. 3836)
Gesetz über die Ermächtigung des Senats zur Übernahme einer Landesgarantie für Risiken aus dem Immobiliendienstleistungsgeschäft der Bankgesellschaft Berlin AG und einige ihrer Tochtergesellschaften		vom 16.4.2002 (GVBl. S. 121)
Gesetz zur Übertragung der Wohnungsbauförderungsanstalt auf die Westdeutsche Landesbank		vom 18.12.1991 (GVBl. S. 561)
Gesetz zur Neuordnung der öffentlich-rechtlichen Kreditinstitute im Freistaat Sachsen einschließlich der Sächsischen Aufbaubank GmbH		vom 3.5.1999 (GVBl. S. 190)

267

GG	Grundgesetz für die Bundesrepublik Deutschland	vom 23.5.1949 (BGBl. I S. 1), zuletzt geändert durch Gesetz zur Änderung des Grundgesetzes vom 19.12.2000 (BGBl. I S. 1755)
	Grundsätze über die Eigenmittel und die Liquidität der Institute	vom 20.1.1969, in: Bundesanzeiger, Nr. 17 vom 25.1.1969, S. 2, zuletzt geändert mit Wirkung vom 1.10.1998 durch Bekanntmachung vom 29.10.1997, in: Bundesanzeiger, Nr. 210 vom 11.11.1997, S. 13555-13559
GWB	Gesetz gegen Wettbewerbsbeschränkungen	in der Fassung der Bekanntmachung vom 26.8.1998 (BGBl. I S. 2546)
HGB	Handelsgesetzbuch	vom 10.5.1897 (RGBl. I S. 219), zuletzt geändert durch das Gesetz zur Durchführung der Richtlinie des Rates der Europäischen Union zur Änderung der Bilanz- und Konzernbilanzrichtlinie hinsichtlich ihres Anwendungsbereiches (90/605/EWG), zur Verbesserung der Offenlegung von Jahresabschlüssen und zur Änderung anderer konzernrechtlicher Bestimmungen (KapCoRiLiG) vom 24.2.2000 (BGBl. I S. 154)
HGO	Hessische Gemeindeordnung	in der Fassung der Bekanntmachung vom 1.4.1993 (GVBl. I 1992 S. 533), zuletzt geändert durch Gesetz zur Bürgerbeteiligung und kommunalen Selbstverwaltung vom 23.12.1999 (GVBl. I 2000 S. 2)
HLBG	Gesetz über die Hamburgische Landesbank – Girozentrale	vom 27.8.1997 (GVBl. S. 434)
HSpkG	Hessisches Sparkassengesetz	in der Fassung vom 24.2.1991 (GVBl. I S. 78), zuletzt geändert durch Staatsvertragsgesetz vom 20.5.1992 (GVBl. I S. 189)
InsO	Insolvenzordnung	vom 5.10.1994 (BGBl. I S. 2866), zuletzt geändert durch das Gesetz zur Reform des Zivilprozesses vom 27.7.2001 (BGBl. I S. 1887)
KAGG	Gesetz über Kapitalanlagegesellschaften	in der Fassung der Bekanntmachung vom 9.9.1998 (BGBl. I S. 2726), zuletzt geändert durch das Gesetz über die Bundesanstalt für Finanzdienstleistungsaufsicht vom 22.4.2002 (BGBl. I S. 1310)
KStG	Körperschaftssteuergesetz	in der Fassung der Bekanntmachung vom 22.4.1999 (BGBl. I S. 817) zuletzt geändert durch das Gesetz zur Reform der gesetzlichen Rentenversicherung und zur Förderung eines kapitalgedeckten Altersvorsorgevermögens vom 29.6.2001 (BGBl. I S. 1310)

KSVG	Kommunalselbstverwaltungsgesetz (für das Saarland)	in der Fassung der Bekanntmachung vom 17.6.1997, zuletzt geändert durch das Gesetz vom 24.1.2001 (ABl. S. 530)
KVBbg	Kommunalverfassung (für das Land Brandenburg)	vom 15.10.1993 (GVBl. S. 398), zuletzt geändert durch das Gesetz zur Verbesserung der Rahmenbedingungen kommunaler Daseinsvorsorge im Land Brandenburg vom 7.4.1999 (GVBl. S. 90)
KVMV	Kommunalverfassung (für das Land Mecklenburg-Vorpommern)	in der Fassung der Bekanntmachung vom 13.1.1998 (GVBl. S. 29; ber. S. 890), zuletzt durch das Vierte Gesetz zur Änderung der Kommunalverfassung für das Land Mecklenburg-Vorpommern vom 9.8.2000 (GVBl. S. 360)
KVStG	Kapitalverkehrsteuergesetz	in der Fassung der Bekanntmachung vom 17.11.1972 (BGBl. I S. 2129), zuletzt geändert durch das Gesetz zur steuerlicher Förderung des Wohnungsbaus und zur Ergänzung des Steuerreformgesetz 1990 (WoBauG) vom 22.12.1989 (BGBl. I S. 2408)
KWG	Gesetz über das Kreditwesen	in der Fassung der Bekanntmachung vom 9.9.1998 (BGBl. I S. 2776), zuletzt geändert durch das Gesetz über die Bundesanstalt für Finanzdienstleistungsaufsicht vom 22.4.2002 (BGBl. I S. 1310)
LBBG	Gesetz über die Errichtung der Landesbank Berlin – Girozentrale	vom 27.12.1990 (GVBl. S. 2115)
LBBWG	Gesetz über die Landesbank Baden-Württemberg	vom 11.11.1998 (GBl. S. 589)
MVSpkG	Sparkassengesetz des Landes Mecklenburg-Vorpommern	vom 26.7.1994 (GVBl. S. 761), zuletzt geändert durch das Erste Gesetz zur Änderung des Sparkassengesetzes des Landes Mecklenburg-Vorpommern (Erstes SpkÄndG) vom 4.10.1999 (GVBl. S. 488)
NGO	Niedersächsische Gemeindeordnung	in der Fassung vom 22.8.1996 (GVBl. S. 382), zuletzt geändert durch das Gesetz zur Änderung der Niedersächsischen Gemeindeordnung, der Niedersächsischen Landkreisordnung und des Niedersächsischen Meldegesetzes vom 19.3.2001 (GVBl. S. 112)
NordLBG	Gesetz über die Norddeutsche Landesbank – Girozentrale	vom 14.5.1970 (nds. GVBl. S. 186), zuletzt geändert durch das Staatsvertragsgesetz zwischen den Ländern Niedersachsen und Sachsen-Anhalt vom 19.8.1991 (nds. GVBl. 1991 S. 358, sachs.-anh. GVBl. 1992 S. 32)

NSpkG	Sparkassengesetz für das Land Niedersachen	in der Fassung vom 20.8.1990 (GVBl. S. 422)
NWGO	Gemeindeordnung (für das Land Nordrhein-Westfalen)	vom 14.7.1994 (GVBl. S. 666), zuletzt geändert durch das Gesetz zur weiteren Stärkung der Bürgerbeteiligung in den Kommunen vom 28.3.2000 (GVBl. S. 245)
NWSpkG	Gesetz über die Sparkassen sowie die Girozentrale und Sparkassen- und Giroverbände	in der Fassung der Bekanntmachung vom 25.1.1995 (GVBl. S. 92)
PostG	Gesetz über das Postwesen	in der Fassung der Bekanntmachung vom 3.7.1989 (BGBl. I S. 1449), zuletzt geändert durch Gesetz über die Errichtung einer Bundesanstalt für Post und Telekommunikation (BAPostG) vom 14.9.1994 (BGBl. I S. 2325)
Preußisches Sparkassenreglement		Reglement, die Errichtung des Sparkassenwesens betreffend von 12.12.1838 (Gesetzsammlung für die Königlich Preußischen Staaten 1839, S. 5)
RPSpkG	Sparkassengesetz für Rheinland-Pfalz	vom 1.4.1982 (GVBl. S. 113), zuletzt geändert durch das Sechste Landesgesetz zur Änderung des Sparkassengesetzes (Sechstes SpkGÄndG) vom 6.7.1999 (GVBl. S. 127)
SaarSpkG	Saarländisches Sparkassengesetz	in der Fassung vom 1.4.1993 (ABl. S. 360)
SaBayLB	Satzung der Bayerischen Landesbank – Girozentrale	vom 24.7.1972 (Bayerischer Staatsanzeiger, Nr. 43 /1972), zuletzt geändert durch die 24. Änderung der Satzung der Bayerischen Landesbank vom 19.6.2001 (Bayerischer Staatsanzeiger, Nr. 25 / 2001)
SaBLKO	Satzung der Bremer Landesbank Kreditanstalt Oldenburg – Girozentrale	in der Fassung vom März 1997 (Ursprungsfassung veröffentlicht im niedersächs. GVBl. 1983, S. 97, spätere Änderungen wurden nicht amtlich bekanntgemacht)
SächsFinVerbG	Gesetz über den Sachsen-Finanzverband	vom 3.5.1999 (GVBl. S.190)
SächsGO	Gemeindeordnung (für den Freistaat Sachsen)	in der Fassung der Bekanntmachung vom 14.6.1999 (GVBl. S. 345)
SächsKrGebRefG	Sächsisches Gesetz zur Kreisgebietsreform	vom 24.6.1993 (GVBl. S. 549)
SächsLBG	Errichtungsgesetz für die Landesbank Sachsen – Girozentrale	vom 19.12.1991 (GVBl. S. 461), zuletzt geändert durch das Gesetz zur Neuordnung der öffentlich-rechtlichen Kreditinstitute im Freistaat Sachsen einschließlich der Sächsischen Aufbaubank GmbH vom 3.5.1999 (GVBl. S. 203)
SächsSpkG	Sparkassengesetz des Freistaates Sachen	in der Fassung vom 3.5.1999 (GVBl. S. 195)

SAGO	Gemeindeordnung (für das Land Sachsen-Anhalt)	vom 5.10.1993 (GVBl. S. 568), zuletzt geändert durch das Gesetz zur Förderung der kommunalen Mandatstätigkeit vom 26.4.1999 (GVBl. S. 152)
SaHelaba	Satzung der Landesbank Hessen-Thüringen	in der Fassung vom 14.11.1990 (Hessischer Staatsanzeiger vom 24.12.1990, S. 2902), zuletzt geändert durch Beschluß der Gewährträgerversammlung vom 20.12.2000 (Hessischer Staatsanzeiger vom 8.1.2001, S. 189)
SaHLB	Satzung der Hamburgischen Landesbank – Girozentrale	vom 1.1.2002 (nicht amtlich bekanntgemacht)
SaLBB	Satzung der Landesbank Berlin – Girozentrale	in der Fassung vom 14.12.1993 (ABl. S. 81), zuletzt geändert durch Beschluß der Gewährträgerversammlung vom 27.5.1998 (ABl. S. 2738)
SaLBBW	Satzung der Landesbank Baden-Württemberg	in der Fassung vom 4.7.2000 (Staatsanzeiger Baden-Württemberg, Nr. 50 vom 30.12.2000, S. 37)
SaLBKiel	Satzung der Landesbank Schleswig-Holstein – Girozentrale	in der Fassung vom 26.1.1999 (ABl. – Amtlicher Anzeiger S. 24)
SaLRP	Satzung der Landesbank Rheinland-Pfalz	in der Fassung vom 24.2.1999 (Bundesanzeiger, Nr. 58 vom 25.3.1999, S. 4908)
SaNordLB	Satzung der Norddeutschen Landesbank	vom 16.2.1993 (niedersächs. MBl., S. 662)
SaSaarLB	Satzung der Landesbank Saar – Girozentrale	vom 23.4.1993 (ABl. S. 469), zuletzt geändert durch den Beschluß der Hauptversammlung der Landesbank Saar – Girozentrale – vom 16.10.1997 (ABl. S. 1126)
SaSächsLB	Satzung der Landesbank Sachsen – Girozentrale	in der Fassung vom 10.09.2001 (Sächsisches Amtsblatt/Amtlicher Anzeiger, Nr. 43 vom 25.10.2001), S. 486
SASpkG	Sparkassengesetz des Landes Sachsen-Anhalt	vom 13.7.1994 (GVBl. S. 823)
SaWestLB	Satzung der Westdeutschen Landesbank	in der Fassung vom 1.1.2001 (nordrh.-westf. MBl. S. 264)
SHGO	Gemeindeordnung (für das Land Schleswig-Holstein)	vom 23.7.1996 (GVOBl. S. 529, ber. 1997, S. 530), zuletzt geändert durch das Gesetz zur Änderung der Gemeindeordnung vom 16.12.1997 (GVOBl. S. 474)
SHSpkG	Sparkassengesetz für das Land Schleswig-Holstein	in der Fassung der Bekanntmachung vom 3.5.1994 (GVOBl. S. 231), zuletzt geändert durch die Landesverordnung über den Fortfall der Bezeichnungen Magistrat und Kreisausschuß in den Gesetzen und Verordnungen des Landes vom 16.6.1998 (GVOBl. S. 210)

ThürKO	Thüringer Gemeinde- und Landkreisordnung (Thüringer Kommunalordnung)	in der Fassung der Bekanntmachung vom 14.4.1998 (GVBl. S. 73), zuletzt geändert durch das Dritte Gesetz zur Änderung der Thüringer Kommunalordnung vom 18.7.2000 (GVBl. S. 177)
ThürMaßnG	Thüringer Gesetz über Maßnahmen zur kommunalen Gebietsreform	vom 3.1.1994 (GVBl. S. 5)
ThürSpkG	Thüringer Sparkassengesetz	vom 19.7.1994 (GVBl. S. 911)
TKG	Telekommunikationsgesetz	vom 26.7.1996 (BGBl. I S. 1120), zuletzt geändert durch das Begleitgesetz zum Telekommunikationsgesetz vom 17.12.1997 (BGBl. I S. 3108)
UmwG	Umwandlungsgesetz	vom 28.10.1994 (BGBl. S. 3210, ber. BGBl. I 1995 S. 428), zuletzt geändert durch das Gesetz zur Anpassung der Formvorschriften des Privatrechts und anderer Vorschriften an den modernen Rechtsgeschäftsverkehr vom 13.7.2001 (BGBl. I S. 1542)
UWG	Gesetz gegen unlauteren Wettbewerb	vom 7.6.1909 (RGBl. S. 499), zuletzt geändert durch das Gesetz zur Aufhebung des Rabattgesetzes und zur Anpassung weiterer Rechtsvorschriften vom 23.7.2001 (BGBl. I S. 1663)
Verfassung der Deutschen Demokratischen Republik		vom 6.4.1968 in der Fassung des Gesetzes zur Ergänzung und Änderung der Verfassung der Deutschen Demokratischen Republik vom 7.10.1974 (GBl. I S. 432)
Vertrag über die Schaffung einer Währungs-, Wirtschafts- und Sozialunion zwischen der Bundesrepublik Deutschland und der Deutschen Demokratischen Republik		vom 1.7.1990 (BGBl. I S. 518)
Vierte Verordnung des Reichspräsidenten zur Sicherung von Wirtschaft und Finanzen und zum Schutze des inneren Friedens		vom 8.12.1931 (RGBl. I S. 699)
WBFG	Wohnungsbauförderungsgesetz	vom 18.12.1991 (nordrh.-westf. GVBl. S. 562)
WRV	Verfassung des Deutschen Reichs (Weimarer Reichsverfassung)	vom 11.8.1919 (RGBl. I S. 1383)

2. Rechtsprechung

- *BFH:* Urteil vom 9.8.1989, in: BStBl. II 1990, S. 237-242
- *BVerfG:* Beschluß vom 8.7.1982 (2 BvR 1187/80), Band 61, S. 82-118
- *BVerfG:* Beschluß vom 14.4.1987 (1 BvR 775/84), Band 75, S. 192-201
- *BVerwG:* Urteil vom 10.7.1958 (I C 177.54), Band 8, S. 14-20
- *BVerwG:* Urteil vom 14.2.1984 (I C 81.78), Band 69, S. 11-24
- *OVG Münster:* Urteil vom 20.9.1979, in: Deutsches Verwaltungsblatt, Heft 1/1980, S. 70-72, hier: S. 71
- *OVG Münster:* Urteil vom 5.8.1982, in: Neue Juristische Wochenschrift, Band 36 (1983), Heft 44, S. 2517 f

3. Europäische Rechtsakte (in der Reihenfolge der letzten maßgeblichen Bekanntmachung)

- Mitteilung der Kommission an die Mitgliedsstaaten zur Anwendung der Artikel 92 und 93 EWG-Vertrag und des Artikels 5 der Richtlinie 80/723/EWG der Kommission über öffentliche Unternehmen der verarbeitenden Industrie, in: ABl. EG C 307 vom 13.11.1993, S. 3.

- Verordnung (EG) Nr. 2223/96 des Rates vom 25.6.1996 zum Europäischen System Volkswirtschaftlicher Gesamtrechnungen (ESVG) auf nationaler und regionaler Ebene in der Europäischen Gemeinschaft, in: ABl. EG L 310 vom 30.11.1996, S. 1.

- Konsolidierte Fassung des Vertrags zur Gründung einer Europäischen Gemeinschaft, in: ABl. EG C 340 vom 10.11.1997, S. 173.

- Mitteilung der Kommission über die Anwendung der Art. 87 und 88 EG-Vertrag auf staatliche Beihilfen in Form von Haftungsverpflichtungen und Bürgschaften, in: ABl. EG C 71 vom 11.3.2000, S. 14.

- Entscheidung vom 8.7.1999 über eine von der Bundesrepublik Deutschland zugunsten der Westdeutschen Landesbank Girozentrale durchgeführte Maßnahme, in: ABl. EG L 150 vom 23.6.2000, S. 1.

- Genehmigung staatlicher Beihilfen gemäß den Artikel 87 und 88 des EG-Vertrages – Vorhaben, gegen die von der Kommission keine Einwände erhoben werden, in: ABl. EG C 146 vom 19.6.2002, S. 6 und ABl. EG C 150 vom 22.6.2002, S. 7.

Peter Lang · Europäischer Verlag der Wissenschaften

Anja Hasselmann

Die Ausschlußtatbestände für den Beihilfebegriff des Art. 87 EGV am Beispiel von Anstaltslast und Gewährträgerhaftung im öffentlich-rechtlichen Bankensystem der Bundesrepublik Deutschland

Frankfurt/M., Berlin, Bern, Bruxelles, New York, Oxford, Wien, 2001. XXVIII, 267 S.
Europäische Hochschulschriften: Reihe 2, Rechtswissenschaft. Bd. 3170
ISBN 3-631-38072-0 · br. € 52.–*

Die Autorin befaßt sich mit der Vereinbarkeit der öffentlich-rechtlichen Einstands-
pflichten Anstaltslast und Gewährträgerhaftung im gegenwärtigen deutschen
Sparkassen- und Landesbankenwesen mit dem europarechtlich vorgegebenen
Beihilfeverbot. Anhand allgemeiner Grundsätze über Ausschlußtatbestände einer
Beihilfe kommt sie zu dem Ergebnis, daß die deutschen Landesbanken außerhalb
der Erfüllung ihres öffentlichen Auftrags aufgrund von Anstaltslast und Gewähr-
trägerhaftung unzulässige Wettbewerbsvorteile gegenüber ihren privaten
Konkurrenzinstituten genießen.

Frankfurt/M · Berlin · Bern · Bruxelles · New York · Oxford · Wien
Auslieferung: Verlag Peter Lang AG
Moosstr. 1, CH-2542 Pieterlen
Telefax 00 41 (0) 32 / 376 17 27

*inklusive der in Deutschland gültigen Mehrwertsteuer
Preisänderungen vorbehalten
Homepage http://www.peterlang.de